Anton Ochsenkühn

Microsoft Office 2016 für den Mac

W0095940

10 Jahre amac-buch Verlag (seit 2005)

amac
BUCH VERLAG

Anton Ochsenkühn

Microsoft Office 2016 für den Mac

Copyright © 2015 by amac-buch Verlag
10 Jahre amac-buch Verlag (seit 2005)

ISBN 978-3-95431-031-9

Konzeption/Koordination: amac-buch Verlag
Layout und Cover: Simone Ochsenkühn, Obergriesbach
Satz: Johann Szierbeck, Aichach
Korrektorat: Marita Böhm, München
Druck und Bindung: Druckerei Joh. Walch, Augsburg

Trotz sorgfältigen Lektorats schleichen sich manchmal Fehler ein. Autoren und Verlag sind Ihnen dankbar für Anregungen und Hinweise!

amac-buch Verlag
Erlenweg 6
D-86573 Obergriesbach
E-Mail: info@amac-buch.de
http://www.amac-buch.de
Telefon +49(0)82 51/82 71 37
Telefax +49(0)82 51/82 71 38

Ich widme dieses Buch meinen Vater,
der während der Arbeit an diesem Thema verstorben ist.

Ich möchte ihm auf diese Weise danken,
dass ich von ihm den Fleiß und die Disziplin bekommen habe,
die notwendig sind,
um Bücher wie diese schreiben zu können.

Vielen Dank lieber Vater für alles,
was ich von Dir gelernt habe.

Dein Sohn Anton

Inhaltsverzeichnis

Inhaltsverzeichnis

Vorwort	11

Kapitel 1 – Microsoft Office herunterladen und installieren	13

Microsoft Office herunterladen und installieren — 14
Microsoft Office 2016 Update — 15
Microsoft Office deinstallieren — 16

Kapitel 2 – Gemeinsame Funktionen der Office-Applikationen	19

Dokumentenkatalog — 20
Vorlagendatei erzeugen — 23
Menüband — 24
Funktionen des Menübands — 25
Menüband Start — 26
Zwischenablage-Funktionen — 27
Zeichenformatierung — 28
Absatzformatierung — 28
Menüband Einfügen — 29
Tabelle — 30
Formen — 37
Bilder — 40
SmartArt — 45
WordArt — 48
Formel-Editor — 50
Sonderzeichen — 51
Link — 54
Textfeld — 55
Kommentar — 57
Einfügen –> Objekt — 58
Weitere gemeinsame Komponenten — 59
Fenster Aufgabenbereich — 59
Funktionen der Titelleiste — 61
Extras –> AutoKorrektur — 62
OneDrive bzw. SkyDrive — 68
OneDrive-App — 70
Dropbox-Badge — 72

Kapitel 3 – Microsoft PowerPoint	75

Erste Schritte in Microsoft PowerPoint — 76
Starten und eine neue Präsentation anlegen — 76
Der erste Überblick — 77
Die verschiedenen Ansichten einer Präsentation — 79
Wichtige Befehle — 85

Das Erstellen einer neuen Präsentation ——————————————— 86
   Hintergrund formatieren ——————————————————————— 90
   Weitere Folien ————————————————————————————— 92
   Dokument speichern ———————————————————————— 100
Direkte Weitergabe der PowerPoint-Präsentation ————————— 104
   Präsentation ausdrucken ———————————————————————— 105
Elemente für Folien ——————————————————————————— 109
   Lineal und Führungslinien ——————————————————————— 109
   Funktionen für platzierte Elemente bzw. Objekte ————————— 114
   Video- und Audiodateien in eine Präsentation integrieren ———— 116
   Arbeiten mit den Masterfolien ———————————————————— 119
Übergänge, Animationen, Bildschirmpräsentationen ————————— 125
   Folienübergänge festlegen —————————————————————— 125
   Animationen ————————————————————————————— 127
   Bildschirmpräsentation ———————————————————————— 132
Wichtige Grundeinstellungen für die Arbeit mit PowerPoint ———— 135
   Bearbeiten ——————————————————————————————— 135
   Speichern ———————————————————————————————— 135
   Sicherheit ——————————————————————————————— 136

Kapitel 4 – Microsoft Word — 137

Microsoft Word ————————————————————————————— 138
   Verschiedene Darstellungen in Microsoft Word ————————— 138
Das Arbeiten mit Text ————————————————————————— 150
   Text eingeben ————————————————————————————— 150
   Im Text blättern ———————————————————————————— 152
   Text markieren ————————————————————————————— 153
   AutoKorrektur und AutoFormat während der Eingabe ————— 154
   Mathematische AutoKorrektur ———————————————————— 158
   Rechtschreibung und Grammatik prüfen ——————————————— 159
   Texte überarbeiten —————————————————————————— 166
Dokument speichern —————————————————————————— 168
   Dokument schützen —————————————————————————— 171
   Weitere Dokumenteigenschaften und -einstellungen —————— 173
Formatieren —————————————————————————————— 181
   Zeichenformatierung —————————————————————————— 181
   Rückgängig und Wiederholen ———————————————————— 183
   Formatierungspinsel ————————————————————————— 184
   Formatvorlagen für Zeichen ————————————————————— 184
   Absatzformatierung —————————————————————————— 189
   Formatvorlagen für Absätze ————————————————————— 195
   Formatvorlagen weitergeben ————————————————————— 199
   Die Standard-Formatvorlage ————————————————————— 199

Gliederung und Inhaltsverzeichnis _____ 201
  Eigene Formatvorlagen als Überschriften _____ 204
Abschnitt _____ 206
  Abschnittswechsel einfügen _____ 206
Fußnoten _____ 209
Dokument _____ 210
  Wasserzeichen _____ 210
  Rahmen _____ 211
Tabulatoren und Tabellen _____ 212
  Tabulatoren _____ 212
  Tabellen _____ 216
Serienbrief _____ 220
Index erstellen _____ 225
  Indexverzeichnis erstellen _____ 226
  Indexverzeichnis aktualisieren _____ 226
  Weitere Verzeichnisse _____ 227
Wichtige Word-Grundeinstellungen _____ 229
  Allgemein _____ 229
  Ansicht _____ 230
  Bearbeiten _____ 231
  Drucken _____ 232
  Dateispeicherorte _____ 233
  Tastatur anpassen _____ 233

Kapitel 5 – Excel   235

Die Oberfläche von Microsoft Excel _____ 236
Navigieren innerhalb des Excel-Arbeitsblatts _____ 236
  Menü Ansicht _____ 237
  Navigieren in Tabellen _____ 238
Dateneingabe in Excel 2016 _____ 242
  Texteingabe _____ 242
  Zahlen _____ 245
  Datum _____ 246
  Uhrzeit _____ 247
  Listen _____ 250
Erste einfache Formeln mit Microsoft Excel _____ 254
  Formel ändern _____ 255
  Formeln im Zellbezug _____ 255
  Summe _____ 260
  Verwenden von absoluten Bezügen bei Berechnungen _____ 264
  Zielwertsuche _____ 273
Berechnungen mit Uhrzeitwerten _____ 275
Zellschutz _____ 280
  Zahlenformate definieren _____ 281

Gestalten einer Tabelle ⸻ 286
Zeilen/Spalten/Zellen einfügen, löschen, verschieben ⸻ 286
Formatierungen ⸻ 288
Tipp 1: Menüpunkt Tabellenformatvorlagen ⸻ 292
Tipp 2 für die schnelle Formatierung: Zellenformatvorlagen ⸻ 293
Bedingte Formatierung und Datenbalken ⸻ 294
Arbeitsmappen ⸻ 296
Gruppenmodus ⸻ 297
Datenbanken mit Excel ⸻ 301
Fenster teilen ⸻ 302
Gruppierung ⸻ 303
Die Sortierfunktionalität ⸻ 303
Filter ⸻ 304
Auswertung mit Pivot-Tabelle ⸻ 308
Viele, viele Formeln in Excel ⸻ 314
Funktion SVerweis ⸻ 314
Beeindruckend – Diagramme erstellen ⸻ 318
Das besondere Diagramm: Sparklines ⸻ 326
Der optimale Ausdruck ⸻ 327
Alles Einstellungssache ⸻ 333
Ansicht ⸻ 333
Bearbeiten ⸻ 335
AutoKorrektur ⸻ 336
Benutzerdefinierte Listen ⸻ 337
Speichern und Kompatibilität ⸻ 338

Kapitel 6 – Microsoft Outlook ⸻ 341

Microsoft Outlook – der Alleskönner und Kommunikationsspezialist ⸻ 342
Microsoft Outlook das erste Mal starten ⸻ 342
Importieren von Daten ⸻ 343
Von Outlook PC zu Outlook 2016 für den Mac ⸻ 344
Neues E-Mail-Konto ⸻ 345
Erweiterte Einstellungen für POP-Accounts ⸻ 348
Erweiterte Einstellungen für IMAP-Accounts ⸻ 349
Exchange-Accounts ⸻ 351
Mit E-Mail-Konten arbeiten ⸻ 354
Neue E-Mails verfassen ⸻ 356
Signatur ⸻ 360
Priorität ⸻ 361
Kategorie ⸻ 361
Nachverfolgung ⸻ 362
E-Mails formatieren ⸻ 363
E-Mails beantworten ⸻ 366
E-Mails lesen ⸻ 367

Inhaltsverzeichnis

Ordnung halten 370
Ordner anlegen 370
Regeln 371
Kategorien 372
Suchfunktionen innerhalb von Outlook 373
Spotlight 376
Sortieren 377
Hilfreiches für den Umgang mit E-Mails 378
Meine Lieblings-Shortcuts 378
Nachrichtenmenü 379
Junk-Mail 380
Alles Ansichtssache 381
Exportieren 382
Kontakte 383
Adressbucheinträge erstellen 383
Sortieren 386
Gruppen erstellen 387
Suchfunktion 387
Kalender 390
Ereignisserie 391
Notizen 392
Aufgaben 393
Alles Einstellungssache 396
Kalender 396
Schriftarten 397
Benachrichtigungen und Sounds 398

Kapitel 7 – Microsoft OneNote 401

OneNote – wichtige Elemente 402
Tags 404
Menüband Ansicht 405
Menüband Einfügen 405
OneNote Clipper 407
Fazit 408

Index 409

Vorwort

Microsoft Office 2016 für den Mac ist ein komplett überarbeitetes neues und damit modernes Office für die Mac-Plattform. Keine Frage – Word, Excel, PowerPoint, Outlook und OneNote sind Industriestandard und in der vorliegenden Version perfekt auf Apple-Computer und deren System angepasst worden.

Das Buch zeigt, wie einfach und elegant die Arbeit mit diesen Applikationen gelingen kann und wie simpel der Datenaustausch mit der Windows-Variante ist oder wie einfach Daten online be- und verarbeitet werden können.

Keine Frage, zu jedem Thema – Word, Excel, PowerPoint, Outlook etc. könnte man mehrere Hundert Seiten dicke Bücher verfassen und hätte wohl noch immer nicht alle Funktionen ausführlich besprochen.

Das aber ist nicht der Sinn des vorliegenden Buches. Ich gehe davon aus, dass viele Anwender Office bereits in einer Inkarnation kennengelernt haben. Deshalb habe ich mich in diesem Buch

a) auf Neuerungen von Office 2016 für den Mac konzentriert und

b) beschreibe all die Funktionen, die mir als IT-Trainer in verschiedensten Lernumgebungen immer als notwendig und sinnvoll herangetragen wurden und für die Praxis essenziell sind.

So werden Sie also zahlreiche Tipps und Kniffe aus der Praxis erfahren, die Sie nun ebenfalls gewinnbringend für sich und Ihre Arbeit einsetzen können.

Zwei Dinge will ich an dieser Stelle noch erwähnen:

1. Microsoft Office ist ebenfalls in einer iPad-Version verfügbar. So können Sie am Computer Dokumente erstellen und diese dann unterwegs mit dem iPad weiter bearbeiten und umgekehrt.

2. Die perfekte Schnittstelle zwischen Office auf dem Computer und Office auf dem iPad oder iPhone ist OneDrive. Dieser kostenfreie Speicher ist nur einen Klick entfernt und der Datenaustausch damit ein Kinderspiel. Zusätzlich können alle Dokumente in OneDrive ganz einfach mit einem Browser online bearbeitet werden.

Ihre Informationen stehen Ihnen also immer und überall zur Verfügung. Nun ist es an Ihnen, tolle und überzeugende Präsentationen, raffinierte Berechnungen, ideenreiche Texte etc. zu erstellen. Mit Microsoft Office 2016 für den Mac haben Sie das perfekte Rüstzeug, um Ihre Ideen umsetzen zu können. Via Outlook bleiben Sie per E-Mail in Kontakt, organisieren Ihre Termine und To-dos. OneNote kümmert sich zusätzlich sehr elegant um Ihre Notizen.

Freuen Sie sich auf die vielen nützlichen Neuerungen von Microsoft Office 2016, die Sie lückenlos in diesem Buch praxisnah beschrieben vorfinden.

Anton Ochsenkühn im Juli 2015

PS: Wenn Sie ebenfalls Microsoft Office auf dem iPad nutzen wollen, dann finden Sie hier (*http://www.amac-buch.de/office-ipad-epub*) die passende Lektüre.

Das passende E-Book für Microsoft Office auf dem iPad.

Microsoft Office herunterladen und installieren

Microsoft Office herunterladen und installieren

Haben Sie das Abonnement für Office 365 abgeschlossen, so haben Sie einen Code erhalten. Diesen Code müssen Sie nun auf der entsprechenden Internetseite (*https://officesetup.getmicrosoftkey.com*) eintragen, um an die Möglichkeit des Herunterladens zu kommen.

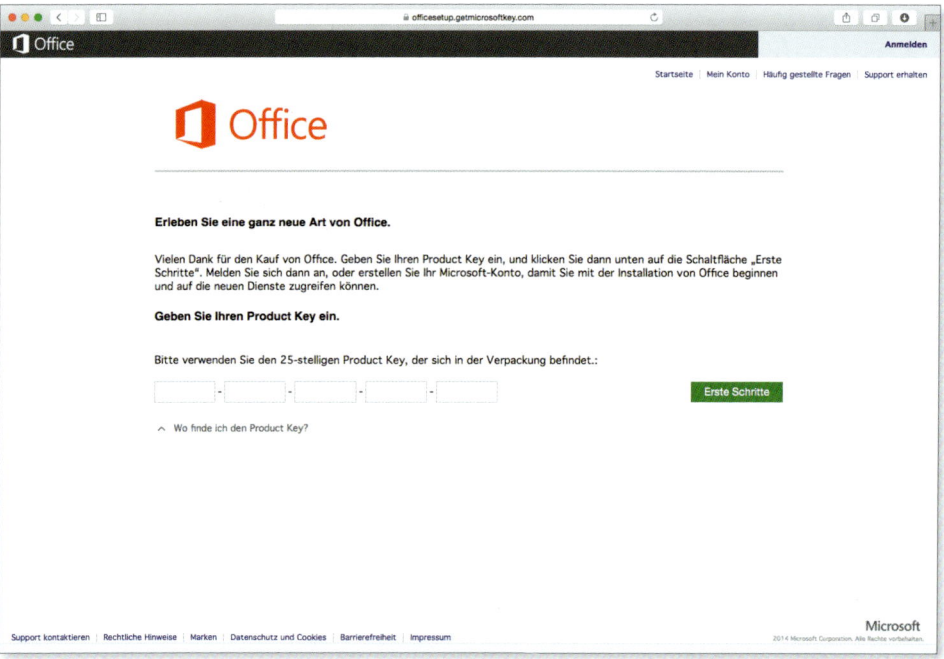

Nach der erfolgreichen Code-Eingabe sollten Sie ein neues Konto anlegen.

War die Code-Eingabe erfolgreich, können Sie via *Erste Schritte* zum nächsten Fenster gelangen, wo Sie sich dann im Regelfall über *Haben Sie noch kein Microsoft-Konto? Jetzt registrieren* sich ein neues Benutzerkonto definieren.

Wichtig sind hierbei der *Benutzername* und das *Kennwort*. Darüber können Sie sich nun in Zukunft anmelden (*http://office.microsoft.com/* – rechts oben via *Anmelden*) und Ihr Konto verwalten. Diese Daten dienen ebenso dazu, sich für OneDrive anzumelden. Dazu gibt es später noch weitere Informationen.

War die Anmeldung erfolgreich, geben Sie im nächsten Fenster noch *Land/Region* sowie die *Sprache* ein, und schon kann das Herunterladen beginnen.

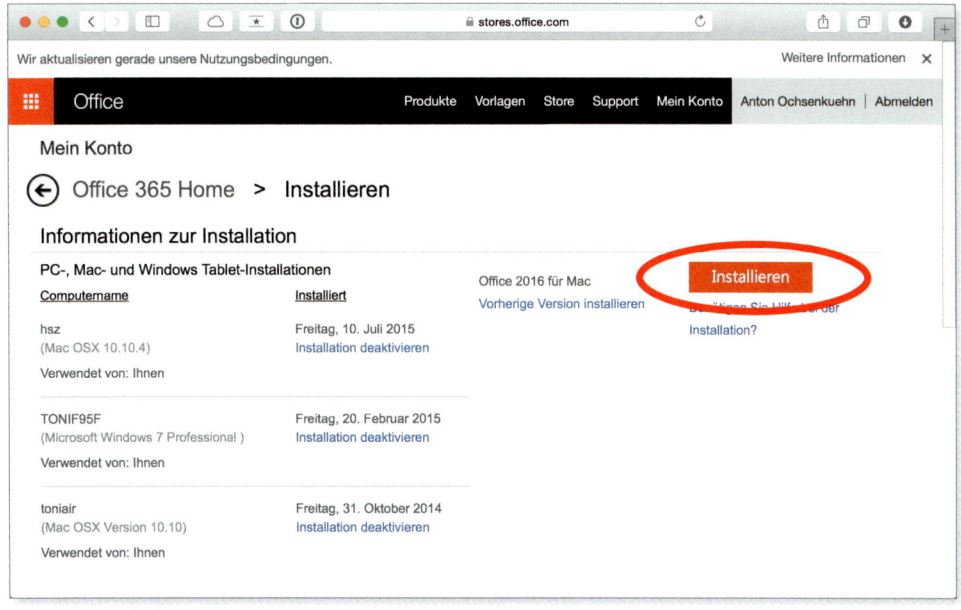

Wählen Sie Office für den Mac aus, und schon wird die Installationsdatei in den „Downloads"-Ordner kopiert.

Von dort aus kann die Installation für diesen Computer gestartet werden.

 Durch die Installation werden die Programme Microsoft Word, Excel, PowerPoint und eventuell Outlook in den **Programme**-Ordner kopiert. Dazu ist es notwendig, dass Sie an diesem Computer über Administratorrechte verfügen.

Microsoft Office 2016 Update

Nach und nach werden auch für Office 2016 weitere Updates zur Verfügung stehen. Diese Updates sind sehr einfach auf Ihren Rechner zu übertragen. Notwendig ist dazu lediglich eine Internetverbindung. Sie finden in jedem Produkt innerhalb des Hilfemenüs den Unterpunkt *Auf Updates überprüfen*. Damit starten Sie die Suche nach möglichen Updates im Internet für Microsoft Office 2016.

Auf Updates überprüfen

Daraufhin erscheint das Programm Microsoft Update. Wenn Sie dort die Funktion *Automatisch* aktivieren und einen Überprüfungszeitraum – täglich, wöchentlich oder monatlich – eingeben, wird Sie bei vorhandener Internetverbindung der Autoupdater automatisch informieren, sobald ein Update verfügbar ist. Wählen Sie hingegen *Manuell* aus, müssen Sie die Updatesuche auslösen, indem Sie auf *Updates überprüfen* klicken. Sind Updates verfügbar, erscheint ein Hinweisfenster mit der Möglichkeit, das Update auf Ihren Rechner zu übertragen und einzuspielen. Andernfalls erhalten Sie die Rückmeldung, dass derzeit keine Updates für Ihre Version zur Verfügung stehen.

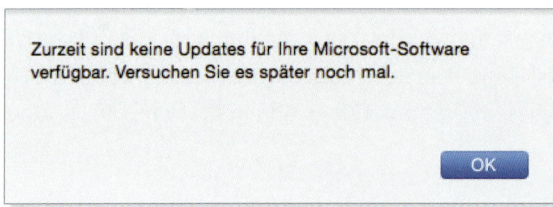

Keine Updates verfügbar.

Microsoft Office deinstallieren

Es kann durchaus sein, dass Sie wegen des Verkaufs eines Computers Microsoft Office für den Mac in der Version 2016 wieder deinstallieren wollen. Die Deinstallation des Office-Pakets ist eigentlich eine ganz einfache Geschichte. Zuallererst müssen Sie über Administratorrechte an Ihrem Rechner verfügen. Damit können Sie alle Microsoft-Office-2016-Programme aus dem *Programme*-Ordner entfernen.

Weiterhin finden Sie innerhalb Ihres Dokumente-Ordners den Unterordner *Microsoft-Benutzerdaten*. Wenn Sie diesen Ordner entfernen, werden viele Konfigurationsdateien vernichtet. Outlook legt seinen E-Mail-Verkehr in diesem Ordner ab: *Homeverzeichnis/Library/Group Containers/UBF8T346G9Office*. Und zu guter Letzt finden Sie in Ihrem Homeverzeichnis im Ordner *Library* den Ordner *Preferences*. Dort wurde ebenfalls ein Microsoft-Ordner angelegt, worin Programmgrundeinstellungen abgelegt werden. Wenn Sie auch diesen in den Papierkorb befördern, sind die Einstellungen vollständig vom Rechner entfernt.

Gemeinsame Funktionen der Office-Applikationen

Microsoft hat mit der Version Office 2016 einen sehr guten Weg eingeschlagen. Denn die Applikationen, insbesondere Word, Excel und PowerPoint, wurden von ihrem Erscheinungsbild und von ihrer Funktionalität aneinander angepasst. Deshalb, bevor wir die einzelnen Programme im Detail begutachten, werde ich jetzt Funktionen auflisten, die alle drei Programme (bisweilen auch Outlook) gemeinsam haben. Sie werden sehen, dass sich durch diese gemeinsamen Elemente der Bedienkomfort innerhalb der einzelnen Applikationen noch einmal deutlich erhöht hat. Denn kennen Sie die grundsätzlichen Funktionen aus Microsoft Word, so ist der Weg zu Excel und PowerPoint nicht mehr weit, da das Erscheinungsbild dieser Applikationen sehr harmonisiert ist. Lassen Sie uns also starten mit den gemeinsamen Funktionen, über die alle Office-Programme verfügen.

Dokumentenkatalog

Egal, ob Sie Word, Excel oder PowerPoint starten: Sofern Sie diese Funktion nicht deaktiviert haben, wird in den jeweiligen Programmen ein Katalog mit einer Fülle von Vorlagen erscheinen. Der Sinn der Vorlagen liegt klar auf der Hand: Sie bekommen bereits vorgefertigte Dokumente an die Hand. Diese Dokumente können Sie als Template, als Vorlage, verwenden und mit Ihren eigenen Informationen, Texten, Bildern, Grafiken, Zahlen anreichern und erhalten so sehr schnell ein ansprechendes Ergebnis.

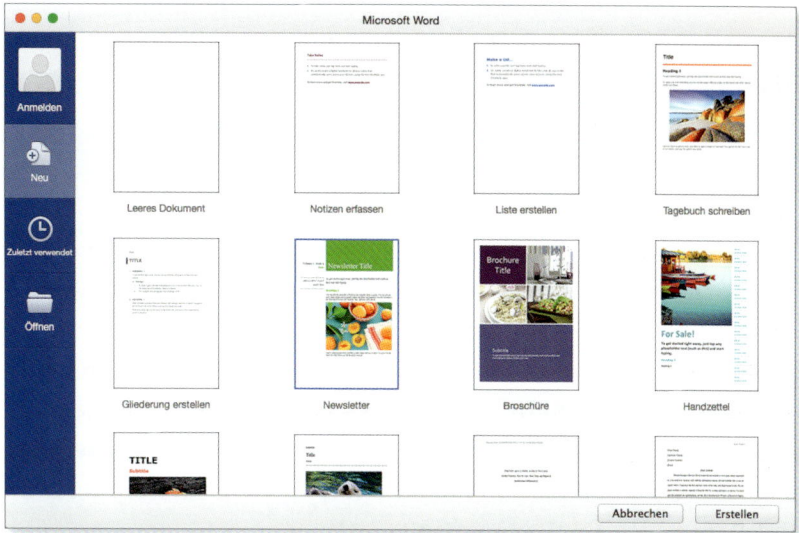

Word-Dokumentenkatalog

> **!** Zudem können unterhalb von **Neu** noch **Zuletzt verwendet** eingeblendet werden. Damit hat der Anwender einen sehr schnellen Zugriff auf die Dateien, die er in letzter Zeit bearbeitet und abgelegt hat.

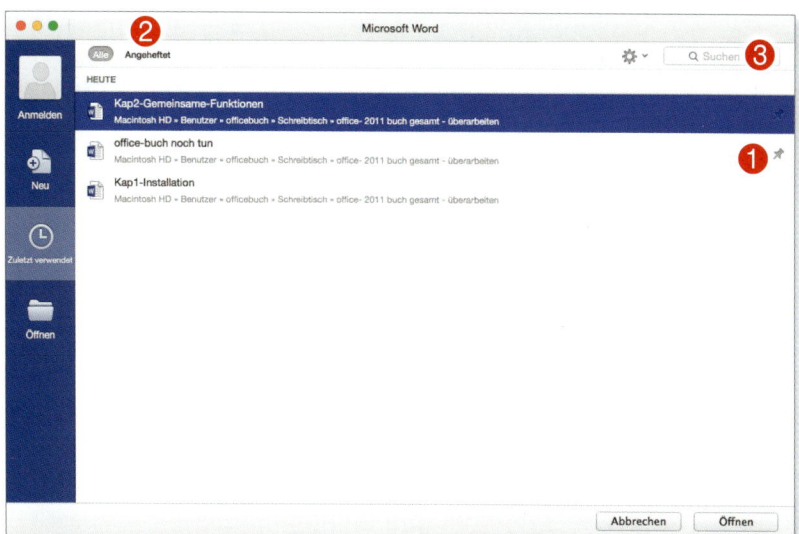

Dateien, die oft benötigt werden, können zudem angeheftet ❶ werden.

Wechseln Sie nun in den Bereich *Angeheftet* ❷, um dort häufig benötigte Dateien rasch aufzufinden. Und sicher haben Sie rechts oben die Suchfunktion ❸ schon entdeckt, mit der Sie weitere nützliche Funktionen aufrufen können.

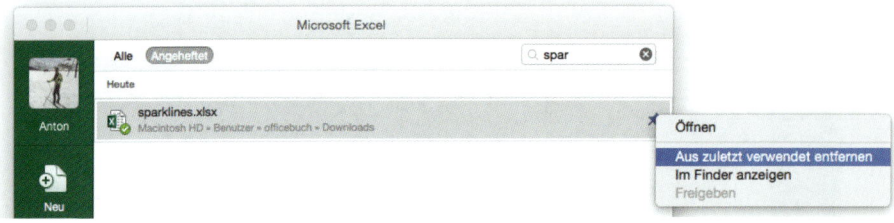

Nutzen Sie die Suchfunktion, um in der Liste Dateien schnell auffinden zu können.

Wenn Sie den Dateienkatalog beim Starten der Applikation nicht haben möchten, so können Sie dies deaktivieren. Dazu muss die Anwendung gestartet sein, und via *cmd + , (Word –> Einstellungen)* gelangen Sie in die Einstellungen und dort navigieren Sie zu *Allgemein*. Im Falle von Word deaktivieren Sie die Funktion *Word-Dokumentenkatalog beim Start von Word anzeigen*. Bei Excel nennt sich der Eintrag *Arbeitsmappenkatalog beim Start anzeigen*, und schließlich PowerPoint nennt es *Startbildschirm beim Start dieser Anwendung anzeigen*. Danach wird beim Starten jeder Applikation sofort ein neues Dokument ohne Verwendung einer Vorlage erzeugt.

Stellen Sie dann aber fest, dass es doch eine interessante Idee wäre, über eine Katalog- oder Vorlagendatei zu verfügen, mit der Sie schneller starten können, so können Sie aus jeder Applikation heraus über den Menüpunkt *Datei –> Neu aus Vorlage* bzw. der Tastenkombination *cmd + Shift + P* den Vorlagenkatalog wieder einblenden.

Vorlagenkatalog anzeigen

Alternativ können Sie zudem das dazugehörige Icon in der Titelleiste des Fensters eines Office-Dokuments verwenden.

Der Vorlagenkatalog kann auch über das Icon der Titelleiste aufgerufen werden.

> **!** Und noch ein Letztes zum Vorlagenkatalog: Sie können dort auch eigene Vorlagen erscheinen lassen. Wie funktioniert das? Ganz einfach: Wenn Sie beispielsweise in Microsoft Excel eine Tabelle erzeugt haben, die Sie als Vorlage verwenden möchten, dann wählen Sie den Menüpunkt **Datei –> Speichern** und dort als Dateityp nicht die Excel-Arbeitsmappe, sondern den Eintrag **Excel-Vorlage**. Alternativ können Sie direkt **Datei –> Als Vorlage speichern** verwenden.

Vorlagendatei erzeugen

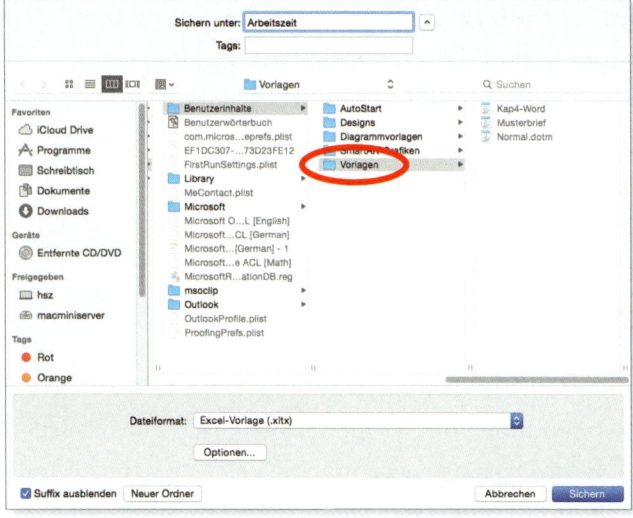

In dem Augenblick, in dem Sie als Dateiformat die Vorlage verwenden, wird auch der Speicherort automatisch von der Applikation vorgegeben. Der Speicherort nennt sich jetzt *Vorlagen. Vorlagen* ist ein Ordner auf Ihrem Rechner, der sich in Ihrem Homeverzeichnis befindet. Wenn Sie diesen Ort kennen, können Sie die an einem Rechner erzeugten Vorlagen auch auf einen anderen Rechner übertragen und damit auf verschiedenen Rechnern mit den gleichen Vorlagen arbeiten. Oder denken Sie an die Situation in Firmen. Ein Kollege oder eine Kollegin erzeugt Vorlagen und stellt sie über diesen Ordner allen anderen Anwendern zur Verfügung. Das Erzeugen von Vorlagen funktioniert nicht nur in Excel, sondern natürlich auch in PowerPoint und Word.

Microsoft Word bietet zudem die Eigenschaft an, den Vorlagen-Ordner frei zu definieren. Gehen Sie dazu in den Word-Einstellungen zu *Dateispeicherorte*.

In Word kann der Ablageort der Vorlagen geändert werden und z. B. auf einen Ordner des Servers verweisen, sodass alle Anwender die gleichen Musterdokumente verwenden.

Menüband

Wenn Sie bereits mit früheren Versionen von Microsoft Office gearbeitet haben, dann fällt Ihnen auf, dass die drei Applikationen über ein geändertes Erscheinungsbild verfügen. Während Microsoft in früheren Versionen von Office sehr stark auf die Verwendung von Symbolleisten gesetzt hat, wurden diese bei der neuesten Version durch das sogenannte *Menüband* ersetzt.

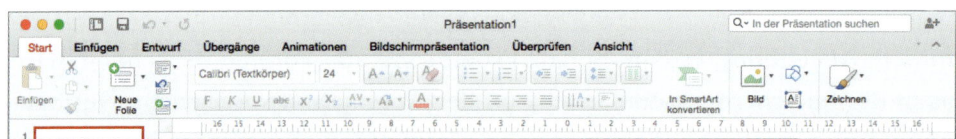

PowerPoint mit dessen Menüband.

Warum hat Microsoft auf die Symbolleisten verzichtet? Ganz einfach weil durch das Menüband eine deutlich elegantere Möglichkeit eingebaut wurde, um auf häufig verwendete Funktionen zuzugreifen.

Funktionen des Menübands

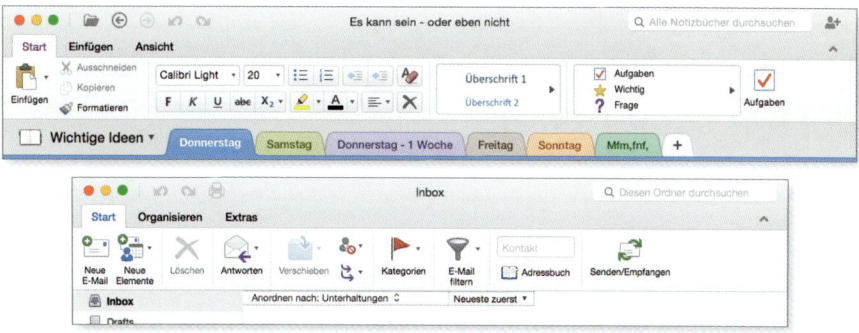

Menüband in den Programmen OneNote und Outlook

Das Menüband bringt Ihnen ständig die Funktionen zum Vorschein, die Sie aktuell benötigen. Besonders nutzbringend ist dies z. B. in der Applikation PowerPoint. PowerPoint ist die Applikation, in der Sie im Normalfall mit Text, Bildern, Tabellen, Grafiken etc. arbeiten. Je nachdem, welches Element Sie anklicken, wird innerhalb des Menübands der entsprechende Punkt aktiviert, und die dazugehörigen Funktionen werden darunter eingeblendet.

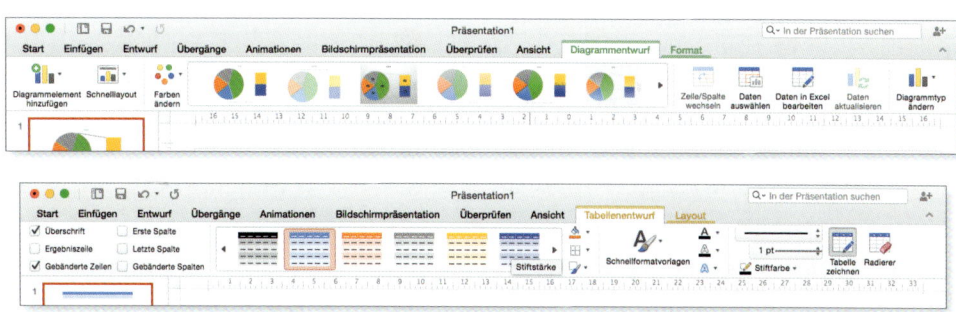

Menüband „Diagramme" und „Tabelle" in PowerPoint

Wenn Sie also in PowerPoint eine Tabelle aktivieren oder den Cursor in eine Tabelle setzen, werden sofort im oberen Bereich des Menübands alle Funktionen eingeblendet, die Sie auf eine Tabelle anwenden können. Das heißt, es wird ein zusätzlicher Bereich namens *Tabellenentwurf* dargestellt, in dem Funktionen zur Formatierung von Tabellen dargestellt werden.

Ähnlich verhält es sich bei den Diagrammen. Setzen Sie den Cursor auf oder in einen Diagrammbereich, wird das Menüband im Bereich *Diagramme* dargestellt, und es werden noch die Unteroptionen *Diagrammentwurf* und auch *Format* sichtbar, um rasch die Funktionen einzublenden, die Sie als Anwender an dieser Stelle benötigen. Sie werden, wenn Sie einige Zeit mit dieser Menüband-Funktion gearbeitet haben, merken, dass diese doch deutlich bildschirmsparender und einfacher in der Handhabung ist als die bisherigen Symbolleisten.

Menüband Start

Wollen wir uns als Nächstes die gemeinsamen Funktionen des *Start*-Menübands ansehen. Dabei fällt wiederum auf, dass Word, Excel und PowerPoint hierbei sehr ähnlich agieren:

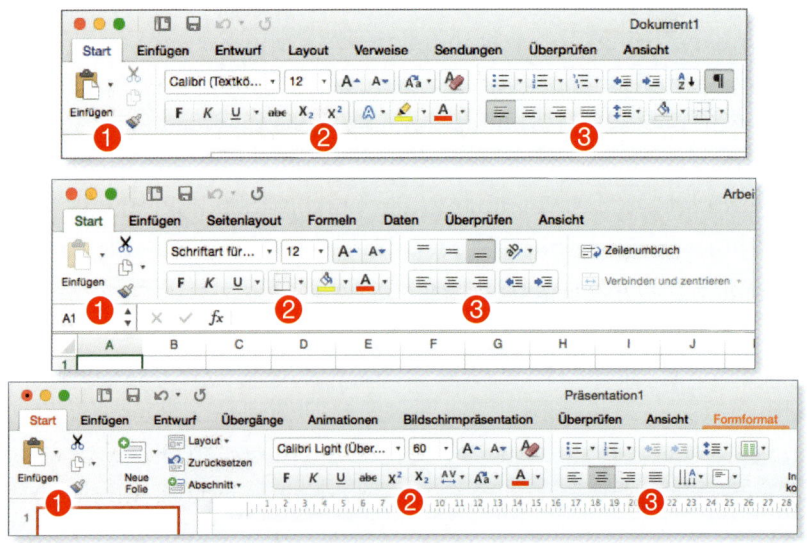

Das Menüband „Start" zeigt in Word, Excel und PowerPoint viele Gemeinsamkeiten auf (von oben nach unten).

❶ Zwischenablage-Funktionen

Über *Kopieren* (*cmd* + *C*), *Ausschneiden* (*cmd* + *X*) und *Einfügen* (*cmd* + *V*) können Sie Elemente in die Zwischenablage bringen oder von dort erneut herausholen. Die Zwischenablage kennt nur einen Speicherplatz. Werden also zwei Elemente hintereinander in die Zwischenablage gelegt (via *Kopieren* oder *Ausschneiden*), wird der vorherige Inhalt überschrieben. Natürlich funktioniert die Zwischenablage applikationsübergreifend, und so kann im Handumdrehen eine Excel-Tabelle damit in ein Word-Dokument transportiert werden.

Auf drei Besonderheiten möchte ich Sie noch hinweisen: Der Pinsel 🖌 dient dazu, eine Formatierung von der einen zu einer anderen Stelle innerhalb des Programms zu übertragen. Beim *Einfügen* haben Sie zudem durch Aufklappen des Dreiecks mehrere Optionen zur Verfügung:

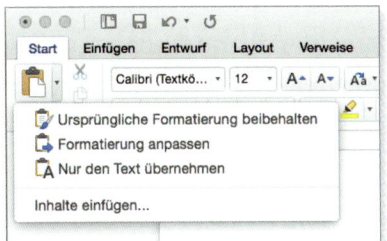

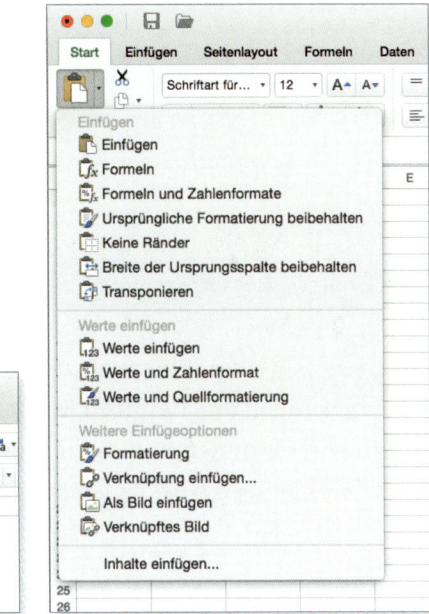

Optionen beim Einfügen aus der Zwischenablage (links Word, rechts Excel)

Im Wesentlichen geht es dabei darum, ob der Inhalt der Zwischenablage mit oder schlichtweg ohne jegliche Formatierung eingefügt werden soll. Besonders vielseitig sind hier die Optionen im Zusammenhang mit Excel (rechtes Bild). Und bei Excel gibt es noch eine Variante im Zusammenhang mit *Kopieren*: Wählen Sie zwischen *Kopieren* und *Als Bild kopieren*. Ersteres kopiert die Zahl, die Formel etc. in die Zwischenablage, wohingegen Letzteres quasi ein Bildschirmfoto schießt, das dann an anderer Stelle eingefügt werden kann.

❷ Zeichenformatierung

Hier finden Sie die wichtigsten Zeichenformatierungsfunktionen gruppiert. Neben der Schriftartwahl und der Schriftgröße sehen Sie darunter die am häufigsten verwendeten Formatierungen wie *Fett*, *Kursiv* und *Unterstrichen*. Je nach Programm ist auch das Hoch- bzw. Tiefstellen darin noch zu entdecken. Wieder allen Programmen gleich (auch Outlook und OneNote) ist die Eigenschaft der Schriftfarbenänderung.

Die Wahl der Schriftfarbe ist ebenfalls im Menüband „Start" einfach erreichbar.

❸ Absatzformatierung

Links- bzw. rechtsbündig oder auch zentriert sind die am meisten verwendeten Absatzformatierungen und damit zu Recht im Menüband enthalten. Je nach App finden Sie zudem Optionen wie Aufzählungszeichen bzw. Nummerierung und auch Einzug verkleinern bzw. vergrößern.

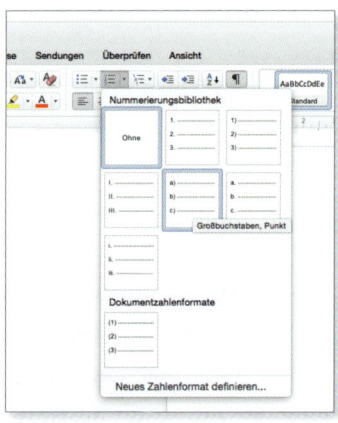

Auswahl der Nummerierung

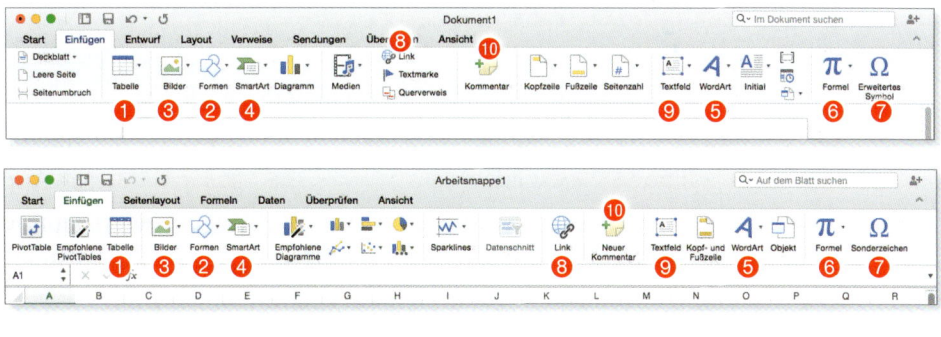

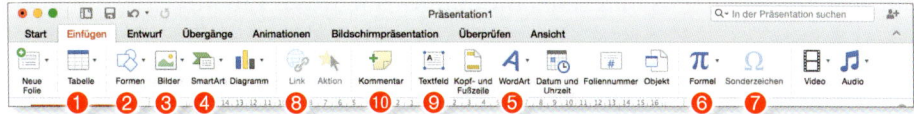

Sollten Sie einmal die Bedeutung einer Funktion vergessen haben, so genügt es, sich den Funktionshinweis einblenden zu lassen. Einfach mit dem Mauszeiger auf das Symbol zeigen und ca. 2 Sekunden warten.

Hinweise erleichtern das Auffinden der korrekten Funktion innerhalb des Menübands.

Menüband Einfügen

Ebenso wie im *Start*-Menüband finden sich auch im *Einfügen*-Bereich des Menübands viele Übereinstimmungen, die dem Anwender die Arbeit enorm erleichtern.

Über „Einfügen" können viele Informationen in bestehende Dokumente eingebaut werden.

❶ *Tabelle* siehe nächsten Abschnitt.

❷ *Formen* siehe Seite 37.

❸ *Bilder* siehe Seite 40.

❹ *SmartArt* siehe Seite 45.

❺ *WordArt* siehe Seite 48.

❻ *Formel* siehe Seite 50.

❼ *Sonderzeichen* siehe Seite 51.

❽ *Link* siehe Seite 54.

❾ *Textfeld* siehe Seite 55.

❿ *Kommentar* siehe Seite 57

Tabelle

Tabellen sind eine ganz hervorragende Möglichkeit, um Informationen strukturiert und übersichtlich darzustellen. Tabellen eignen sich auch deshalb, weil es hierfür umfangreiche Bearbeitungs- und Formatierungsmöglichkeiten gibt. Wie aber ist eine Tabelle in eine Folie einzufügen?

a) Wählen Sie den Menüpunkt *Einfügen* bzw. den gleichnamigen Eintrag des Menübands aus und dort den Eintrag *Tabelle*, um eine neue Tabelle zu erzeugen.

b) Wenn Sie im Menüband den Bereich *Tabellen* auswählen, erhalten Sie ganz links eine Aufklappfunktion, mit der Sie eine neue, leere Tabelle erzeugen können.

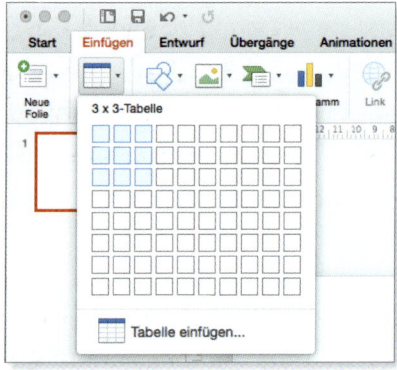

Menüband „Tabellen"

Sicher haben Sie schon bemerkt, dass Sie bei der Möglichkeit a) bzw. via *Tabelle einfügen* spezifizieren können, wie viele Spalten und Zeilen Ihre neue Tabelle haben soll. Gehen sie den Weg über das Aufklappmenü, ziehen Sie das Feld mit dem Mauszeiger und definieren damit die Größe Ihrer Tabelle.

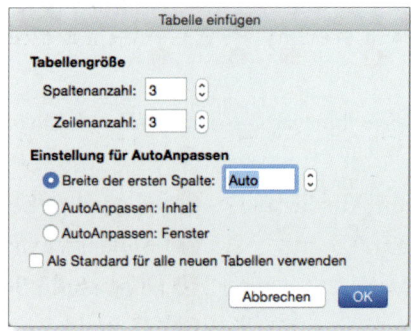

Tabelle einfügen

Sobald Ihre Tabelle auf der Folie erschienen ist, können Sie deren Design mannigfaltig manipulieren. Die wichtigsten Einstellungen finden Sie selbstverständlich in *Tabellenentwurf*. Diese erreichen Sie im Menüband, sobald Sie *Tabelle* ausgewählt haben. Dort sehen Sie eine ganze Menge an unterschiedlichen Designs, die Sie Ihrer Tabelle zuordnen können.

Zappen Sie sich einfach durch die vorgefertigten Designs und wählen Sie mit einem einzigen Klick den gewünschten *Tabellenentwurf* aus, um ihn auf Ihre Tabelle anzuwenden. Sie können die Tabelle aber natürlich auch Ihren eigenen Bedürfnissen entsprechend gestalten. Hierzu gleich weitere Informationen.

Die Tabelle dient ja dazu, Informationen aufzunehmen. Um Text oder auch Zahlen in die Tabelle einzutragen, klicken Sie mit dem Mauszeiger z. B. in die erste Zelle der Tabelle. Tragen Sie dort den gewünschten Text ein. Sie gelangen mithilfe der *Tabulator*-Taste in der gleichen Zeile eine Zelle weiter und können dort ebenso Informationen eintragen. Alternativ dazu können Sie natürlich mit der Maus in jede beliebige Zelle der Tabelle klicken, um dort Text oder Zahlen einzutragen. Eine sehr gute Möglichkeit bieten übrigens auch die *Cursor-Tasten*, mit denen Sie sehr flexibel innerhalb Ihrer Tabelle navigieren können.

Tabelle bearbeiten

Wenn Sie beim Erstellen der Tabelle eine bestimmte Anzahl von Zeilen und Spalten angegeben haben und im Verlauf des Eintragens Ihrer Informationen erkennen, dass Sie die Tabelle nicht korrekt dimensioniert haben, können Sie diese jederzeit nachträglich modifizieren.

Am einfachsten ist dies, wenn Sie bei Erstellung der Tabelle zu wenig Zeilen angegeben haben. Dann genügt es schlicht und ergreifend, in der letzten Zelle Ihrer Tabelle den Cursor zu platzieren und durch einmaliges Drücken der *Tabulator-Taste* eine neue Zeile hinzuzufügen. Möchten Sie zwischen zwei Zeilen eine neue Zeile einbringen oder zwischen zwei Spalten eine neue Spalte, so finden Sie im Bereich *Layout* innerhalb des Menübands eine Fülle von Funktionen.

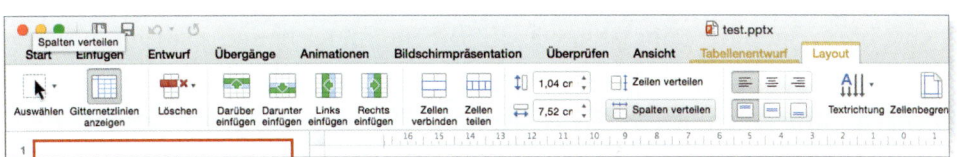

Das Tabellenlayout kann über das Menüband den Bedürfnissen entsprechend angepasst werden.

Wie Sie anhand des Bildschirmfotos erkennen, finden Sie dort bei Zeilen und Spalten die vorhin eingetragenen Werte, die die Größe der Tabelle definieren. Mit den Funktionen *Darüber einfügen, Darunter einfügen*, *Links einfügen* und *Rechts einfügen* haben Sie sehr einfache Möglichkeiten, Zeilen bzw. Spalten einzufügen. Die daneben platzierte Funktion des *Löschens* hilft Ihnen, überflüssige Zeilen oder Spalten aus der Tabelle zu entfernen. Dabei können Sie beim Löschen sowohl komplette Spalten als auch komplette Zeilen löschen.

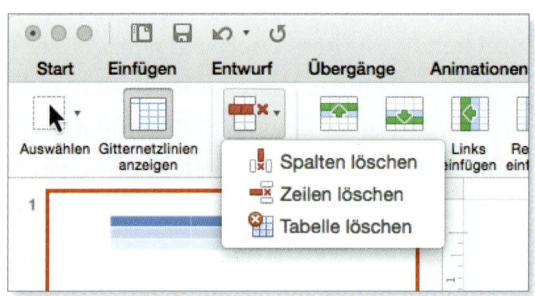

Zeile oder Spalte löschen

Dazu setzen Sie den Cursor einfach in eine beliebige Zelle der Zeile oder Spalte und wählen dann die Funktion *Löschen* aus. Möchten Sie hingegen mehrere Zellen zu einer neuen Gesamtzelle verbinden, so müssen Sie die Funktion *Zellen verbinden* ausführen. Zuvor jedoch sollten Sie die Zellen markieren, die zu einer neuen, gemeinsamen Zelle zusammenwachsen sollen. Dazu fahren Sie einfach mit gedrückter linker Maustaste über die Zellen und markieren diese. Sollte Ihnen das mit der Maus Schwierigkeit bereiten, so verwenden Sie die *Shift-Taste* und die *Cursor-Tasten*, um mehrere Zellen sehr einfach zu markieren. Wählen Sie dann die Eigenschaft *Zellen verbinden* aus, um aus diesen markierten Zellen eine neue, gemeinsame Zelle zu erstellen.

Das Gegenteil bewirkt die Funktion *Teilen*, mit der Sie eine verbundene große Zelle wieder in einzelne kleinere Zellen umwandeln können.

Sicher haben Sie bei *Layout* schon die Funktion *Gitternetzlinien anzeigen* gesehen. Dies sind Haarlinien, die Ihnen helfen, die Struktur der Tabelle zu erkennen. Sofern Sie sehen möchten, wie die Tabelle später beim Ausdruck aussieht, kann es hilfreich sein, diese Gitternetzlinien mit einem Klick zu entfernen, um einen Eindruck von der fertigen Tabelle zu bekommen. Neben der Funktion *Gitternetzlinien anzeigen* befindet sich der Eintrag *Auswählen*. Dort können Sie sehr einfach Zeilen oder Spalten komplett markieren. Sie platzieren einfach den Cursor in einer beliebigen Zelle und wählen dort bei *Auswählen* die entsprechende Funktion an.

Deutlich einfacher gelingt das Markieren von Zeichen oder Spalten, wenn Sie mit Ihrem Mauszeiger etwas oberhalb der Spalte zeigen bzw. etwas links, um eine komplette Zeile zu markieren.

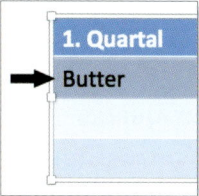

Zeile markieren

Spaltenbreite oder Zeilenhöhe ändern

Sie haben sicher bemerkt, als Sie die Tabelle erstellt haben, dass die Höhe der Zeile bzw. die Breite der Spalten automatisch definiert wird. Nun kann es aber sein, weil Sie in bestimmte Spalten mehr Text eintragen wollen, dass Sie die Breite der Spalten oder auch die Höhe der Zeilen ändern möchten. Auch das ist selbstverständlich möglich. Ein guter Weg ist, dabei die *Gitternetzlinien* eingeblendet zu haben. Sie erinnern sich. Wenn Sie nun mit Ihrem Mauszeiger an die waagrechten oder senkrechten Begrenzungslinien der Zeilen oder Spalten fahren, verwandelt sich Ihr Mauszeiger in einen Doppelpfeil.

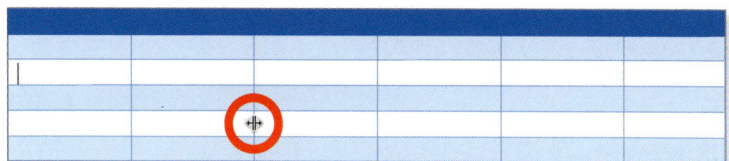

Spaltenbreite oder Zeilenhöhe ändern

Nun können Sie durch Gedrückthalten der linken Maustaste ganz einfach die Breite der Spalte bzw. die Höhe der Zeile Ihren Bedürfnissen entsprechend korrigieren.

Tabellen formatieren

Wenn Sie Ihre Text- und Zahleninformationen in die Tabelle eingetragen haben, sollten Sie die Tabelle noch optisch ansprechend gestalten. Zum einen finden Sie im Menüband bei *Layout* im Bereich *Ausrichtung* vielfältige Möglichkeiten, wie der Text oder das Zahlenmaterial innerhalb einer Zelle dargestellt werden kann.

Ausrichtung

Sie finden dort die Funktionen, um den Text in der Horizontalen und in der Vertikalen in der Tabellenzelle anzuordnen. Über die Funktion *Textrichtung* können Sie den Text bzw. die Zahl innerhalb der Zelle auch im oder entgegen dem Uhrzeigersinn drehen.

> **!** Alternativ wählen Sie das Kontextmenü mit der rechten Maustaste innerhalb der Zelle und dort die Funktion **Text formatieren** aus. Wenn Sie nun die Eigenschaft **Textoptionen** im daraufhin erscheinenden Fenster anwählen, finden Sie dort Einträge zum Abstand vom Rand. Hier ist definiert, wie weit der Text bzw. die Zahlen innerhalb der Zelle von den Spalten- bzw. Zeilenhilfslinien entfernt sein müssen. Hier können unter Umständen Anpassungen notwendig sein, sofern die Information nicht wie gewünscht innerhalb der Zelle dargestellt werden kann.

Abstände des Tabelleneintrags zu den Rändern der Zelle

Ist auch dies geschehen, haben Sie vielleicht den Wunsch, die farbliche Darstellung Ihrer Tabelle anzupassen. Wählen Sie hierzu im Menüband wieder den

Bereich *Tabellenentwurf* aus. Neben den unzähligen *Tabellenformatvorlagen*, die Sie auswählen können, haben Sie auch die Möglichkeit, die bestehende Tabelle Ihren Wünschen entsprechend zu ändern. Sie finden dazu im Menüband ganz links einige sehr interessante Eigenschaften.

Modifizieren Sie Ihre Tabellen durch die Tabellenoptionen.

Hierbei sind besonders die Funktionen **Kopfzeile**, **Ergebniszeile** und **Erste Spalte** interessant. In sehr vielen Tabellen ist folgende Situation gegeben: Zumeist stehen in der obersten Zeile Überbegriffe. Ähnlich verhält es sich auch mit der ganz linken Spalte, also der ersten Spalte. Auch hier sind sehr oft Überbegriffe einzutragen. Soll nun in der Tabelle mit Zahlen gearbeitet werden, so kann es durchaus vorkommen, dass am Ende der Tabelle, also in der Ergebniszeile, die Zahlen addiert oder als Durchschnittswerte angegeben werden. Die **Kopfzeile**, die **Ergebniszeile** sowie die **Erste Spalte** werden, falls Sie diese Funktionen aktivieren, von der Formatierung her von den Tabelleninhalten farblich abgesetzt dargestellt. So erhalten Sie sofort eine wunderschön strukturierte Tabelle, die auch dem Betrachter auf den ersten Blick vom Aufbau her logisch und klar erscheint.

	Butter	Käse
Allgäu	23	54
Schweiz	12	15
Österreich	34	61
Gesamt	69	130

Tabelle mit Kopfzeile, Ergebniszeile und erster Spalte

Wie schon erwähnt, legen die Tabellenformatvorlagen die Farbgebung, die Farbverläufe, die Linienstärke der Spaltenhilfslinie bzw. Zeilenhilfslinie fest. Im rechten Bereich des Menübands *Tabellen* sind weitere Funktionen verfügbar, um die Farbgebung und die Linienstärken der Tabelle zu definieren.

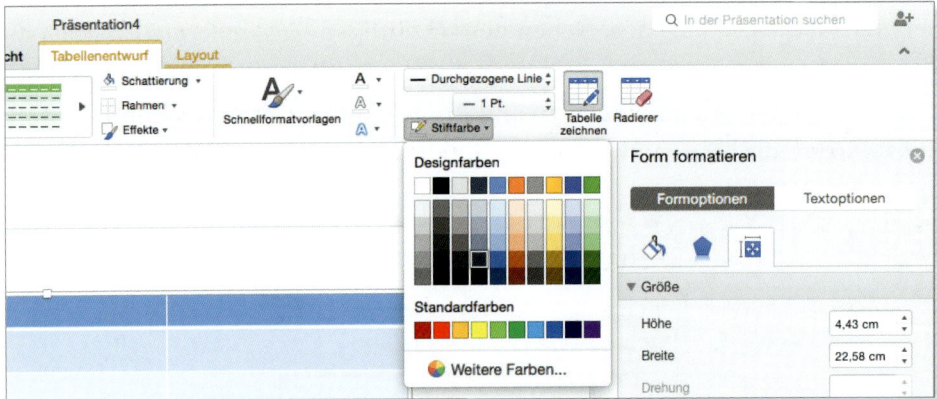

Jede Tabelle kann mannigfaltig individuell formatiert werden.

Bedenken Sie dabei: Sobald Sie beginnen, die Tabelle mit Ihrer eigenen Formatierung zu versehen, müssen Sie die zu ändernden Elemente der Tabelle auswählen. Möchten Sie z. B. die Füllfarbe mehrerer Zellen modifizieren, so müssen Sie die entsprechenden Zellen markieren, bevor Sie die Funktion *Schattierung* verwenden. Das Gleiche gilt, wenn Sie Rahmenlinien verändern wollen.

Excel-Tabellen einfügen

Damit aber nicht genug: Neben dem Erstellen von Tabellen können Sie auch bequem Excel-Tabellen in Folien einbauen. Wählen Sie hierzu aus dem Menü *Einfügen* den Begriff *Objekt* aus und dort z. B. den Eintrag *Microsoft Excel-Blatt*.

Excel-Tabelle einfügen

Sogleich wird nach einem Klick auf *OK* Microsoft Excel starten. Und nun können Sie, wie in Microsoft Excel üblich, Tabellen inklusive Berechnungen, Formatierungen etc. vornehmen. Sobald Sie das Excel-Fenster schließen, werden diese

Informationen wieder in Word oder PowerPoint etc. übernommen. Möchten Sie zu einem späteren Zeitpunkt die eingebettete Excel-Datei wieder bearbeiten, so klicken Sie schlicht und ergreifend doppelt innerhalb der Tabelle. Wieder wird Excel starten und die Informationen editierbar zur Verfügung stellen.

 Wenn Sie bereits eine bestehende Excel-Datei haben, die Sie an eine bestimmte Stelle in Ihrem Word- oder PowerPoint-Dokument einbinden möchten, so wählen Sie über den Menüpunkt **Einfügen –> Objekt** die Eigenschaft **Von Datei**, um auf diese Datei zurückzugreifen.

Formen

Neben *Tabelle* sind die *Formen* im Menüband platziert. Die Formen erreichen Sie also entweder über das *Einfügen*-Menü oder über den gleichnamigen Bereich im Menüband.

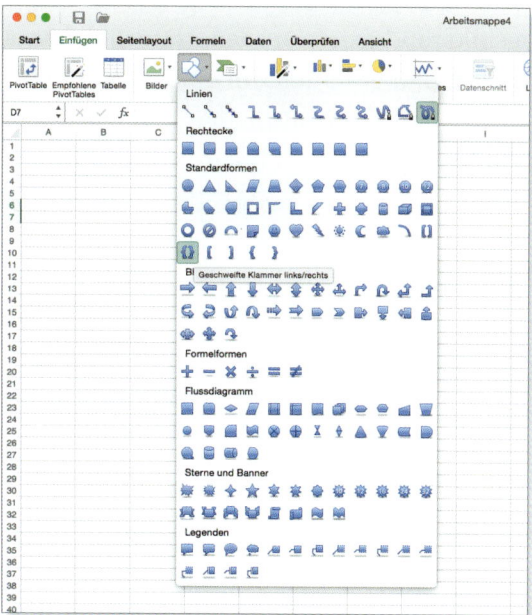

Zahlreiche kreative Formen sind über das Menüband aufrufbar.

 Halten Sie beim Aufziehen der Form die **Shift-Taste** gedrückt, so erhalten Sie ein Quadrat statt eines Rechtecks, einen Kreis statt einer Ellipse. Bei Linien werden diese waagrecht, senkrecht oder in einem 45-Grad-Winkel erstellt. Wird die **Alt**-Taste verwendet, so wird das grafische Element vom Mittelpunkt aus aufgezogen.

Achten Sie bitte darauf, dass viele Formen durch gelbe Rauten in Ihrer Geometrie geändert werden können.

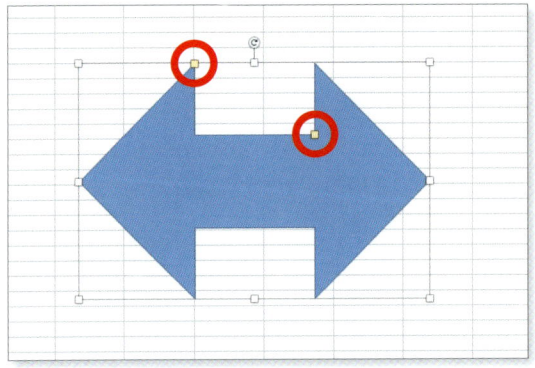

Blockpfeil mit gelben Rauten

Anhand des Beispiels mit dem Blockpfeil sehen Sie, dass durch eine gelbe Raute die Spitze des Pfeils modifiziert werden kann, wohingegen die zweite gelbe Raute sich um den Stumpf des Pfeils kümmert. So kann eine gegebene Form in ihrem Erscheinungsbild modifiziert werden. Natürlich können Sie die Formen auch weiter formatieren und gestalten. Im einfachsten Fall klicken Sie auf die Form und gelangen so im Menüband im den Bereich *Formformat*, in dem das Verändern der Linienfarbe respektive Linienstärke auch bereits in Vorlagen enthalten ist, die Ihnen eine Auswahl an interessanten Formatierungsumgebungen anbieten.

Formatierfunktionen für Formen

Alle Bearbeitungsmöglichkeiten einer Form finden Sie über die rechte Maustaste im Unterpunkt **Form formatieren**. Sogleich klappt rechts daneben eine Spalte auf, in der über verschiedene Reiter zahllose detaillierte Einstellungen möglich sind.

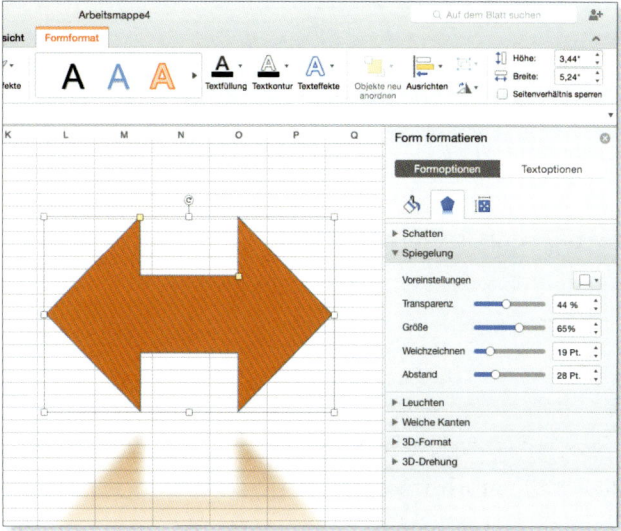

Via „Form formatieren" stehen zahlreiche weitere interessante Funktionen zur Verfügung.

 Jede Form kann direkt beschriftet werden. Dazu genügt es, wenn Sie die Form anklicken. Mit der **Return-Taste** gelangen Sie in die Form, um dort die Beschriftung anzubringen.

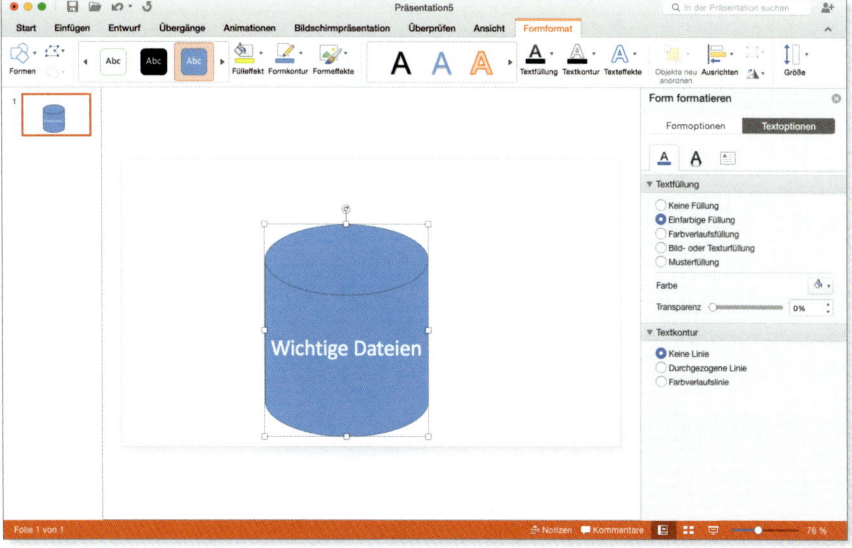

Text in Form einbringen

> Beachten Sie zudem, dass Sie über das Fenster **Form formatieren** im Bereich **Textoptionen –> Textfeld** exakt definieren können, wie der Text innerhalb einer Form platziert werden soll. Ich habe mich hier für die Eigenschaft **Mitte** entschlossen, um den Text mittig in diesen Pfeil einbauen zu können.

Bilder

Der Fotobrowser hat in allen drei Applikationen Word, Excel und PowerPoint das absolut identische Aussehen und identische Funktionalität. Der Browser erlaubt den Zugriff auf Fotos, die in der Fotos-App von Apple abgelegt sind bzw. auf iPhoto oder PhotoBooth.

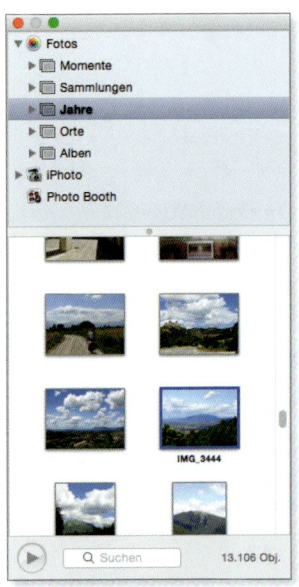

Schneller Zugriff auf eigene Fotos über den Fotobrowser

Die Funktionalität ist schnell erklärt: Über das Menüband *Einfügen –>Bilder* haben Sie direkten Zugriff auf Ihre Bildersammlung. Sie sehen darunter Begriffe wie *Momente, Jahre, Sammlungen* etc. Sofern Sie also mit dem Programm *Fotos* arbeiten, haben Sie hier Zugriff auf Ihre Bildinformationen.

> Besonders klasse und einfach zu bedienen sind die Funktionen zur Bildbearbeitung. Sobald Sie ein Bild anklicken, sehen Sie im Menüband die Gruppe **Bildformat**. Dort finden Sie Funktionen, mit denen Sie mit nur einem Klick ganz rasch tolle Effekte hervorzaubern können.

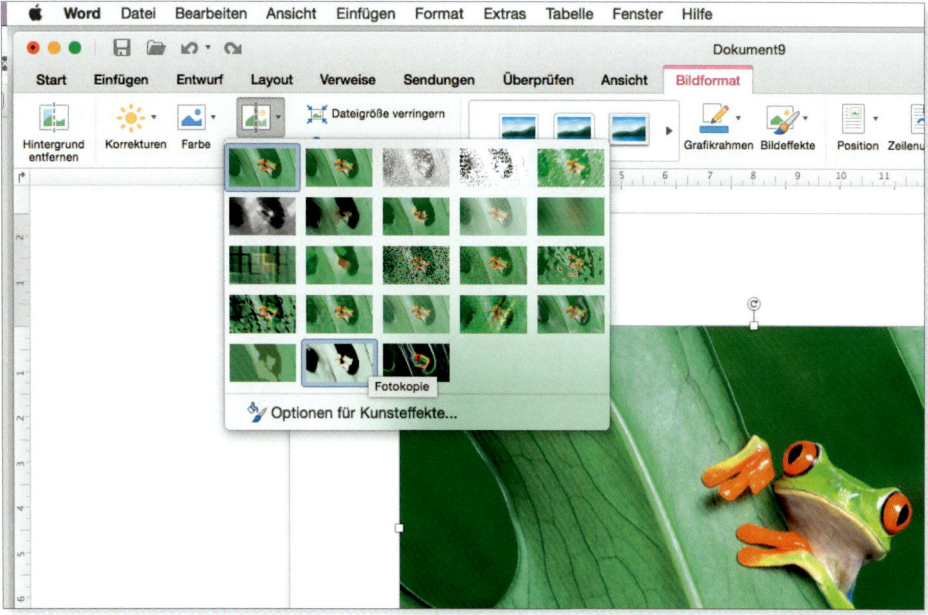

Tolle Effekte für Fotos finden Sie unter „Korrekturen", „Farbe" und „Künstlerische Effekte".

Neben den Filtern sollten Sie unbedingt die Funktionen bei *Korrekturen* und *Neu einfärben* mal austesten. Mit nur wenigen Klicks können Sie Ihr bestehendes Bildmaterial rasch modifizieren. Ändern Sie so die *Helligkeit* oder den *Kontrast* von Bildern, bringen Sie *Transparenzen* in das Bild oder korrigieren Sie die *Farbtö-ne*. Und alle diese Funktionen sind nunmehr in allen Programmen (Word, Excel, PowerPoint) verfügbar.

Auch das Freistellen von Bildinformationen ist kinderleicht. Einfach die Funktion auswählen und mit dem Rechteck den Bildbereich erfassen, der wichtig ist, und schon ist das Bild auf die wesentliche Information konzentriert.

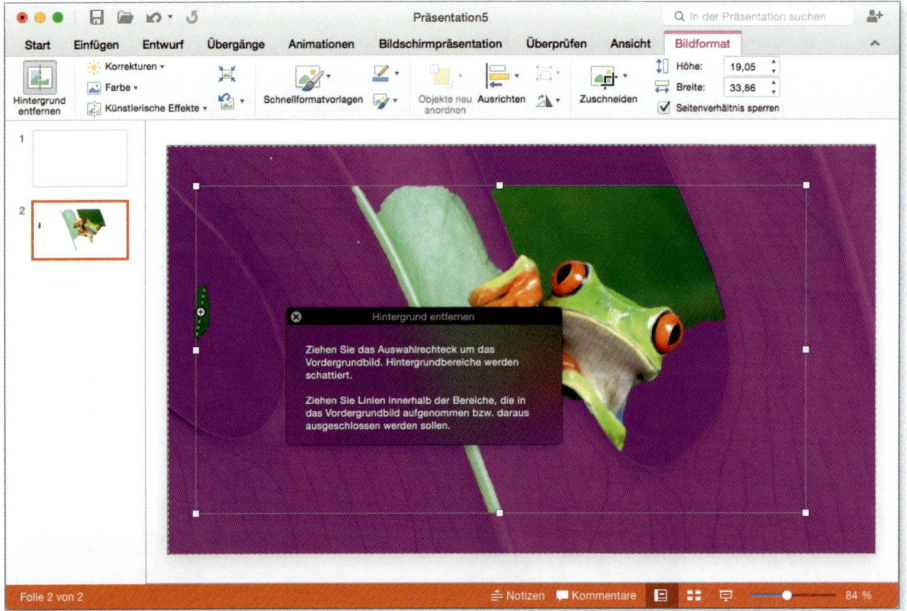

Freistellen von Bildern.

Ihrer Kreativität sind keine Grenzen gesetzt. Wollen Sie ein Bild in eine Form (Dreieck, Stern etc.) einpassen, so ist auch das mit nur zwei Klicks erledigt. Klappen Sie das Menü bei *Zuschneiden* auf und wählen Sie *Auf Form zuschneiden*.

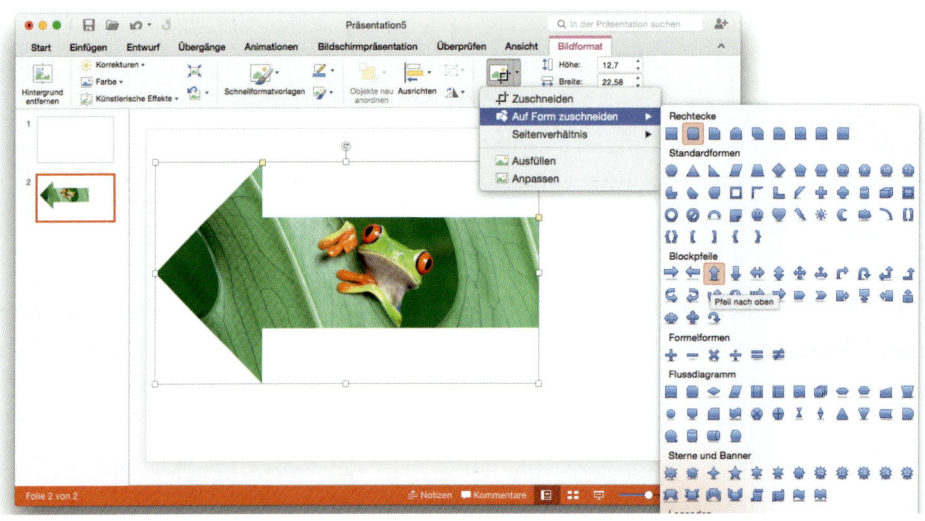

Zuschneiden und in eine Form einpassen

Und besonders in PowerPoint ist die Funktion *Objekte neu anordnen* schlichtweg genial und extrem nützlich.

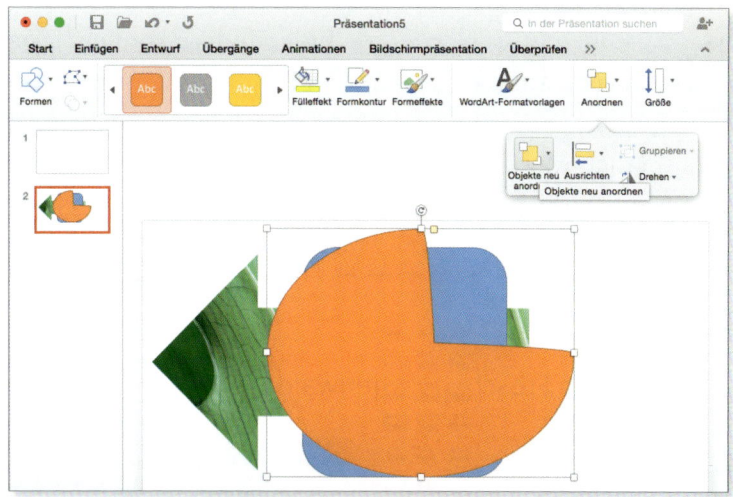

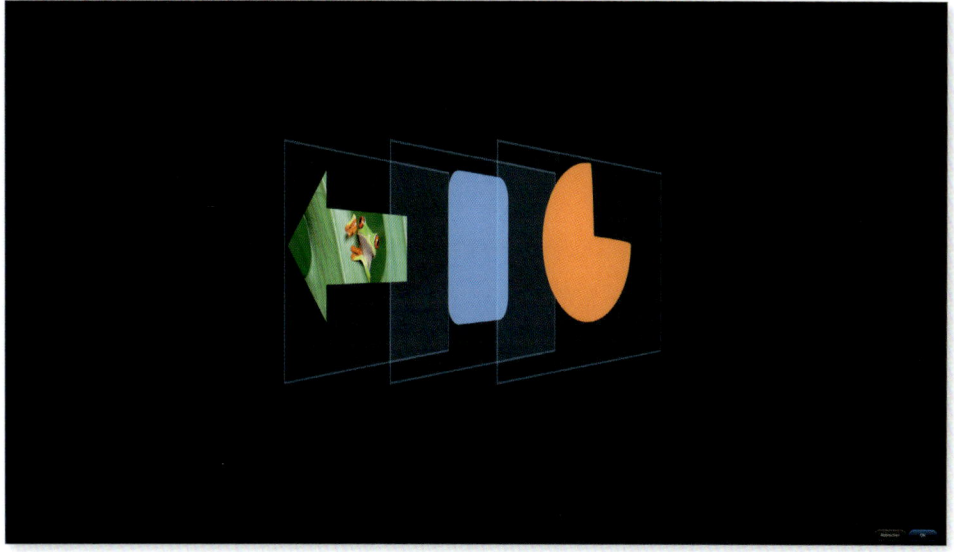

Objekte neu anordnen

In der 3D-Ansicht bekommen Sie alle Ebenen eines Dokuments zu sehen und können nun die Elemente auf diesen Ebenen beliebig verschieben und neu arrangieren.

 Alternativ zum Fotobrowser können Sie Bildobjekte ebenfalls über **Einfügen –> Bilder –> Bild aus Datei** in die Office-Apps laden. Und in den meisten Fällen klappt es auch direkt per Drag & Drop vom Finder aus in das geöffnete Dokument.

Auf zwei Besonderheiten möchte ich Sie noch hinweisen: zum einen auf die sogenannten *Bildformatvorlagen*. Dort finden Sie eine Reihe von Designs, mit denen Sie das Aussehen Ihres platzierten Bildes ändern können. Diese Designs umfassen verschiedene Möglichkeiten, das Bild zu drehen und in unterschiedliche Arten von Rahmen einzupassen. Natürlich können Sie diese Gestaltung jederzeit nachträglich via *Grafikrahmen* und/oder *Bildeffekte* korrigieren.

Bildformatvorlagen helfen Ihnen, Fotos rasch schön zu gestalten.

> **!** Die zweite, ebenfalls sehr interessante Funktion finden Sie im Kontextmenü des Bildes unter **Bild formatieren.** Sogleich klappt rechts daneben die Spalte **Grafik formatieren** auf, mit der Sie eine Reihe kreativer Dinge wie Schatten, Spiegelung etc. einstellen können.

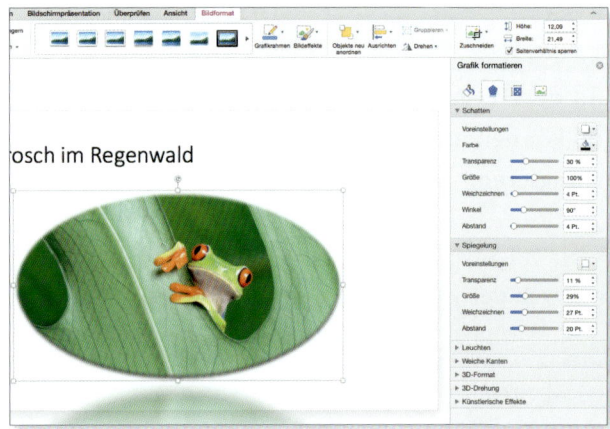

Jedes Bild kann mannigfaltig gestaltet werden.

SmartArt

Eine weitere sehr elegante Möglichkeit, Textinformationen grafisch gut aufbe-
reitet weiterzugeben, sind die sogenannten SmartArt-Grafiken. Diese finden Sie
ebenfalls im *Einfügen*-Menü und können dort direkt *SmartArt-Grafik* auswählen.
Sofort ändert sich Ihr Menüband und springt in den Bereich *SmartArt*. Wählen
Sie dort ähnlich wie beim Diagramm grundsätzlich den gewünschten Typ aus,
z. B. *Zyklus*. Wenn Sie einen Typ anklicken, erhalten Sie eine Reihe von weiteren
Grafiken präsentiert.

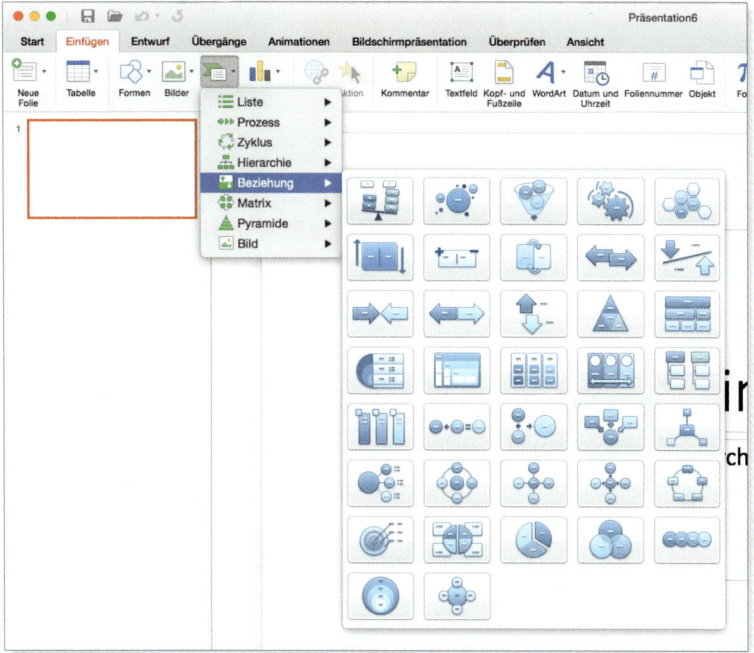

SmartArt-Grafik auswählen

Je nach ausgewählter SmartArt-Grafik erscheint die Grafik direkt im Dokument, und zusätzlich wird ein dunkles Fenster eingeblendet, in dem Sie diese
SmartArt-Grafik beschriften können.

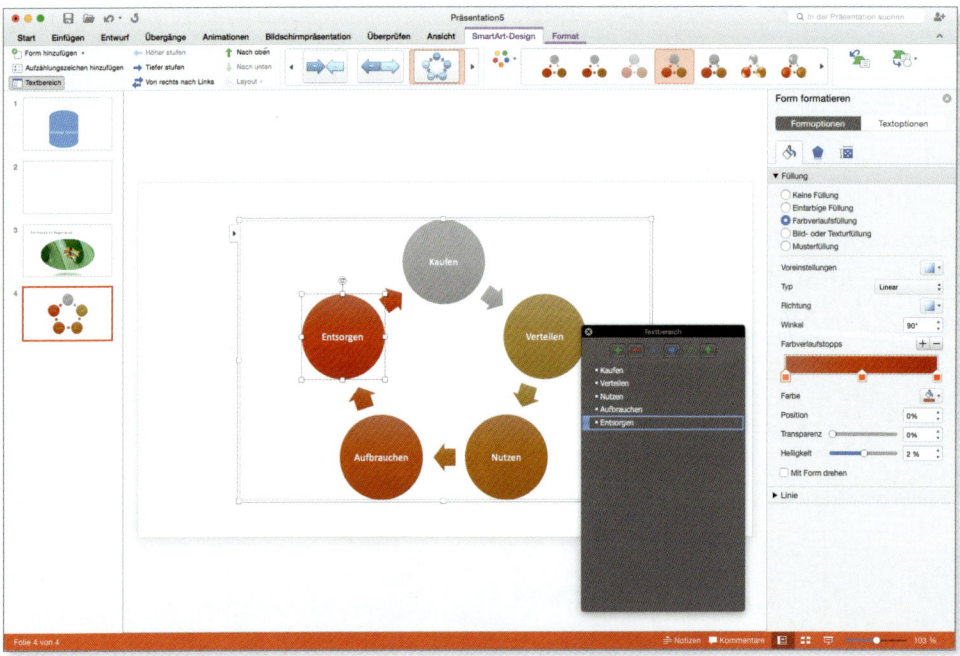

Beschriftung der SmartArt-Grafik

Achten Sie darauf, dass Sie bei der Beschriftung zusätzliche Positionen hinzufügen oder aus der Grafik entfernen können. Wählen Sie dazu das grüne Plus-
oder das rote Minuszeichen. Zudem, abhängig von der Art der Grafik, finden
Sie bei *Position* die Möglichkeit, Begriffe unterzugruppieren bzw. Begriffe nach
oben oder unten zu verschieben. Ist die SmartArt-Grafik beschriftet, können
Sie die Textinformation zuklappen und sich dem *SmartArt-Design* zuwenden,
um Ihre SmartArt-Grafik mit einer eigenen Gestaltung zu versehen. Zusätzlich
zum Design können Sie andere Fraben für Ihre SmartArt-Grafik auswählen.

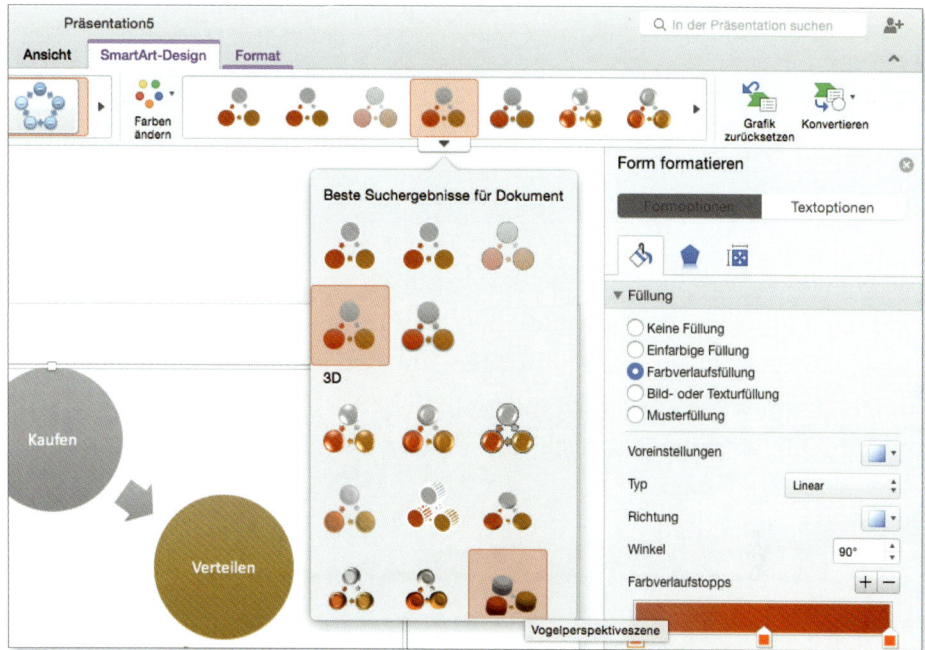

SmartArt-Grafik formatieren

> Sicher haben Sie schon bemerkt, dass Sie den Typ der SmartArt-Grafik jederzeit ändern können. Klicken Sie dazu Ihre SmartArt-Grafik an und wählen Sie im **Menüband** bei **SmartArt-Design** einen anderen **Typus**.

Möchten Sie ganz zum Schluss Ihre SmartArt-Grafik in ein Bild konvertieren, so ist auch dies möglich. Wählen Sie ganz rechts im Menüband *SmartArt-Design* den Bereich *Konvertieren* und dort den Unterpunkt *In Formen konvertieren*. So wird aus Ihrer editierbaren SmartArt-Grafik ein Bild.

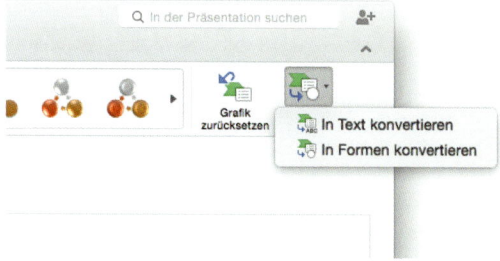

SmartArt-Grafik in Formen umwandeln

Natürlich können Sie mit der rechten Maustaste über **Form formatieren** jedem Element der SmartArt-Grafik ein individuelles Aussehen verpassen.

WordArt

Eine weitere sehr schöne Möglichkeit, grafisch ansprechend Informationen – in diesem Fall textuelle Informationen – zu präsentieren, ist *WordArt*. Word-Art bietet Ihnen viele grafische Vorlagen, um Text auffallend darzustellen. Auf WordArt können Sie zugreifen, indem Sie über den Menüpunkt *Einfügen* den Punkt *WordArt* aufrufen. Sogleich erscheint ein Beispieltext, und das Menüband wechselt zu *Formformat*.

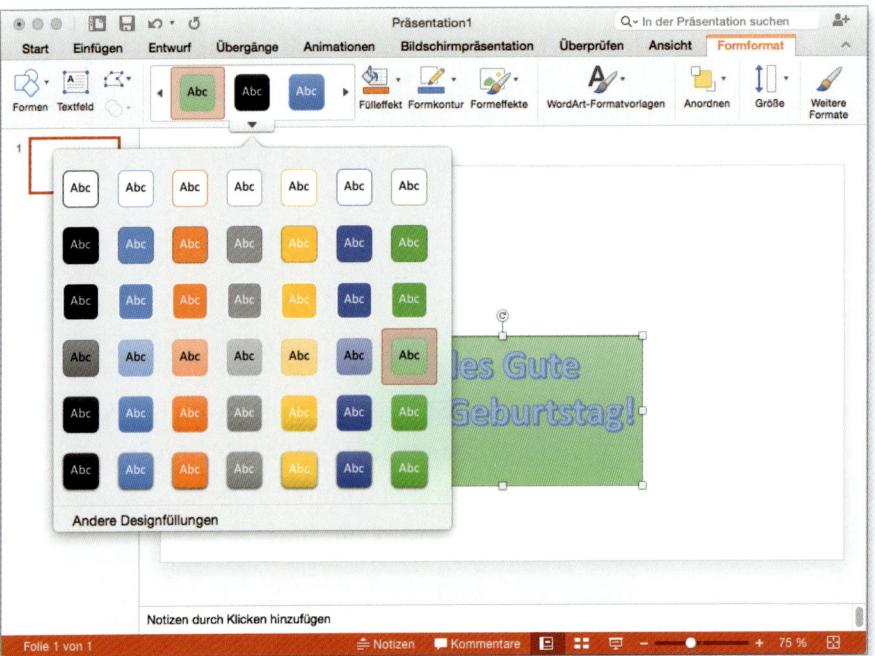

Mit WordArt bekommen Ihre Texte ein tolles Aussehen.

 Wählen Sie nun aus den Vorlagen das gewünschte Design aus, über den Eintrag **Andere Designfüllungen** bekommen Sie vielfältige Eigenschaften, um Ihre Text mit WordArt Ihren Bedürfnissen entsprechend zu gestalten.

> **!** Besonders interessant sind die Eigenschaften, die den Text dreidimensional darstellen. Klicken Sie hierfür den WordArt-Rahmen mit der rechten Maustaste an, wählen Sie dort im Bereich **Form formatieren** das **3D-Format** und die **3D-Drehung** aus und geben Sie die entsprechenden Werte ein, um eine sehr auffallende Textdarstellung zu erreichen.

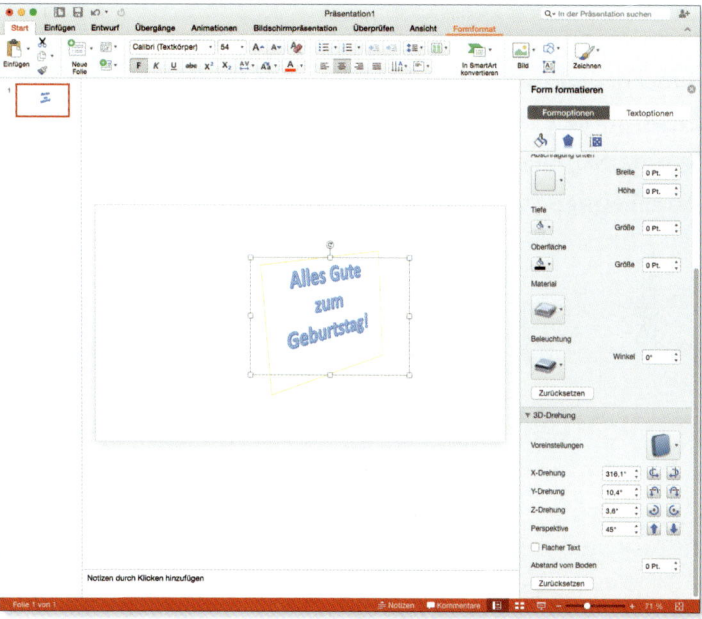

Eine 3D-Darstellung ist besonders auffällig in der Erscheinung und dennoch einfach zu gestalten.

WordArt-Effekte geben Ihrem Text dann den letzten Schliff.

Über *Fülleffekt*, *Formkontur* und schließlich *Formeffekte* lassen sich weitere Gestaltungsoptionen aufrufen. So können Sie also mit wenigen Tricks großartige Effekte bei der Darstellung von textuellen Informationen erreichen.

Formel-Editor

Der Microsoft Formel-Editor ist sicherlich eine Funktion, die nicht jedermann benötigt, doch für viele ist er ein sehr wichtiges Hilfsmittel. Er wird aufgerufen über das Menüband unter *Einfügen*, und dort wird der Eintrag *Formel* ausgewählt. Sogleich werden einige Standardformeln eingeblendet, aus denen Sie auswählen können.

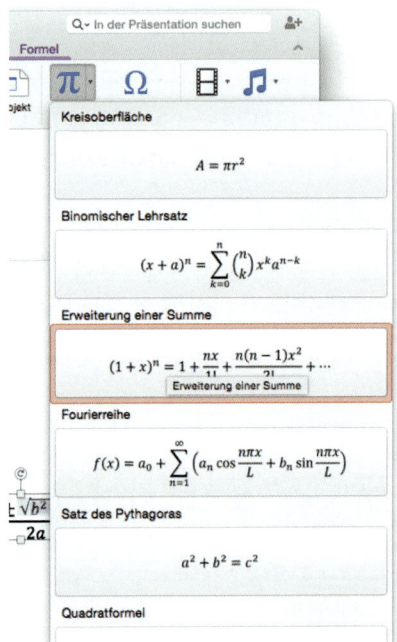

Via „Formel" steht eine Reihe von Standardformeln zur Verfügung.

Ist die Formel erstmal erstellt, kann Sie über das Menüband *Formel* beliebig erweitert, ergänzt und modifiziert werden. Dabei steht eine Reihe von Sonderzeichen zur Verfügung, aber auch viele Formelkonstrukte wie *Wurzel*, *Integral* etc..

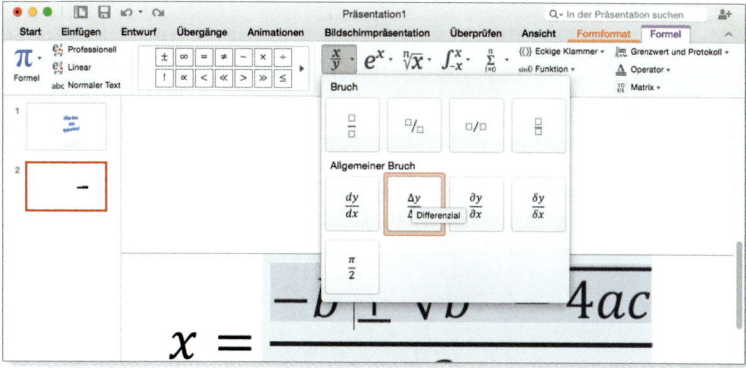

Das Menüband „Formel" hält zahlreiche Optionen für Sie parat.

Sonderzeichen

Es gibt einige Zeichen, die Sie nur ab und zu benötigen, und just weil Sie diese nur selten verwenden, ist es bisweilen schwierig, diese Zeichen auch ausfindig zu machen, da sie unter Umständen auf der Tastatur nicht direkt gefunden werden.

> **!** Bei Excel und PowerPoint nennt sich diese Funktion **Sonderzeichen**, wohingegen Word es **Erweitertes Symbol** nennt. Und aufgrund dieser unterschiedlichen Begrifflichkeit ist auch klargestellt, dass es sich um verschiedene Funktionen handelt. Deshalb werde ich zunächst auf Sonderzeichen von Excel und PowerPoint eingehen, wie sie übrigens auch in OneNote und Outlook – und ebenso in Word – zum Einsatz kommen können.

Doch eine Reihe von Sonderzeichen benötigt man sehr, sehr häufig, deswegen hier in Form einer Tabelle die wichtigsten Zeichen und die Tastenkombinationen, mit denen Sie diese aufrufen können.

Zeichen	Tastenkombination
@	alt + L
Copyright-Zeichen ©	alt + G
Euro-Zeichen €	alt + E
Backslash \	alt + Shift + 7
Gerader Strich nach oben |	alt + 7
Kleiner Aufzählungspunkt •	alt + Ü
Register-Zeichen ®	alt + R
Promillezeichen ‰	alt + Shift + E

Für alle anderen und weiteren Funktionen ist der Eintrag *Sonderzeichen* im Menüband *Einfügen* zuständig.

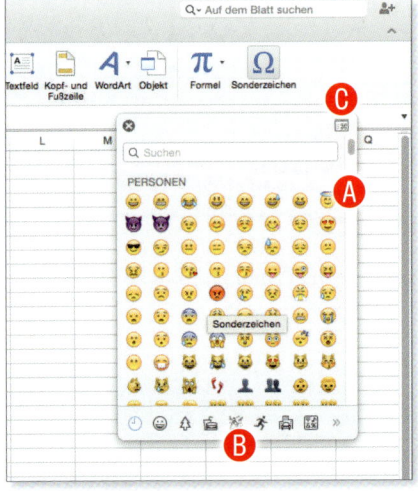

Die Sonderzeichen werden über den gleichnamigen Begriff des „Einfügen"-Menübandes aufgerufen.

> **!** Zwei sehr wichtige Informationen dazu:
> a) Diese Sonderzeichen-Palette stellt Ihnen OS X zur Verfügung. Deshalb können Sie diese jederzeit über die Tastenkombination **cmd + ctrl + Leertaste** aufrufen. Egal wo! Und damit auch in Microsoft Word!
> b) Sie können nun mit der Maus von oben nach unten durchscrollen **A** oder die Mini-Icons im Fußbereich anklicken, um schneller navigieren zu können **B**.

Klicken Sie auf **C**, um ein Fenster zu erhalten, in dem die Spezialzeichen noch übersichtlicher dargestellt werden. In diesem Fenster können Sie dann zusätzlich Icons als Favoriten ablegen, um noch schneller darauf zugreifen zu können.

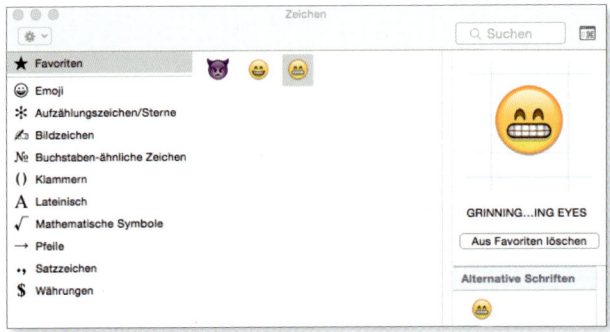

Sonderzeichen können als eigenes Fenster dargestellt werden.

Soll das Fenster wieder verschwinden, so schließen Sie es einfach links oben mit dem roten Knopf.

Word bietet darüber hinaus eine erweiterte Funktion, und diese finden Sie im Menüpunkt *Einfügen –> Symbol –> Erweitertes Symbol* bzw. Menüband *Einfügen –> Erweitertes Symbol*.

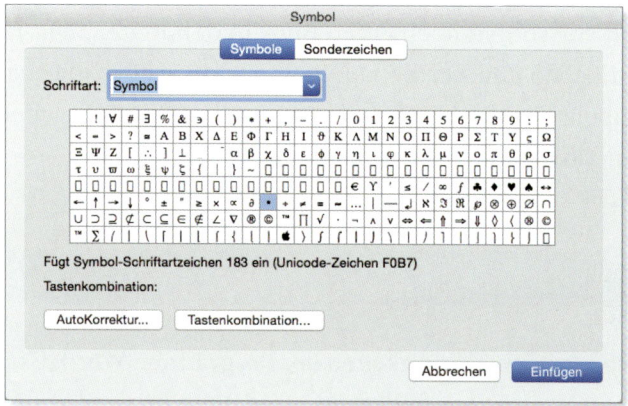

Erweitertes Symbol bei Microsoft Word

Hier erscheint das Fenster namens *Symbole*, das versierte Anwender unter Ihnen bereits von früheren Word-Versionen her kennen dürften. Besonders interessant ist dabei die Auswahl der Schrift. Sie sehen neben *Schriftart* einen Pfeil nach unten und können nun auf alle derzeit installierten und aktiven Schriften auf Ihrem Betriebssystem zurückgreifen. Von ganz besonderem Interesse sind Schriften wie *Wingdings*, *Wingdings 2*, *Wingdings 3* oder auch die *Zapf Dingbats*: Diese Schriften dienen nämlich explizit der Darstellung von Spezial- und Sonderzeichen.

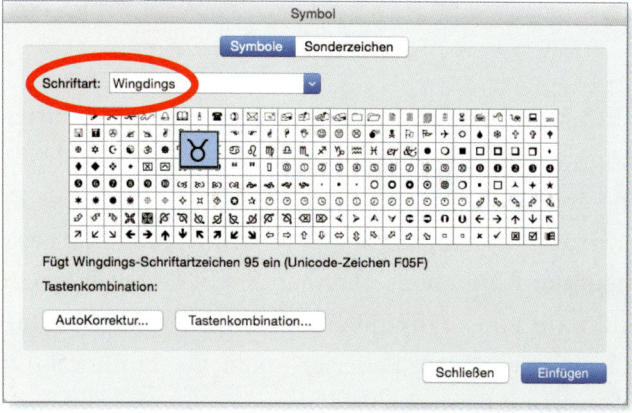

Sonderzeichen der Schrift „Wingdings"

Klicken Sie ein Zeichen an, um es in vergrößerter Darstellung zu erhalten. Möchten Sie das Zeichen in Ihr Dokument einfügen, so wählen Sie den gleichnamigen Button im rechten unteren Teil des Fensters.

Wenn Sie dieses Spezialzeichen häufig benötigen, so ist es eine gute Idee, über den Button *Tastenkombination* diesem Spezialzeichen eine neue Tastenkombination zuzuweisen, über die Sie es stets schnell und effektiv in Ihr Dokument einbinden können. Sie sollten noch einen Blick in den Reiter *Sonderzeichen* werfen, denn dort sind neben den Zeichen, die wir vorhin schon innerhalb der Tabelle besprochen haben, noch weitere häufig verwendete Spezialzeichen inklusive der dazugehörigen Tastenkombinationen aufgelistet.

Link

Es gibt noch weitere Gemeinsamkeiten der Programme Word, Excel, PowerPoint, Outlook und OneNote. Diese findet sich wiederum im *Einfügen*-Menüband und heißt *Link*. Die dazugehörige Tastenkombination lautet *cmd + K*. Diese Funktion ist sehr einfach: Sie können in jedem Programm damit auf einen Text oder eine Grafik einen Hyperlink einfügen.

Link einfügen

Dieser Hyperlink kann z. B. eine Verknüpfung zu einer Webseite im Internet sein. Ebenso können Sie auch einen Hyperlink zu einer E-Mail-Adresse einfügen. Klickt nun eine andere Person auf diesen Hyperlink, der eine E-Mail-Adresse repräsentiert, wird bei ihm die Standard-E-Mail-Applikation gestartet und eine neue E-Mail geöffnet. Und ebenso können Sie in den drei Programmen einen Hyperlink innerhalb eines Dokuments einbauen. In PowerPoint können Sie zusätzlich noch auf eine andere Folie verlinken. Die Funktionalität *Link* ist also in allen Applikationen identisch.

Textfeld

Wenn Sie einen neuen Textrahmen auf der Seite platzieren möchten, dann wählen Sie eben die Eigenschaft *Textfeld* aus und fahren mit der Maus an die Position, an der das Textfeld erzeugt werden soll. Ziehen Sie mit gedrückter linker Maustaste einen Rahmen auf, um einen neuen, leeren Textrahmen zu erzeugen.

 Soll dieser Rahmen quadratisch sein, dann nehmen Sie zusätzlich die **Shift-Taste** zu Hilfe. Also: Verwenden Sie die linke Maustaste und halten Sie die **Shift-Taste** gedrückt, um einen quadratischen Rahmen zu erhalten. Soll dieser Rahmen noch von der Mitte her aufgezogen werden und nicht vom linken oberen Eck, so halten Sie zusätzlich die **alt-Taste** gedrückt.

Haben Sie so ein neues Textfeld erstellt, können Sie sofort damit beginnen, in dieses Feld Text einzutragen.

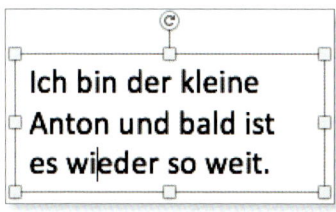

Der Textrahmen ist mit Text gefüllt.

An den Anfassern kann das Textfeld nachträglich in der Größe geändert werden. Ausnahme ist hierbei PowerPoint: Dort legen Sie lediglich die Breite, aber eben nicht die Höhe fest. Diese ergibt sich aus der Textmenge innerhalb des Textfeldes. Und Sie können das Textfeld über den Anfasser oben mittig ganz einfach drehen.

Soll das Textfeld als Gesamtes formatiert werden, so sollten Sie im Menüband den Bereich *Formformat* ansteuern. Weiterhin können Sie über das Kontextmenü *Form formatieren* rechts daneben einblenden.

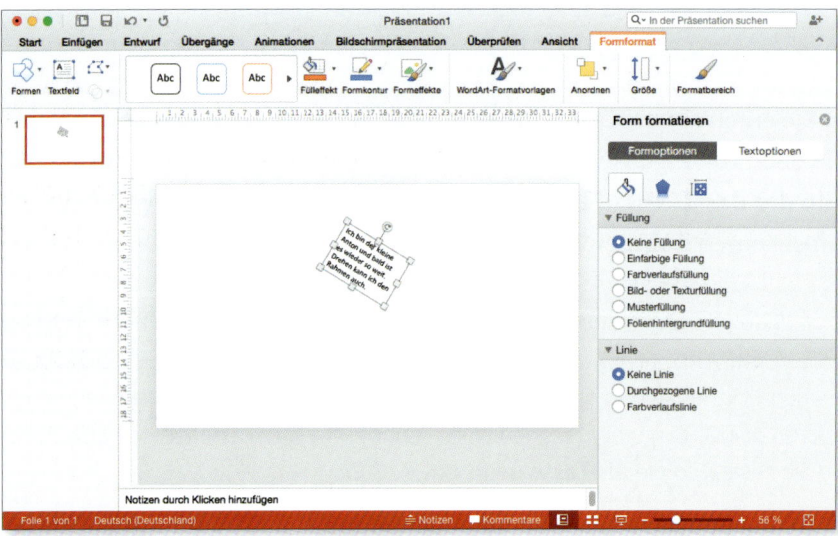

Über das Menüband und via „Form formatieren" steht wiederum eine Reihe von Funktionen zur Verfügung.

Hierbei ist eine Funktion noch hervorzuheben, die bisweilen in der Praxis notwendig ist: Soll der Text innerhalb des Rahmens umbrochen werden, also der Text sich an den Rahmen anpassen oder umgekehrt? Dazu können Sie in den *Textoptionen* bei *Textfeld* das entsprechende Häkchen setzen oder eben nicht.

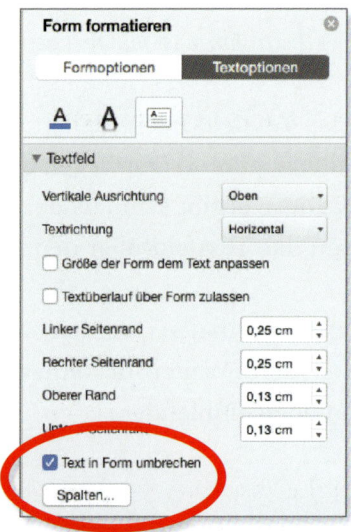

Soll der Text im Rahmen umbrochen werden?
Auch eine Spaltenanzahl kann noch definiert werden.

Kommentar

Kommentare sind eine nützliche Funktion, wenn Sie Dokumente überarbeiten oder bereits beim Erstellen noch Ideen haben, die aber aktuell noch nicht ausformuliert oder dargestellt werden können. Über das *Einfügen*-Menüband finden Sie in Word, Excel und PowerPoint die entsprechende Funktion ❶. Sobald die Funktion angeklickt ist, erscheint im Aufgabenbereich *Kommentare*. Dort kann nun der Hinweistext eingetippt werden ❷. Über die beiden Icons im rechten Bereich ❸ können Sie durch die Kommentare in Ihrem Dokument blättern.

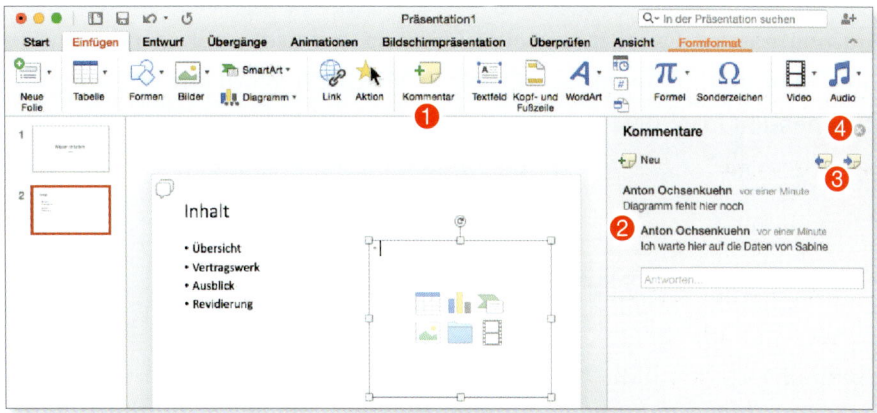

Über Kommentare können Sie und andere Anwender weitere Ideen oder Änderungswünsche kommunizieren.

Haben Sie die Kommentare im Aufgabenbereich wieder geschlossen ❹, können Sie durch Anklicken des entsprechenden Icons in der jeweiligen App diese wieder zum Vorschein bringen.

In PowerPoint sieht man Kommentare durch die Sprechblasen-Icons links oben auf der Folie.

Kommentare werden mit Ihrem Namen versehen. Dieser entstammt entweder den Benutzerinformationen in den Einstellungen der jeweiligen App oder Ihren Office-365-Zugangsdaten.

Und selbstverständlich kann ein anderer Anwender zu Ihren Kommentaren Antworten einfügen oder auch Kommentare löschen. Die Kommentare werden immer zusammen mit dem Dokument abgespeichert.

Einfügen –> Objekt

In den Programmen Word, Excel und auch PowerPoint finden Sie zudem im Menüpunkt *Einfügen* den Untereintrag *Objekt*. Dieser Menüpunkt dient dazu, um von einer Applikation auf die Funktionalität einer anderen Applikation zuzugreifen. Ein Beispiel: Sie befinden sich derzeit in Microsoft Word und wollen nun eine Tabelle mit einigen Berechnungen haben. Excel ist definitiv der Profi, was Tabellenkalkulation angeht. Was liegt da also näher, als jetzt auf die Funktionalität von Excel zuzugreifen? Und das geht sehr, sehr einfach: Wählen Sie den Menüpunkt *Einfügen –> Objekt* in Microsoft Word aus und aus der nun auftauchenden Liste den Eintrag *Microsoft Excel-Tabelle*.

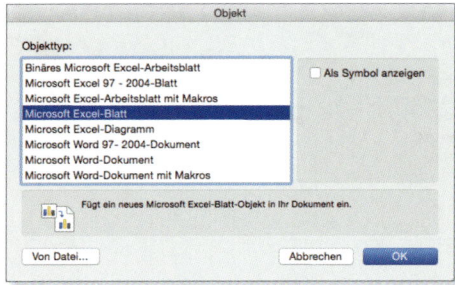

Einfügen –> Objekt

Sogleich wird Excel mit einem neuen, leeren Tabellenblatt nach vorne kommen, und Sie können, wie Sie es von Excel gewohnt sind, dort Ihre Zahlen und Texte eintragen. Sobald Sie das Excel-Dokument schließen, wird diese Tabelleninformation zu Microsoft Word übertragen.

Möchten Sie zu einem späteren Zeitpunkt diese nun in Word eingebetteten Informationen wieder mit dem Originalprogramm Excel bearbeiten, so genügt ein Doppelklick auf das Element, das Sie in Word platziert haben, also die Excel-Tabelle. Besonders häufigen Gebrauch von dieser Objektfunktionalität macht PowerPoint. In PowerPoint können Sie so sehr einfach z. B. auf Excel-Tabellen, aber auch auf Excel-Diagramme zurückgreifen. PowerPoint selbst kennt keine Diagrammfunktion und borgt sich diese Diagrammfunktion deshalb von Microsoft Excel.

Ebenso könnten Sie auch in Word Excel-Diagramme erstellen. Der Weg zu den Funktionen der jeweils anderen Applikation führt immer über die Menüfunktion *Einfügen –> Objekt*.

Weitere gemeinsame Komponenten

Fenster Aufgabenbereich

Eine große Anzahl sinnvoller kontextbezogener Optionen sind im rechten seitlichen Fenster anwählbar. Dieses Fenster nennt man Aufgabenbereich, und es kann häufig in den Office-Apps via *cmd + shift + 1* eingeblendet werden.

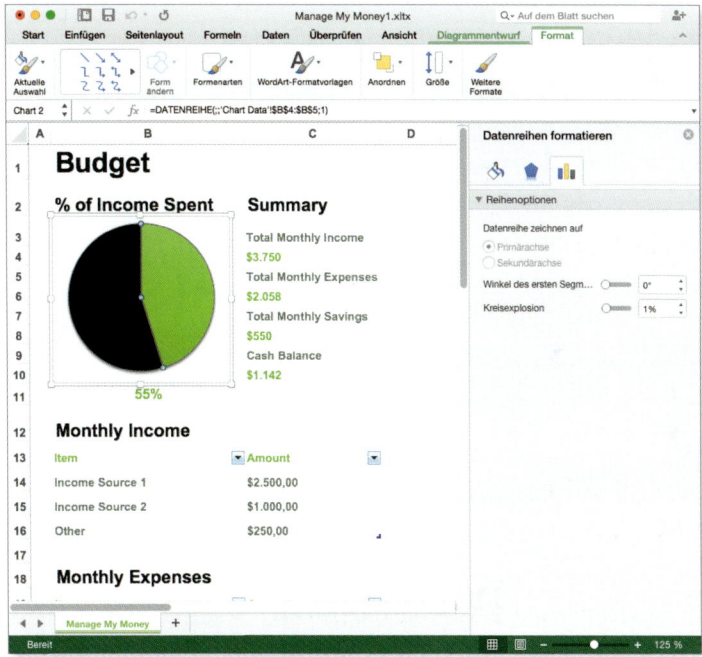

Im Aufgabenbereich sind umfangreiche Formatierfunktionen untergebracht.

Über das x in der rechten oberen Ecke kann der Aufgabenbereich geschlossen werden.

An vielen Stellen kann dieses nützliche Zusatzfenster über das Kontextmenü aufgerufen werden. Die Einträge dazu heißen z. B. *Hintergrund formatieren*, *Form formatieren*, *Datenreihen formatieren* etc., und sogleich erscheint das dazugehörige Aufgabenbereichsfenster.

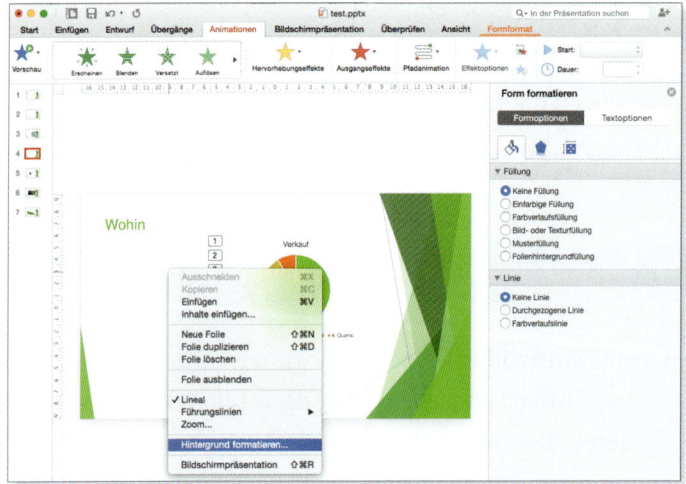

Der Aufgabenbereich liegt normalerweise rechts daneben.

Der *Aufgabenbereich* kann jederzeit vom Fenster abgetrennt werden und als eigenständiges Element erscheinen. Nehmen Sie dazu Ihren Mauszeiger im Kopfbereich des Aufgabenbereichsfensters und ziehen Sie dieses z. B. seitlich weg. Schon haben Sie ein frei schwebendes Fenster mit all den Funktionen, das nun ebenfalls auch wieder geschlossen werden kann.

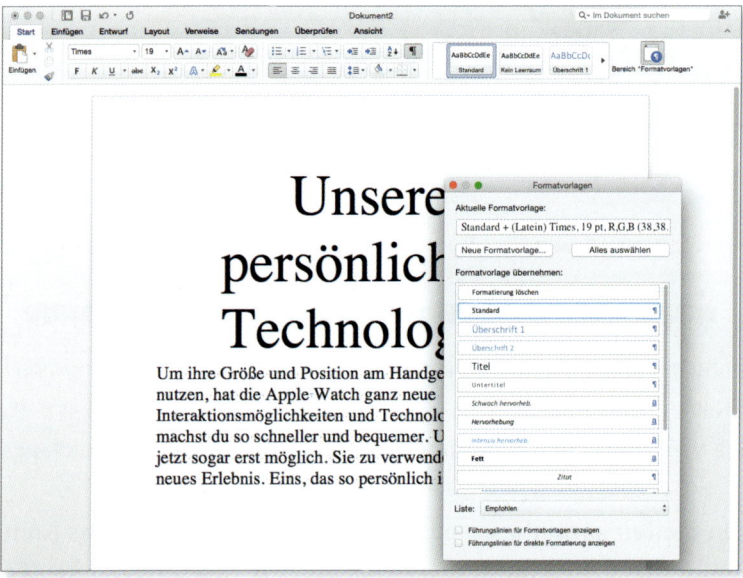

Das Fenster „Aufgabenbereich" ist nun freischwebend.

Und natürlich können Sie dieses Fenster am unteren Rand anfassen und so von der Länge her ändern.

Funktionen der Titelleiste

Zunächst einmal kann die Titelleiste in ihrer farblichen Darstellung angepasst werden. Starten Sie dazu Word, Excel oder PowerPoint und gehen Sie via *Einstellungen* zu *Allgemein* und wählen dort bei *Personalisieren Klassisch* oder *Farbig* aus.

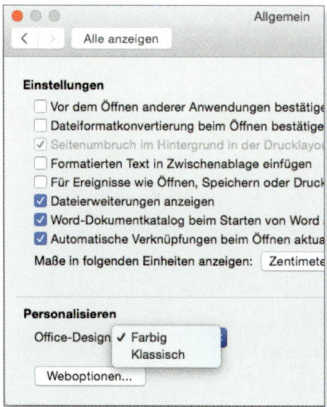

Mit der klassischen Farbgebung sind Excel, Word und PowerPoint nicht unterscheidbar.

Weiterhin hat die Titelleiste programmübergreifend einige sehr interessante Funktionen zu bieten.

Die Titelleiste beherbergt wichtige Features.

Direkt rechts neben den Fensterfunktionen befinden sich die beiden Buttons für den Zugriff auf deb Öffnen-Dialog bzw. Vorlagenkatalog und daneben der Speichern-Knopf ❶. Rückgängigmachen bzw. Wiederholen ❷ ist über die Pfeile abrufbar. Dabei kann beim Rückgängigmachen durch das Anklicken des Aufklappmenüs eine Liste aller verwendeten Schritte eingeblendet werden.

Die Suchfunktion ❸ unterscheidet sich je nach verwendeter App. Allen ist gemeinsam, dass durch den kleinen Pfeil nach unten die *Erweiterte Suche* aufgerufen werden kann.

Die Nummer ❹ kennzeichnet das sogenannte Proxy-Icon und den Dateinamen, sofern das Dokument schon abgelegt wurde. Über das Proxy-Icon können Sie mit der Maus einfach die Datei z. B. auf den Desktop verschieben. Hingegen das Antippen des Dateinamens in der Titelleiste mit der rechten Maustaste zeigt Ihnen den Ablageort der Datei an.

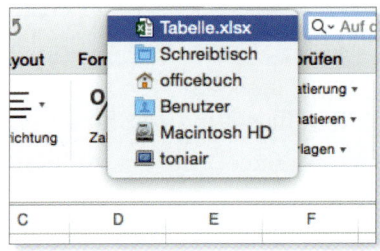

Der Dateiname im Titel kann den Ablageort zeigen.

Und zu guter Letzt finden Sie ganz rechts außen ❺ noch einige sehr wichtige Funktionen vor, um beispielsweise dieses Dokument mit anderen zu teilen.

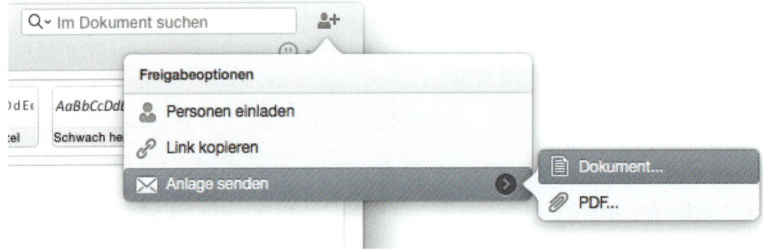

Über die Freigabeoptionen lassen Sie andere an Ihrem Schaffen teilnehmen.

Besonders elegant ist dabei die Funktion *Anlage senden*. Entscheiden Sie nun noch, ob die Originaldatei (*Dokument*) oder ein *PDF* davon versendet werden soll. Sogleich startet Ihr E-Mail-Programm, und eine neue E-Mail mit dem Dateianhang erscheint.

Via *Link kopieren* können Sie die URL Ihres Dokuments weitergeben. Aber ebenso wie bei *Personen einladen* muss die Datei dann online verfügbar sein – also im Regelfall über OneDrive. Dazu später mehr.

Extras –> AutoKorrektur

Ich möchte das einleitende Kapitel der gemeinsamen Funktionen der Applikationen noch mit einem besonderen Schmankerl anreichern, nämlich der *AutoKorrektur*. Die AutoKorrektur existiert in allen Applikationen, also auch in Outlook. In den Programmen Word, Excel und PowerPoint ist diese über das Menü *Extras* aufzurufen; lediglich bei Outlook muss die AutoKorrektur über die *Einstellungen* (*cmd* + ,) aufgerufen werden, was auch in Excel, Word und Power-Point funktioniert.

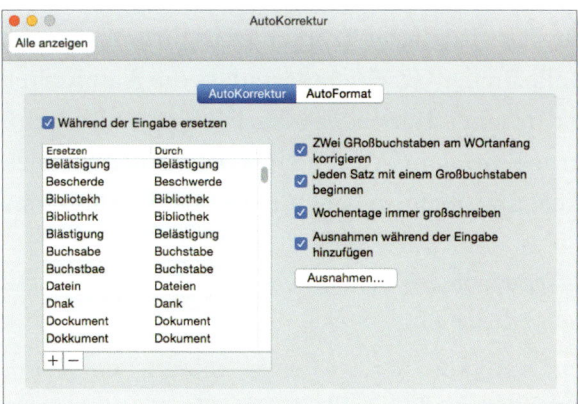

AutoKorrektur in Outlook

Der Funktionsumfang ist jedoch in allen vier Applikationen nahezu identisch. Die Idee von AutoKorrektur ist eine relativ simple: Es gibt sehr oft Begriffe, die man versehentlich falsch tippt. AutoKorrektur nimmt sich dieser Begriffe an und korrigiert sie automatisch in die richtig geschriebene Fassung. Deshalb befindet sich in den vier Office-Applikationen bei AutoKorrektur bereits eine Reihe von Begriffen.

Angenommen, Sie tippen ständig Apple mit APPEL statt dem richtig geschriebenen Wort Apple. Tragen Sie nun die falsche Fassung bei *Ersetzen* ein und bei *Durch* die korrekte Version. Über den Button *Hinzufügen* wird dieser Eintrag nun in die Liste mit aufgenommen.

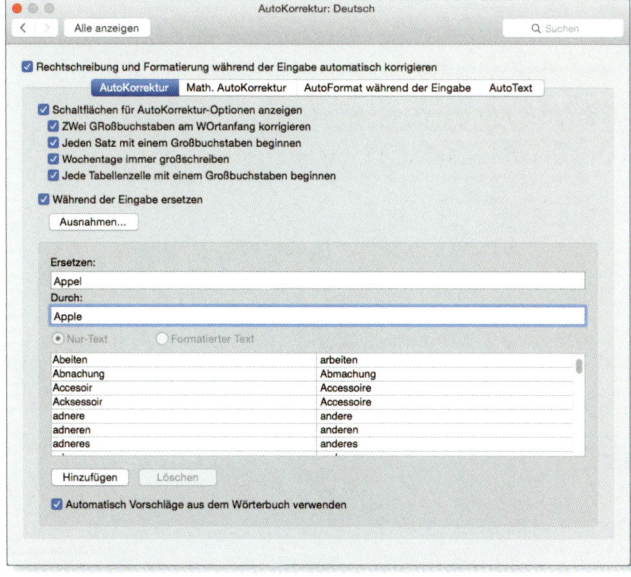

Neuen AutoKorrektur-Eintrag erstellen

Fortan befindet sich also dieser Tippfehler in Ihrer AutoKorrektur-Liste, und das besonders Tolle an der Geschichte ist, dass die AutoKorrekturliste applikationsübergreifend arbeitet. Haben Sie also, wie in dem Bildschirmfoto zu sehen, den AutoKorrektur-Eintrag in Word erstellt, so werden Sie diesen Eintrag auch bei Microsoft Excel und genauso bei Outlook und PowerPoint vorfinden.

> **!** Unter Umständen müssen Sie die jeweils anderen Applikationen nochmals neu starten, damit sich die AutoKorrektur-Einträge auch abgleichen können.

Wenn Sie nun das Wort wieder falsch schreiben und danach mit einem Leerschritt fortfahren wollen, wird die AutoKorrektur diesen Begriff automatisch durch die richtige Fassung ersetzen. Wir können nun die Funktion *AutoKorrektur* aber auch für andere Zwecke einordnen, die besonders nützlich sind.

Wenn Sie sich Ihre tagtägliche Korrespondenz in Form von E-Mail, Briefen etc. ansehen, werden Sie feststellen, dass es häufig vorkommende Floskeln gibt wie „Mit freundlichen Grüßen", „Sehr geehrte Damen und Herren" etc. Es wäre doch eine wunderschöne Geschichte, diese Floskeln in Zukunft der AutoKorrektur zu übergeben. Genau das funktioniert auch.

Holen Sie beispielsweise aus dem Programm Word über *Extras –> AutoKorrektur* die Liste nach vorne. Bei *Ersetzen* tragen Sie das Kürzel „sgh" ein, bei *Durch* setzen Sie den korrekt geschriebenen Begriff „Sehr geehrter Herr" ein. Über *Hinzufügen* wird dieser Begriff in die Liste aufgenommen.

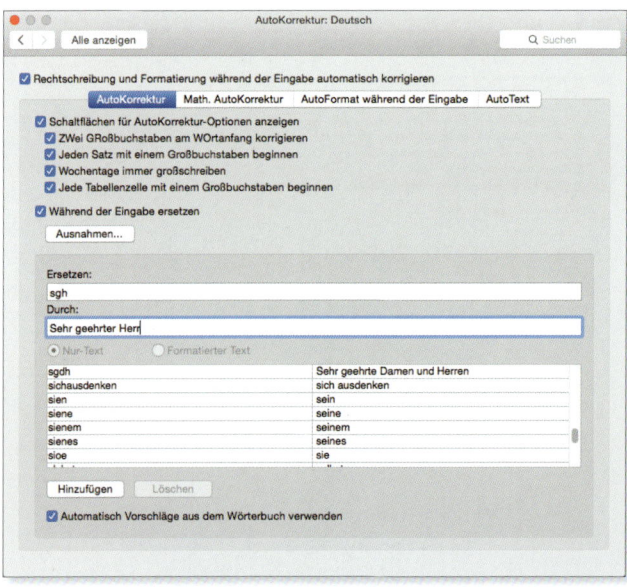

AutoKorrektur-Eintrag „sgh"

Dabei werden Sie feststellen, dass es den Eintrag „Sehr geehrte Damen und Herren" mit dem Kürzel „sgdh" bereits gibt, und wenn Sie die Liste noch genauer durchsuchen, finden Sie auch das Kürzel „mfg" mit dem Eintrag „Mit freundlichen Grüßen". Vergessen Sie nicht, den neuen Eintrag mit *Hinzufügen* in der Liste aufzunehmen. Mit *OK* können Sie dasselbige veranlassen. Sie können es sofort ausprobieren.

Tippen Sie nun „sgh" in einer beliebigen Applikation ein, so wird sofort nach dem Leerschritt der vollständige Text „Sehr geehrter Herr" zum Vorschein kommen. Ebenso funktioniert es bei „mfg" und bei „sgdh" für „Sehr geehrte Damen und Herren".

Sie sehen, Sie haben damit eine hervorragende Möglichkeit geschaffen, häufig einzutippende Phrasen, Fremdwörter usw. durch Abkürzungen in diese Auto-Korrektur-Liste aufzunehmen und sich dadurch jeden Tag eine Menge Zeit zu sparen.

> **!** Innerhalb von Word können Sie die AutoKorrektur-Funktion noch perfekter einsetzen. Wie am Bildschirmfoto zu sehen ist, können Sie in Word einen mehrzeiligen Text inklusive Formatierung wie z. B. Ihre Adresse erfassen. Anschließend markieren Sie diese und gehen zu **Extras –> AutoKorrektur.** Sie sehen, dass im Bereich **Durch** die Adresse schon eingesetzt ist. Sie müssen sich jetzt lediglich bei **Ersetzen** ein Kürzel überlegen, mit dem Sie diese Adresse „hervorzaubern" wollen.

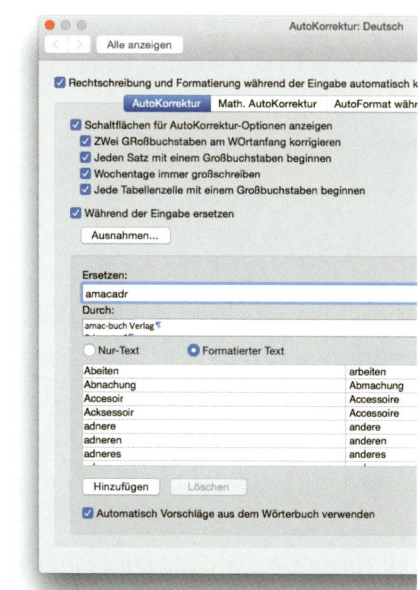

Adresse als AutoKorrektur in Word

Vergessen Sie nicht, über *Hinzufügen* den Eintrat in die Liste mit aufzunehmen. Und nun können Sie in Zukunft statt der Eingabe Ihrer kompletten Adresse durch das Kürzel und eine nachfolgenden Leerschritt die Adresse in Ihr Word-Dokument einfügen.

> Leider funktioniert der mehrzeilige AutoKorrektureintrag nicht innerhalb von PowerPoint, Outlook und Excel. Dort sind lediglich fortlaufende Texte ohne Absatz- oder Zeilenschaltung möglich.

Weitere AutoKorrektur-Optionen

Aber die AutoKorrektur kann noch mehr. Neben der Liste von Begriffen finden Sie im oberen Bereich des AutoKorrektur-Fensters weitere sehr nützliche Einstellungen.

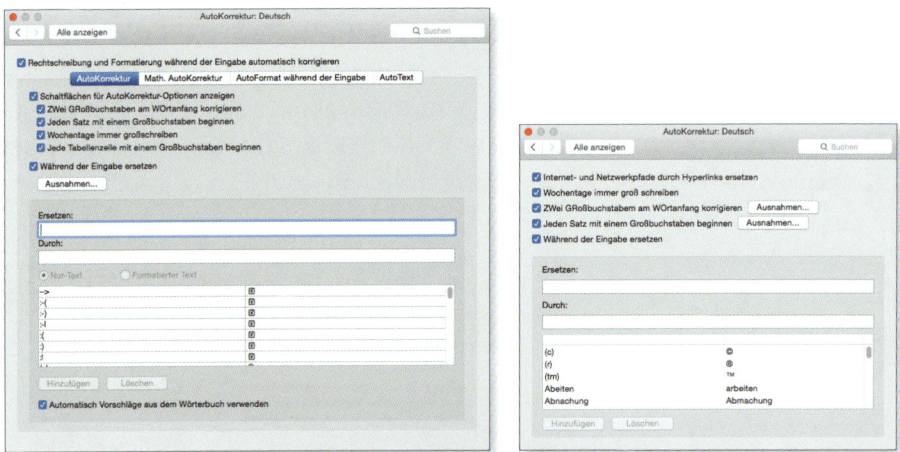

Weitere AutoKorrektur-Optionen

Sie sehen im Bildschirmfoto links die AutoKorrektur-Einstellungen innerhalb von Word und rechts daneben die von Excel. Sie sehen, dass die *Optionen* darüber möglicherweise etwas anders dargestellt werden, großteils aber identisch sind.

- *Zwei Großbuchstaben am Wortanfang korrigieren*: Wenn Sie diese Funktion aktivieren, werden zwei Großbuchstaben am Wortanfang automatisch korrigiert.

- *Jeden Satz mit einem Großbuchstaben beginnen*: Wie die Funktion schon aussagt, wird stets am Zeilenanfang bzw. nach einem Punkt, Ausrufezeichen oder Fragezeichen automatisch mit einem großen Buchstaben weitergeschrieben, auch wenn Sie selbst keinen Großbuchstaben eingetragen haben. Diese Funktion kann manchmal etwas ärgerlich sein. Ich habe sie oftmals an meinen Rechnern deaktiviert, weil eben auch am Zeilenanfang stets großgeschrieben wird, was ich in vielen Fällen nicht haben möchte.

- *Wochentage immer großschreiben*: Hiermit werden also Wochentage stets mit einem Großbuchstaben zu Beginn dargestellt.

Möchten Sie die AutoKorrektur-Funktion, also die Ersetzungstabelle im unteren Bereich, nicht verwenden, so entfernen Sie einfach das Häkchen bei *Während der Eingabe ersetzen*. Je nach Applikation können Sie auch noch Ausnahmeregeln definieren, wann eine Ersetzung stattfinden soll und wann nicht. Befindet sich im unteren Bereich in der Liste ein Eintrag, den Sie entfernen wollen, so suchen Sie diesen einfach auf und nehmen ihn mit *Löschen* aus der Liste heraus.

Sie haben bereits bemerkt, dass die Liste der Einträge in allen vier Programmen identisch geführt wird. Aber die **Optionen** im oberen Bereich der AutoKorrektur-Funktionalität sind programmspezifisch, können also in jeder Applikation Ihren individuellen Bedürfnissen angepasst werden.

OneDrive bzw. SkyDrive

Neu in allen drei Applikationen – Word, Excel und PowerPoint – ist die Möglichkeit, mit zwei Klicks Ihr aktuelles Dokument nicht lokal auf Ihrer Festplatte, sondern in der Internetwolke (Cloud) abzulegen. Microsoft stellt hierfür einen kostenlosen Dienst namens *SkyDrive* zur Verfügung. Anfang 2014 hat Microsoft den Dienst zu *OneDrive* umbenannt. Hatten Sie bisher einen SkyDrive-Zugang, dann ändert sich für Sie nichts, nur eben der Name ist ein anderer.

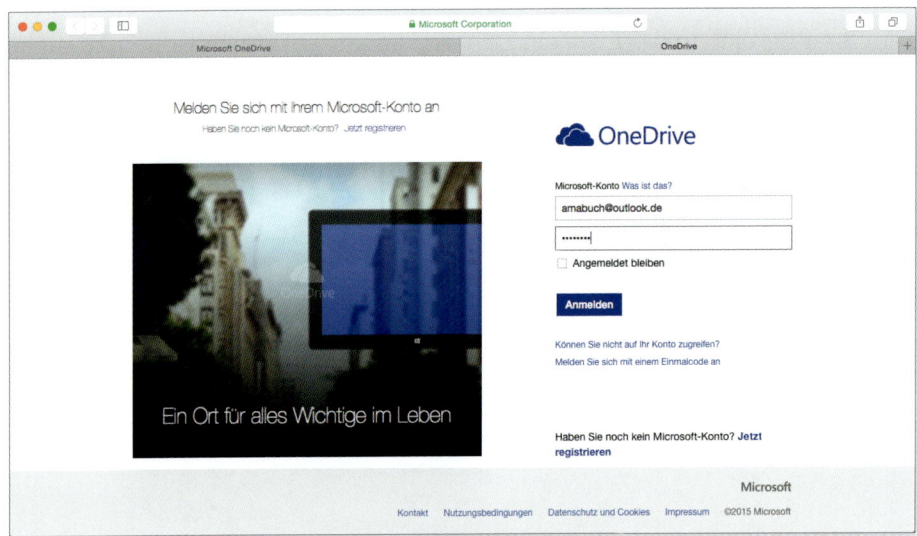

OneDrive über den Browser

OneDrive bietet Ihnen einen kostenlosen Onlinespeicher von 7 GB (+ 20 GB, wenn Sie ein Office 365-Abo haben) – genügend Platz, um Office-Dokumente dort abzulegen und auf anderen Computern weiterzuverwenden. In OneDrive sind all Ihre Daten durch Ihr Kennwort und Ihre Zugangsdaten geschützt. Sie können aber Freigaben wunschgemäß definieren, um auch anderen Personen oder Gruppen Daten zur Verfügung zu stellen. Die Funktion der Datenübermittlung an OneDrive befindet sich in allen Applikationen bei *Datei –> Speichern –> Onlinespeicherorte*. Hierzu benötigen Sie Ihren Benutzernamen und das Kennwort, das Sie sich vor der Installation zugewiesen haben und mit dem Sie sich bei Office 365 online anmelden.

Um Dateien aus dem Onlinespeicher von OneDrive wieder zu öffnen, wählen Sie erneut *Onlinespeicherort* aus, sofern lokale Daten angezeigt werden.

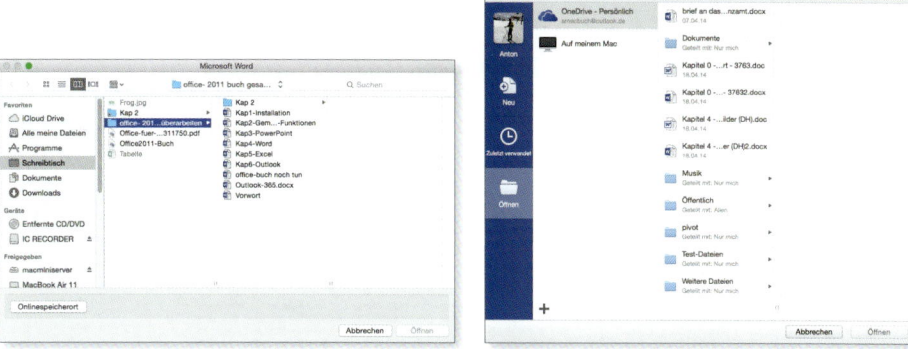

Via „Onlinespeicherort" bzw. „Auf meinem Mac" können Sie zwischen lokal und Cloud umschalten.

Besonders klasse sind die Office-Web-Apps. Haben Sie Dokumente in die Cloud übertragen, steht Ihnen dort eine Word-, Excel- und PowerPoint-Web-App zur Verfügung. Damit können Sie neue Dokumente online erzeugen oder bestehende Dokumente überarbeiten.

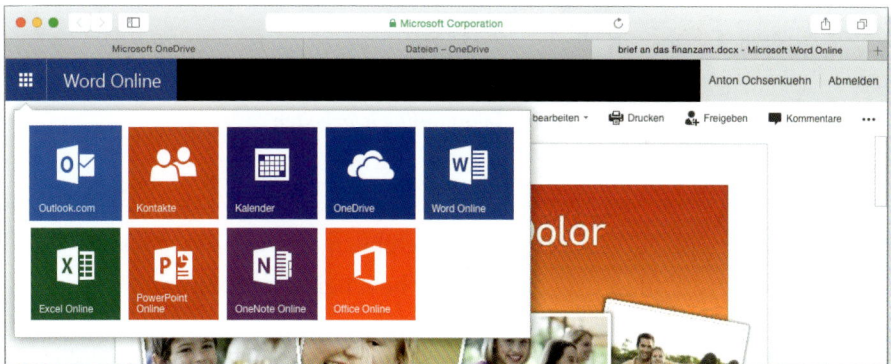

OneDrive-Web-Apps

So können Sie von überall auf der Welt durch die Verwendung des Benutzernamens und Kennworts Ihres Office 365-Abos, eines Browsers und des Internetzugangs auf Ihre Dateien zugreifen oder neue erstellen. Dabei ist der Funktionsumfang der Web-Apps beachtlich und nahezu mit der regulären Version vergleichbar.

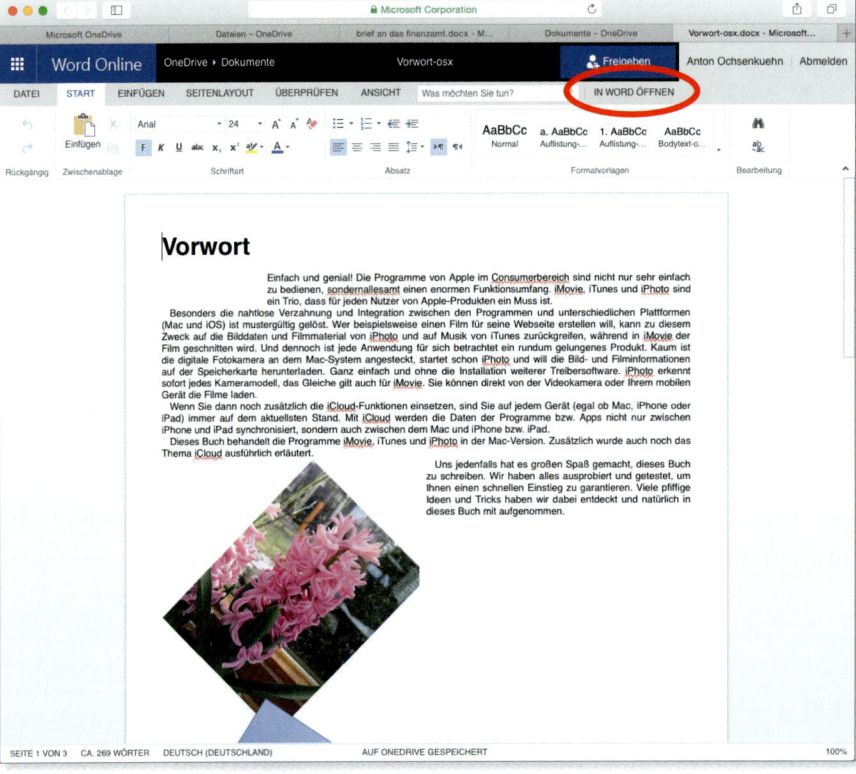

Word-Dokument online bearbeiten

Im Bildschirmfoto sehen Sie die Webversion von Word. Wurde das Dokument erfolgreich bearbeitet, so sollten Sie es speichern, um es später wieder auf den Rechner herunterzuladen und dort weiter bearbeiten zu können.

 Sollten Sie aktuell an einem Rechner sitzen, der Word auf der Festplatte lokal installiert hat, dann können Sie via **In Word öffnen** die Datei von OneDrive aus auf die lokale Applikation übernehmen und weiter bearbeiten.

OneDrive-App

Noch eleganter ist vermutlich der Datenaustausch mit der Wolke über die One-Drive-App. Diese ist wiederum kostenlos im App Store zu finden. Die App gibt es zudem für iPhone, das iPad und eben für den Mac.

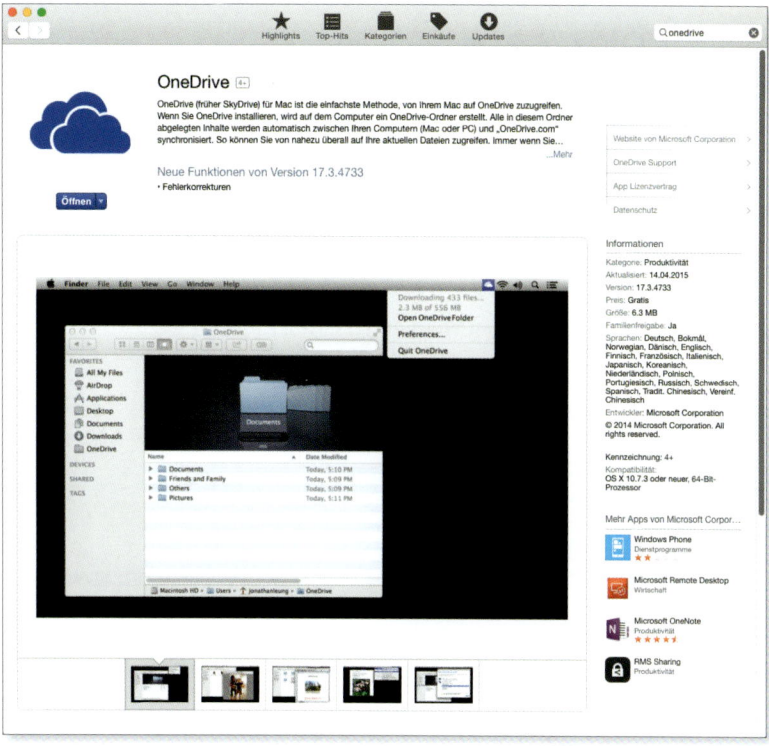

Über die OneDrive-App können Sie noch bequemer auf Ihren Onlinespeicher zugreifen.

Nachdem Sie die App geladen haben, gibt es zwei wichtige und grundlegende Einstellungen.

1. Sie müssen einen Ordner auf Ihrem Computer auswählen. Alle Dateien und Ordner, die sich darin befinden, werden direkt mit Ihrem Online-speicher bei OneDrive abgeglichen – sofern Sie das möchten. Sie können aber auch nur einen Teil der Dateien abgleichen lassen.

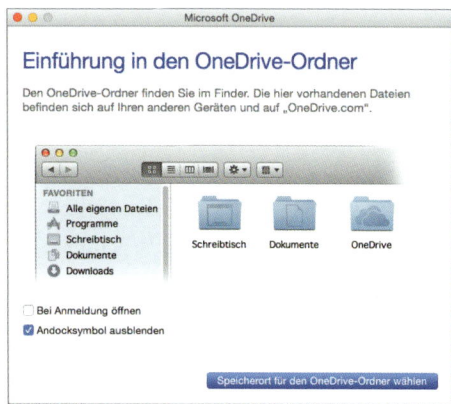

Der Ordner auf dem Computer ist ständig synchron mit OneDrive im Internet.

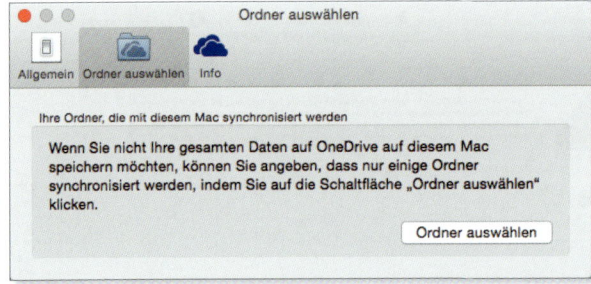

Sie können jederzeit einen anderen Ordner hierfür auswählen.

2. Zudem macht es Sinn, das OneDrive-Icon in das Dock des Macs einzubringen.

Über das Dock oder die Menüleiste können Sie rasch auf OneDrive zugreifen.

  Über das Docksymbol können Sie stets rasch auf den Ordner Ihres Computers zugreifen. Dazu bitte das Häkchen bei **Andocksymbol ausblenden** entfernen.

Dropbox-Badge

Sollten Sie nicht OneDrive verwenden, sondern z. B. Dropbox, so können Sie mit der Badge schnell und effektiv ebenfalls Dokumente online stellen bzw. anderen Personen zukommen lassen. Notwendig hierfür ist, dass Dropbox auf Ihrem Mac installiert und konfiguriert ist. Sodann erscheint das Dropbox-Icon stets am rechten Fensterrand einer Office-Datei.

Über das Dropbox-Badge-Icon können Dateien via Dropbox zur Verfügung gestellt werden.

Möchten Sie diese Funktion nicht mehr verwenden, so kann sie in den Dropbox-Einstellungen im Reiter *Allgemein* deaktiviert werden.

Dropbox-Badge kann auch deaktiviert werden.

Microsoft
PowerPoint

Erste Schritte in Microsoft PowerPoint

Starten und eine neue Präsentation anlegen

Starten Sie nun das Programm PowerPoint. Sie finden es entweder auf Ihrer Festplatte im *Programme*-Ordner oder Sie haben sich bereits das PowerPoint-Symbol in das Dock gezogen und können es von dort bequem starten.

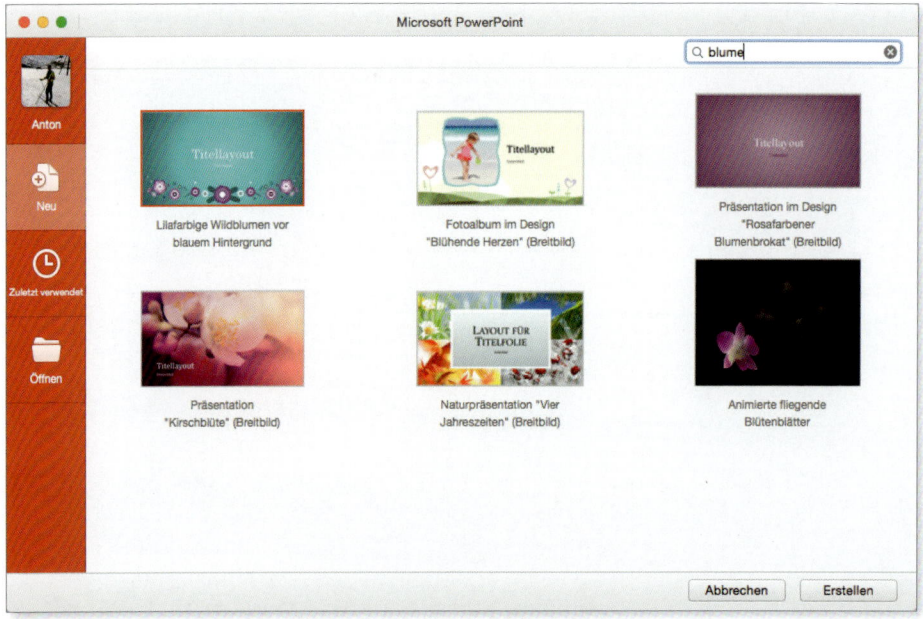

Willkommen bei PowerPoint

Sie erhalten eine Übersicht über die bereits vorhandenen Vorlagen, um so ganz schnell in PowerPoint starten zu können. Ebenso können Sie online nach Vorlagen suchen lassen.

Haben Sie sich für eine Vorlage entschieden, dann klicken Sie diese an und wählen den Eintrag *Erstellen* im rechten unteren Eck des Präsentationskatalogfensters. Sogleich wird eine neue PowerPoint-Datei erzeugt mit der Vorlage, die Sie soeben gewählt haben.

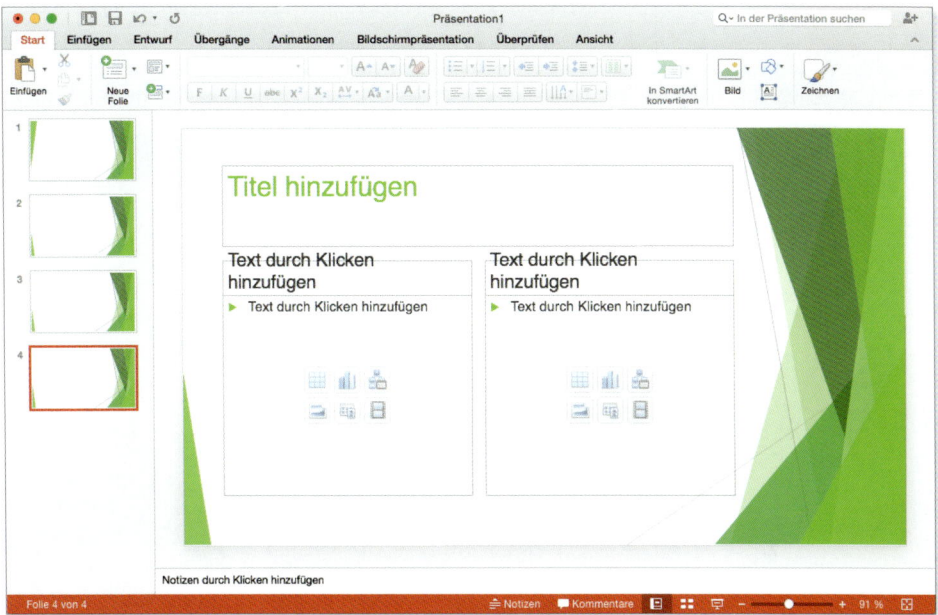

Neue Datei mit der ausgewählten Vorlage

Wollen Sie zu einem späteren Zeitpunkt erneut die Übersicht im Präsentationskatalog sehen, so wählen Sie im Menü *Datei* den Eintrag *Neu aus Vorlage* aus. Wollen Sie hingegen stets mit einer leeren Präsentation – also ohne die Verwendung einer Vorlage oder eines Designs – arbeiten, dann wählen Sie den Eintrag *Datei –> Neue Präsentation*.

Der erste Überblick

Nachdem Sie auf diese Art und Weise über den Präsentationskatalog eine neue Präsentation erzeugt haben, bekommen Sie die Standardansicht in PowerPoint, die Ihnen einen ersten Überblick über Ihre Präsentation gibt (*PowerPoint –> Einstellungen –> Ansicht*).

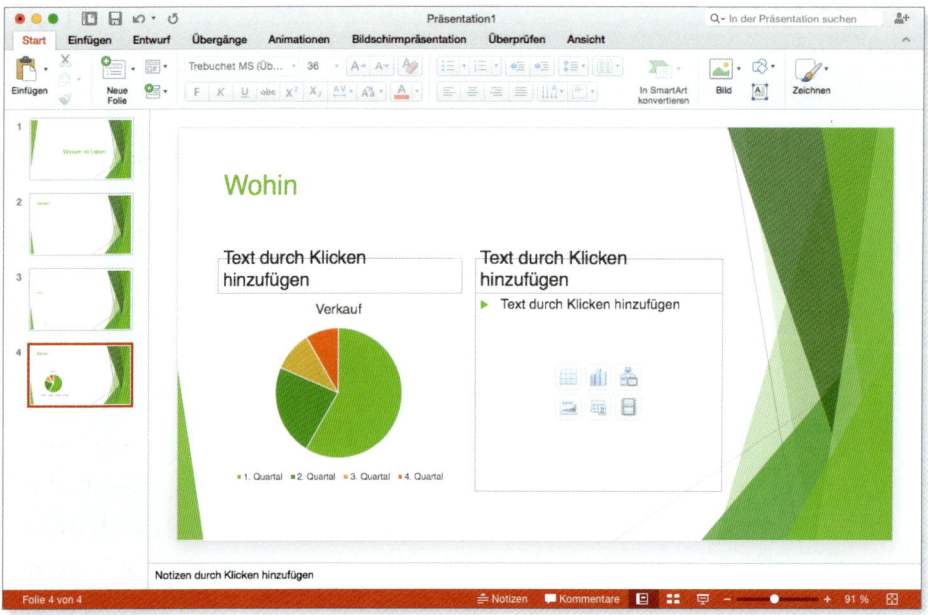

Standardaussehen von PowerPoint

Sie betrachten derzeit Ihre PowerPoint-Präsentation in der sogenannten Normalansicht. Über die verschiedenen Ansichtsmodi werden Sie wenig später Details erfahren.

Sie sehen im linken Bereich die Folien in miniaturisierter Darstellung und rechts daneben die Folie in der vergrößerten und damit in einer bearbeitbaren Darstellung. Oberhalb der Folien sehen Sie, wie bei den anderen Microsoft-Produkten auch, das eingeblendete Menüband.

Und wie auch in den anderen Produkten von Office Mac 2016 erhalten Sie stets eine Quickinfo, wenn Sie auf ein Symbol geraten, die Ihnen rasch die Funktion dieses Icons verrät.

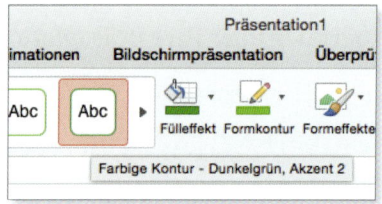

Quickinfo in PowerPoint

Aber nun zu den ersten wichtigen Schritten, nämlich den verschiedenen Darstellungen einer Präsentation bei der Arbeit mit PowerPoint.

Die verschiedenen Ansichten einer Präsentation

Wer PowerPoint bereits in früheren Versionen bedient hat, kennt den Menüpunkt *Ansicht* und weiß, dass dort verschiedene Ansichtsmodi zur Verfügung stehen, um verschiedene Aufgaben innerhalb von PowerPoint zu erledigen. So ist es auch in der vorliegenden Version von PowerPoint 2016. Auch hier gibt es sechs verschiedene Ansichten, die sogenannte *Normale*, *Foliensortierung*, *Notizblatt*, *Gliederungsansicht*, *Referentenansicht* und die Ansicht *Bildschirmpräsentation*.

Die Normalansicht zeigt im linken Bereich die miniaturisierte Darstellung der Folien, die durchnummeriert werden, und Sie sehen eventuell auch durch kleine Symbole dargestellt, ob es bereits Übergänge und Animationen auf den Folien gibt. Weiterhin können Sie hier die Reihenfolge Ihrer Präsentation sehr rasch ändern. Nehmen Sie hierzu mit der linken Maustaste die gewünschte Folie und ziehen Sie sie an die Position, wo sie neu zu liegen kommen soll. Weitere Funktionen hält dann noch die rechte Maustaste bereit, wie z. B. das Duplizieren von Folien.

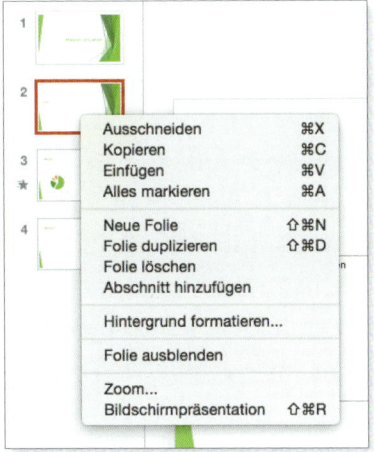

Über das Kontextmenü gibt es weitere Funktionen.

Noch ein drittes Element beinhaltet die Normalansicht. Neben der groß dargestellten Folie, der Darstellung der miniaturisierten, erhalten Sie rechts unterhalb der Folie die sogenannten Notizen. Dort können Sie sich Informationen zu den Folien notieren, die selbstverständlich nicht Bestandteil der gezeigten Folie sind. Das könnte für Sie als Redner eine ziemlich wichtige Information sein, die Sie zu Papier bringen und später anlässlich der Präsentation verwenden möchten.

Gliederungsansicht

Mit nur einem einzigen Klick gelangen Sie von der Darstellung der miniaturisierten Folien zur Darstellung der *Gliederungsansicht*. Die Darstellung der Gliederung beschränkt sich auf die Textinformationen, die auf den Folien enthalten sind. Es werden hierbei also keinerlei Grafiken, Diagramme oder anagraphischen Elemente, die auf den Folien enthalten sind, dargestellt.

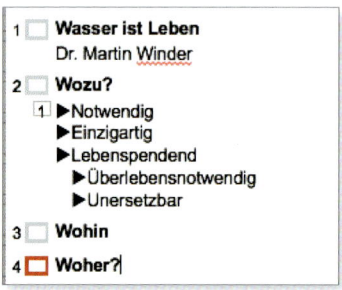

Gliederungsansicht

Das besonders Tolle an der Gliederungsansicht ist, dass Sie recht zügig Ihr Konzept zu einer Präsentation umbauen können: Sie haben also beispielsweise die Agenda Ihres Vortrags bereits im Kopf, Sie kennen die wichtigsten Passagen, Überschriften etc. und wollen diese nun rasch in eine Präsentation mit mehreren Folien umsetzen. Dann ist die Gliederungsansicht genau das Richtige für Sie.

Die Arbeit in der Gliederungsansicht ist nämlich ganz einfach: Wenn Sie eine neue Präsentation erstellen, in die Gliederungsansicht wechseln und einen Text eintragen, wird dieser sofort zur Überschrift einer Folie. Drücken Sie anschließend *Return*, wird eine zweite Folie erzeugt, bei der Sie nun wiederum die Überschrift eingeben.

> **!**
>
> Drücken Sie nach Eingabe der Überschrift der zweiten Folie erneut **Return**, wird natürlich eine dritte Folie angelegt. Möchten Sie aber, dass auf der Folie auch noch Text zu stehen kommt, gehen Sie wie folgt vor. Sie möchten also zurück zur zweiten Folie, um dort Unterpunkte einzugeben. Drücken Sie dazu einfach die **Tabulator-Taste**. Sofort erkennen Sie, dass Sie in eine tiefer gelegene Aufzählungsebene gelangen, wo Sie nun die Aufzählungspunkte eintragen können. Wenn Sie beim letzten Aufzählungspunkt dieser Folie angelangt sind und erneut eine neue Folie erzeugen wollen, verwenden Sie die Tastenkombination **Shift + Tabulator-Taste**, um eine Ebene höher zu gelangen, also in diesem Fall wieder auf die Überschriftsebene und damit zu einer neuen, leeren Folie.

> Die auf den Folien erscheinenden Aufzählungszeichen können nachträglich jederzeit über die Masterfolien eingestellt werden. Die Aufzählungszeichen, die Sie jetzt sehen, werden aufgrund des verwendeten Designs oder der Vorlage ausgewählt. Aber noch einmal zurück zur **Gliederungsansicht**: Wenn Sie auf der Folie auch Punkte haben, die noch weiter untergliedert werden sollen, verwenden Sie natürlich erneut die **Tabulator-Taste**, um eine tiefere Ebene anzusteuern.

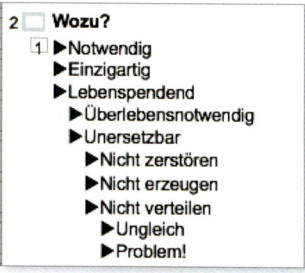

Gliederung mit vier Ebenen

Ansicht Foliensortierung

Über die Tastenkombination *cmd + 2* gelangen Sie in die Foliensortierung. Dort sehen Sie erneut alle bereits erstellten Folien in einer miniaturisierten Darstellung. Die Foliensortieransicht dient dem Zweck, Folien in der Reihenfolge zu ändern oder schlicht und ergreifend einen Überblick über die bestehenden Folien zu erhalten.

> Sie können in der Foliensortieransicht ganz einfach mehrere thematisch zusammenhängende Folien markieren und so zu Abschnitten zusammenfassen. Eine zusammenhängende Markierung erreichen Sie bequem durch Anklicken der ersten und – unter Zuhilfenahme der **Shift-Taste** – der letzten Folie. Wählen wie im Menüband **Erste Folie** die Funktion **Abschnitt** aus.

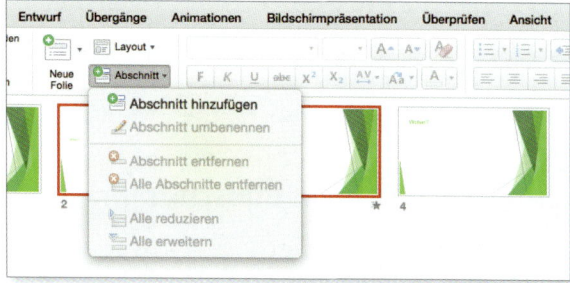

Abschnitt erstellen

Statt über den Menüpunkt *Ansicht* gelangen Sie zur Foliensortierung auch über die Icons im linken unteren Eck Ihres PowerPoint-Fensters.

Wechselnde Ansichten über die dazugehörenden Symbole

Ansicht Notizblatt

Wie vorhin schon erwähnt, haben Sie in dem Notizenbereich die Option, Zusatzinformationen zu Ihrer Präsentation zu erfassen, die nicht Bestandteil Ihrer Folie werden. Die Ansicht *Notizblatt* (*cmd + 3*) zeigt Ihnen, wie der Ausdruck einer Folie inklusive deren Notizen aussieht. Sie erhalten also jetzt ein DIN-A4-Blatt im Hochformat. Die obere Hälfte belegt die Folie mit Ihren Informationen, und der untere Bereich steht für Ihre Notizen zur Verfügung. Über den Menüpunkt *Datei –> Drucken* können Sie diese Notizblätter zum Drucker übertragen. Wählen Sie dazu im Bereich *Drucken* die Eigenschaft *Notizen* aus.

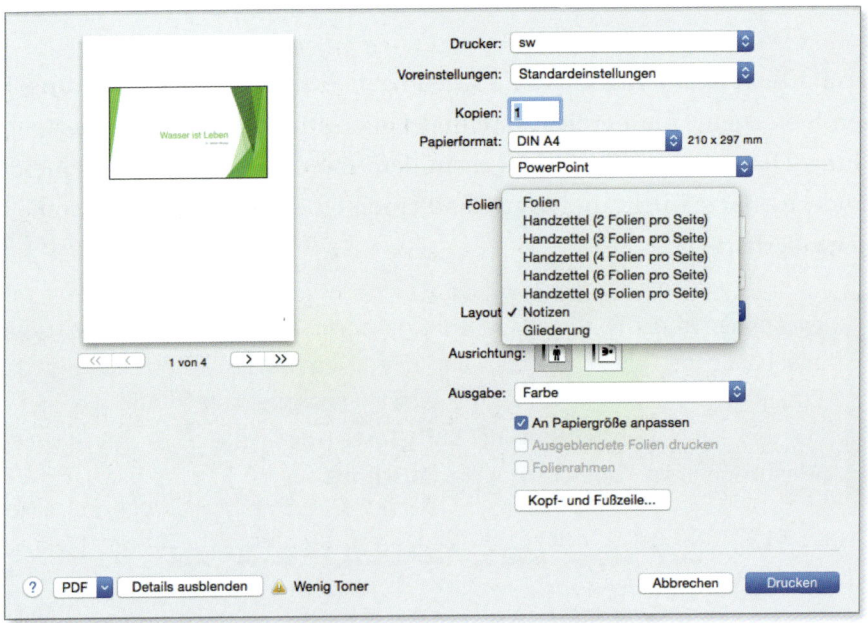

Drucken von Notizen

Ansicht Referentenansicht bzw. Bildschirmpräsentation

Wenn Sie über den Menüpunkt *Ansicht* zur *Referentenansicht* (*alt + R*) wechseln, sehen Sie einen sehr interessanten Bildschirm.

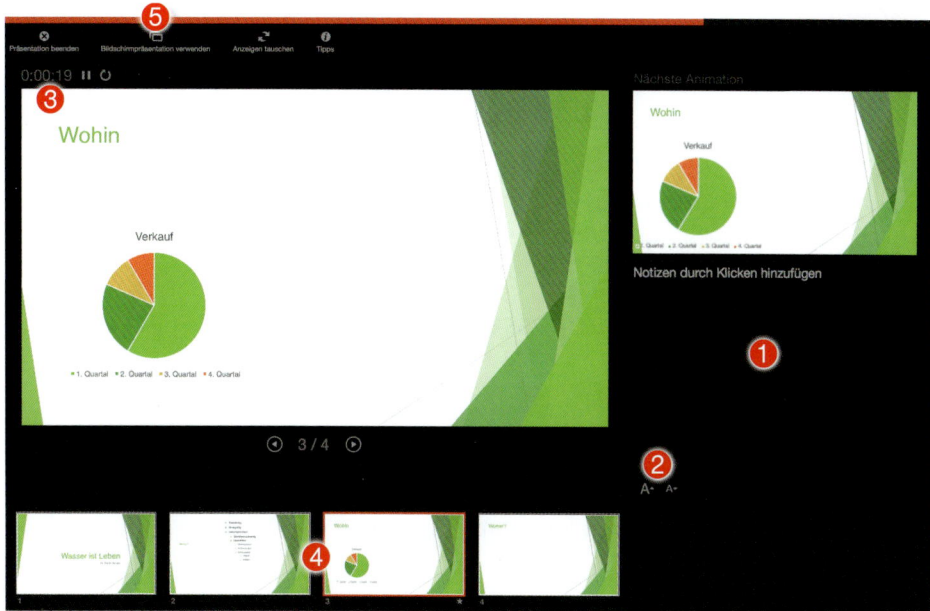

Referentenansicht

Sie sehen einen für Sie als Redner optimalen, aber auch konfigurierbaren Bildschirm, den Sie während Ihrer Präsentation betrachten können. Sie erkennen dort z. B. die Notizen ❶, deren Schriftgröße❷ hier auch geändert werden kann. Sie können sich die insgesamt verstrichene Zeit einblenden ❸ lassen. Sie sehen ebenso eine Übersicht über die Folien ❹ und haben damit als Referent gegenüber dem Publikum einen Informationsvorsprung, denn die Zuhörer sehen zur gleichen Zeit die Bildschirmpräsentation – also eine, und zwar die aktuelle Folie. Wenn Sie das statt der Referentenansicht auch haben möchten, so klicken Sie auf *Bildschirmpräsentation verwenden* ❺.

Sie als Referent erhalten also über die Referentenansicht Zusatzinformationen, die dem Publikum vorenthalten sind und Ihnen die Präsentation erleichtern. Um die Referentenansicht zu verlassen, drücken Sie einfach die *Esc-Taste*. Dasselbe gilt für den Menüpunkt *Ansicht → Bildschirmpräsentation*: Auch dort benutzen Sie die *Esc-Taste*, um die Bildschirmpräsentation zu verlassen.

Während einer Präsentation können Sie Zusatzfunktionen im linken unteren Eck aufrufen.

Diese Zusatzfunktionen erscheinen lediglich dann, wenn Sie mit der Maus in die linke untere Ecke manövrieren. Sobald Sie sich von dort wegbewegen, verschwinden die Funktionen erneut. Mithilfe dieser Features können Sie bequem vor- oder rückwärts blättern **A**, Stifte oder Pfeile aufrufen **B** oder via **C** zu einer beliebigen Folie wechseln, auf einen weißen Bildschirm umschalten oder rasch die Präsentation beenden.

Die Darstellungsgröße anpassen

Egal, ob Sie in der Normal- oder Standardansicht arbeiten bzw. über die Foliensortierung einen Überblick über den Stand Ihrer aktuellen Präsentation gewonnen haben: Sie haben stets die Möglichkeit, im rechten unteren Bereich Ihres Präsentationsfensters über einen Schieberegler die Darstellungsgröße zu ändern.

Stufenlose Zoom-Funktion

Wenn Sie sich beispielsweise in der Normalansicht befinden, dann haben Sie rechts neben der Zoom-Funktion die Möglichkeit, mit einem einzigen Klick die Folie in das Fenster einzupassen und die gesamte Folie betrachten zu können.

Im Rahmen der Foliensortierung bringt Ihnen diese Funktion die Darstellung aller Folien innerhalb Ihres PowerPoint-Fensters. Möchten Sie die Darstellungsgröße schneller und effektiver verändern, dann ist es zu empfehlen, dies über Tastenkombinationen zu erledigen. Um die Darstellung zu vergrößern, verwenden Sie *cmd + Pluszeichen* um die Darstellung zu verkleinern *cmd + Minuszeichen*. Wenn Sie bestimmte Zoom-Größen einstellen wollen, verwenden Sie den Menüpunkt *Ansicht –> Zoom* und dort den Unterpunkt *Zoom,* um Zugriff auf bestimmte Darstellungsgrößen zu erhalten.

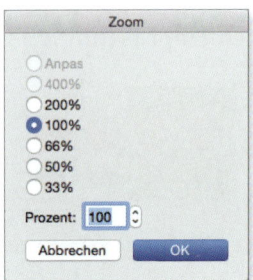

Bestimmte Darstellungsgrößen einstellen

Möchten Sie Ihre Präsentation ausdrucken, so sollten Sie im Menüpunkt **Datei –>
Seite einrichten** das Papierformat festlegen, über das Ihr Drucker verfügt, um
Ihre Folien optimal ausgeben zu können. Im Normalfall wird das DIN A4 im Quer-
format sein.

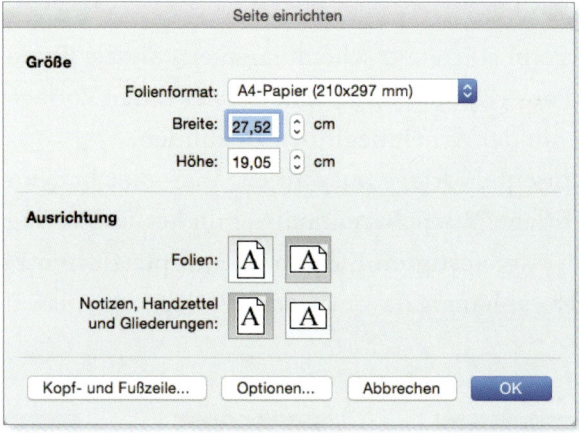

Seite einrichten im Menüpunkt „Datei"

Wichtige Befehle

Wie auch die anderen Programme aus der Office-Suite verfügt PowerPoint im
Menüpunkt *Datei* über die wichtigsten Funktionen im Umgang mit Ihrer aktuell
erstellten Präsentation.

Funktion	Tastenkürzel
Schließen	cmd + W
Speichern	cmd + S
Speichern unter	cmd + Shift + S
Drucken	cmd + P
PowerPoint beenden	cmd + Q

   Das besonders Hübsche an diesen Tastenkombinationen ist, dass diese eben
für alle Office-Programme der gleichen Version gelten. Das heißt: Sie müssen
sich diese nur einmal antrainieren, um sie auch für Word und Excel verwenden
zu können.

Das Erstellen einer neuen Präsentation

Wenn Sie PowerPoint starten, erscheint ja, sofern Sie die Funktion nicht deaktiviert haben, der PowerPoint-Vorlagenkatalog, der Ihnen Vorlagen zur Verfügung stellt, um sofort mit der Arbeit beginnen zu können.

Wir wollen nun eine Vorlage auswählen. Was aber bedeutet eigentlich die Auswahl einer Vorlage? Zunächst einmal beinhaltet eine Vorlage eine Reihe von Masterfolien mit vorgefertigten Elementen, mit platzierten Bildern, Tabellen, Diagrammen etc. – abhängig davon, welche Vorlage zur Auswahl gekommen ist.

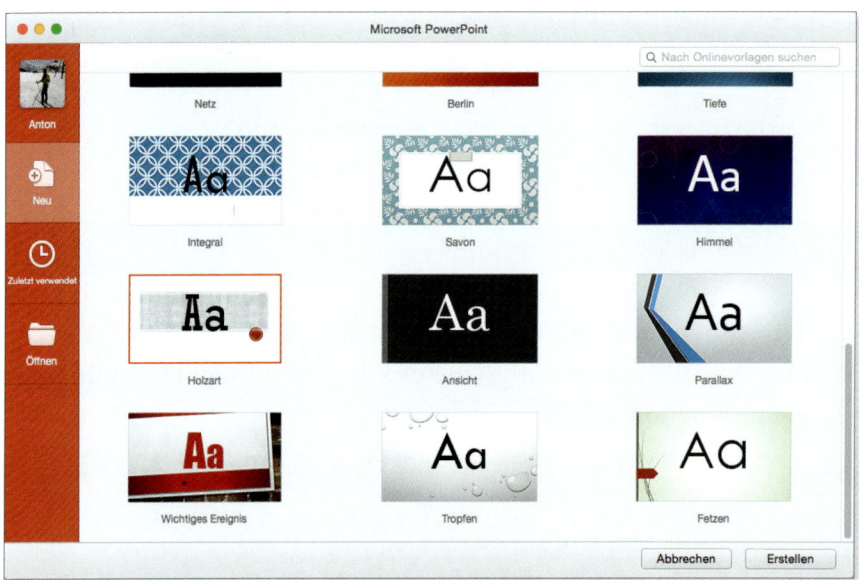

Auswahl einer Vorlage

Aber noch mehr: Die Entscheidung für eine Vorlage bezieht sich auch auf die Auswahl eines Farbschemas, den Einsatz bestimmter Schriften und die Größe der Folien, die Sie verwenden möchten. Aber keine Angst: All diese Einstellungen können Sie sofort editieren. Wählen Sie also nun eine Vorlage aus. Klicken Sie hierzu auf den Button *Erstellen*.

Sogleich wird in PowerPoint auf der Basis der Vorlage eine Datei geöffnet mit allen vorgefertigten Elementen. Möchten Sie nun das Design, das diese Vorlage beinhaltet, ändern, so wählen Sie im Menüband den Eintrag *Entwurf*.

Das Design einer Präsentation ändern

Sie finden dort eine Reihe von Designvorschlägen. Bedenken Sie, jedes Design beinhaltet seinerseits bestimmte Farbvariationen, bestimmte Schriftarten, bestimmte Hintergrundbilder bzw. Hintergrundmuster. Haben Sie sich für ein Design entschieden, so klicken Sie es schlicht und ergreifend einmal an, und das Design wird auf Ihre aktuelle Präsentation übertragen.

Möchten Sie nun abweichend von dem voreingestellten Design eine Eigenschaft ändern, z. B. die Schriften, die zum Einsatz kommen, so wählen Sie die Kategorie *Schriftarten* aus und suchen sich eine Schriftkombination aus, die im Rahmen Ihrer Präsentation verwendet werden soll. Dabei sehen Sie, dass es auch Schriftensets gibt, die zum Einsatz kommen können. Im Regelfall sind es zwei oder drei verschiedene Schriftarten, die im Bereich Überschriften und Text kombiniert auf den Folien erscheinen werden.

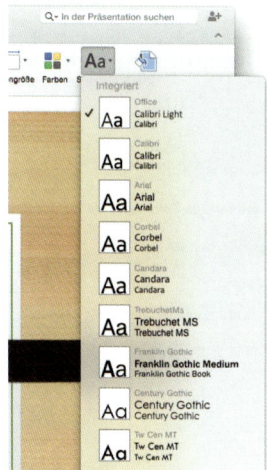

Schriftarten für Präsentationen ändern

Gleiches gilt übrigens für die im Rahmen des Designs verwendeten Farben. Auch hier können Sie im Bereich *Designoptionen* im Menüband auf andere Farbschemata zurückgreifen. Hier finden Sie wiederum, ähnlich wie bei den Schriften, schon eine ganze Reihe von vorgefertigten Farbschemata, die Microsoft für Sie erstellt hat. Sollten Sie mit der Vorselektion in diesem Pull-down-Menü nicht zufrieden sein, so können Sie auch an das untere Ende des Menüs scrollen, wo Sie den Eintrag *Design –> Farben anpassen* finden.

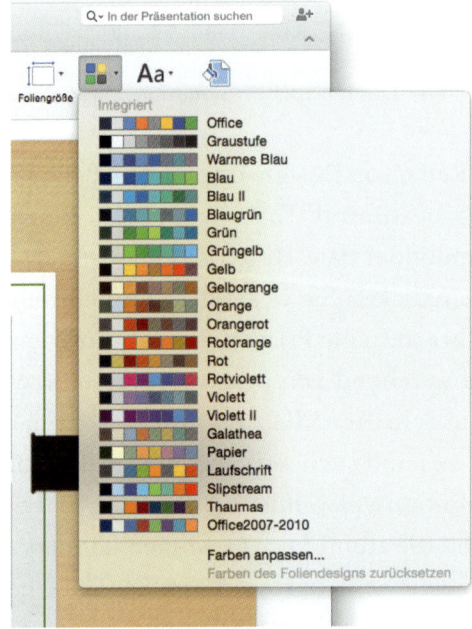

Farbenset auswählen

Alternativ erreichen Sie die Designfarben auch über das Menü *Format*, indem Sie dort den gleichnamigen Begriff auswählen.

Designfarben erstellen im Detail

Und Sie sehen, dass Sie jetzt sehr fein in die Farbkombination Ihrer PowerPoint-Präsentation eingreifen können. Sie können für alle Bereiche Ihrer Elemente auf den Folien Farben definieren und im Bereich *Name* diese Farbkombination für die spätere Verwendung ablegen.

> **!** Die Farbkombination ist damit eine neue Grundeinstellung in PowerPoint. Sie wird also nicht mit dieser Präsentationsdatei gespeichert, sondern kann für weitere Präsentationen ebenso zur Verwendung kommen. Das ist besonders interessant, wenn Sie z. B. in einem Unternehmen arbeiten, in dem Präsentationen stets die gleichen Farben zum Einsatz kommen müssen, um die Corporate Identity zu wahren.

Aber wieder zurück zu den Designs, die PowerPoint-Folien hübsch aussehen lassen. Neben Schriftarten und Farben können Sie auch die Hintergrundbilder, Farbverläufe und Muster von Folien editieren. Wählen Sie hierzu im Menüband *Entwurf* den Bereich *Hintergrund formatieren* aus.

Dort finden Sie, passend zum ausgewählten Design, eine Reihe von alternativen Hintergrundbildern und -mustern und können nun noch deutlich nuancierter alle Einstellungen zum Hintergrund eines Designs ändern.

Im Aufgabenbereich „Hintergrund formatieren" stehen vielfältige Optionen zur Verfügung.

Hintergrund formatieren

Hier sind Ihrer Kreativität kaum Grenzen gesetzt. Sie finden im Bereich *Füllung* die Möglichkeit, zwischen einer Farbe, einem Farbverlauf, einem Bild oder einer Struktur bzw. einem Muster zu wählen. Besonders interessant ist die Eigenschaft *Bild- oder Texturfüllung* und dann darunter der Bereich *Bild einfügen aus – Datei*. Wie Sie sehen, können Sie nun ein beliebiges Bild als Hintergrundmotiv für Ihre PowerPoint-Präsentation verwenden. Klicken Sie dazu einfach auf *Bild auswählen* und navigieren Sie in Ihrem Ablagesystem zu der gewünschten Bilddatei.

> **!** Haben Sie ein Hintergrundbild ausgewählt, können Sie in den Bereichen **Effekte** bzw. **Grafik** die Darstellung des Bildes auf den Folien Ihren Bedürfnissen entsprechend anpassen. Besonders erwähnenswert ist die Eigenschaft **Transparenz** (im Bereiche **Füllung**). Dort können Sie das Bild absoften, um es unaufdringlicher im Hintergrund wirken zu lassen, sodass Textinformationen, die davor stehen, besser lesbar werden. Ebenso erwähnenswert ist eine möglicherweise notwendige Bildkorrektur. Diese finden Sie im Bereich **Grafik.**

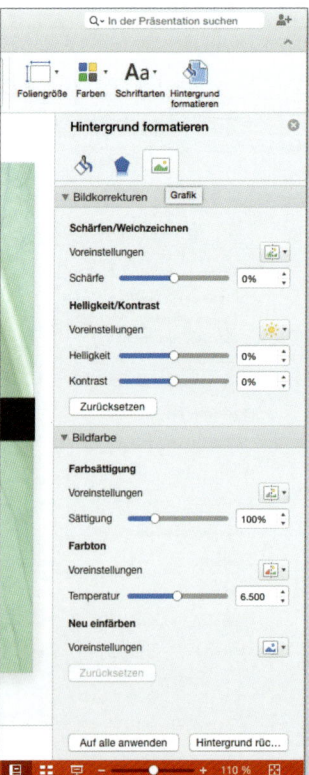

Hintergrundbild anpassen

Dort können Sie beispielsweise die *Helligkeit*, den *Kontrast* oder auch die *Farb-sättigung* von Bildern nachträglich ändern, sofern die Qualität des Bildes auf dieser Präsentation Sie nicht überzeugen sollte. Via *Auf alle anwenden* entscheiden Sie sich, ob das Bild nun für alle Folien als Hintergrundbild zum Einsatz kommen soll. Ebenso erwähnenswert ist der Punkt *Hintergrundgrafiken ausblenden* im Bereich *Füllung*: Damit können Sie einzelnen Folien das Hintergrundbild wegnehmen, weil Sie vielleicht ein folienfüllendes Diagramm oder eine Tabelle präsentieren wollen, wobei das Hintergrundbild nur stören würde.

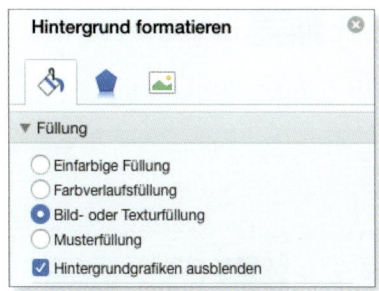

Optionen für Hintergrundbilder auf Folien

Sind alle Einstellungen im Bereich *Farben*, *Schriftarten* und *Hintergrund* erfolgt, so können Sie das geänderte Design mit der Funktion *Design speichern* als neues, eigenständiges Design ablegen, um es auf alle weiteren Präsentationen anwenden zu können.

Design speichern

Achten Sie beim Speichern Ihres Designs darauf, dass der Ablageort namens *Designs* und auch das Format namens *Office-Designs (thmx)* unverändert bleiben, damit PowerPoint Ihr Design an der korrekten Ablageadresse speichern kann.

Ist dies mittels des Buttons *Sichern* geschehen, können Sie in Zukunft ganz einfach auf Ihr Design zurückgreifen. Sie finden Ihr Design nämlich nun im Menüband *Entwurf* und dort unter *Benutzerdefiniert*.

Benutzerdefinierte Designs im Menüband „Entwurf"

Weitere Folien

Die erste Folie, die Sie anlegen, ist eine sogenannte Titelfolie. Sie hat also zwei Textbereiche: zum einen den *Titelbereich* und zum zweiten den *Untertitelbereich*. Der Sinn der Titelfolie liegt zumeist in der Spezifikation des Präsentationsthemas. Und im Bereich Untertitel folgt häufig die Angabe, wer der Sprecher, der Moderator bzw. der Vortragende ist.

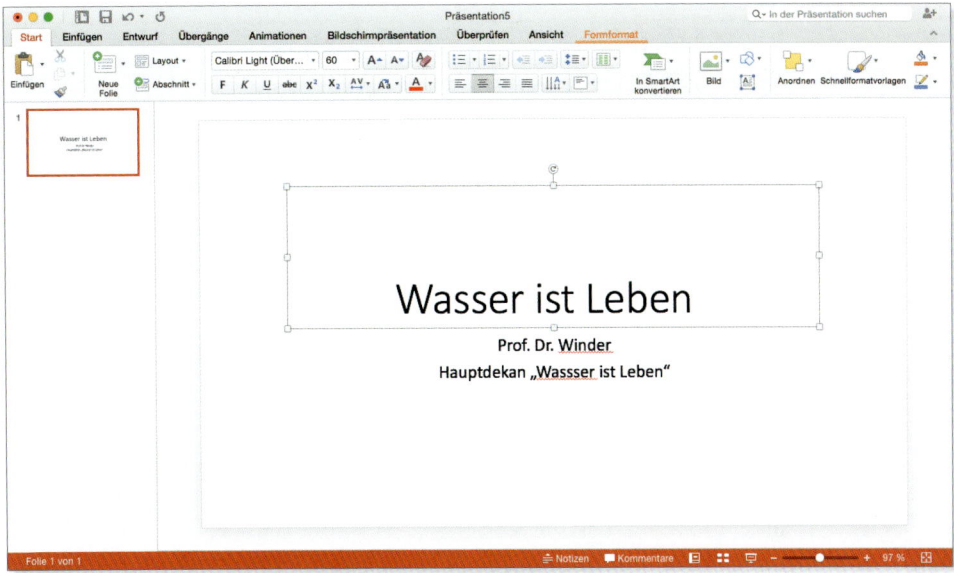

Titelfolie

Die Darstellung der *Titelfolie* wird dabei vom gewählten Design und auch vom Aussehen der sogenannten Masterfolie – genauer der *Titelmasterfolie* – beeinflusst. Aber zu der Titelmasterfolie später noch mehr Informationen.

Nachdem die erste Folie ausgefüllt und mit den passenden Informationen versehen ist, wäre es an der Zeit, eine zweite Folie zu erstellen. Hierzu wählen Sie im Menüband *Start* den Eintrag *Neue Folie*. Sogleich wird eine zweite Folie in Ihre Präsentation eingefügt. Es ist jedoch unbefriedigend, dass es sich dabei um eine Standardfolie handelt, die über einen Titel und einen großen Bereich unterhalb des Titels verfügt.

Sie hätten gerne definiert, welche Funktion diese zweite Folie haben möge. Deshalb sollten Sie nicht auf den Button *Neue Folie* klicken, sondern besser auf den Pfeil nach unten neben dem Begriff *Neue Folie*, denn dort erhalten Sie eine Reihe von Folienvorlagen zur Auswahl.

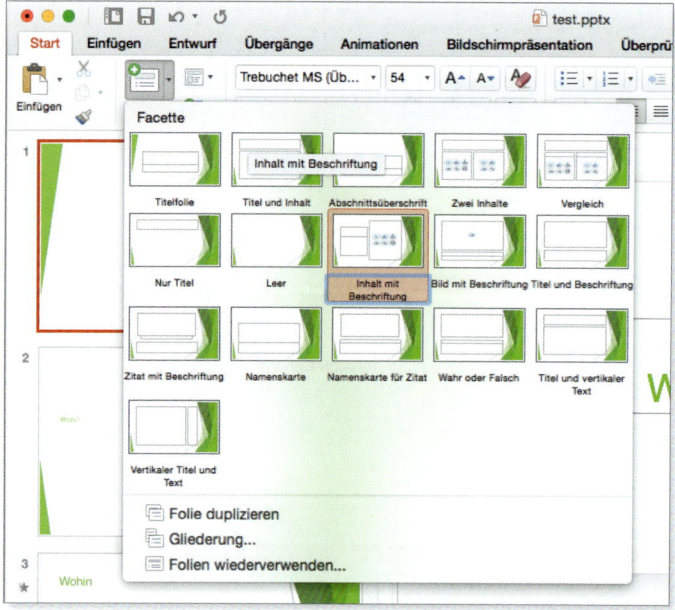

Auswahl von Folienvorlagen

Beachten Sie bitte, dass jedes Design oder auch jede gewählte Vorlage über eine andere Zahl an Folienvorlagen verfügen kann. Die Anzahl der Vorlagen, die Sie darin finden, hängt von der Anzahl der sogenannten Folienmaster ab. Je mehr Folienmaster existieren, desto mehr Auswahlmöglichkeiten erscheinen an dieser Stelle (zur Erstellung von weiteren Folienmastern später mehr).

Wählen Sie also nun aus den dargestellten Vorlagen den entsprechenden Typus aus. Sie sehen verschiedene Optionen: Nahezu jede Folie verfügt über einen Titelbereich, und darunter folgen unterschiedliche Möglichkeiten mit zweispaltigen Informationen, mit einspaltiger Information oder mit Leerbereichen unterhalb des Titels.

Es gibt aber auch komplett leere Folien. Klicken Sie die Vorlage Ihrer Wahl an, um eine nächste Folie auf der Basis dieser Vorlage zu erstellen. Sie finden dann auf dieser Folienvorlage Platzhalter für Titel und für Texte, weiterhin für Tabellen, Grafiken und andere Dinge, die Sie nun nach Belieben ausfüllen können.

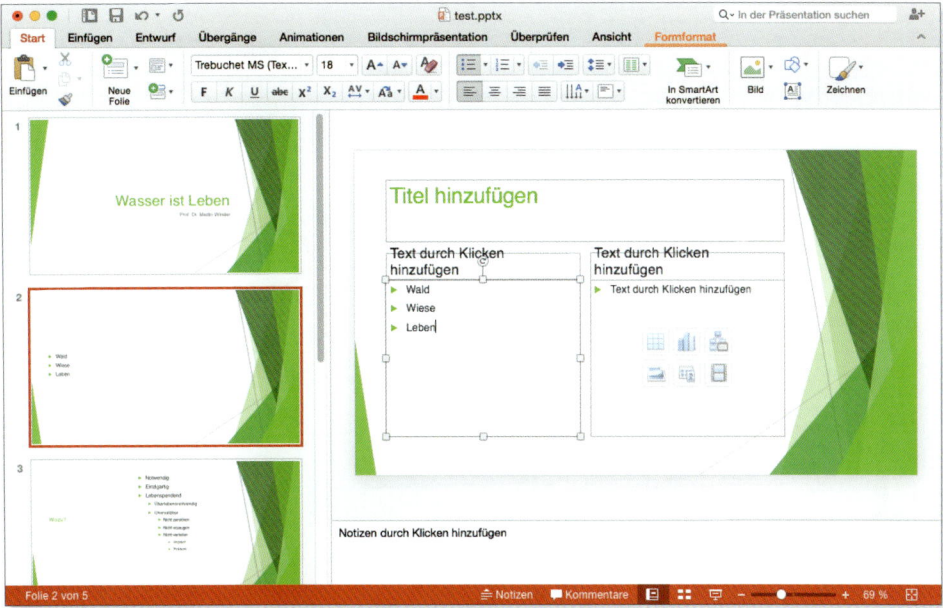

Folie mit Inhalt befüllen

Geben Sie Ihre Textinformationen auf der Folie ein. Sie könnten bei der Gelegenheit in die Gliederungsdarstellung umstellen. Dort erkennen Sie, dass die eingetragenen Texte im Bereich des Titels, Untertitels und in den anderen Textbereichen ebenfalls in der Gliederungsansicht erscheinen und dort mit den Aufzählungszeichen des ausgewählten Designs versehen sind.

Wenn Sie nun sukzessive Aufzählungspunkte innerhalb des Textfeldes eintragen, werden Sie merken, dass bei weiterer Eingabe von Text automatisch die Schriftgröße an den Textrahmen angepasst wird, sodass der komplette Inhalt zu sehen ist.

Wenn Sie das nicht möchten, können Sie dies natürlich auch ändern, sodass die Schriftgröße erhalten bleibt, auch wenn mehr Text in den Rahmen fließt. Dann kommt es natürlich zu einem Überlauf des Textrahmens.

Das Problem müssen Sie dann beheben, indem Sie via *Form formatieren* in den *Formoptionen* bei *Größe und Eigenschaften –> Textfeld* sich für eine Alternative entscheiden.

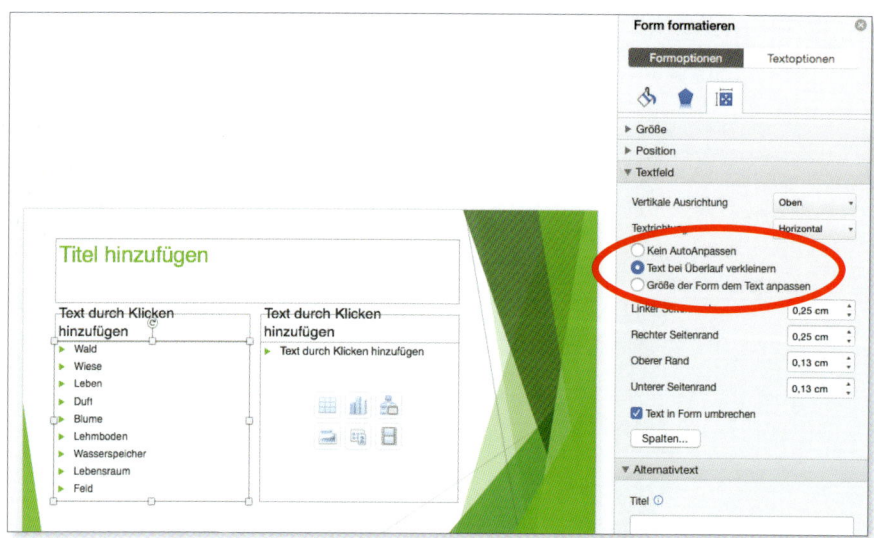

Text an Form anpassen?

Arbeiten mit Textplatzhaltern

Die von den Masterfolien vorgegebenen Textplatzhalter sind lediglich ein gut gemeinter Vorschlag. Sie dürfen natürlich über die Anfasser der Textplatzhalter sowohl deren Größe als auch deren Lage verändern. Und sicher haben Sie den gedrehten Pfeil oben am Textplatzhalter auch schon kennengelernt, der dazu dient, diesen frei drehen zu können.

Textplatzhalter drehen

!

Wenn Sie den Textplatzhalter in einen ganz bestimmten Winkel drehen möchten, dann sollten Sie während des Drehens die **Shift-Taste** gedrückt halten. Sie sehen, dass dadurch automatisch alle 15 Grad Haltepunkte für die Drehung bereitgestellt werden. Durch das Loslassen der **Shift-Taste** können Sie wieder jeden beliebigen Winkel bei der Drehung einstellen.

Natürlich gibt es noch viele weitere Funktionen mit Textplatzhaltern. Hier einige Highlights:

- *Platzhalter löschen:* Dazu klicken Sie einfach die Umrandung des Platzhalters an, Sie erkennen an den Pünktchen, dass Sie den Platzhalter erwischt haben, und verwenden einfach die *Backspace*- oder *Entfernen-Taste*, um den Platzhalter zu löschen.
- *Platzhalter duplizieren:* Sie klicken erneut den Platzhalter an und verwenden die Tastenkombination *cmd + D*, um diesen Platzhalter identisch zu duplizieren.
- *Platzhalter ausschneiden und an anderer Stelle wieder einfügen:* Verwenden Sie die Funktion *Bearbeiten –> Ausschneiden*, um den Platzhalter von der aktuellen Position zu entfernen, und die Funktion *Bearbeiten –> Einfügen*, um ihn an anderer Stelle wieder einzusetzen. Das kann natürlich auch auf einer anderen Folie geschehen. Wenn Sie anstatt *Ausschneiden Kopieren* verwenden, können Sie auf einer anderen Folie ein Duplikat des Platzhalters erstellen. Beim *Kopieren* und *Einfügen* bzw. *Ausschneiden* und *Einfügen* merkt sich PowerPoint die Position des Platzhalters, d. h., auf einer anderen Folie wird der Platzhalter an der exakt gleichen Stelle wieder positioniert.

 All das, was hier für den Textplatzhalter gesagt wurde, gilt natürlich analog für weitere Elemente, die auf einer Folie liegen können, also für Tabellen, Bilder, Grafiken etc.

Aber nochmals zurück zu den Textplatzhaltern: Die Platzhalter werden über die Folienvorlage und damit über die Folienmaster zur Verfügung gestellt. Wenn Sie mit diesen Textplatzhaltern arbeiten, werden die Eigenschaften eines Textplatzhalters aus dem Folienmaster übernommen, also Einstellungen wie Schriftart, Schriftgröße etc.

Sie können dem Text auf der Folie aber auch eine eigene Formatierung zuweisen, die unabhängig von der Eigenschaft des Folienmasters ist. Dazu markieren Sie den Text auf der Folie, wählen im Menüband *Start* aus und finden, sofern eingestellt, in der Symbolleiste dann die Formatierungsmöglichkeiten, die Sie einem Text geben können.

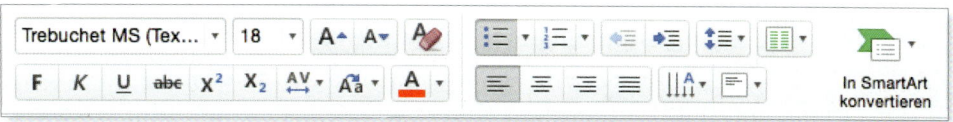

Wichtige Textformatierungen über das Menüband „Start" vornehmen

Neben diesen im Menüband erscheinenden Formatierfunktionen gibt es noch deutlich mehr Einstellungen. Hierzu wählen Sie den Menüpunkt *Format* –> *Schriftart* und verwenden das Tastenkürzel *cmd + T*. Es erscheint das Fenster *Schriftart*, in dem Sie alle Eigenschaften eines Textes beeinflussen können.

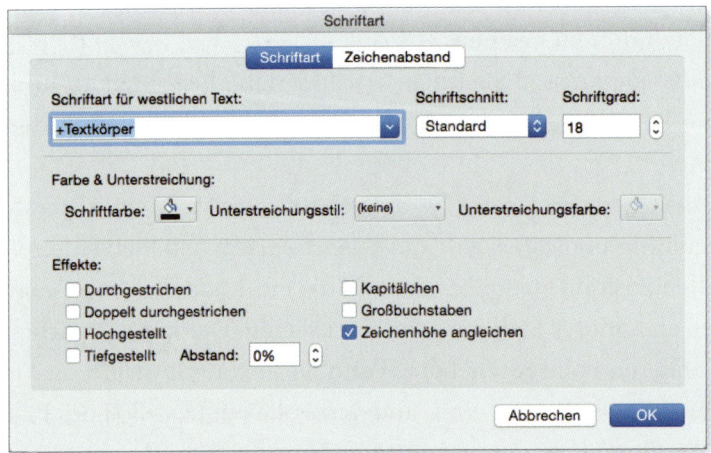

Text formatieren

Beachten Sie bitte, dass Sie in einem Textfeld sowohl wort- als auch satzweise oder eben den ganzen Text markieren müssen, um ihn gemeinsam formatieren zu können.

Wie auch in anderen Microsoft-Programmen markiert der Doppelklick ein Wort. Mit *cmd + A* können Sie den ganzen Text markieren.

Besonders interessant sind die Eigenschaften, die Sie im Bereich *Formoptionen* –> *Größe* finden, denn dort können Sie ganz exakt definieren, wie hoch und wie breit Ihr Rahmen sein soll, und auch die Drehung kann hier exakt angegeben werden. Weiterhin interessant ist im Bereich *Füllung und Linie* die Möglichkeit, den kompletten Textrahmen z. B. mit einem Farbverlauf, einem Bild oder einem Muster zu füllen. Aber natürlich sind auch die Eigenschaften *Schatten*, *Leuchten* etc. im Bereich *Effekte* interessant.

Was aber ist zu tun, wenn Sie auf der Folie einen weiteren Textplatzhalter benötigen? Nun, da gibt es zwei Wege, die Sie beschreiten können.

1. Sie haben ja bei der Erstellung der neuen Folie eine Folienvorlage ausgewählt. Sie können jederzeit nachträglich diese Entscheidung ändern. Wählen Sie im Menüband bei *Start* die Funktion *Layout*. Klappen Sie dort die Übersicht über alle Folienvorlagen auf, um eben die Vorlage zu wählen, die über weitere Textplatzhalter verfügt.

2. Sie können aber auch unabhängig von der gewählten Folienvorlage an einer beliebigen Stelle auf der Folie ein weiteres Textfeld hinzufügen. Hierzu gehen Sie im Menüband zu *Einfügen* und wählen dort *Textfeld* aus. Ziehen Sie nun mit Ihrem Cursor einen rechteckigen Rahmen auf, um an der gewünschten Position ein Textfeld zu erstellen. Sie werden dabei bemerken, dass die Höhe des Textfeldes unerheblich ist, denn diese richtet sich nach der Menge des Textes, die Sie in diesen Rahmen hineinschreiben. Sie können also lediglich die Breite und auch die Position des Textfeldes definieren.

Gibt es einen Unterschied zwischen diesen zwei Möglichkeiten? Ja, es gibt einen Unterschied. Wenn Sie über die *Einfügen*-Funktion ein neues Textfeld auf der Folie anbringen, dann gibt es hierfür kein Element des Folienmasters, das dafür zuständig ist. Das heißt: Sollten Sie zu einem späteren Zeitpunkt den Folienmaster überarbeiten, wird dieses Textfeld dabei außen vor bleiben und nicht mit der Änderung des Folienmasters synchronisiert werden.

Und dieses Textfeld werden Sie auch nicht in der Gliederungsansicht wiederfinden. Lediglich die Standardtextfelder, die sich auf dem Folienmaster befinden, werden in der Gliederung dargestellt. Das heißt: Wann immer es möglich ist, sollten Sie den ersten Weg bevorzugen, weil es die praktikablere Möglichkeit ist, weitere Textfelder auf der Folie anzubringen.

 Möchten Sie aus dem sonst üblichen rechteckigen Format für Ihren Textrahmen ausbrechen, so ist auch dies mit PowerPoint möglich. Im einfachsten Fall klicken Sie einfach mit der rechten Maustaste den Textrahmen an und wählen die Eigenschaft **Punkte bearbeiten** aus dem Kontextmenü.

Über die rechte Maustaste und *Punkte bearbeiten* haben Sie die Möglichkeit, aus einem rechteckigen Textrahmen ein beliebiges grafisches Objekt zu erzeugen. Sie erhalten jetzt eine rote Linie mit schwarzen Punkten und können mithilfe der schwarzen Punkte das Objekt modifizieren oder via Gedrückthalten und Klicken auf die rote Linie weitere Punkte hinzufügen und damit eine beliebige Kurve erstellen. Wenn Sie mit der rechten Maustaste auf einen Punkt klicken, erhalten Sie die hierzu benötigten Eigenschaften wie *Punkt löschen*, an der Stelle den Pfad öffnen oder den Punkt zu einem Eckpunkt konvertieren.

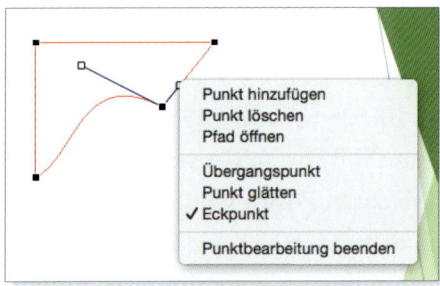

Punktbearbeitungsmöglichkeiten

Dokument speichern

Während Sie an dem Dokument arbeiten, sind die Informationen, die Sie erstellen, lediglich im Arbeitsspeicher Ihres Computers hinterlegt. Plötzlicher Stromausfall oder etwas anderes Unvorhergesehenes könnte dazu führen, dass Sie die Informationen verlieren. Deshalb ist es ratsam, Ihre Arbeit immer mal wieder auf der Festplatte abzulegen und zu speichern. Hierzu gibt es im Menüpunkt *Datei* den Befehl *Speichern*. Wenn Sie zum ersten Mal diesen Befehl aufrufen, fragt PowerPoint an, unter welchem Dateinamen und an welchem Speicherort die Datei abgelegt werden soll.

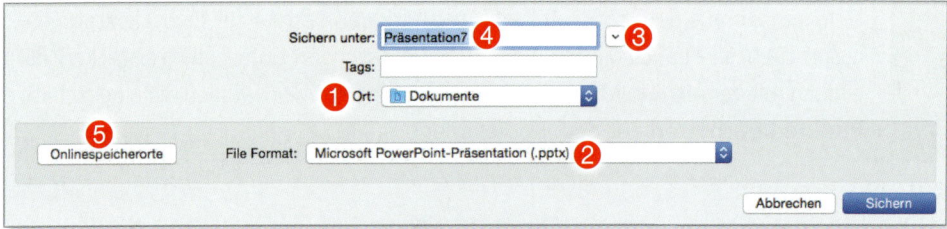

Speicher-Dialog

Sie sehen, dass PowerPoint Ihnen standardmäßig den *Dokumente*-Ordner ❶ als Speicherort vorschlägt und als Format .pptx ❷anbietet. Beides können Sie ändern. Wollen Sie den Speicherort ändern, so ist es ratsam, neben dem Eingabefeld bei *Sichern unter* das schwarze Dreieck ❸ anzuklicken. Sie rufen dadurch den erweiterten Speicher-Dialog auf, wo Sie in der Seitenleiste auf weitere Ablageorte zugreifen und so Ihr Dokument wunschgemäß ablegen können.

Erweiteter Speicher-Dialog

> **!**
>
> Als Zweites sollten Sie nicht vergessen, Ihrer Datei einen vernünftigen Namen zu geben. Tragen Sie diesen neben **Sichern unter** ❹ ein. Sie können an der Stelle auf das Suffix, also auf die Dateinamenserweiterung, verzichten. Standardmäßig häuft PowerPoint das Suffix **.pptx** an den Dateinamen an. Vergessen Sie dabei nicht, dass der Dateiname inklusive Dateinamenserweiterung maximal 255 Zeichen betragen darf. Sofern Sie die Datei mit Windows-Systemen austauschen wollen, sollten Sie auf Sonderzeichen im Dateinamen verzichten, weil diese beim Dateiaustausch über verschiedene Plattformen hinweg bekanntermaßen immer noch zu Problemen führen.

Als Sonderzeichen sind unter Umständen Umlaute wie Satzzeichen einzuordnen.

Haben Sie den korrekten Speicherort definiert und den Dateinamen eingetragen, können Sie über das Anklicken des Buttons *Sichern* die Datei am gewünschten Ort ablegen. Wenn Sie nun wenige Minuten später die Datei erneut sichern wollen, genügt das Anklicken des dazugehörigen Icons in der Symbolleiste bzw. die Verwendung des Shortcuts *cmd + S*, um die Datei unter dem gleichen Namen am gleichen Ablageort in der aktuellen Fassung abzuspeichern. Möchten Sie hingegen zu einem späteren Zeitpunkt die Datei unter einem neuen Namen oder einem anderen Ablageort ablegen, so verwenden Sie den Eintrag *Datei –> Speichern unter* bzw. die Tastenkombination *cmd + Shift + S*.

Ein anderer Speicherort ❺ könnte Ihr OneDrive-Speiche im Internet sein. Wollen Sie die Datei doch wieder auf Ihrem Rechner ablegen, dann wählen Sie *Auf meinen Mac* aus.

Speicherformate

PowerPoint speichert Ihre Präsentation automatisch als *.pptx*-Datei. Damit kann ein anderer Anwender unter Verwendung von PowerPoint 2011 für den Mac bzw. PowerPoint 2013 für Windows diese Datei problemfrei öffnen und weiter bearbeiten. Es gibt aber eine Reihe weiterer Formate, unter denen PowerPoint-Dateien abgespeichert werden könnten.

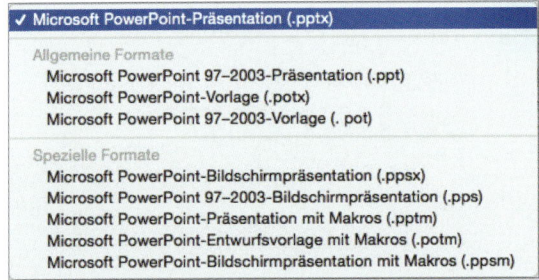

PowerPoint bietet zahlreiche Speicherformate.

Hier eine Liste der wichtigsten Formate:

- *PowerPoint 97 bis 2003 – Präsentation (*.ppt):* Mit diesem Format können Sie auch Anwendern älterer PowerPoint-Versionen Ihre Präsentation zur Verfügung stellen. Wie der Begriff schon sagt, werden hier die PowerPoint-Versionen 97 bis 2003 unterstützt. Aber aufgepasst: Wenn Sie dieses Format verwenden, erhalten Sie unter Umständen Fehlermeldungen:

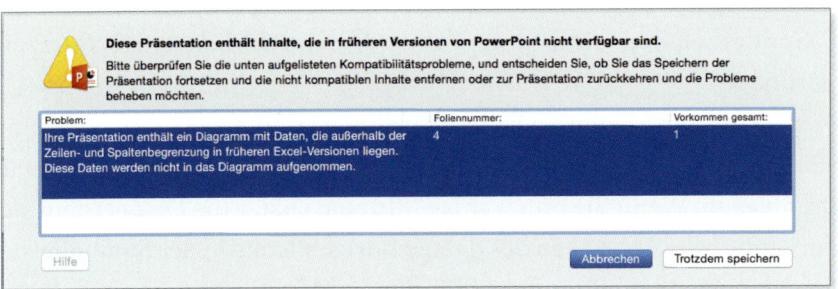

Speichern als .ppt-Datei.

PowerPoint 2016 weist Sie nun richtigerweise darauf hin, dass Sie in einem älteren Format abspeichern. Unter Umständen haben Sie Funktionen verwendet, die die älteren PowerPoint-Versionen noch nicht beherrschen, sodass sich Ihre Präsentation möglicherweise auf dem Zielrechner nicht mehr so verhält, wie Sie das angedacht haben.

- *PowerPoint-Vorlage (*.potx)* bzw. *PowerPoint 97 – 2003-Vorlage (.pot):* Diese beiden Formate sind sogenannte Vorlagen, Erstere für die aktuellen PowerPoint-Versionen, sprich 2011 und 2016 auf dem Mac respektive 2007, 2010 und 2013 für Windows, die *.pot*-Version für die älteren Versionen und Betriebssysteme. Eine Vorlage dient dazu, eine Musterpräsentation zu erstellen, die vielleicht durch andere Mitarbeiter der Firma zur Weiterverwendung kommen soll. Eine Musterdatei enthält schlicht und ergreifend alle Elemente der Präsentation, die aber beim ersten Öffnen unter einem neuen Dateinamen geöffnet komplett neu abgespeichert werden muss, sodass die Vorlagendatei nicht verändert wird.

- *PowerPoint-Bildschirmpräsentation (*.ppsx)* bzw. *PowerPoint 97 – 2003- Bildschirmpräsentation (*.pps):* Diese beiden Formate dienen dazu, dass der Anwender bei einem Doppelklick sofort in den Präsentationsmodus gelangt. Im Normalfall muss ja die PowerPoint-Datei erst in PowerPoint geöffnet und danach die Bildschirmpräsentation gestartet werden. All das erspart man sich, wenn man die Bildschirmpräsentationsdateivariante verwendet.

- *PowerPoint-Präsentation* bzw. *Vorlage bzw. Bildschirmpräsentation mit Makros (*.pptm oder *.potm oder *.ppsm):* Seit der Version Office 2011 sind auch Makros wieder in Office 2011 für den Mac für die Arbeit gut verwendbar. Sollten sich Makros innerhalb der Präsentation befinden, so sind diese drei Dateiarten zu verwenden. Bei allen anderen würden die Makros beim Speichern unter Umständen entfernt werden.

 Wenn Sie eine PowerPoint-Datei bearbeitet haben und speichern wollen, ist es eine gute Idee, sie vorher über den Menüpunkt **Datei –> Bilder komprimieren** auf das notwendige Minimum herunterrechnen zu lassen.

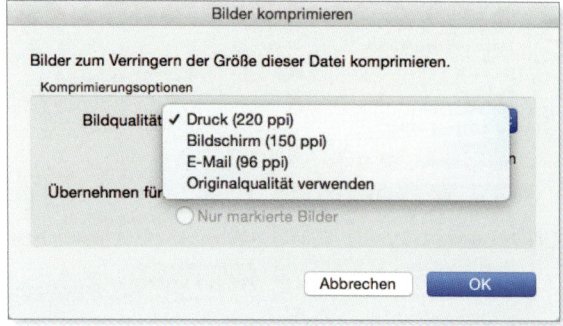

Dateigröße verringern durch das Komprimieren von Bildern

Im Laufe der Arbeit an einer Präsentation haben Sie möglicherweise viele Bildinformationen geladen bzw. skaliert, und so befinden sich jetzt viele Bilder in zu hoher Qualität und damit zu hoher Auflösung in Ihrer Bildschirmpräsentation. Da die Bilder aber in die PowerPoint-Datei mit eingerechnet werden, bläht dies Ihre Datei auf.

Wenn Sie nun wissen, dass Sie Ihre PowerPoint-Datei für eine Präsentation benötigen, wäre es eine gute Idee, die Bildqualität auf die Eigenschaft *Bildschirmschim (150 ppi)* herunterrechnen zu lassen. Sie werden erleben, dass die PowerPoint-Datei deutlich kleiner ist und damit auch flüssiger auf Ihrem Präsentationsgerät ablaufen wird. Bevor Sie die Dateigröße verringern, macht es durchaus Sinn, die Datei noch einmal in hoher Qualität unter einem anderen Dateinamen abzuspeichern. Denn vielleicht möchten Sie zu einem späteren Zeitpunkt die Datei auf einem Farbdrucker ausgeben.

Direkte Weitergabe der PowerPoint-Präsentation

Das geht auch: Über den Menüpunkt *Datei –> Freigeben* können Sie direkt aus PowerPoint heraus Ihre Datei an andere Personen weitergeben. Entweder kann diese per E-Mail (*Präsentation senden* bzw. *PDF-Anlage senden*) oder per OneDrive erfolgen. Weitere Infos hierzu finden Sie in Kapitel 2.

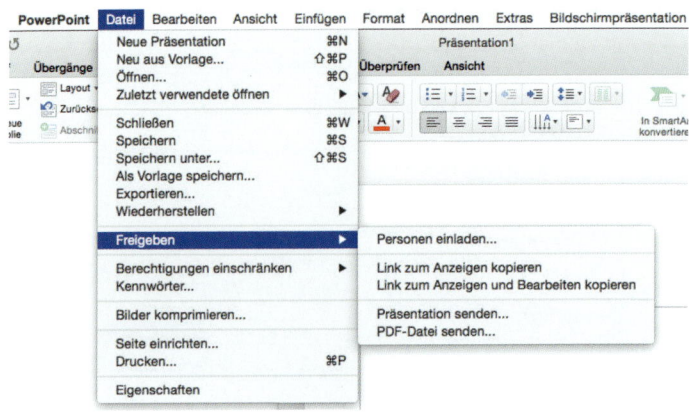

Datei freigeben

Weiterhin finden Sie im Menüpunkt *Datei* noch den Eintrag *Berechtigungen einschränken*: Hier können Sie den Zugriff auf Ihre Datei reglementieren.

Präsentation ausdrucken

Für den Ausdruck aus PowerPoint stehen Ihnen vielerlei Optionen und Einstellungsvarianten zur Verfügung. Bevor Sie den *Drucken*-Dialog aufrufen, sollten Sie über das Menü *Datei –> Seite einrichten* definieren, auf welchem Format gedruckt werden soll. Im Normalfall wählen Sie hier DIN A4 als Format aus.

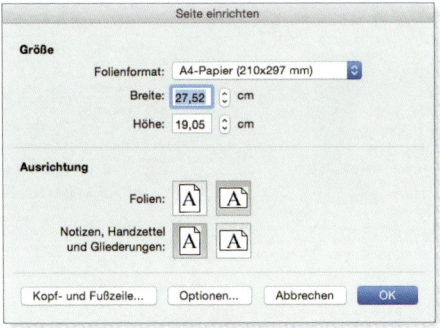

Seite einrichten

Und Sie sehen: Sie können neben der Definition des Papierformats für den Ausdruck noch eine Kopf- und Fußzeile hinterlegen sowie in den Optionen Detaileinstellungen definieren.

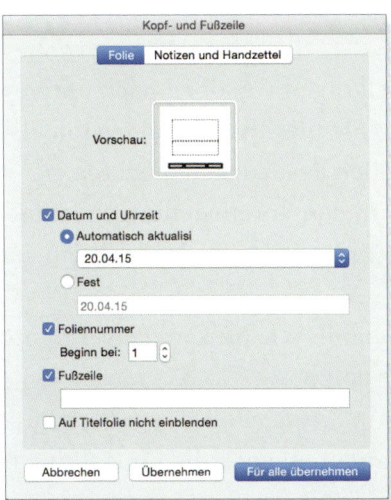

Kopf- und Fußzeile einrichten

 Wenn Sie hier Kopf- und Fußzeileninformationen eintragen, können Sie diese über **Für alle übernehmen** auf allen Folien eintragen lassen, wohingegen **Übernehmen** nur für eine bestimmte Folie gilt. Sie ändern damit den Folienmaster, auf dem diese Kopf- und Fußzeileninformationen zu stehen kommen.

Sind also in *Seite einrichten* alle Informationen korrekt eingetragen, können Sie über *cmd + P* respektive *Datei –> Drucken* den Drucken-Dialog aufrufen. Der Drucken-Dialog beherbergt eine Menge Voreinstellungen, die Sie aber erst alle zu Gesicht bekommen, wenn Sie *Details einblenden* anklicken.

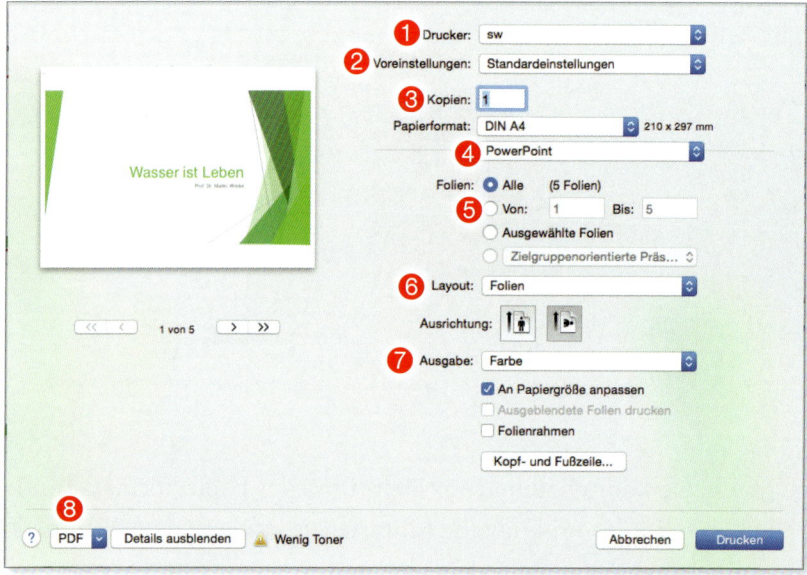

Der „Drucken"-Dialog mit eingeblendeten Details.

Die wichtigsten Einstellungen von oben nach unten sind folgende:

- *Drucker* ❶*:* Wählen Sie hier Ihr Ausgabegerät, also Ihren Drucker, an, über den Sie die Folien ausdrucken möchten.
- *Voreinstellungen* ❷*:* In den Voreinstellungen können unter Umständen druckerspezifische Einstellungen abgelegt sein, auf die Sie hier zugreifen können.
- *Kopien* ❸*:* Definieren Sie, wie oft Ihre PowerPoint-Datei auf dem Drucker ausgegeben werden soll.
- *Papierformat* ❹*:* Wenn Sie das Pull-down-Menü unterhalb aufklappen, erhalten Sie unter anderem auch die Einstellung *Layout*. Über *Layout* können Sie mehrere *Seiten pro Blatt* ausdrucken, was bisweilen eine sehr praktische Angelegenheit ist. Weiterhin finden Sie dort bei *Papierhandha-*

bung respektive *Papiereinzug* die Möglichkeit, die verschiedenen Papierfächer Ihres Druckers anzusteuern.

- *Sortiert drucken* bedeutet, dass Ihr Drucker mehrseitige Dokumente in der korrekten Sortierreihenfolge ausdruckt.
- *Folien* ❺: Geben Sie nun an, welche Teile Ihrer Präsentation zum Drucker übertragen werden sollen. Via *Alle* werden sämtliche Folien zum Drucker gesendet. Im Bereich *Von* und *Bis* geben Sie an, ob es nur ein Teil der Folien sein soll, der zum Drucker gesendet wird. Wenn Sie hingegen die Funktion *Ausgewählte Folien* verwenden wollen, sollten Sie vorher z. B. in der Foliensortierungsansicht einige Folien markiert haben. Sie erinnern sich: Sie können mit der *Shift-Taste* zusammenhängende Folien markieren, wohingegen Sie mit der Befehlstaste einzelne Folien aus dem Verband markieren können, um diese nun via *Ausgewählte Folien* explizit an den Drucker zu senden.
- *Layout* ❻ *:* Der wohl interessanteste Eintrag im Drucken-Dialog findet sich hier.

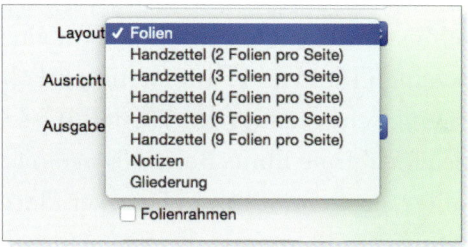

Was soll gedruckt werden?

Wenn Sie das Pull-down-Menü bei *Layout* aufklappen, dann erkennen Sie, dass Sie sowohl die *Folien* als auch *Handzettel* sowie *Notizen* oder *Gliederung* ausdrucken können. Entscheiden Sie sich also an der Stelle, welche Art von Informationen zum Drucker gesendet werden sollen. Wenn Sie Handzettel drucken möchten, können Sie hier entscheiden, wie viele Folien je Blatt Papier zu sehen sind. Sie können wählen zwischen 2, 3, 4, 6 oder 9 Folien je Ausdrucksblatt.

Ein Handzettel ist ein sehr beliebtes Medium, um dem Publikum ein Handout während oder nach einer Präsentation mit auf dem Weg zu geben. Sie erinnern sich: Die Notizen sind für Sie als Redner eine sehr praktische Möglichkeit, weil Sie sich dort Informationen zu den jeweiligen Folien hinterlegt haben. Die Gliederung ist die textuelle Fassung Ihrer Präsentation.

Wenn Sie mehrere Folien inklusive der Notizen auf einem DIN-A4-Blatt haben möchten, dann ist dies an der Stelle nicht steuerbar. Aber Sie können bei ❹ klicken und dort bei **Layout** die gewünschte Einstellung vornehmen, sodass Sie mehrere Notizenseiten auf einem Ausdruck erhalten.

- *Ausgabe* ❼*:* Auch hier finden Sie erneut eine sehr praktische Funktion. Sie möchten vielleicht Ihrem Publikum die Handzettel in größerer Auflage zur Verfügung stellen. Dann könnte der Graustufendruck deutlich günstiger sein als ein Farbausdruck.

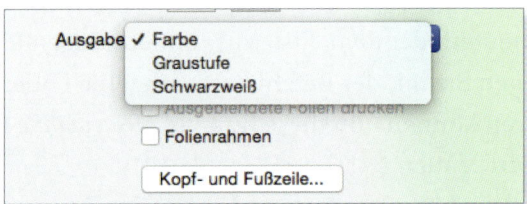

Ausgabe als Graustufen

Und wenn Sie schlussendlich mehrere Folien auf einer Seite ausdrucken wollen bzw. einen Handzettel mit mehreren Folien, dann könnte der *Folienrahmen* eine sehr vernünftige Einstellung sein. Dabei erhalten Sie um jede Folie eine dünne Linie. Bei *An Papiergröße anpassen* wird der Ausdruck so skaliert, dass er auf Ihrem Drucker Platz finden wird, ohne Informationen anzuschneiden.

- *PDF* ❽*:* Und wie von anderen Apple-Programmen bereits bekannt, können Sie statt der Ausgabe auf einen Drucker auch den Menüpunkt *PDF* anwählen und die Datei als PDF abspeichern bzw. von hier aus direkt als PDF faxen.

Elemente für Folien

Keine Frage: Eine Präsentation lebt nicht vom Text allein. Deshalb bietet PowerPoint auch eine ganze Fülle weiterer Elemente bzw. Objekte, die auf einer Folie abgelegt werden können und so die Präsentation interessanter und für das Publikum leichter nachvollziehbar machen. Doch bevor wir beginnen, die verschiedenen Elemente im Detail zu betrachten, zunächst einige wichtige Vorabinformationen.

Lineal und Führungslinien

Sollen auf einer Folie viele grafische Elemente platziert werden, so ist es durchaus nützlich, sich durch Hilfsfunktionen das Anlegen dieser Objekte zu vereinfachen. Hierzu bietet PowerPoint drei Funktionen.

Lineal

Im Menüpunkt *Ansicht –> Lineal* können Sie sich sowohl ein waagrechtes als auch senkrechtes, ein horizontales und vertikales Lineal anzeigen lassen, um die Platzierung von Elementen auf Folien einfacher zu gestalten.

Sollte das Lineal nicht in der entsprechenden Größenordnung dargestellt werden oder das vertikale Lineal fehlen, so genügt ein Blick in die PowerPoint-Einstellungen. Rufen Sie diese entweder über den Menüpunkt *PowerPoint –> Einstellungen* auf oder verwenden Sie die Tastenkombination *cmd + Komma* und wählen Sie nun den Bereich *Ansicht* aus.

Feineinstellungen für das Lineal

> **!** Achten Sie an der Stelle auf zwei Dinge: Erstens sollte bei **vertikales Lineal** ein Häkchen gesetzt sein, damit dieses auch dargestellt wird, und zweitens sollten Sie bei **Linealeinheiten** im Normalfall die Eigenschaft **Zentimeter** auswählen, um das Lineal in der richtigen Größenordnung dargestellt zu bekommen. Verlassen Sie die Einstellung mit **OK**, um diese zu bestätigen.

Führungslinien

Zusätzlich können Sie sich über den Menüpunkt *Ansicht –> Führungslinien* Führungslinien darstellen lassen. Dabei gibt es zwei Arten von Linien, die Ihnen helfen, grafische Elemente einfacher auf Folien zu platzieren. Zum einen gibt es sogenannte Führungslinien in der dynamischen und in der statischen Fassung und zum anderen die Möglichkeit, diese am Raster bzw. an einer Form ausrichten zu lassen.

Aber befassen wir uns zunächst einmal mit den statischen Führungslinien. Wählen Sie also den Menüpunkt *statische Führungslinien* aus. Sie werden sehen, dass sich dann ein Häkchen vor diesem Menüpunkt befindet, und Sie sehen auf Ihrer Folie eine waagrechte und senkrechte gestrichelte Linie. Diese Führungslinien können beliebig auf der Folie verschoben werden. Wenn Sie nun neue grafische Elemente zeichnen, werden Sie merken, dass diese Führungslinien magnetisch sind. Das heißt, neue grafische Elemente werden automatisch an diese Führungslinien herangeführt. So ist es leichter, mehrere Elemente auf der gleichen Höhe zu platzieren.

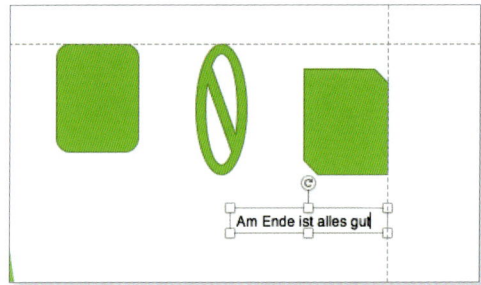

Statische Führungslinie mit mehreren Elementen

Noch raffinierter sind hingegen die dynamischen Führungslinien. Am besten probieren Sie es dadurch aus, dass Sie die *statischen Führungslinien* nun wieder deaktivieren, also das Häkchen entfernen, und die *dynamischen Führungslinien* aktivieren.

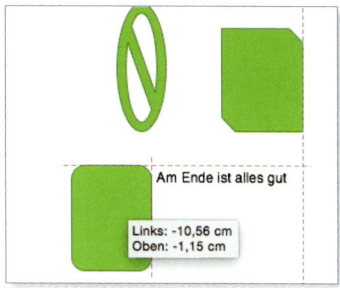

Dynamische Führungslinien

Sie sehen nun, dass Sie, während Sie Objekte zueinander verschieben, durch dünne Linien angezeigt bekommen, wann sich diese Objekte auf gleicher Höhe oder am gleichen linken oder rechten Rand befinden. Somit ist das gegenseitige Ausrichten von Objekten zueinander um vieles einfacher geworden. Dynamische Führungslinien sind also eine perfekte Möglichkeit, mehrere Elemente rasch und gezielt auf Folien abzulegen.

Am Raster ausrichten

Sobald Sie die Eigenschaft *Am Raster ausrichten* wählen, erkennen Sie, dass Sie ein Objekt immer um 0,2 Zentimeter verschieben. Es handelt sich hierbei um ein Raster, das PowerPoint hinterlegt. Damit erhalten Sie alle 0,2 Zentimeter einen neuen Ankerpunkt für Ihr grafisches Element.

Um die Rasterfunktion kurzfristig zu deaktivieren, halten Sie die cmd-Taste gedrückt, während Sie das Element auf der Folie verschieben.

Form formatieren

Wenn Sie weder die Führungslinien noch das Lineal zur Positionierung von Elementen verwenden wollen, so können Sie Elemente auch exakt numerisch auf den Folien ablegen. Dazu gibt es zum einen im Menüband *Formformat*. Dort finden Sie ganz rechts die Eigenschaft *Größe*, mit der Sie die Elementgröße nach Ihren Vorstellungen spezifizieren können.

Menüband –> Formformat

Unterhalb der Begriffe **Höhe** und **Breite** finden Sie das Häkchen **Seitenverhältnis sperren**. Das heißt: Wenn Sie nur eine Höhen- oder Breitenänderung durchführen, wird die andere Dimension proportional mit verändert. Das kann in vielen Fällen sehr praktisch sein, z. B. wenn Sie Elemente von der Größe her proportional skalieren wollen.

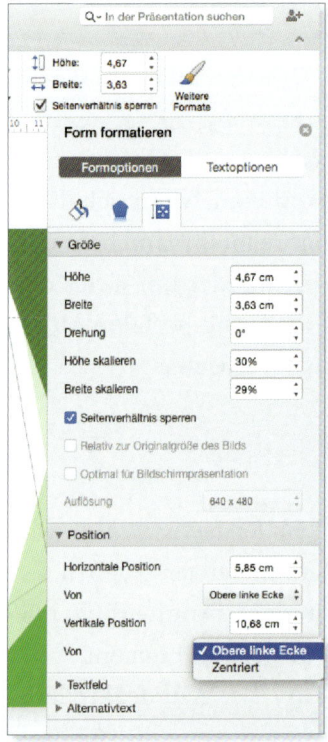

„Form formatieren" (cmd + shift + 1) bringt weitere nützliche Einstellungen.

Sobald das seitliche Fenster **Form formatieren** erscheint, wählen Sie **Formoptionen –> Größe und Eigenschaft –> Position** aus. Dort können Sie nun im Bereich **Horizontal** und **Vertikal** exakt numerisch definieren, wo das Objekt auf der Folie zu liegen kommen soll.

Beachten Sie bitte auch, dass es die Möglichkeit gibt, die Position von der oberen linken Ecke der Folie abhängig zu machen, aber auch die Option *Zentriert*. Sie haben sicher schon bemerkt, als Sie das Lineal eingeblendet haben, dass sich der Nullpunkt sowohl vertikal als auch horizontal exakt in der Mitte der Folie befindet. Das heißt, wenn Sie die Eigenschaft *Zentriert* auswählen, dann messen Sie vom Mittelpunkt der Folie aus. Wenn Sie also Elemente links vom Mittelpunkt der Folie oder oberhalb des Mittelpunkts haben und die Eigenschaft

Zentriert verwenden, müssen Sie negative Werte eingeben. Wenn Sie *Obere linke Ecke* auswählen, dann ist die linke obere Ecke der Folie sowohl vertikaler als auch horizontaler Nullpunkt, und von dort aus wird das Element platziert.

Interaktive Schaltflächen

Interaktive Schaltflächen (Menü *Einfügen*) dienen dazu, im Rahmen Ihrer Präsentation Sprünge auszuführen. Normalerweise, wenn Sie eine PowerPoint-Datei präsentieren, wird von Folie zu Folie geblättert. Mithilfe der interaktiven Schaltflächen können Sie andere Sprungadressen in Ihrer PowerPoint-Datei definieren. Wählen Sie z. B. als interaktive Schaltfläche das *Haussymbol* aus. Dieses Haussymbol hat standardmäßig die Eigenschaft, die erste Folie in Ihrer Präsentation anzuspringen, völlig egal, wo auf der Präsentation Sie sich gerade befinden.

Interaktive Schaltfläche

Damit lassen sich sehr, sehr pfiffige Dinge innerhalb von PowerPoint definieren. Das heißt: Wenn Ihr Vortrag eher offener gestaltet ist und keine festgelegte Reihenfolge erfordert, kann man über die interaktiven Schaltflächen sehr schön in Unterthemen springen und dann wieder zur Übersichtsfolie zurückkehren, um so den linearen Fluss zu unterbrechen.

Funktionen für platzierte Elemente bzw. Objekte

Mit den vorher genannten Funktionen können Sie eine PowerPoint-Präsentation grafisch deutlich aufwerten. Wenn sich nun auf ein und derselben Folie mehrere Elemente befinden, so gibt Ihnen PowerPoint auch eine Reihe von Funktionen an die Hand, um mit diesen perfekt arbeiten zu können. Viele dieser Funktionen befinden sich im *Anordnen*-Menü.

Anordnen

Wir hatten etwas Ähnliches schon im Bereich *Führungslinien (dynamische Führungslinien)* besprochen. Und zwar möchte man sehr häufig grafische Elemente auf einer Linie platzieren. Um dies zu bewerkstelligen, markiert man mehrere Elemente und wählt im Menü *Anordnen* die Eigenschaft *Ausrichten* oder *Verteilen*.

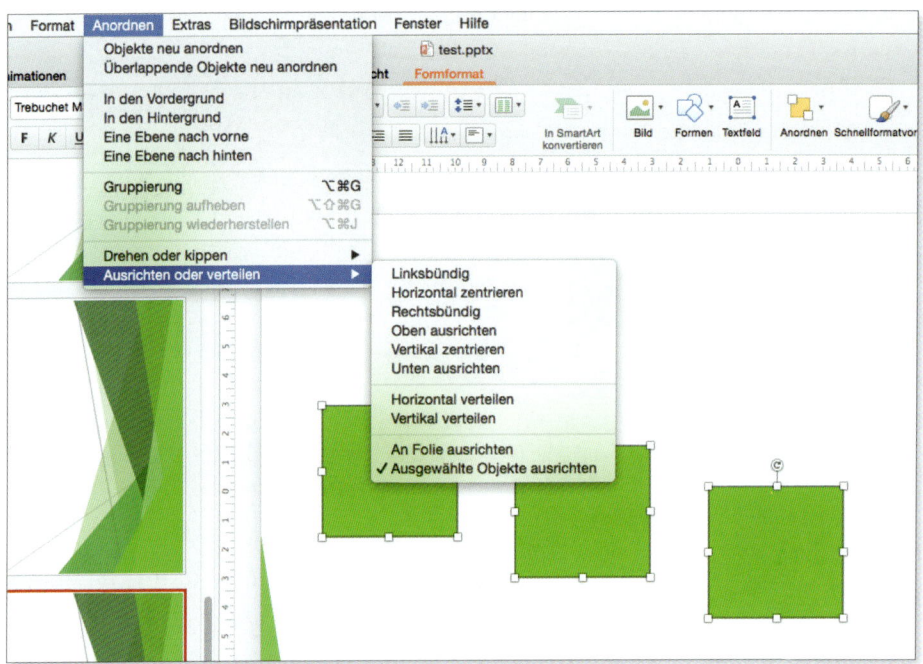

Objekte aneinander ausrichten

Sie sehen z. B. bei den drei Rechtecken, dass diese im gleichen Abstand zueinander positioniert werden und dass sie auf gleicher Höhe stehen sollen. Über die *Anordnen*-Funktionen ist dies ein Kinderspiel. Über die Verteilung werden die Abstände angeglichen und über die Eigenschaft *Horizontal zentrieren* befinden sich die drei Rechtecke auf gleicher Höhe.

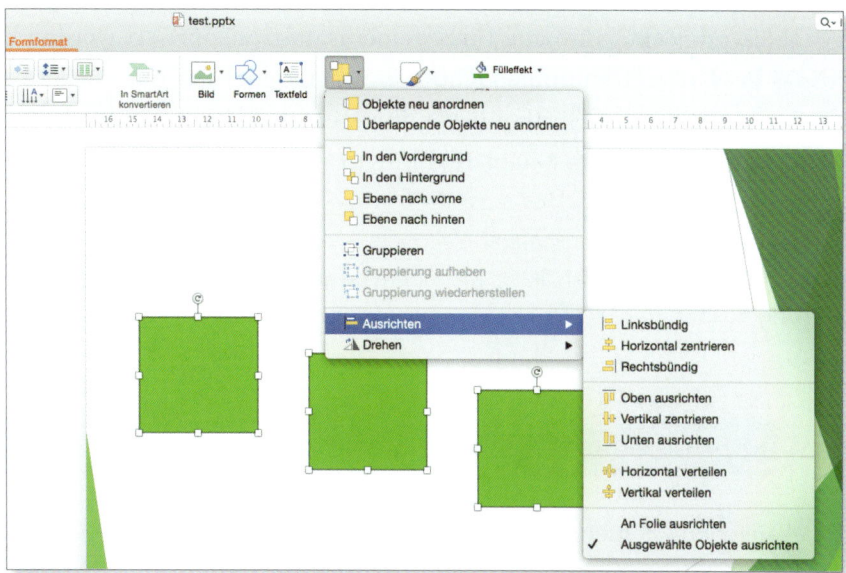

Objekte aneinander ausrichten

Statt über das Menü können Sie diese Funktion ebenfalls über das Menüband *Start* ausüben. Wählen Sie dort *Ausrichten* und holen Sie sich die gewünschten Funktionen zum Vorschein. Sie haben damit eine sehr einfache und leistungsfähige Funktionalität, die Ihnen die gleichmäßige und exakte Anordnung mehrerer Elemente auf der Folie erheblich erleichtert.

Gruppieren

Eine weitere sehr elegante und nützliche Funktion nennt sich *Gruppierung*. Sie haben beispielsweise auf Ihrer Folie mehrere Objekte vernünftig zueinander ausgerichtet, ebenenweise gut platziert und möchten diese Situation jetzt quasi einfrieren. Warum kann das notwendig sein?

Nun, manchmal kann man in der Hektik des Alltags schon mal aus Versehen eine gelungene Anordnung wieder zerstören. Um sich selbst vor diesem Fehler zu schützen, können Sie durch *Gruppieren* aus mehreren Elementen ein neues gemeinsames Element formen. Markieren Sie dazu die gewünschten Elemente, indem Sie mit der linken Maustaste ein Rechteck aufziehen, das alle Elemente beinhaltet, oder indem Sie Element nach Element bei gedrückt gehaltener *Shift-Taste* anklicken.

Wählen Sie dann aus dem Menüpunkt *Anordnen* oder aus dem Menüband die Funktion *Gruppierung* aus oder wählen Sie die Tastenkombination *cmd + alt + G*. Sogleich wird aus den bisher einzeln existierenden Elementen ein neues, gemeinsames Objekt, das aber nun auch nur gemeinsam transportiert werden kann. Allerdings hat PowerPoint mitgedacht: Wenn sich in der Gruppe auch Textrahmen befinden, können Sie nach wie vor durch ein Anklicken des Elements den Textrahmen aktivieren, um neuen Text hinzuzufügen.

> Möchten Sie zu einem späteren Zeitpunkt wieder auf jedes Element individuell zugreifen, so verwenden Sie im Menüpunkt **Anordnen** die Eigenschaft **Gruppierung aufheben** bzw. die Tastenkombination **cmd + alt + Shift + G**.

Video- und Audiodateien in eine Präsentation integrieren

Neben grafischen Elementen, Zeichnungen, Bildern, Diagrammen, Tabellen, Textelementen (siehe auch Kapitel 2) etc. können auch Multimediakomponenten in einer PowerPoint-Präsentation enthalten sein. Dazu gehören Filmdateien, aber auch Audiodateien.

Der Zugriff darauf erfolgt sehr einfach: Über das Menüband *Einfügen* haben Sie direkten Zugriff auf die Audioinformationen von iTunes oder GarageBand bzw. über den Bereich *Filme* Zugriff auf Filmdateien, die z. B. iMovie erzeugt hat bzw. die in Fotos oder iPhoto abgelegt sind.

Zugriff auf Film- oder Audiodateien über den Browser

Eine weitere Möglichkeit besteht darin, die Film- oder Audiodatei einfach aus dem Betriebssystem heraus, sprich aus dem Finder, per Drag and Drop auf der Folie zu positionieren.

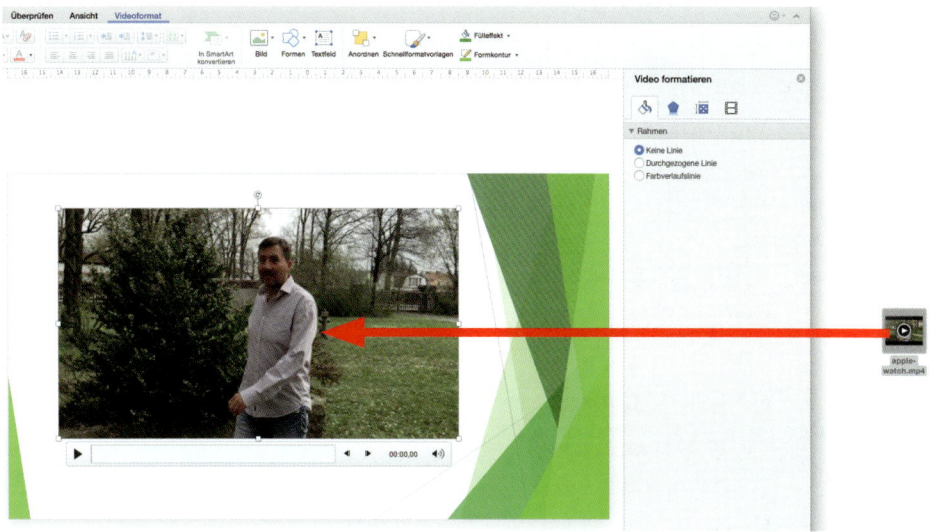

Videodatei per Drag and Drop positionieren.

Sogleich wird die Audio- oder Videodatei auf der Folie dargestellt, und dazu werden die Kontrollelemente eingeblendet, sodass die Audio- oder Videodatei direkt abgespielt werden kann.

> **!** Wenn Sie Video- oder Audiodateien per Drag and Drop auf einer Folie platzieren, werden diese Dateien mit der PowerPoint-Präsentation gemeinsam abgespeichert. Dadurch wird die PowerPoint-Datei, wenn Sie mehrere Videos oder Audios einbinden, natürlich sehr stark an Größe zunehmen. Folgende Video- und Audioformate können Sie in eine PowerPoint-Datei einfügen: **.mov**, **.wmv** für Video und **.mp3** bzw. **.wma** für Audioformate.

Aber noch einmal zurück zum Einbinden von Video- und Audiodateien innerhalb einer PowerPoint-Präsentation. Vielleicht mag es manchmal sinnvoller sein, lediglich die Pfade, also den Ablageort der Videodateien, als Verknüpfung in eine PowerPoint-Präsentation aufzunehmen, damit diese schlanker bleibt.

Natürlich muss, sofern die Präsentation an einem anderen Rechner abgespielt wird, die Videodatei an den Ablageort mittransportiert werden. Möchten Sie trotzdem lediglich den Pfad aufnehmen, dann empfiehlt sich der Weg über den Menüpunkt *Einfügen –> Audio* oder *–> Film* und dort jeweils der Unterpunkt *Audio aus Datei* bzw. *Film aus Datei*. Bei beiden erhalten Sie dann die Möglichkeit, im Auswahlfeld die Funktion *Verknüpfung mit Datei* zu selektieren und so lediglich den Pfad zu dem Film oder zu der Sounddatei in die PowerPoint-Präsentation mit aufzunehmen.

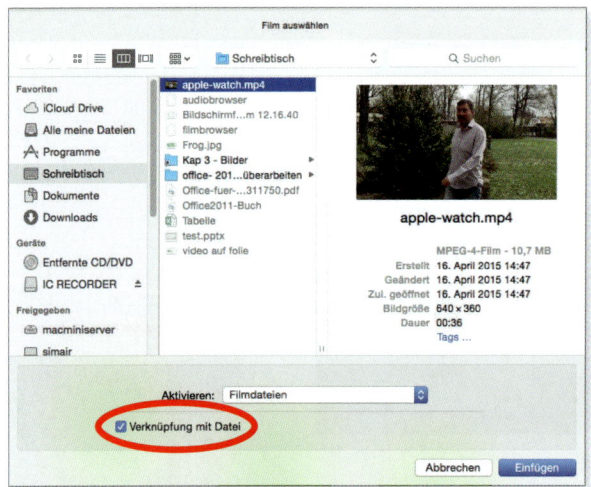

Verknüpfung mit Videodatei

Und noch eine Sache ist möglich: Nahezu sämtliche Apple-Rechner verfügen über ein integriertes Mikrofon. Dieses eingebaute Mikrofon können Sie auch dazu verwenden, eine Audioinformation direkt einzuspeichern. Wählen Sie hierfür *Einfügen –> Audio –> Audio aufzeichnen*. Sogleich erscheint das dazugehörige Fenster, mit dem Sie Audio über das eingebaute Mikrofon aufzeichnen können. Natürlich können Sie auch externe USB- oder Bluetooth-Mikrofone verwenden.

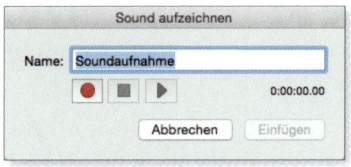

Sound aufzeichnen

Haben Sie die Sprachaufnahme erfolgreich abgeschlossen, erscheint als Bestätigung auf Ihrer Folie ein Lautsprechersymbol. Wenn Sie mit der Maus über dieses Symbol fahren, erscheinen die Steuerungselemente, und Sie können sich die Sprachaufnahme anhören.

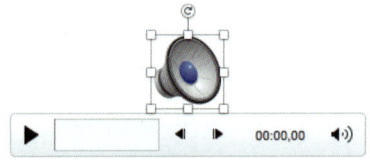

Symbol für Audiodatei

Sowohl bei einer Audiodatei als auch bei einem eingebundenen Film können Sie über **Form formatieren** weitere Eigenschaften spezifizieren. So können Sie beispielsweise **Helligkeit** und **Kontrast** eines Films ändern.

Über die seitliche Leiste können Sie weitere Detaileinstellungen vornehmen.

 Zudem sollten Sie im Menüband bei **Videoformat** noch definieren, ob die Wiedergabe beispielsweise im Vollbildmodus angezeigt oder ob eine Endlosschleife eingebaut werden soll.

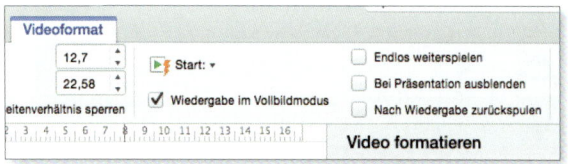

Wiedergabeoptionen eines Films

Zudem können Sie bei *Posterrahmen* dem Film noch ein anderes Startbild vergeben, indem Sie z. B. über *Posterrahmen –> Bild aus Datei* ein beliebiges Startsymbol über den Film legen.

Arbeiten mit den Masterfolien

Wie schon an mehreren Stellen erwähnt, wird jede neue Folie, die innerhalb einer PowerPoint-Präsentation erzeugt und benötigt wird, auf der Basis eines sogenannten Folienmasters erstellt. Noch genauer betrachtet: Die erste Folie einer jeden Präsentation ist die sogenannte Titelfolie. Diese hat als Grundlage einen Titelmaster. Und auch alle anderen Folien folgen von ihrem Erscheinungsbild her einem Folienmaster. Wenn Sie aus einer Vorlage heraus eine Präsentation erzeugt haben, existiert bereits eine Menge verschiedener Folienmaster-Folien.

Wenn Sie dann noch ein Design zugewiesen haben, bedeutet das nichts anderes, als dass alle Folienmaster-Folien ein gleiches Aussehen haben, das eben auf diesen Folienmastern aufgebracht wurde, z. B. eine Hintergrundfarbe mit einem Farbverlauf oder links oder oben ein farbiger Balken, Textinformationen in Kopf- und Fußzeile etc. All das sind Elemente, die auf dem Folienmaster hinterlegt werden. Um zu sehen, wie viele Folienmaster es derzeit gibt und wie diese aussehen, bemühen Sie am besten den Menüpunkt *Ansicht –> Master* und wählen *Folienmaster* aus. Sogleich sehen Sie im linken Bereich die existierenden Masterfolien. Und wenn Sie eine Masterfolie anklicken, sehen Sie rechts daneben das Erscheinungsbild dieser Masterfolie.

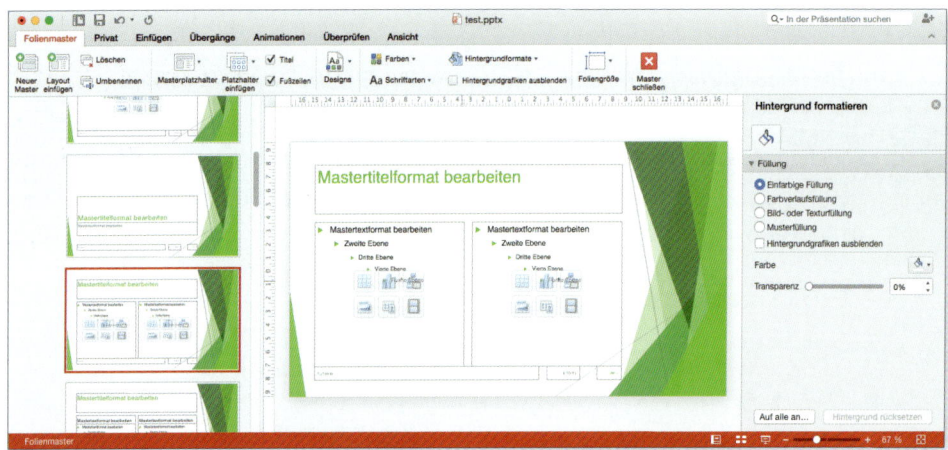

Folienmaster im Detail

Wenn Sie das Bildschirmfoto genauer ansehen, so erkennen Sie, dass diese Masterfolie, die wir aktuell auf dem Bildschirmfoto dargestellt haben, einen Titelbereich und darunter einen zweispaltigen Inhaltsbereich hat. Darüber hinaus gibt es noch die Fußzeileninformation mit dem aktuellen Datum und der Blattnummer. Sie können nun diesen Master nach Ihrem Belieben modifizieren.

Nehmen wir mal an, Sie möchten, dass die Titelinformation in dieser Folie in einer anderen Schrift dargestellt wird. Dann wählen Sie den Titeltext aus und weisen diesem z. B. über das Menü *Format –> Schriftart* eine andere Schrift zu, wählen möglicherweise noch eine andere Farbe und haben so die Information auf diesem Folienmaster editiert.

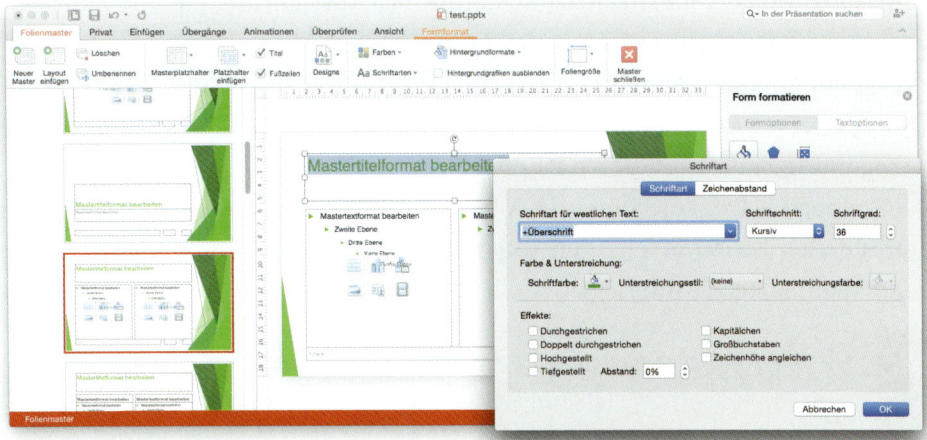

Das Titeltextformat wird aktuell bearbeitet.

Ist die Änderung an der Stelle abgeschlossen, dann klicken Sie im Menüband auf *Master schließen*, um zur Bearbeitung Ihrer Präsentation zurückzukehren.

Wenn Sie nun eine neue Folie erzeugen möchten, dann klappen Sie ja über das Menüband das Pull-down-Menü bei *Neue Folie* auf und erstellen eine neue Folie aufgrund eines Folienmasters. Die soeben beim Folienmaster geänderten Informationen werden sofort auf neu erstellte Folien übernommen.

 Hatten Sie bereits Folien, die auf der Basis dieses geänderten Folienmasters erzeugt wurden, so wird sich die Formatierung auch auf diesen Folien ändern.

Sie haben also gesehen, dass die Folienmaster die Basis für die Erstellung von Folien darstellen. Was sind typische Eigenschaften, die man auf einem Folienmaster ändert bzw. hinterlegt?

- *Hintergrundfarbe bzw. Hintergrundmotiv:* Wird auf dem Folienmaster eine Hintergrundfarbe bzw. ein Hintergrundmotiv hinterlegt, so befindet es sich auf allen Folien, die diesem Master zugrunde liegen.
- *Text- oder Objektplatzhalter:* Wie Sie sehen, unterscheiden sich die Folienmaster im Wesentlichen dadurch, dass nahezu jeder Folienmaster einen Titeltextplatzhalter hat und weitere Text- bzw. Objektplatzhalter aufweist. Sie können sich also entscheiden, wie die Anordnung dieser Platzhalter auf dem Folienmaster dargestellt wird.

Wie Sie anhand des Titeltextplatzhalters gesehen haben, können Sie für alle Textplatzhalter, die sich auf den Folienmastern befinden, bestimmen, welche

Schriftart, welche Schriftfarbe, Schriftgröße, Ausrichtung etc. die Schriftdarstellung auf den darauf basierenden Folien haben soll.

Angenommen, Sie möchten Ihr Firmenlogo auf allen Folien Ihrer Präsentation erscheinen lassen, dann wäre es eine prima Idee, das Firmenlogo auf den dazugehörigen Folienmastern zu platzieren.

Sie möchten Informationen in Kopf- und Fußzeilen einbauen, die auf den betreffenden Folien erscheinen sollen. Auch diese Eigenschaften werden auf den Folienmastern hinterlegt.

> **!** Sie sehen also, dass eine durchdachte Konzeption der Folienmaster die Arbeitsweise in PowerPoint sehr stark vereinfacht. Dabei geht es noch einige Schritte weiter: Wir haben vorhin schon erwähnt, dass eine Vorlage, die Sie zum Erstellen einer Präsentation verwendet haben, über eine bestimmte Anzahl von Folienmastern verfügt. Sie können aber jederzeit neue Masterfolien erzeugen. Wenn Sie den Menüpunkt **Ansicht –> Master** wählen, sehen Sie darüber im Menüband Funktionen wie **Neuer Master**, **Neues Layout** oder auch die Eigenschaft **Platzhalter einfügen**. Das heißt: Sie können komplett neue Folienmaster mit bestimmten Elementen erzeugen.

Menüband „Folienmaster" mit all seinen Funktionen

> **!** Wenn Sie **Neuer Master** auswählen, bekommen Sie eine ganze Reihe von zugehörigen Folienmastern. Wenn Sie hingegen **Neues Layout** auswählen, bekommen Sie lediglich einen neuen Folienmaster, den Sie Ihren Wünschen entsprechend designen dürfen.

Wie schon erwähnt, haben Folienmaster Platzhalter eingebaut: Platzhalter für den Titel, Platzhalter für Text, für Grafiken, für Bilder etc. Diese Platzhalter fügen Sie via *Platzhalter einfügen* ein. Dort finden Sie Platzhalter für Tabellen, Diagramme, SmartArts etc. Wenn Sie diese Platzhalter in den Folienmaster integrieren und dann eine neue Folie auf der Basis dieses Masters erstellen, erhalten Sie z. B. einen Platzhalter für ein Diagramm. Wenn Sie diesen doppelt anklicken, startet – wie Sie es bereits kennen – Excel, und Sie können ein Diagramm auf dieser Folie hinterlegen.

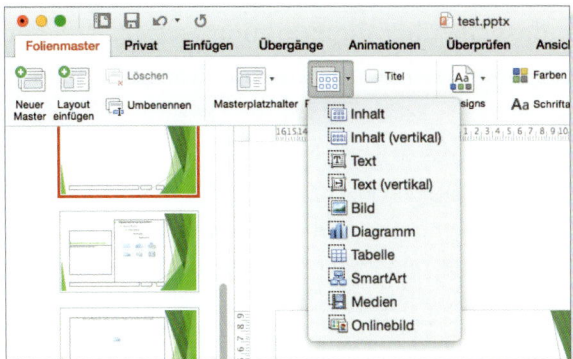

Platzhalter einfügen

Und noch eine Funktion wird über den Folienmaster gesteuert: Haben Sie auf dem Folienmaster ein Textfeld, das verschiedene Ebenen umfasst, dann werden ja vor den Aufzählungspunkten im Textfeld Aufzählungszeichen dargestellt. Sie erinnern sich auch daran, dass Sie über die Gliederungsfunktion sehr leicht die textuellen Elemente einer Präsentation erstellen und durch die *Tabulator*-Taste bzw. mit *Shift + Tabulator* die Ebenen steuern können.

Nun werden also vor diesen Texten in den jeweiligen Ebenen Aufzählungszeichen dargestellt, und diese Aufzählungszeichen können Sie auch auf dem Folienmaster definieren.

Setzen Sie also einfach den Cursor vor die Aufzählungsebene mit den zu ändernden Aufzählungszeichen und wählen Sie den Menüpunkt *Format –> Nummerierung und Aufzählungszeichen*. Wählen Sie dort das gewünschte Aufzählungszeichen und dessen Darstellung aus und bestätigen Sie die ganze Sache mit *OK*. Und schon haben Sie auf einem Folienmaster in einer bestimmten Ebene ein neues Aufzählungszeichen kreiert. Wiederholen Sie den Vorgang für alle anderen Ebenen, aber auch für alle anderen Folienmaster.

Aufzählungszeichen ändern

Sie sehen also, dass Sie über die Funktion *Folienmaster* ein sehr mächtiges Werkzeug haben, um einheitlich aussehende Präsentationen zu erstellen.

Ein wichtiger Tipp an dieser Stelle: Es macht durchaus Sinn, nicht jeden Folienmaster einzeln zu modifizieren. Meist ist es schneller und effektiver, einen Folienmaster mit allen Eigenschaften zu versehen und diesen dann mit der Tastenkombination **cmd + D** zu duplizieren und weitere Änderungen an dem Duplikat vorzunehmen. Stellen Sie sich also bitte folgende Situation vor: Sie möchten einen Folienmaster haben, der Ihr Logo, Ihre Firmenanschrift und bestimmte Aufzählungszeichen enthält. Und dies soll dann zum Tragen kommen, wenn Sie einen einspaltigen Text auf der Folie haben, ebenso aber auch, wenn Sie zwei Textplatzhalter auf der Folie benötigen. Sie erstellen also zunächst einen Folienmaster mit allen Eigenschaften, duplizieren diesen, und auf dem Duplikat erstellen Sie zwei Textplatzhalter, wo vorher eben nur einer war. So haben Sie sehr rasch verschiedene Folienmaster erzeugt, die in den Inhalten variieren, aber dennoch gleiches Aussehen besitzen. Zudem ist die 1. Masterfolie sozusagen die Mutter der darunter liegenden Folienmaster. Sofern Sie dort Ihr Logo einbauen, wird es sogleich auf alle Folienmaster (Ausnahme: Titelmaster) übertragen.

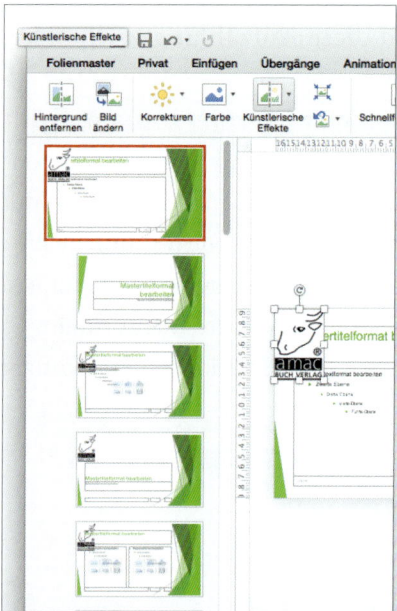

Der allererste Folienmaster ist den anderen übergeordnet.

Neben der Möglichkeit, mit *cmd + D* eine Folie zu duplizieren, können Sie genauso eine Folie mit der *Alt-Taste* anklicken und an eine andere Stelle legen; Sie erhalten auch so ein Duplikat dieses Folienmasters.

Übergänge, Animationen, Bildschirmpräsentationen

Sind nun endlich alle Informationen auf den PowerPoint-Folien angeordnet, wird es Zeit, die PowerPoint-Datei für die Präsentation vorzubereiten. Sie haben auf der Basis verschiedener Folienmaster Folie um Folie erzeugt, Diagramme, Bilder, Texte etc. editiert, und nun soll die Präsentation Folie für Folie noch mit optischen Effekten versehen werden, sodass das Publikum von Ihrer Präsentation beeindruckt ist. Sie haben mehrere Möglichkeiten, die Folien in Bewegung zu versetzen. Zuallererst seien die sogenannten *Übergänge* erwähnt. Übergänge finden statt, wenn von einer Folie zur nächsten weitergeblättert wird. Animationen hingegen sind Bewegungsabläufe, die auf einer Folie stattfinden. Und zu guter Letzt kann die gesamte Bildschirmpräsentation auch automatisiert ablaufen, in dem Sie Anzeigedauern für das automatische Durchblättern der Präsentation festlegen. Aber eins nach dem anderen. Fangen wir zunächst mit den Übergängen an.

Folienübergänge festlegen

An der Stelle ist es ratsam, in die *Foliensortierung* zu wechseln. Tun Sie das über den Menüpunkt *Ansicht* oder *cmd + 2* oder über das Icon in der linken unteren Ecke Ihrer Präsentation. Wenn Sie mit *cmd + A* alle Folien markieren, so können alle Folien auf einmal einen gemeinsamen Übergang erhalten. Wählen Sie über das Menüband den Bereich *Übergänge* aus, sehen Sie, dass dort eine ganze Fülle an verschiedenen Übergängen zur Verfügung steht.

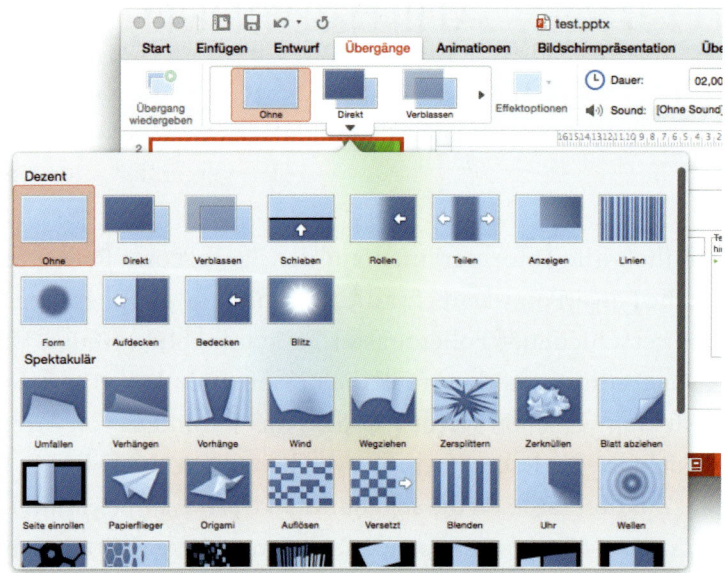

Folienübergänge

Bei der Fülle an möglichen Übergängen fällt die Auswahl schwer. Klicken Sie einen Übergang an, wird dieser anhand einer Folie dargestellt. Läuft Ihnen der Übergang zu schnell oder zu langsam ab, dann können Sie bei *Dauer* die Geschwindigkeit nachjustieren. Bei vielen Übergängen gibt es zudem im Bereich *Effektoptionen* Variationen des Übergangs. Sie sehen z. B. an dem Übergang mit dem Namen *Würfel*, dass es vier unterschiedliche Versionen gibt, wie dieser Übergang im Detail stattfinden kann.

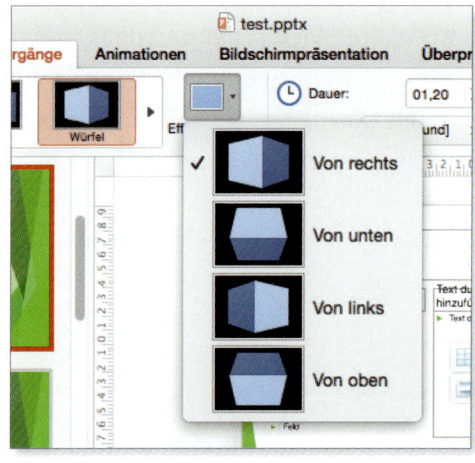

Effektoptionen am Beispiel des Übergangs „Würfel"

Und Sie sehen zudem, dass standardmäßig das Häkchen *Bei Mausklick* angebracht ist. Das heißt, von einer Folie zur nächsten wird nur dann geblättert, wenn Sie als Präsentator durch Drücken der Maus, der Leertaste oder einer anderen Taste von einer Folie zur nächsten weiterblättern möchten. Und ganz rechts sehen Sie noch, dass es eigentlich überflüssig ist, alle Folien zuerst gemeinsam zu markieren, denn Sie können hier mit einem Klick den Übergang auf alle Folien ausdehnen.

> **!** Es ist nicht notwendig, dass Sie alle Folien mit demselben Übergang versehen. Sie können durch Markieren verschiedener Folien mit gedrückt gehaltener **Shift-Taste** in einer Präsentation unterschiedliche Übergänge einbauen. Ratsam ist: Weniger ist mehr. Das heißt, Sie sollten sich auf eine geringe Anzahl von Übergängen im Laufe einer Präsentation beschränken. Ich arbeite sehr oft mit zwei Übergängen pro Präsentation. Wenn ich im Rahmen einer Präsentation ein neues Thema aufschlage, verwende ich einen anderen Übergang, als wenn ich in einem Kapitel von Folie zu Folie blättere. So können Sie dem Betrachter auch visuell mitteilen, dass jetzt ein anderes Thema angesprochen, ein anderer Betrachtungswinkel eingenommen werden soll.

Animationen

Soll auf den Folien ebenfalls Bewegung erzeugt werden, so sind Animationen der richtige Anlaufpunkt. Sie sehen den Begriff *Animationen* innerhalb des Menübands. Bei den Animationen stehen drei Standardeffekte zur Verfügung: die *Eingangseffekte*, die *Hervorhebungseffekte* und die *Ausgangseffekte*. Sie können jedes Element, das sich auf einer Folie befindet, mit einem Effekt versehen. Sehr bekannt und beliebt ist die Eigenschaft, eine Textaufzählung mit einer Animation zu versehen. Wenn Sie z. B. die folgende Folie ansehen, dann erkennen Sie, dass hier Textaufzählung auf verschiedenen Ebenen stattfindet. Im Rahmen einer Präsentation macht es durchaus Sinn, dass man diese Textstellen nacheinander auf die Präsentationsfläche projiziert. Deswegen ist ein Eingangseffekt an dieser Stelle eine gute Idee.

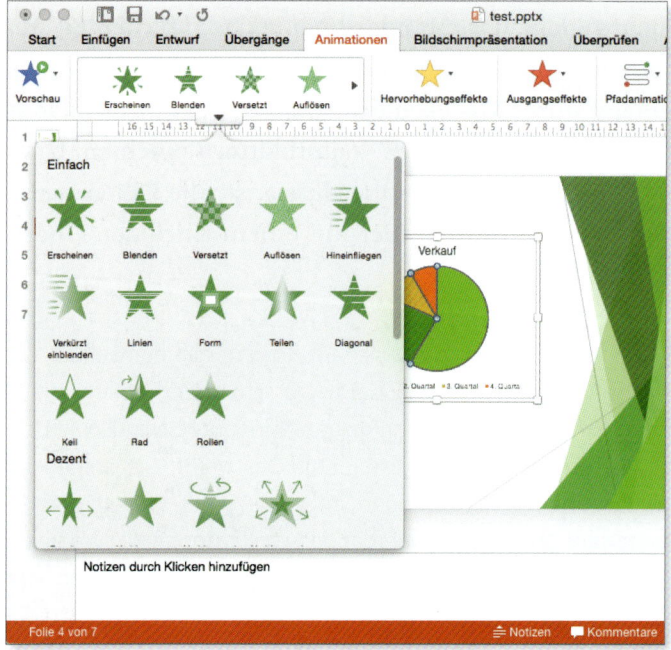

Eingangseffekt

Nachdem Sie sich aus der Fülle der Eingangs- und Hervorhebungseffekte einen Effekt herausgesucht haben, sollten Sie noch in den *Effektoptionen* definieren, wie dieser Effekt vonstattengehen soll. Text, der sich in einem Textrahmen befindet, wird standardmäßig als Gesamtes animiert.

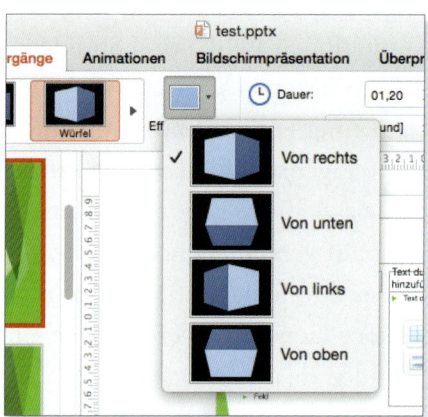

Effektoptionen

Dort können Sie noch definieren, ob der Textrahmen als ein gesamtes Objekt animiert wird oder ob die Textsequenzen absatzweise animiert werden sollen. Noch feiner und genauer können Sie das justieren, wenn Sie sich rechts den Aufgabenbereich **Animationen** anzeigen lassen. Nun können Sie jede einzelne Bewegung, die auf dieser Folie stattfindet, von der Geschwindigkeit her regeln, Sie können sie mit einem Sound unterlegen, die Richtung modifizieren etc. Die Optionen, die eingeblendet werden, hängen natürlich von dem gewählten Effekt ab.

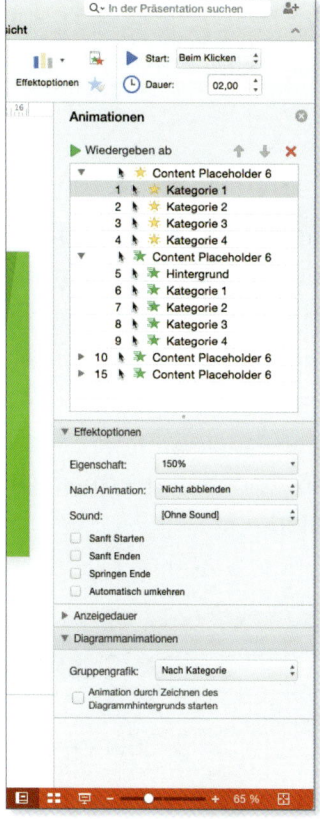

Der rechte Aufgabenbereich mit Animationen

Wenn Sie Animationen von einer Folie entfernen möchten, so klicken Sie in dem Bereich **Animationsreihenfolge** die gewünschte Animation an und löschen diese mithilfe der **Backspace-Taste**.

Das Gegenteil von Eingangseffekten sind die *Ausgangseffekte*. Hier wird bei jedem Klick der Maus oder beim Drücken der Leertaste ein Element auf Ihrer Folie verschwinden. Auch hierzu stehen eine Reihe von grafisch sehr interessanten Effekten zur Verfügung.

> **!** Besonders gut kommen während einer Präsentation Effekte an, die bei Diagrammen stattfinden. Normalerweise wird das Diagramm mit einem Klick als Gesamtes animiert. Deutlich interessanter für das Publikum ist es, wenn Sie das Diagramm schrittweise erscheinen lassen. Wählen Sie dazu einen **Eingangseffekt** aus und prüfen Sie bei den **Effektoptionen**, ob Sie nach **Datenreihe**, nach **Kategorie** oder nach **Element in Datenreihe** bzw. **-kategorie** animieren wollen. Auch hier bietet Ihnen das seitliche Fenster **Animationen** wieder weitergehende Funktionen, um die Animation möglichst lebendig gestalten zu können. Auch **SmartArt**-Grafiken können übrigens animiert werden und erweisen sich erfahrungsgemäß als echter Hingucker im Rahmen einer Präsentation.

Pfadanimation

Damit noch nicht zufrieden? Kein Problem! Es gibt noch eine interessantere Animation, nämlich die sogenannte *Pfadanimation*. Die Pfadanimation dient dazu, Objekte auf einer Folie nach vorgegebenen oder selbst gezeichneten Mustern bewegen zu lassen. Klicken Sie zu diesem Zweck ein Objekt auf Ihrer Seite an und klappen Sie die Optionen bei *Bewegung Pfade* aus. Sie sehen, dort gibt es Funktionen wie *Kurvenanimation*, *spiralförmige Animation*, aber auch *Freihandform*, um individuell gestaltete Animationen zu ermöglichen. Hier sind also Ihrer Kreativität keine Grenzen gesetzt!

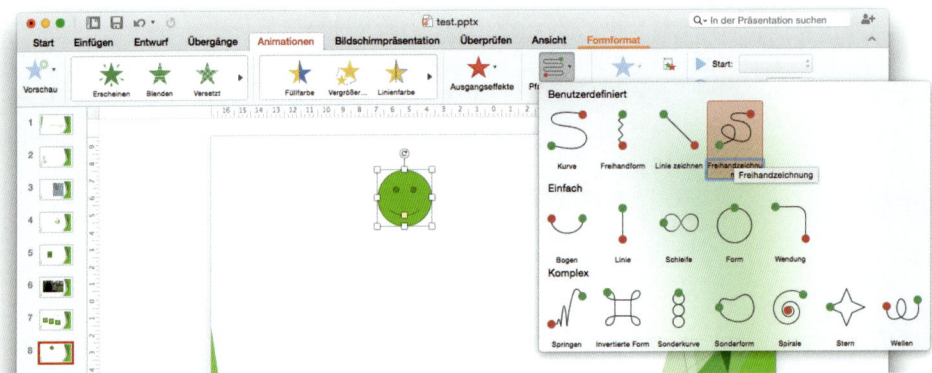

Pfadanimationen

Und selbstverständlich können die Pfade, die vorgegeben sind, noch von Ihnen bearbeitet werden. Klicken Sie dazu mit der rechten Maustaste auf den ausgewählten Pfad und wählen Sie die Eigenschaft *Punkte bearbeiten* aus. Sogleich wird die Pfadkurve für Sie editierbar, und Sie dürfen sie nach Herzenslust und Laune

Ihren Bedürfnissen entsprechend anpassen. Erneut mit der rechten Maustaste können Sie Ihre Kurve zusätzlich glätten (*Punkt glätten*) oder Animationspunkte wieder löschen oder, sofern der Pfad erfolgreich gezeichnet wurde, die Punktbearbeitung beenden.

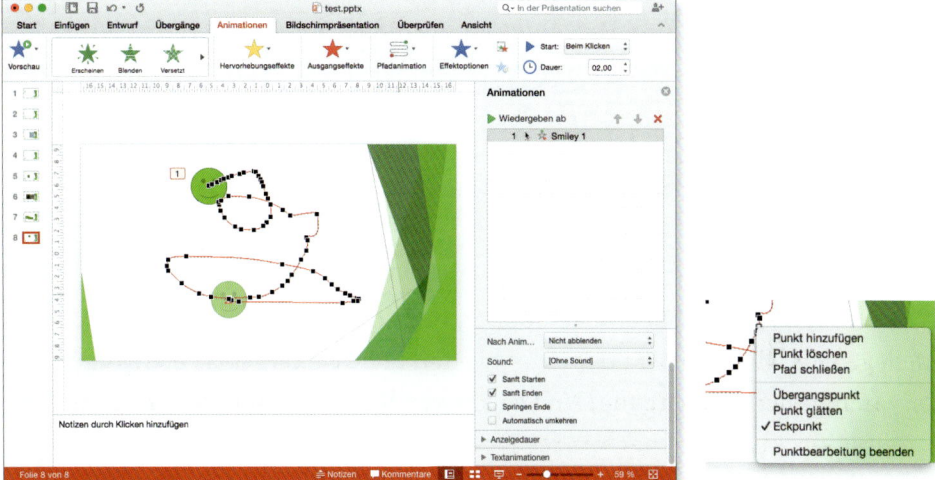

Individualisierte Pfadanimation

> **!** Noch einmal Aufgabenbereich **Animationen**: Wenn Sie auf einer Folie mehrere Elemente animieren, werden die jeweiligen Animationen mit einer Nummer versehen und in der Animationsreihenfolge korrekt aufgelistet. Sie können jederzeit die Animationsreihenfolge ändern oder Animationen wieder entfernen, indem Sie das **X** unterhalb der Animationsreihenfolge anklicken.

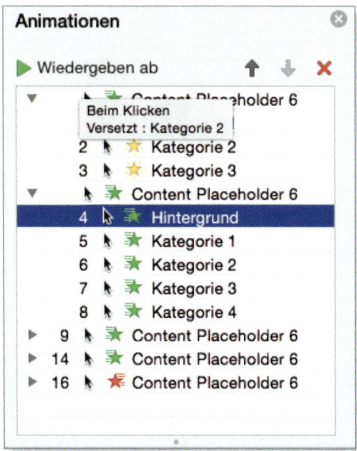

Eine Folie mit mehreren Animationen

Bildschirmpräsentation

Sind nun auch die Übergänge und Animationen zu Ihrer Zufriedenheit erstellt, dann kann es jetzt an die Kür gehen: die *Bildschirmpräsentation*. Wählen Sie dazu im Menüband den gleichnamigen Eintrag. Wollen Sie Ihre Präsentation prüfen, so wählen Sie die Funktion *Vom Anfang wiedergeben* aus und lassen sich Ihre Präsentation mit den Übergängen und Animationen auf dem Bildschirm darstellen.

> **!** Sie können die Bildschirmpräsentation übrigens auch mit der Tastenkombination **cmd + shift + R** starten. Sogleich erscheint die erste Folie, die Titelfolie, auf Ihrem Bildschirm.

Durch Betätigen der Leertaste oder einer anderen Taste bzw. durch Klicken mit der Maus wird von der ersten zur zweiten Folie weitergeblättert, es erscheint der voreingestellte Übergang. Und so klicken Sie sich durch weitere Teile Ihrer Präsentation.

Befindet sich auf einer Folie eine Animation, so bringt jeder Mausklick bzw. jedes Drücken der Leertaste Sie einen Schritt weiter durch die benutzerdefinierte Animation. Wollen Sie die Präsentation wieder verlassen, so drücken Sie einfach die *Esc-Taste*, um zur Bearbeitung Ihrer Präsentation zu gelangen.

> **!** Es ist immer eine gute Idee, vor dem Start einer Bildschirmpräsentation zum einen die Reihenfolge der Folien noch einmal in der **Foliensortierung** zu begutachten. Zum andreen sehen Sie an kleinen Icons, ob die Folie mit Animationen bzw. auch mit Übergängen ausgestattet ist.

Foliensortierung mit weitergehenden Informationen

Wie Siean dem Bildschirmfoto sehen, ist auf dieser Folie rechts unten ein Icon dargestellt. Dieses Icon zeigt Ihnen, dass sowohl ein Übergang bzw. eine benutzerdefinierte Animation auf der Folie angebracht wurde.

Sicher haben Sie im Menüband *Bildschirmpräsentation* schon die Funktion *Folie ausblenden* bemerkt. Damit haben Sie eine sehr einfache Möglichkeit, Folien, die Sie bei der Erstellung noch für notwendig erachtet haben, nun aus der Präsentation zu entfernen, ohne diese tatsächlich aus der PowerPoint-Datei zu löschen. Es könnte ja sein, dass Sie zu einem späteren Zeitpunkt die Folie doch wieder nutzen möchten.

Menüband „Bildschirmpräsentation"

Und sicher haben Sie auch die Stoppuhr schon entdeckt, die mit *Durchlauf-probe* beschriftet ist.

Selbstablaufende Präsentation (Diashow)

Bisweilen ist es notwendig, eine Präsentation als selbstablaufend zu definieren. Denken Sie z. B. an einen Messestand, auf dem ein Monitor eingerichtet ist, wo eine Präsentation ohne die Unterstützung eines Redners ablaufen soll. Dazu dient die Durchlaufprobe. Sobald Sie das Icon *Durchlaufprobe* anklicken, wird die Präsentation gestartet. Und Sie sehen, dass ein Zähler mitläuft, der die Zeit für die aktuelle Folie und die Präsentationsdauer aller Folien summiert anzeigt.

Durchlaufprobe

Somit zeichnen Sie jetzt die Dauer jeder Präsentation, jedes Übergangs, jeder Animation auf. In der Foliensortierung wird hierbei in jeder Folie die Zeitdauer mit angegeben. Sie sehen das an der rechten unteren Ecke einer jeden Folie.

Einblendzeit der Folie

Nachdem Sie auf diese Art und Weise mit der Durchlaufprobe die gesamte Präsentation durchgeklickt und so die Zeiten protokolliert haben, steht einer selbstablaufenden Präsentation nichts mehr im Wege. Wenn Sie nun die Präsentation erneut starten, werden Sie erleben, dass PowerPoint automatisch die von Ihnen hinterlegten Zeiten verwendet und selbstständig – ohne Ihr Zutun – durch die Präsentation blättert.

Sollte es auf Anhieb nicht funktionieren, dann prüfen Sie bitte im Menüband *Bildschirmpräsentation*, ob das Häkchen bei *Anzeigedauern verwenden* angebracht ist. Dann sollte die Präsentation auf jeden Fall selbstablaufend vonstattengehen.

Sie werden, nachdem die komplette Präsentation abgespielt wurde, doch noch ein Defizit erkennen. Nämlich: Sobald die Präsentation an der letzten Folie angelangt ist, sollte sie eigentlich von vorne beginnen. Doch das tut sie nicht. Es fehlt noch eine Einstellung. Und diese Einstellung finden Sie im Menüpunkt *Bildschirmpräsentation –> Bildschirmpräsentation einrichten*.

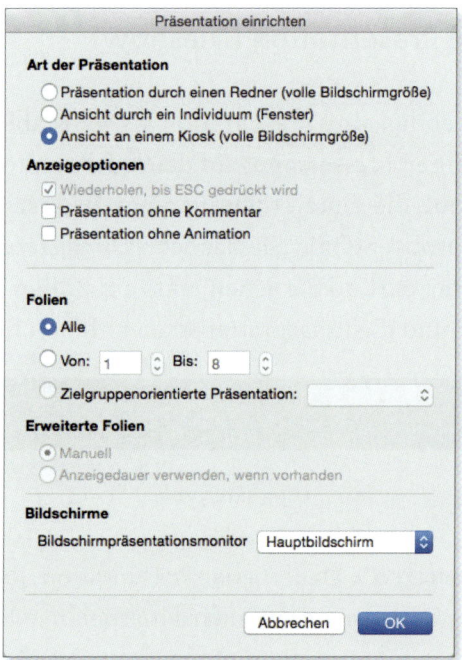

Bildschirmpräsentation einrichten

Um die Schleifenfunktion einzubauen (Loop), bringen Sie das Häkchen bei *Ansicht an einem Kiosk (volle Bildschirmgröße)* an. Achten Sie darauf, dass Sie weiter unten bei *Nächste Folie* noch *Anzeigedauer* verwenden, damit auch die hinterlegten Zeiten zur Kenntnis genommen werden. Wenn Sie jetzt die Präsentation erneut starten, werden Sie erleben, dass sie nach ihrem Ende wieder von vorne startet. Drücken Sie die Taste *Esc*, um die Präsentation zu verlassen.

> ! Möchten Sie neben der Präsentation auch noch Ihre Audiokommentare selbstständig präsentiert wissen, so wählen Sie statt der **Durchlaufprobe** die Eigenschaft **Präsentation aufzeichnen**. Sofern Ihr Rechner über ein Mikrofon verfügt oder ein externes Mikrofon zugeschaltet ist, können Sie die Präsentation mit gesprochenem Wort unterlegen und so deren Attraktivität nochmals steigern.

Wichtige Grundeinstellungen für die Arbeit mit PowerPoint

Wie alle anderen Office-Programme auch verfügt PowerPoint über eine Reihe von nützlichen und notwendigen Programmgrundeinstellungen. Einige davon haben Sie bereits kennengelernt. An der Stelle folgen noch weitere sinnvolle Einstellungen, die sich bei der Arbeit mit PowerPoint als nützlich herausgestellt haben.

Bearbeiten

Im Bereich *Bearbeiten* würde ich Ihnen empfehlen, die Anzahl der rückgängig zu machenden Schritte auf eine höhere Anzahl zu setzen, sodass Sie im Rahmen des Erstellens einer Präsentation grundsätzlich mehrere Schritte rückgängig machen können. Ebenso ist es eine clevere Idee, die Funktion *Automatisch ganzes Wort markieren* zu aktivieren.

Speichern

Auch die Option *AutoWiederherstellen-Informationen speichern* macht durchaus Sinn. Ich habe es mir angewöhnt, diese Funktion zu aktivieren und meine PowerPoint-Präsentation alle zehn Minuten automatisch speichern zu lassen.

Sicherheit

In Office-Dateien können sich sogenannte Makroviren verstecken. Aktivieren Sie deshalb den Schutz diesbezüglich, um vor bösartigen Inhalten gewarnt zu werden.

Microsoft Word

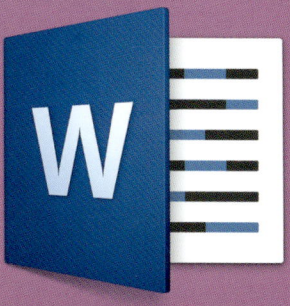

Microsoft Word

Keine Frage, Microsoft Word ist der Industriestandard, wenn es um die Erstellung von Texten geht. Dabei handelt es sich um Briefe, Faxe und anderes aus dem Bereich Büroalltag, aber auch um umfangreiche Texte wie Bücher, Manuskripte, Diplomarbeiten und Dissertationen etc. All dies ist mit Microsoft Word auf sehr einfache Weise zu erledigen.

   Das Produkt Word kann mittlerweile auf eine ca. 30-jährige Geschichte zurückblicken. Ich selbst kenne es seit 1987. Es war damals die Version Word 4.0 auf dem Apple. Vieles ist seither geschehen. Das aktuelle Word 2016 wurde von Microsoft noch weiter vereinfacht, um den Anwendern die Arbeit mit Word besonders attraktiv zu machen. Wir werden im folgenden Kapitel die Funktionalität von Microsoft Word genau unter die Lupe nehmen und so auch den ein oder anderen Tipp herausarbeiten.

Verschiedene Darstellungen in Microsoft Word

Wenn Sie Microsoft Word das erste Mal starten, erscheint es in einer standardisierten Darstellung. Sie sehen das eingeblendete *Menüband* und möglicherweise ein leeres oder ein bereits geöffnetes Dokument. Die Darstellung dieses Dokuments kann auf mannigfaltige Weise modifiziert werden.

Ansichtsmenü

Standardmäßig arbeiten Sie im sogenannten *Drucklayout*-Modus. Sie erkennen das daran, dass Sie das gesamte Blatt Papier inklusive der Seitenränder sehen und den darauf platzierten Text inklusive der Bildinformationen. Der *Drucklayout-Ansichtsmodus* gibt Ihnen also einen realen Eindruck davon, wie Ihr Text auf der Seite platziert wird. Arbeiten Sie jedoch an einer sehr aufwendig gestalteten Seite, könnte der *Drucklayout-Modus* bei umfangreichen Dokumenten etwas zäh reagieren.

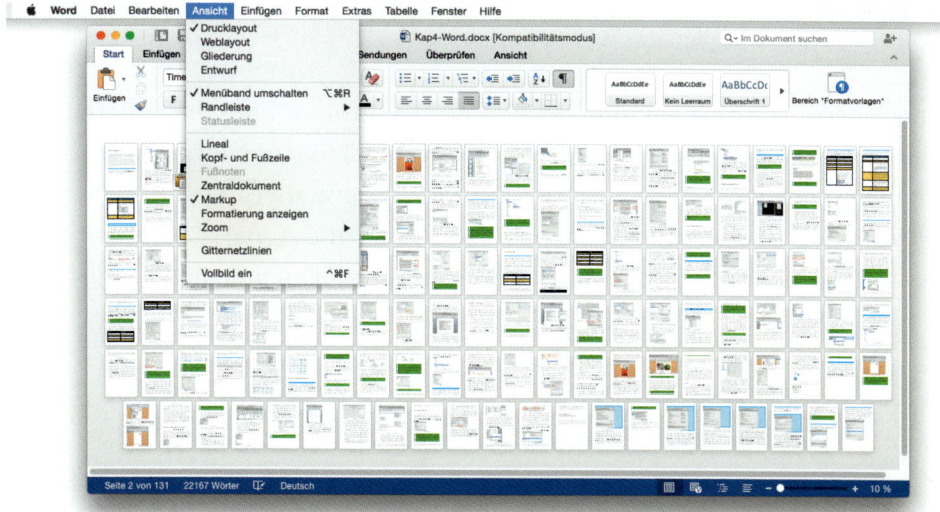

Drucklayout in Word

Deshalb hat Microsoft einen weiteren Ansichtsmodus eingebaut, den man *Entwurf* nennt. Die *Entwurfsansicht* zeigt Ihnen die Textinformationen, aber nicht, wie der Text auf dem Blatt zu stehen kommt, und auch nicht die reale Position von Bild- und Grafikinformationen in Ihrem Text. Dafür reagiert die Entwurfsansicht sehr schnell, und wenn Sie umfangreiche Dokumente haben, können Sie über die Entwurfsansicht rasch durch umfangreiche Dokumente hindurchscrollen und darin navigieren.

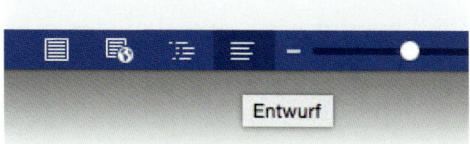

Ansicht wechseln

Vermutlich haben Sie es schon erkannt. Sie können die verschiedenen Modi entweder über das Menü *Ansicht* aufrufen oder aber Sie verwenden die Icons am linken unteren Eck des Fensters, mit denen Sie noch schneller und bequemer zwischen den verschiedenen Ansichten wechseln können.

Zudem stehen Ihnen weitere Optionen über das Menüband *Ansicht* zur Verfügung. Die nächste, ebenfalls sehr komfortable Ansicht ist die sogenannte *Vollbildansicht*.

Vollbild

Sie werden also von allen unnötigen Dingen auf Ihrem Bildschirm befreit und können sich komplett auf die Arbeit an Ihrem Dokument konzentrieren. Dazu sehen Sie am oberen Rand auch die wichtigsten Formatierungsfunktionen. Die *Vollbildansicht* ist eine neue Funktion in Word 2016 und eignet sich hervorragend zum Erstellen, Bearbeiten und auch zum Lesen von Dokumenten.

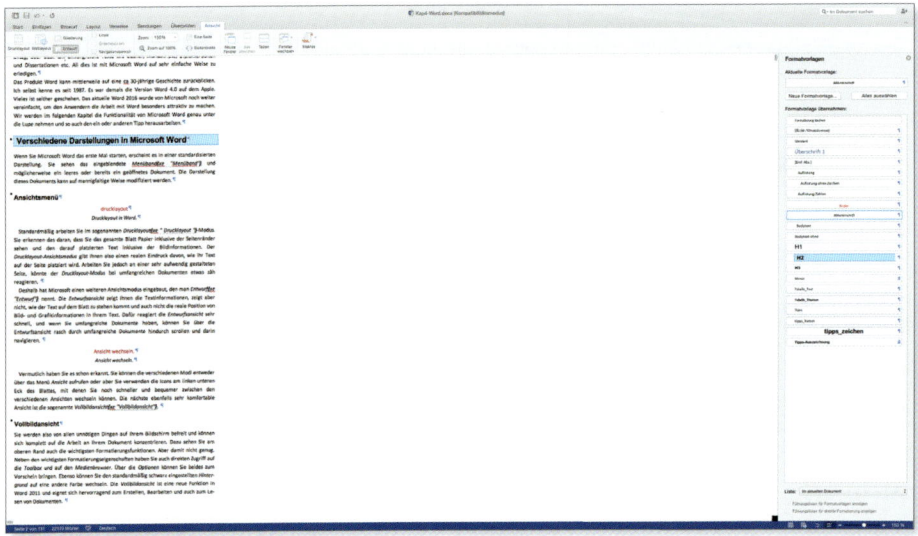

Ansicht Vollbild.

Sie können den Vollbildmodus ganz einfach dadurch verlassen, dass Sie die Maus an den oberen Bildschirmrand navigieren und über das Menü *Ansicht –> Vollbild aus* antippen oder über *cmd + ctrl + F* zur vorherigen Darstellung zurückkehren.

Gliederungsansicht

Wer umfangreiche Texte (Diplomarbeiten, Magisterarbeiten etc.) zu erfassen hat, der wird über die *Gliederungsansicht* sehr froh sein. Die Gliederungsansicht ist eine strukturierte Darstellung des Dokuments, in der man den Text in verschiedene Ebenen einteilen kann und so verschiedene Überschriftenebenen von Textebenen erzeugt.

Aus der *Gliederungsansicht* wird nach Definition der Struktur des Dokuments später auch das Inhaltsverzeichnis generiert. Die Gliederungsansicht eignet sich also lediglich zur Strukturierung eines Dokuments, aber eher weniger zum Arbeiten innerhalb desselben.

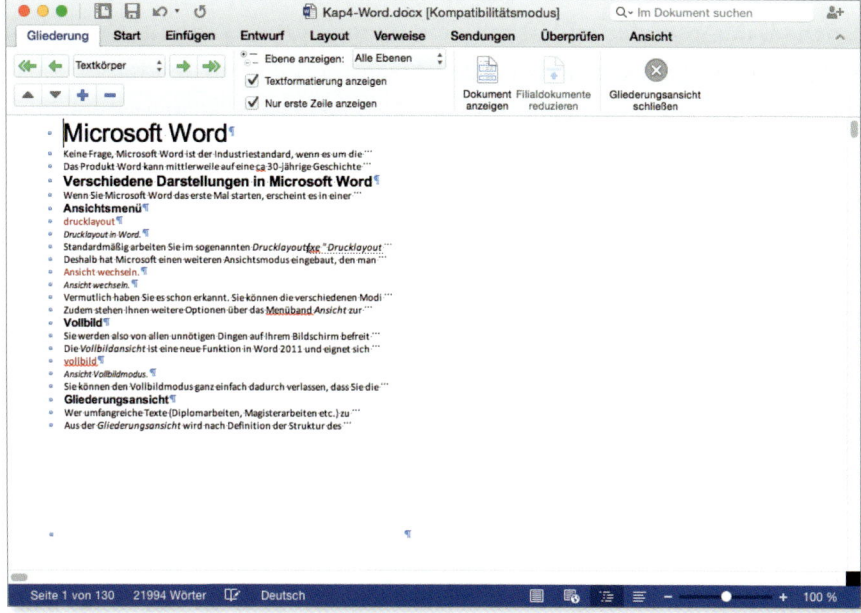

Gliederungsansicht

Weblayout

Ganz anderer Gestalt präsentiert sich die Ansicht *Weblayout*. Über diese Ansicht erhalten Sie eine Vorschau darauf, wie Ihr Dokument als Internetseite später in einem *Browser* aussehen würde. Immer häufiger ist es notwendig, ein Word-Dokument auch als Internetseite zu erstellen, als sogenannte HTML-Seite. Mit Word ist die Umwandlung in eine Internetseite nur wenige Mausklicks entfernt. Über *Ansicht –> Weblayout* bekommen Sie einen ersten Eindruck davon, wie Ihr Word-Dokument später im Internet aussehen wird.

Um das Word-Dokument aber tatsächlich für das Internet abzuspeichern, wählen Sie im Menüpunkt *Datei* im *Speichern*-Dialog das Dateiformat *Webseite (.htm)*.

> **!** Es ist immer ein guter Rat, das Dokument zunächst als Word-Dokument abzulegen und dann als zweite Variation eine Internetseite daraus zu erstellen. Wenn bei der Internetseite später eine Überarbeitung notwendig ist, sollte dafür das Word-Dokument herangezogen werden, das dann erneut als Internetseite exportiert wird. Diese Vorgehensweise hat sich in der Praxis als sehr nützlich herausgestellt.

Seitenränder

Kommen wir noch einmal kurz zum *Drucklayout* zurück. Es zeigt, wie schon besprochen, das komplette Blatt mit dem dazugehörigen Inhalt. Nur sehen Sie die Seitenränder nicht wirklich auf der dargestellten Seite. Ich habe es als sehr nützlich empfunden, stets auch die Seitenränder auf dem Blatt dargestellt zu bekommen.

Wenn Sie die *Einstellungen* (*cmd + Komma*) über den Menüpunkt *Word* aufrufen und dort auf das Icon *Ansicht* klicken, finden Sie in dem Bereich *Im Dokument anzeigen* auf der rechten Spalte den Eintrag *Textbegrenzungen*. Aktivieren Sie diese Option, werden Sie von nun an auch die Seitenränder zu Gesicht bekommen.

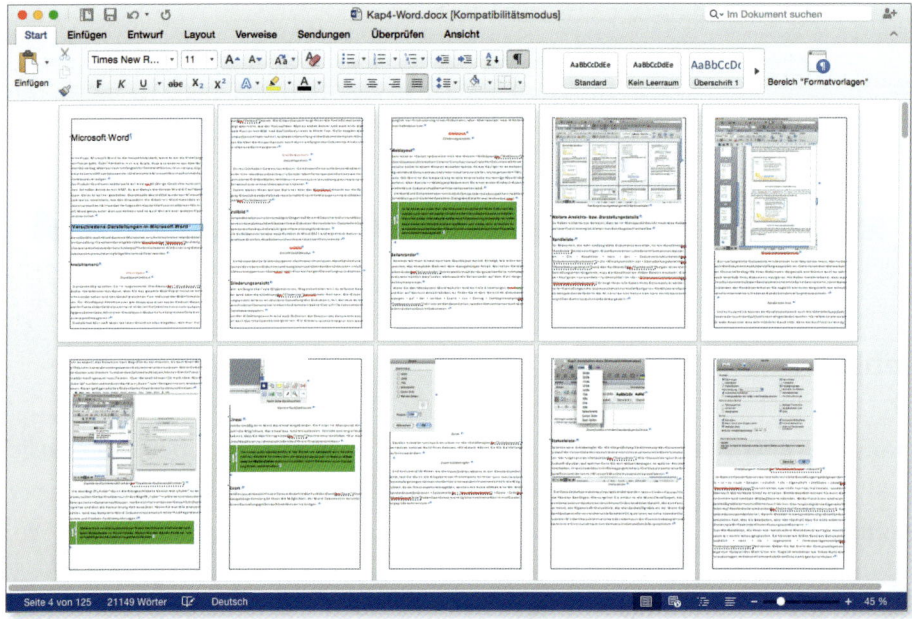

Textbegrenzungen zeigen die Seitenränder.

Weitere Ansichts- bzw. Darstellungsdetails

Sie haben sicher schon bemerkt, dass es im Menüpunkt *Ansicht* noch eine Reihe weiterer Funktionen gibt, die wir nun kurz begutachten werden.

Randleiste

Für diejenigen, die sehr umfangreiche Dokumente erstellen, ist die *Randleiste* sicher ein Segen. Diese kann vier verschiedene Informationen darstellen.

Die *Randleiste*, die immer am linken Rand erscheint, kann die *Miniaturansicht, die Navigation, den Prüfbereich* und den *Suchbereich* zeigen.

Randleiste – Miniaturen

Die am häufigsten verwendete Funktionalität ist der *Miniaturansichtenbereich*. Er zeigt Ihnen alle Seiten Ihres Dokuments in verkleinerter Darstellung und erlaubt so eine sehr schnelle Navigation. Sie klicken einfach die entsprechende Seite in der Miniatur an und bekommen dann rechts daneben vergrößert die entsprechende Seite dargestellt.

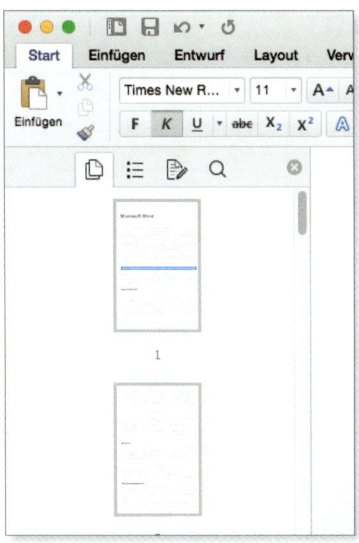

Die Randleiste zeigt die Miniaturansicht

Sie haben bereits erkannt, dass das Umschalten innerhalb der Randleiste eine sehr einfache Geschichte ist, denn beim Einblenden der *Randleiste* erhalten Sie zugleich vier *Icons* am oberen Rand dargestellt, um schnell zwischen den vier verschiedenen *Randleistendarstellungen* zu wechseln.

Randleiste – Suchen

Und nützlicherweise kann im *Randleistenbereich* noch die *Suchfunktion* ❶ eingeblendet werden. Dies ist für viele Anwender eine sehr nützliche Geschichte, denn die Suchfunktion ermöglicht es sowohl, das Dokument nach Begriffen zu durchsuchen, als auch einen Begriff durch einen anderen im gesamten Dokument ersetzen zu lassen. Wenn Sie bei der Funktion *Suchen-und-Ersetzen* ❸ das

Zahnrad ❷ aufklappen, können Sie Ihre Wünsche noch genauer spezifizieren. Zum Beispiel können Sie nach dem Wort „Schmidt" suchen und es durch das Wort „Huber", aber fett ❹ geschrieben, ersetzen lassen. Derartige Eigenschaften finden Sie bei *Erweitertes Suchen und Ersetzen*.

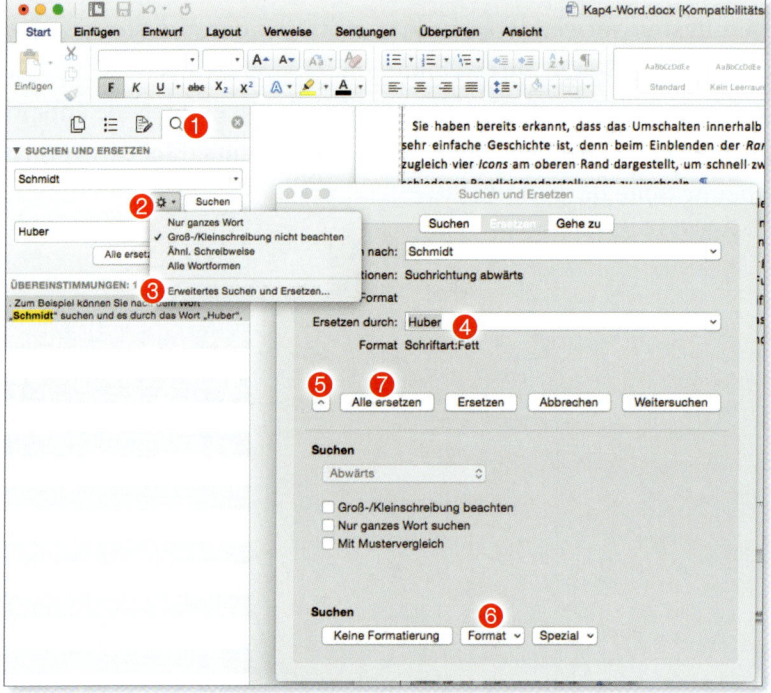

Erweitertes Suchen und Ersetzen

Um den Begriff „Huber" durch die fett geschriebene Version von „Huber" zu ersetzen, sollten Sie bei *Ersetzen durch* den Begriff „Huber" markieren und darunter die erweiterten Optionen aufklappen ❺. Im Bereich *Format* ❻ können Sie auf *Schriftart* zugreifen und dort die Formatierung *Fett* auswählen. Wenn Sie nun *Alle ersetzen* ❼ wählen, wird das komplette Word-Dokument automatisch ohne Rückfrage dieser Suchen-und-Ersetzen-Funktion unterzogen.

Lineal

Standardmäßig ist in Word das *Lineal* eingeblendet. Sie finden im Menüpunkt *Ansicht* die Möglichkeit, das *Lineal* aus- und einzublenden. Schlicht und ergreifend dadurch, dass Sie den Eintrag *Lineal* noch einmal anklicken. War das *Lineal* deaktiviert, wird es anschließend auf Ihrem Display erscheinen.

Das Lineal sollte standardmäßig in der Einheit **cm** dargestellt sein. Ist dem nicht so, empfehle ich Ihnen über die Word-Einstellungen im Bereich **Allgemein** bei **Maßeinheiten** auf **cm** umzustellen, damit Sie eine korrekte Darstellung Ihres Lineals erhalten.

Gitternetzlinien

Die Gitternetzlinien (*Ansicht –> Gitternetzlinien*) sind dann besonders nützlich, wenn Sie innerhalb des Word-Dokuments auch zeichnen wollen. Denn diese Linien sind magnetisch und erleichtern damit die Positionierung der Elemente.

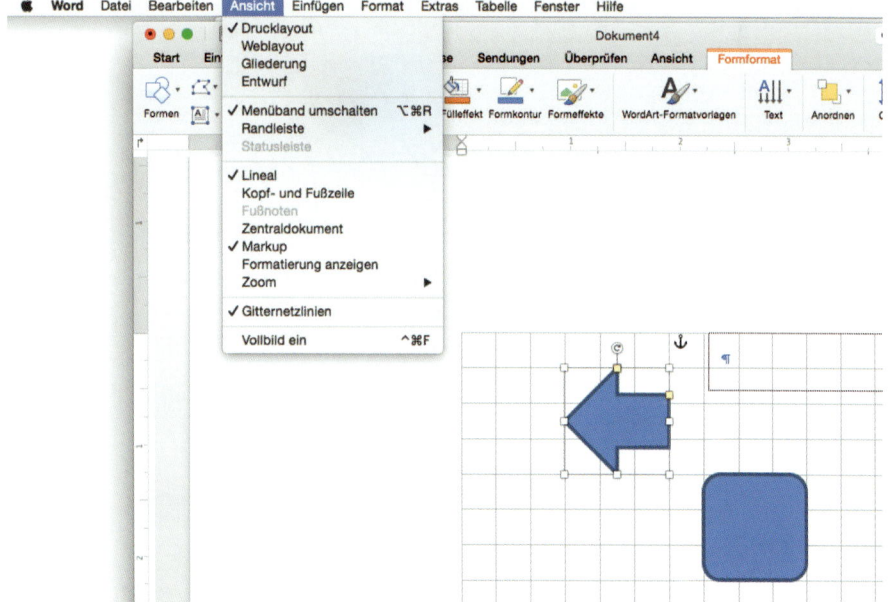

Gitternetzlinien erleichtern das Zeichnen.

Zoom

Im Menüpunkt *Ansicht* finden Sie zum Ende hin die Funktion *Zoom*. Das dazugehörige Untermenü gibt Ihnen die Möglichkeit, Ihr Word-Dokument in verschiedenen Darstellungsgrößen auf Ihren Monitor zu bringen.

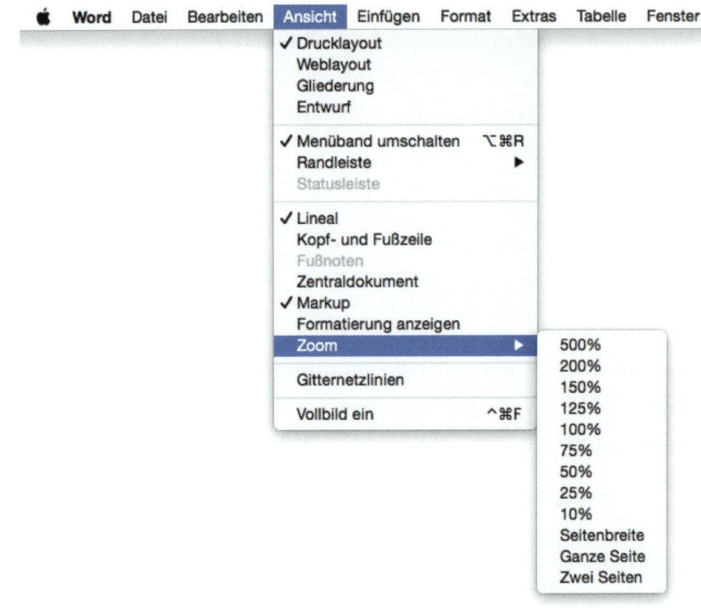

Ansicht –> Zoom

Deutlich schneller und auch intuitiver ist der *Schieberegler* am rechten unteren Rand Ihres Fensters. Mit diesem können Sie die Darstellung stufenlos verändern.

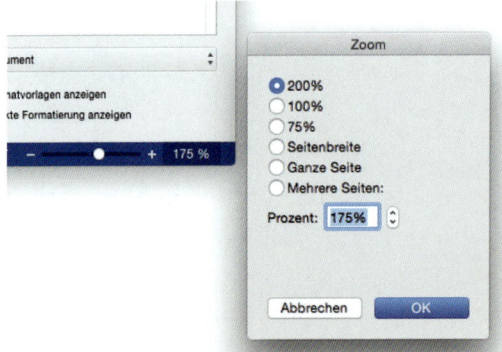

Zoom-Schieberegler im rechten unteren Eck des Dokumentenfensters

 Klicken Sie auf die Prozentzahl, so wird das Zoom-Fenster erscheinen, in dem Sie vordefinierte Prozentwerte auswählen können.

Und schlussendlich finden Sie die *Zoom-Funktion* ebenso im Menüband *Ansicht*. Ich nutze oftmals eine der drei Standardansichten *Seitenbreite*, *Ganze Seite* oder *100%*, um möglichst rasch eine bestimmte Darstellungsgröße zu erreichen.

Statusleiste

Zwischen dem *Schieberegler* für die *Vergrößerung/Verkleinerung* des Dokuments und den verschiedenen Ansichtsmodi auf der linken Seite sehen Sie die Informationen der sogenannten *Statusleiste*. Die Statusleiste gibt Ihnen Auskunft darüber, auf welcher Seite Sie sich aktuell bewegen, in welcher Ansicht Sie arbeiten, in welchem Abschnitt Sie zugange sind etc.

Die Statusleiste ist also für das effektive Arbeiten mit Microsoft Word ein unverzichtbares Element.

Statusleiste

Einstellungen – Ansicht

Im Bereich *Fensterelemente anzeigen* können weitere sehr nützliche Einstellungen getätigt werden. So ist es z. B. sinnvoll, die Eigenschaft *Vertikales Lineal* zu aktivieren, um nicht nur das horizontale, sondern eben auch das vertikale Lineal zu erhalten.

Zudem können Sie noch die *horizontale* und *vertikale Bildlaufleiste* einblenden. Eher ungünstig ist die Eigenschaft *Zeilen auf Fensterbreite umbrechen*. Sie hätten dann zwar den Vorteil, dass Ihr Fenster immer ausreichend groß ist für den kompletten Text, den Sie bearbeiten, aber den Nachteil, dass Sie nicht erkennen können, wie Ihr Text in der finalen Fassung aussehen wird. Über die *Randleiste*, die Ihnen vier verschiedene Ansichtsmodi verfügbar macht, haben wir vorhin schon gesprochen. Sie könnten am linken Rand des Dokuments zusätzlich noch die sogenannte *Formatvorlagenanzeige* aktivieren. Geben Sie bei *Breite der Formatvorlagenanzeige* z. B. den Wert 2 cm ein. Sogleich erscheinen am linken Rand die Formatvorlagen, mit denen Sie innerhalb Ihres Dokuments gearbeitet haben.

H3	**Statusleiste**
Bodytext-ohne	Zwischen dem *Schieberegler* für die *Vergrößerung/Verkleinerung* des Dokuments und auf der linken Seite den verschiedenen Ansichtsmodi sehen Sie die Informationen der sogenannten *Statusleiste*. Die *Statusleiste* gibt Ihnen Auskunft darüber, auf welcher Seite Sie sich aktuell bewegen, in welcher Ansicht Sie arbeiten, in welchem Abschnitt Sie zugange sind etc.
Bodytext-ohne	Die Statusleiste ist also für das effektive Arbeiten mit Microsoft Word ein unverzichtbares Element.
Bilder	
Bildunterschrift	satusleiste *Statusleiste.*
H3	**Einstellungen - Ansicht**
Bodytext	Im Bereich *Fensterelemente anzeigen* können weitere sehr nützliche Einstellungen getätigt werden. So ist es zum Beispiel nützlich, die Eigenschaft *Vertikales Lineal* zu aktivieren, um nicht nur das horizontale, sondern eben auch das vertikale Lineal zu erhalten.
Bodytext	Zudem können Sie noch die *horizontale* und *vertikale Bildlaufleiste* einblenden. Eher ungünstig ist die Eigenschaft *Zeilen auf Fensterbreite umbrechen*. Sie hätten dann zwar den Vorteil, dass Ihr Fenster immer ausreichend groß ist für den komplet-

Anzeige der Formatvorlagen

> **!** Die Anzeige der Formatvorlagen funktioniert lediglich in den Ansichten **Entwurf** und **Gliederung**. In allen anderen Darstellungsmöglichkeiten Ihres Dokuments werden Sie diese zusätzliche Spalte nicht zu Gesicht bekommen. Für Anwender, die sehr umfangreiche Textdokumente mit Word erstellen, ist es sehr wichtig zu erkennen, ob die Textpassagen auch mit der richtigen Formatvorlage erstellt wurden. Wir kommen im weiteren Verlauf des Kapitels auf die Funktion **Formatvorlage** detailliert zu sprechen.

Menüpunkt Fenster

Selbstverständlich erlaubt Microsoft Word genauso wie Excel und PowerPoint das gleichzeitige Arbeiten an mehreren Dokumenten. Der Menüpunkt *Fenster* wacht über die geöffneten Dateien.

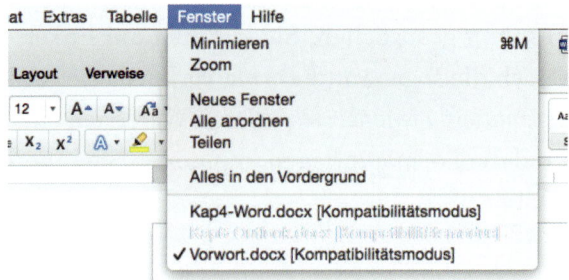

Menüpunkt „Fenster"

Sie sehen also, dass im unteren Teil des *Menüs* die derzeit geöffneten *Fenster* dargestellt werden. Das gibt Ihnen die Möglichkeit, rasch zwischen den verschiedenen Fenstern zu wechseln. Besonders interessant ist die Funktion *Neues*

Fenster. Damit können Sie von ein und demselben Dokument ein weiteres Fenster öffnen. Die Funktion ist nicht beschränkt auf ein zweites, es können beliebig viele weitere Fenster von ein und derselben Datei geöffnet werden. Das wiederum ist sehr nützlich für Anwender, die häufig sehr umfangreiche Dokumente erstellen und gleichzeitig an verschiedenen Stellen des Dokuments Einblick nehmen möchten. Die Funktion *Alle anordnen* hilft Ihnen bei mehreren gleichzeitig geöffneten Dateien, diese allesamt auf dem Bildschirm darzustellen.

> **!** Vergessen Sie nicht, dass auch das Apple-Betriebssystem über die Funktion **Mission Control** die Möglichkeit bereithält, mehrere Fenster gleichzeitig auf dem Bildschirm darzustellen (**Systemeinstellungen –> Mission Control**). Drücken Sie dazu im Regelfall die Taste **ctrl + Cursor nach unten** auf Ihrer Tastatur, um zu dieser Ansicht zu gelangen.

Als besonders nützlich hat sich für meine Arbeit die Funktion *Teilen* herauskristallisiert.

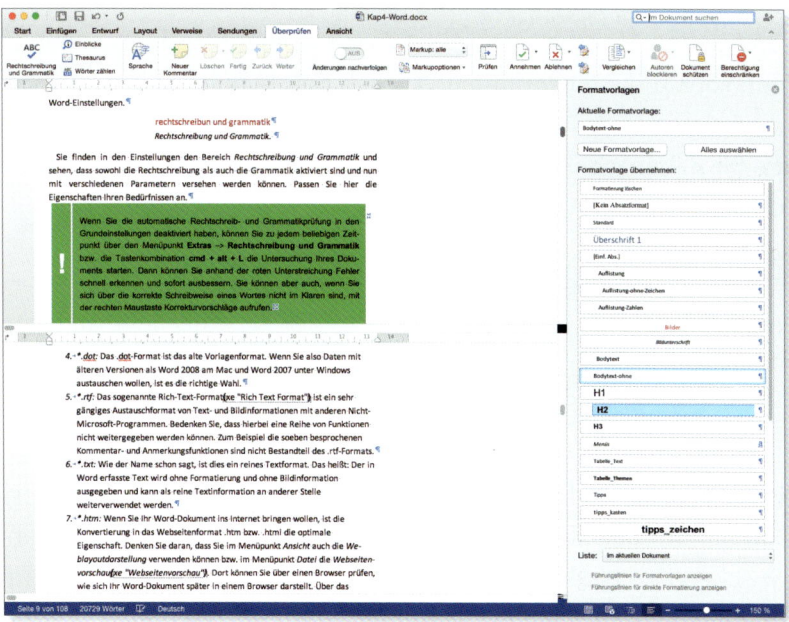

Fenster teilen

Der Unterschied zur Eigenschaft *Neues Fenster* besteht lediglich darin, dass es Ihnen über ein einziges Fenster erlaubt, an zwei verschiedenen Positionen zugleich Einblick in Ihre Word-Datei zu nehmen. Möchten Sie die Teilung wieder aufheben, so können Sie den Menüpunkt *Fenster –> Teilung entfernen* verwenden.

Das Arbeiten mit Text

Nun sind die ersten Funktionen ausreichend besprochen, und wir können uns den Dingen widmen, die man mit Word gewöhnlich tut: nämlich dem Eingeben von Text. Dabei kommen auch erweiterte Funktionen wie z. B. die AutoKorrektur oder AutoText bzw. die AutoFormatierung während der Texteingabe zur Sprache, aber auch die Grammatik- und Rechtschreibprüfung oder Überarbeiten-Funktionen sollen erwähnt werden.

Text eingeben

Haben Sie Word gestartet und ein neues, leeres Dokument angelegt, können Sie sofort mit der Texteingabe beginnen. Die blinkende Einfügemarke (Cursor) ist am oberen linken Seitenrand eindeutig zu sehen. Wenn Sie nun Ihren Text eintippen, werden Sie erkennen, dass Word automatisch einen Zeilenumbruch vornimmt, sobald die eingetippten Zeichen den rechten Seitenrand erreichen. Für Sie bedeutet das, dass Sie sich nicht um den Zeilenumbruch kümmern müssen, denn Sie haben ja schließlich das Programm Word, das diesen automatisch durchführt.

 Machen Sie also bitte nicht den Fehler, am Ende einer jeden Zeile durch Eintippen der **Return-Taste** (Absatzschaltung) einen Zeilenwechsel hervorzurufen. Word erkennt automatisch, wann die Zeile zu Ende ist, und beginnt eine neue, sobald dies notwendig ist.

Damit der Text nicht als Endlostext in Ihrem Word-Dokument landet, sollten Sie ab und zu mit der *Return-Tast*e einen neuen Absatz erzeugen. Dabei wird Word zwischen den beiden Absätzen auch einen Abstand einbauen, um diese optisch voneinander zu trennen. Sie werden später noch erfahren, wie Sie diesen Absatzabstand konfigurieren können.

Wenn Sie keinen neuen Absatz erzeugen, sondern lediglich in eine neue Zeile gelangen möchten, so verwenden Sie die Tastenkombination *Shift + Return*. Wenn Sie diese Zeilenschaltung verwenden, bleiben Sie innerhalb des gleichen Absatzes, und das hat für die späteren Formatierungen des Textes weitreichende Konsequenzen.

Mit der *Return-Taste* hingegen wird ein neuer Absatz erzeugt. So viel sei an der Stelle schon verraten: Jeder Absatz kann seine völlig eigenständigen Formatierungen erhalten. Entscheiden Sie also, wenn Sie eine neue Zeile beginnen wollen, ob damit auch ein neuer Absatz oder lediglich eine neue Zeile beginnen soll. Beispiel: Wenn Sie eine Adressinformation eintragen wollen mit Name, Straße, PLZ und Ort, ist es bisweilen nützlich, dies mit dem Zeilenwechsel, also mit *Shift + Return*, zu erledigen.

> **!** Wenn Sie Text in Microsoft Word eingeben, sollten Sie sich die sogenannten nicht druckbaren Zeichen anzeigen lassen. Denn Sie geben bei der Texteingabe Leerschritte, Returns, Zeilenwechsel, Tabulatorzeichen und viele andere Dinge ein, die normalerweise nicht angezeigt werden. Sie finden das Icon hierfür in der Symbolleiste **Standard**.

Nicht druckbare Zeichen einblenden.

Danach sehen Sie in Ihrem eingetippten Text neben den tatsächlich sichtbaren Zeichen auch diese Spezial- und Sonderzeichen. Der Leerschritt wird durch ein kleines Pünktchen zwischen zwei Wörtern dargestellt, und Sie sehen ebenso, wann Sie mit *Return* und wann Sie mit der Zeilenschaltung gearbeitet haben.

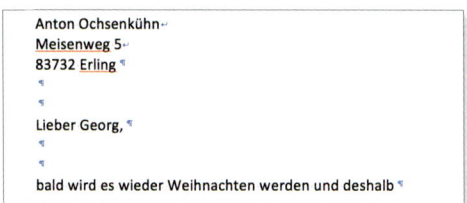

Word-Text mit den nicht druckbaren Sonderzeichen

> **!** Statt der Verwendung des dazugehörigen Symbols in der **Standard**-Symbolleiste können Sie diese Funktion ebenfalls über eine Tastenkombination auslösen. Via **cmd + 8** blenden Sie die Zeichen ein. Verwenden Sie die gleiche Tastenkombination, um diese Darstellung wieder auszublenden.

Und prüfen Sie noch in *Word –> Einstellungen –> Ansicht*, welche nicht druckbaren Zeichen damit aus- bzw. eingeblendet werden sollen.

Nicht druckbare Zeichen anzeigen

☑ Alle
  ☑ Ausgeblendeter Text   ☑ Leerzeichen
  ☑ Bedingte Trennstriche   ☑ Tabstoppzeichen
  ☑ Absatzmarken

Einstellungen –> Ansicht –> Nicht druckbare Zeichen

Im Text blättern

Sobald Sie nun einen umfangreichen Text eingegeben haben, würden Sie sicher gerne rasch auf dem Monitor innerhalb des Dokuments hin und her blättern. Hierbei bietet Ihnen Microsoft Word eine Reihe von Funktionen an. Bestimmt haben Sie die horizontale und vertikale Bildlaufleiste schon gesehen. Diese sind das Standardwerkzeug, um in größeren Texten rasch zu navigieren.

Funktion	Bedienung
Eine Zeile nach unten	**Pfeil** bzw. **Cursortaste nach unten**
Eine Zeile nach oben	**Pfeil** bzw. **Cursortaste nach oben**
Einen Absatz nach unten	**cmd + Cursor nach unten**
Einen Absatz nach oben	**cmd + Cursor nach oben**
An den Anfang der Zeile	**cmd + Cursor nach links**
Wortweise nach links oder rechts springen	**alt + Cursor nach links** bzw. **rechts**
An das Ende der Zeile	**cmd + Cursor nach rechts**
Seitenweise springen bzw. Dokumentenanfang und -ende	Sofern Sie eine erweiterte Tastatur besitzen, können Sie seitenweise springen bzw. unter Zuhilfenahme der **cmd-Taste** an den Anfang bzw. das Ende des Textes.

Text markieren

Haben Sie nun Ihren Text erfasst, s soll dieser ja bestimmte Formatierungen erhalten. Bevor Sie jedoch Formatierungen einbauen bzw. Funktionen wie *Löschen*, *Überschreiben*, *Kopieren*, *Ausschneiden* etc. anwenden, müssen Sie Teile Ihres Textes markieren, um ihn bearbeiten zu können.

Funktion	Bedienung
Ein oder mehrere Zeichen markieren	Mit gedrückter linker Maustaste über Teile des Textes streichen
Ein Wort markieren	Doppelklick auf das Wort
Eine Zeile markieren	Platzieren Sie Ihren Mauszeiger links von der Zeile; der Mauszeiger verwandelt sich in einen Pfeil, der nach rechts oben weist. Klicken Sie nun einmal. *Zeile markieren*
Einen Satz markieren	Halten Sie die **cmd-Taste** gedrückt, während Sie mit dem linken Mauszeiger an einer beliebigen Stelle innerhalb des Satzes einen Einzelklick auslösen. Ein Satz beginnt dabei entweder am Zeilenanfang oder nach einem Punkt respektive Ausrufezeichen oder Fragezeichen. Auch ein mehrzeiliger Satz wird so von Microsoft Word markiert.
Einen Absatz markieren	Positionieren Sie erneut Ihren Mauszeiger links neben dem Text und klicken doppelt, um einen Absatz zu markieren. Alternativ dazu klicken Sie mit der linken Maustaste dreimal auf einen Textbestandteil eines Absatzes, um diesen komplett zu markieren.
Gesamten Text markieren	Verwenden Sie hierzu die Tastenkombination **cmd + A** oder rufen Sie den Menüpunkt **Bearbeiten** –> **Alles markieren** auf. Alternativ setzen Sie Ihren Cursor wiederum links neben den Text und klicken dreimal mit der linken Maustaste.

Funktion	Bedienung
Einen beliebigen Textbereich markieren	Sofern Sie die **alt-Taste** gedrückt halten, können Sie einen beliebigen Textbereich markieren.
	Beliebigen Textbereich markieren
Bestehende Markierung wieder aufheben	Klicken Sie einfach mit der Maus auf eine leere Stelle des Blattes, um eine bestehende Markierung aufzuheben.

AutoKorrektur und AutoFormat während der Eingabe

Wenn Sie sehr fleißig sind und häufig mit Microsoft Word arbeiten, macht es durchaus Sinn, mit der Funktion *AutoKorrektur* zu arbeiten. Sie erinnern sich, die Funktion AutoKorrektur haben wir weiter vorne bei den gemeinsamen Eigenschaften der Office-Programme bereits diskutiert. AutoKorrektur dient zum einen dazu, häufige Rechtschreibfehler automatisch zu korrigieren, aber zum anderen können Sie über die AutoKorrektur auch eigene Kürzel definieren, die durch einen ausführlichen Text ersetzt werden.

> **!** An dieser Stelle nochmals die Erinnerung, dass dieses Kürzel, das Sie bei der AutoKorrektur festlegen, kein existierendes Wort sein darf. Stellen Sie sich z. B. vor, Sie würden jetzt die Abkürzung „ein" verwenden, um damit z. B. den Text „ein isolierter Neudruck" abzukürzen. Jedes Mal, wenn Sie nun „ein" eingeben, würde diese Substitution stattfinden. Verwenden Sie also für die AutoKorrektur-Einträge Abkürzungen, die es als Wort nicht gibt. Ich habe es mir zur Angewohnheit gemacht, immer Text- und Buchstabenkombinationen zu verwenden, z. B. E1 für die E-Mail-Adresse 1, E2 für die E-Mail-Adresse 2, AD2 für Adresse 2 etc.

Die AutoKorrektur wird so zuverlässig innerhalb von Word ihren Dienst verrichten. Sie erinnern sich: Die AutoKorrektur-Einträge sind ebenso in den anderen Programmen wie PowerPoint und Excel verfügbar. Aufgerufen wird die AutoKorrektur über *Extras –> AutoKorrektur*.

Aber nun zu der Funktionalität *AutoFormat während der Eingabe*. Sie haben es bestimmt sofort bemerkt: Bereits während der Texterfassung bringen Automatismen in Word sofort ganz nützliche Funktionen hervor, wie z. B. das automatische Erstellen einer Nummerierung oder Aufzählung.

1. Josef
2. Erich
3. Maria

Automatische Nummerierung

Word will Ihnen also helfen, die Eingabe zu perfektionieren, und hat deswegen diese AutoFormat-Funktionen standardmäßig eingeschaltet. Doch bisweilen können diese Funktionen auch ziemlich nerven. Deshalb dürfen Sie als Anwender diese Funktionen Ihren Bedürfnissen entsprechend anpassen. Hierzu wählen Sie im Menüpunkt *Extras –> AutoKorrektur* und dort den Reiter *AutoFormat während der Eingabe*.

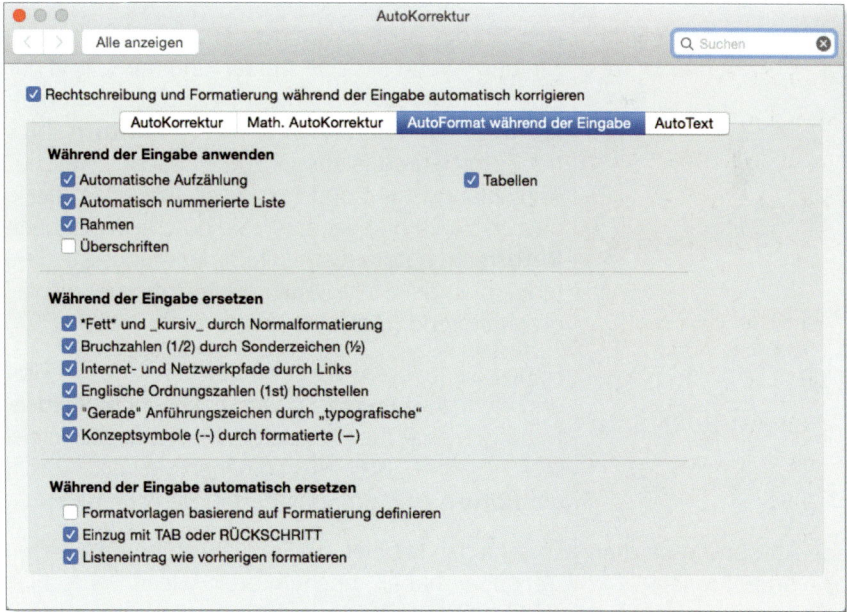

Autoformat während der Eingabe

Hier finden Sie eine Reihe von Automatismen, die wir nun näher betrachten. Entscheiden Sie selbst, welche Funktion für Sie nützlich und sinnvoll ist und auf welche Sie gerne verzichten möchten.

Funktion	Beschreibung
Überschriften	Beim Erstellen von Überschriftentexten werden diese automatisch mit Formatvorlagen von Überschrift 1 bis Überschrift 9 formatiert. Über Überschriften und die Verwendung im Rahmen von Inhaltsverzeichnissen sprechen wir später.
Automatische Aufzählung	Wenn Sie eine Aufzählung erstellen, so beginnen Sie mit einem Aufzählungszeichen, z. B. einem Sternchen, einem Bindestrich etc. Wenn Sie dies tun und immer mit **Return** bestätigen, wird Word automatisch einen Einzug in Ihren Text einfügen, einen Tabulator zwischen dem Aufzählungszeichen und dem Text einbauen und so eine Aufzählung für Sie erzeugen. Sobald Sie die **Return-Taste** zweimal hintereinander betätigen, verlassen Sie die automatische Aufzählung wieder. Empfehlung: Diese Funktion ist häufig unnötig und sollte deaktiviert werden.
Rahmen	Sobald Sie in einem Text drei aufeinanderfolgende Trennstriche eintragen und die Eingabe mit Return bestätigen, wird Word diesem Absatz eine Linie bzw. eine Rahmenlinie zuordnen.
Automatisch nummerierte Liste	Hier gilt das Gleiche wie bei der automatischen Aufzählung: Wenn Sie eine Aufzählung mit 1. und danach einem Begriff starten, erkennt Word dies automatisch als Aufzählung und wird nach einem **Return** sofort mit 2. fortfahren, einen Einzug einbauen, zwischen Aufzählungspunkt und Text einen Tabulator integrieren. Auch hier verlassen Sie durch ein doppeltes **Return** die automatische Nummerierungsliste. Empfehlung an der Stelle: Auch diese Option ist bisweilen etwas störend und sollte deaktiviert werden.
Tabellen	Tippen Sie in Ihrem Text eine Zeichenfolge mit Plus- und Trennzeichen ein, so wird nach einem **Return** automatisch eine Tabelle erstellt. Tippen Sie beispielsweise + - - - + - - - + - - - + , so haben Sie nach Abschluss mit **Return** eine dreispaltige Tabelle erzeugt.
Gerade Anführungszeichen durch typografische	Entscheiden Sie hier, ob Sie die Anführungszeichen stets oben haben möchten oder, wie in Deutschland üblich, das Anführungszeichen zu Beginn unten und das Schlusszeichen oben (man spricht hierbei von typografisch).
Englische Ordnungszahlen (1st) hochstellen	Hier werden englische Ordnungszahlen mit der Hochstellfunktion versehen.

Funktion	Beschreibung
Brüche (1/2) durch Sonderzeichen (½)	Bei der Eingabe von Brüchen werden diese auch automatisch als Brüche formatiert, was eine sehr nützliche Funktion darstellt.
Konzeptsymbole (- -) durch formatierte (langer Gedankenstrich --)	Ein Trennstrich wird durch einen Gedankenstrich ersetzt; wenn Sie zwei Trennstriche eingeben, wird daraus ein Geviertstrich.
* Fett * _ Kursiv_ durch Normalformatierung	Wenn Sie die Eingabe eines Wortes zwischen zwei Sternchen einschließen, wird dieses Wort sofort fett dargestellt, wohingegen zwei Unterstriche das Wort automatisch kursiv formatieren. Das ist für Schnellschreiber eine sehr nützliche Funktion – Sie sollten es mal ausprobieren!
Internet- und Netzwerkpfade durch Hyperlinks	Angenommen, Sie tippen Internetadressen ein wie z. B. www.amac-buch.de, so werden diese automatisch zu einem Hyperlink mit der entsprechenden Internetadresse. Sie werden blau dargestellt und durch eine Unterstreichung als Internetadresse sichtbar gekennzeichnet. Das hat zum einen den Vorteil, dass in dem Word-Dokument tatsächlich ein direkter Hyperlink zur Internetadresse existiert, zum anderen aber den Nachteil, dass immer, wenn man mit der Maus auf diesen blau dargestellten Text kommt, Word die Internetseite aufrufen möchte. Ebenso verhält es sich mit der Eingabe von E-Mail-Adressen. Empfehlung an der Stelle: Für viele Anwender ist es störend, deswegen würde ich diese Funktion deaktivieren.
Formatvorlagen basierend auf Formatierung definieren	Haben Sie einen Text mit einer Formatvorlage versehen und ändern nun die Formatierung des Textes, kann diese Änderung sofort in die Formatvorlage übernommen werden. Diese Funktion ist meistens eher störend, darum ist sie standardmäßig deaktiviert.
Mit Tab und Rückschritt-Taste Absatzeinzug ändern	Wenn Sie die **Tabulator-Taste** verwenden, können Sie den Absatzeinzug vergrößern, wohingegen die **Rückschritt-Taste** den Absatzeinzug verringert – eine durchaus nützliche Funktion.
Listeneintrag genau wie vorherige formatieren	Sofern Sie eine Liste erstellen, bedeutet dies, dass die Formatierung des ersten Listeneintrags automatisch auf die weiteren Einträge übernommen wird.

Mathematische AutoKorrektur

Sicher haben Sie den Eintrag zwischen *AutoKorrektur* und *AutoFormat während der Eingabe* schon bemerkt. Hierbei handelt es sich um eine Reihe von Spezialfunktionen, die vor allem für Lehrer, Schüler, Studenten, Mathematiker, Physiker etc. von ganz besonderem Interesse sein könnten. Nämlich die Darstellung von mathematischen Zeichen im Word-Dokument. Hierzu sollten Sie noch das Häkchen bei *AutoKorrekturregeln von Mathematik in anderen als mathematischen Bereichen verwenden* anbringen. Sobald Sie dann eines der unten aufgelisteten Zeichen eintragen, wird sofort das Spezial- oder Sonderzeichen, das rechts daneben in der Tabelle zu finden ist, dargestellt.

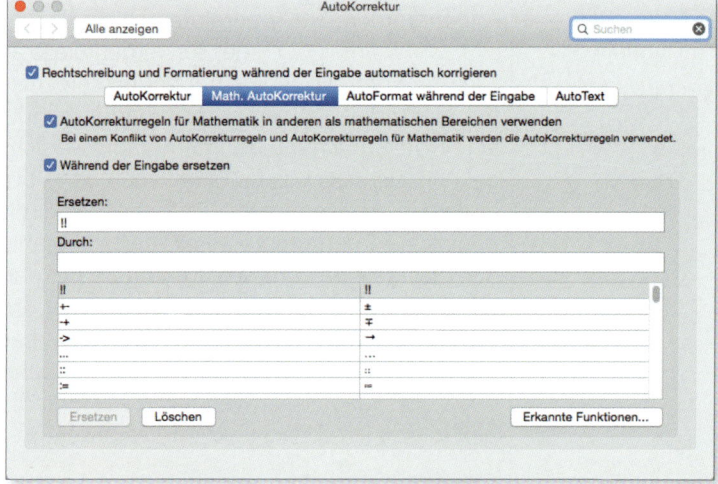

Mathematische AutoKorrektur

> **!** Um den nach links geneigten Schrägstrich, auch Backslash genannt, auf der Tastatur zu erzeugen, drücken Sie **alt + Shift + 7** und geben danach eben das entsprechende Kürzel ein, um zu dem Sonderzeichen zu gelangen. Keine Frage, diese Funktion ist für den normalen Anwender eher nachrangiger Natur, aber für die Zielgruppe, für die diese Funktion eingebaut wurde, unheimlich nützlich. Wenn Sie diese Funktion nicht benötigen, können Sie sie durch Deaktivieren der Einstellung **Während der Eingabe ersetzen** komplett abschalten.

Rechtschreibung und Grammatik prüfen

Auch das ist Ihnen sicher aufgefallen: Wenn Word ein Wort nicht als korrekt geschrieben erkennt, wird es sofort mit einer roten Wellenlinie unterstrichen. Sofern auch die Grammatikprüfung aktiviert ist, was standardmäßig der Fall ist, werden unklare grammatische Konstruktionen, unklarer Satzaufbau etc. durch eine grüne Wellenlinie dargestellt. Sowohl die Rechtschreib- als auch die Grammatikprüfung sind standardmäßig in Word 2016 aktiviert. Um diese zu deaktivieren bzw. die Rechtschreib- und Grammatikprüfung Ihren Bedürfnissen entsprechend anzupassen, ändern Sie die diesbezüglichen Word-Einstellungen.

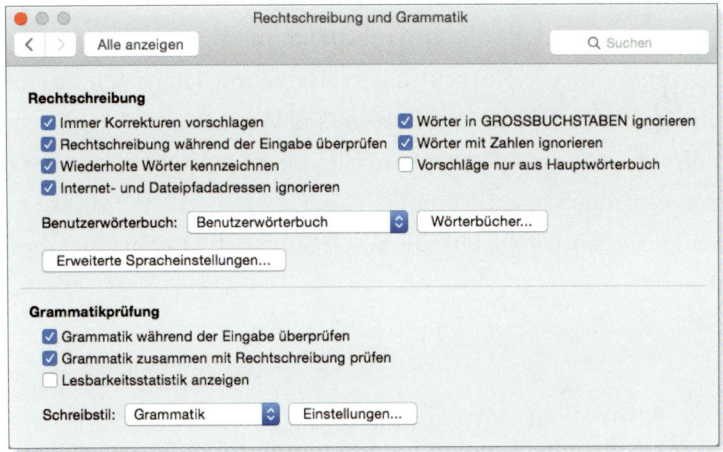

Rechtschreibung und Grammatik

Sie finden in den Einstellungen den Bereich *Rechtschreibung und Grammatik* und sehen, dass sowohl die Rechtschreibung als auch die Grammatik aktiviert sind und nun mit verschiedenen Parametern versehen werden können. Passen Sie hier die Eigenschaften Ihren Bedürfnissen an.

> **!** Wenn Sie die automatische Rechtschreib- und Grammatikprüfung in den Grundeinstellungen deaktiviert haben, können Sie zu jedem beliebigen Zeitpunkt über den Menüpunkt **Extras –> Rechtschreibung und Grammatik** bzw. die Tastenkombination **cmd + alt + L** die Untersuchung Ihres Dokuments starten. Dann können Sie anhand der roten Unterstreichung Fehler schnell erkennen und sofort ausbessern. Sie können aber auch, wenn Sie sich über die korrekte Schreibweise eines Wortes nicht im Klaren sind, mit der rechten Maustaste Korrekturvorschläge aufrufen.

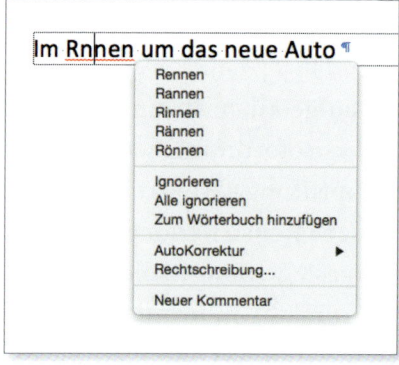

Korrekturvorschläge

Wählen Sie aus der Liste der Korrekturvorschläge das passende Wort aus oder überspringen Sie die Korrekturvorschläge mit *Ignorieren* oder *Alle Ignorieren*. Verwenden Sie *AutoKorrektur*, um dieses Wort in die AutoKorrektur-Liste mit aufzunehmen, sodass später, wenn Sie das Wort in gleicher Art und Weise erneut falsch eintragen, es automatisch korrigiert wird. Wenn Sie nun in dem Kontextmenü *Rechtschreibung* aufrufen, starten Sie die Rechtschreibprüfung des Dokuments.

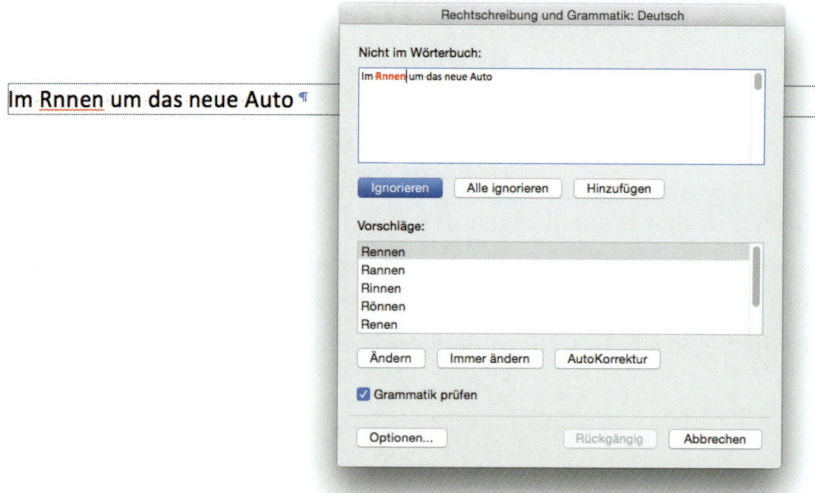

Nachträgliche Rechtschreibprüfung

Auch hier stehen Ihnen die Funktionen *Ignorieren* bzw. *Alle ignorieren* zur Verfügung, falls Word ein richtig geschriebenes Wort als Fehler markieren sollte. Eine gute Idee ist es, dieses Wort über *Hinzufügen* in das Wörterbuch aufzunehmen, um später nicht erneut von Word darauf hingewiesen zu werden. Wenn

Sie hier die *Optionen* anwählen, kommen Sie in die Grundeinstellungen für die Rechtschreib- und Grammatikprüfung.

Kommen wir noch einmal zurück zu der Funktion *Hinzufügen*. *Hinzufügen* bedeutet: Ein für Word bislang unbekanntes Wort wird in das Benutzerwörterbuch eingetragen. Bei der Installation von Microsoft Office wird ein Standardwörterbuch mit ausgeliefert, in dem sich bereits eine Fülle von Begriffen befindet. Nun können Sie Fachbegriffe oder auch Firmennamen, die Word als korrekt ansehen soll, in das Benutzerwörterbuch aufnehmen. Dabei hat es sich als nützlich herausgestellt, diese Daten nicht in das Word-Benutzerwörterbuch zu übergeben, sondern ein eigenes Wörterbuch zu erstellen, in das all diese Begriffe eingetragen werden.

Eigenes Wörterbuch

Sie gelangen über die *Optionen* im Fenster *Rechtschreibung und Grammatik* in die Einstellung für die Rechtschreibung- und Grammatikprüfung. Wählen Sie dort im Bereich *Rechtschreibung* bei *Benutzerwörterbuch* den Button *Wörterbücher* und erstellen Sie mit *Neu* ein neues Wörterbuch. Geben Sie anschließend noch an, dass dieses Wörterbuch Ihr neues Benutzerwörterbuch sein soll, sodass in Zukunft alle hinzugefügten Wörter auch in Ihrem neuen Wörterbuch landen.

Was ist der Vorteil an dieser Vorgehensweise? Angenommen, Sie arbeiten in einem Team mit mehreren Personen, so ist es durchaus sinnvoll, die Fachbegriffe in einem eigenen Wörterbuch abzulegen, denn dieses von Ihnen erstellte Wörterbuch existiert als Datei auf Ihrem Rechner, und Sie könnten diese Datei Kolleginnen und Kollegen weiterreichen, sodass auch diese über die zusätzlichen Fachbegriffe verfügen.

> **!** Na gut – so ganz passt es nicht hierher –, aber ganz falsch ist es hier auch nicht platziert. Wenn Sie in Word auf ein Wort mit der rechten Maustaste klicken, können Sie sowohl synonyme Begriffe als auch sogenannte Einblicke hervorholen. Ersteres gibt Ihnen passende Wortvorschläge und zweiteres Erklärungen etc., die über das Internet herangeholt werden.

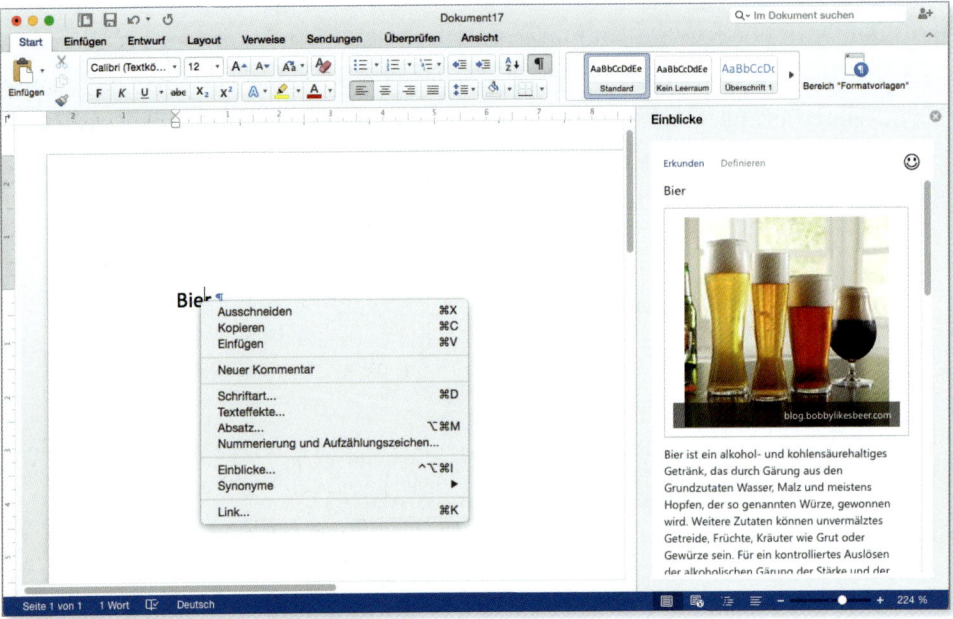

Über das Kontextmenü können Sie Synonyme und Einblicke anfordern.

AutoText

Möglicherweise kennen Sie die Funktion, die es jetzt zu besprechen gilt, unter einem anderen Begriff. Man nannte sie auch gern *Textbaustein*. Die Idee ist ganz simpel: Es gibt Textelemente, Textphrasen, die sehr häufig im Rahmen der Arbeit mit Word zur Verwendung kommen. Das können Adressinformationen sein, das können sogar komplette Briefelemente sein wie allgemeine Geschäftsbedingungen etc. Damit Sie nun nicht jedes Mal diese immer wieder gleichen Texte eintippen müssen, bietet Ihnen AutoText die Funktion an, wiederkehrende Texte als Autotext bzw. Textbausteine abzulegen. Die Arbeit mit diesen AutoText-Funktionen ist sehr, sehr einfach gestaltet.

Einen neuen AutoText-Eintrag erstellen

Möchten Sie einen Text also nun zu einem AutoText-Eintrag machen, so sollten Sie den Text zunächst einmal in Word in ein Dokument getippt haben. Formatieren Sie diesen Text nach Ihren Bedürfnissen. Ist der Text fertig getippt und auch gestaltet worden, sollten Sie nun diesen Text markieren. Wählen Sie dann den Menüpunkt *Einfügen –> AutoText –> Neu*, erscheint das Fenster *Neuen Auto-Text erstellen*, und Sie werden aufgefordert, für diesen Textblock eine Abkürzung einzutragen.

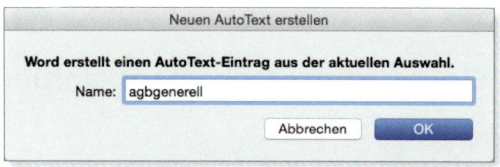

Neuen AutoText erstellen.

! Dabei kann der Name des AutoText-Eintrags durchaus ein normaler Begriff sein – im Gegensatz zu den Abkürzungen, die Sie im Bereich **AutoKorrektur** verwenden –, denn das Aufrufen der AutoTexteinträge erfolgt anders als das Aufrufen der AutoKorrektur-Einträge. Deshalb können an der Stelle ganz normale, gängige Wortphrasen verwendet werden. Quittieren Sie das Erstellen des neuen AutoText-Eintrags mit **OK**. Sie können nun prüfen, ob Ihr AutoText-Eintrag erfolgreich erstellt wurde, indem Sie über den Menüpunkt **Einfügen –> AutoText** den Unterpunkt **AutoText** aufrufen. Dort sollte sich Ihr neuer AutoText-Eintrag eingereiht haben. Sie sehen darüber hinaus, dass es eine Menge anderer, bereits existierender Auto-Texteinträge gibt, die Sie natürlich ebenfalls verwenden können.

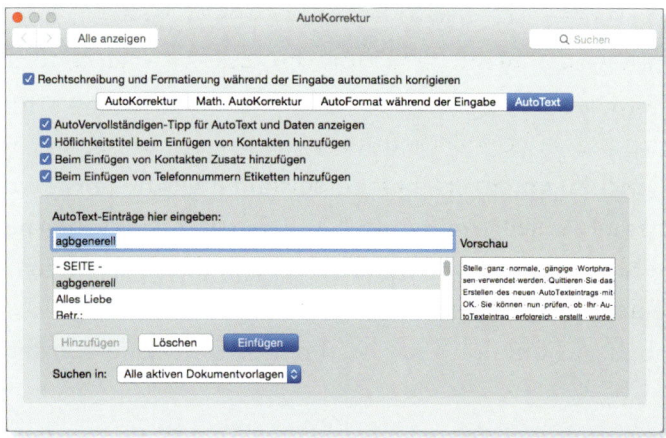

Einfügen –> AutoText –> AutoText

> **!** Noch zwei Anmerkungen dazu, was einen AutoText so unglaublich nützlich macht. Zum einen sind die AutoTexteinträge dokumentenübergreifend verfügbar. Das heißt: Sie werden mit Ihrem Programm abgespeichert und sind von nun an in jedem neuen Dokument greifbar. Zudem sind AutoTexteinträge nicht darauf begrenzt, lediglich Textelemente aufzunehmen. Sie können ebenso Bilder, Tabellen und Kombinationen von Text, Bild und Tabellen erstellen und diese in einen AutoText-Eintrag übernehmen.

Haben Sie nun eine Reihe von AutoText-Einträgen erstellt, geht es darum, diese wieder in Ihr Dokument einlaufen zu lassen.

Einen AutoText-Eintrag in das Dokument einfügen

Nachdem Sie wissen, dass Sie über den Menüpunkt *Einfügen –> AutoText –> Auto-Text* Ihre erstellten AutoText-Einträge finden, ist das Aufrufen derselbigen eine sehr einfache Geschichte. Wählen Sie also den Menüpunkt an und klicken Sie den AutoText-Eintrag an, den Sie an der aktuellen Cursorposition einlaufen lassen möchten. Fertig!

Deutlich eleganter geht das Einfügen von Autotexteinträgen mithilfe der *Return-Taste*. Dazu ist es notwendig, dass der AutoText-Eintrag mit mindestens vier Zeichen benannt worden ist. Ist dies der Fall, so tippen Sie einfach das Auto-Text-Eintrag-Kürzel ein. Ab dem vierten Buchstaben wird standardmäßig durch ein QuickInfo-Fenster der hinterlegte AutoText-Eintrag dargestellt. Möchten Sie diesen an der Stelle akzeptieren, drücken Sie jetzt die Return-Taste, um aus der Abkürzung den vollständigen AutoText-Eintrag hervorzuzaubern.

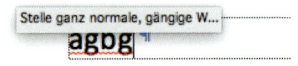

QuickInfo für AutoText-Eintrag

Sollte die QuickInfo nicht erscheinen, so sollten Sie die Einstellungen prüfen. Gehen Sie dazu über den Menüpunkt *Extras* erneut in den Unterpunkt *AutoKorrektur* und wählen aber nun den Bereich *AutoText* aus. Dort finden Sie an erster Stelle die Eigenschaft *Autovervollständigen-Tipp für Autotext und Daten* anzeigen. Prüfen Sie, ob diese Funktion aktiv ist, um dass QuickInfo-Fenster zu erhalten.

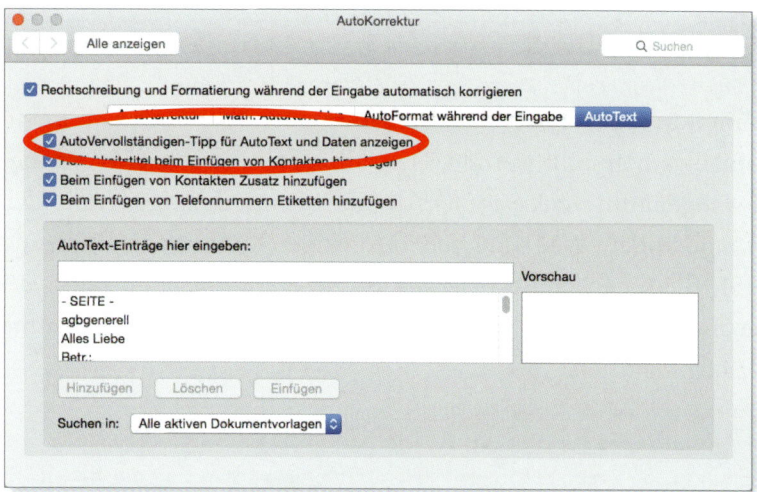

AutoText-Einstellungen

AutoText-Eintrag löschen

Wenn Sie einen AutoText-Eintrag wieder von Ihrem Rechner entfernen wollen, so ist das vorhin gezeigte Fenster exakt das richtige. Sie finden also im Fenster *AutoKorrektur* und dort im Bereich *AutoText* weiter unten die Liste all der Auto-Text-Einträge, die standardmäßig existieren bzw. von Ihnen erstellt worden sind. Wählen Sie dort den AutoText-Eintrag aus, den Sie nicht mehr benötigen, und entfernen Sie diesen durch Klick auf Löschen.

AutoText-Eintrag bearbeiten

Auch das kann bisweilen vorkommen: Sie haben vielleicht festgestellt, dass in einem AutoText-Eintrag noch ein Rechtschreibfehler enthalten ist oder Sie diesem weitere Elemente hinzufügen oder daraus entfernen möchten. Der AutoText muss also bearbeitet werden. Dabei ist folgende Vorgehensweise richtig:

1. Rufen Sie einfach in einem Dokument den AutoText-Eintrag auf.
2. Nehmen Sie alle Änderungen, Korrekturen, Erweiterungen oder Kürzungen vor.
3. Markieren Sie den Text erneut.
4. Erstellen Sie den AutoText-Eintrag mit dem gleichen Namen, und Word wird nachfragen, ob Sie den bestehenden AutoText-Eintrag durch die neue Fassung ersetzen möchten.
5. Antworten Sie mit *OK*.

Texte überarbeiten

Texte können in mehreren Arbeitsschritten oder aber auch von mehreren Personen gemeinsam erstellt werden. Deshalb bietet Microsoft Word die Funktionalität des sogenannten *Überprüfens* an, die Sie mit dem gleichnamigen Begriff im Menüband finden. Wenn Sie sich die dortigen Funktionen einblenden lassen, erhalten Sie die Eigenschaft *Änderung an Ihrem Dokument nachverfolgen*, womit Sie Änderungen, die andere Autoren an diesem Dokument vorgenommen haben, nachvollziehen können.

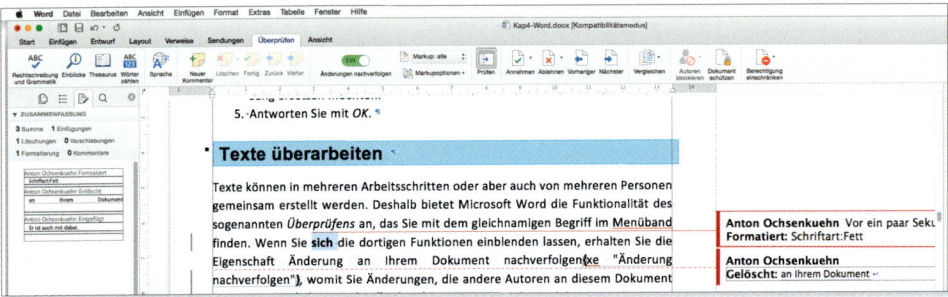

Überprüfen

Die sehr gängige Funktionalität namens *Kommentare* finden Sie im Menüband. Über den Button *Neuer Kommentar* können Sie an einer beliebigen Cursorposition an den Text einen Kommentar anfügen. Der *Kommentar* ist nicht Bestandteil des Textes, sondern dient Ihnen selbst oder einem anderen Autor als kritische Anmerkung oder als Ergänzung.

Aber nicht nur Kommentare können jetzt in das Dokument eingebaut und eingesehen werden: Sie können auch Textänderungen vornehmen, und diese werden als Änderungen des Dokuments protokolliert. Probieren Sie es aus, indem Sie z. B. ein Wort in Ihrem Text markieren und durch die *Rückschritt-Taste* entfernen. Schalten Sie nun auf die Version *Markup:alle* um, um diese Änderungen in Ihrem Dokument direkt sehen zu können.

Weiterhin ist es eine gute Idee, links im Randbereich diese Überarbeitungs- und Kommentarfunktionen tabellarisch gelistet einzusehen (*Ansicht –> Randleiste –> Prüfen*). So erscheint links neben Ihrem Dokument die Randleiste mit der Eigenschaft *Prüfen*, in der Sie alle Modifikationen, Korrekturen, Kommentare etc. Ihres Dokuments einsehen können.

Mit den *Überprüfen*-Funktionen erhalten Sie also eine sehr einfach zu bedienende Funktionalität, um mit weiteren Autoren gemeinsam einen Text fertigzustellen.

Änderungen verfolgen

Sofern Sie mit dieser Funktion häufig arbeiten, mag es durchaus sinnvoll sein, die farblichen Hervorhebungen Ihren Bedürfnissen entsprechend anzupassen. Die Einstellungen hierzu finden Sie im Menüband *Überprüfen* bei *Markupoptionen*, wählen Sie in dem Pull-down-Menü *Einstellungen*. Dort erhalten Sie mannigfaltige Optionen zur farblichen Hervorhebung verschiedener Korrekturen an den Textelementen.

Dokument speichern

Ist das Word-Dokument dann fertiggestellt, ist ein guter Zeitpunkt gekommen, um das Dokument auf Ihrem Rechner abzulegen. Die Funktion *Datei speichern* kann sowohl über das Menü Datei aufgerufen werden als auch über das dazugehörige Icon in der Standard-Symbolleiste. Profis hingegen verwenden die Tastenkombination *cmd + S* für das Speichern des Dokuments bzw. die Tastenkombination *cmd + Shift + S*, um das Dokument mit *Speichern unter* an einem weiteren Ablageort oder unter einem anderen Dateinamen abzulegen. Wenn Sie das erste Mal den Speichern-Dialog aufrufen, sehen Sie einen minimalisierten Speichern-Dialog, den Sie sofort in die erweiterte Darstellung umschalten sollten.

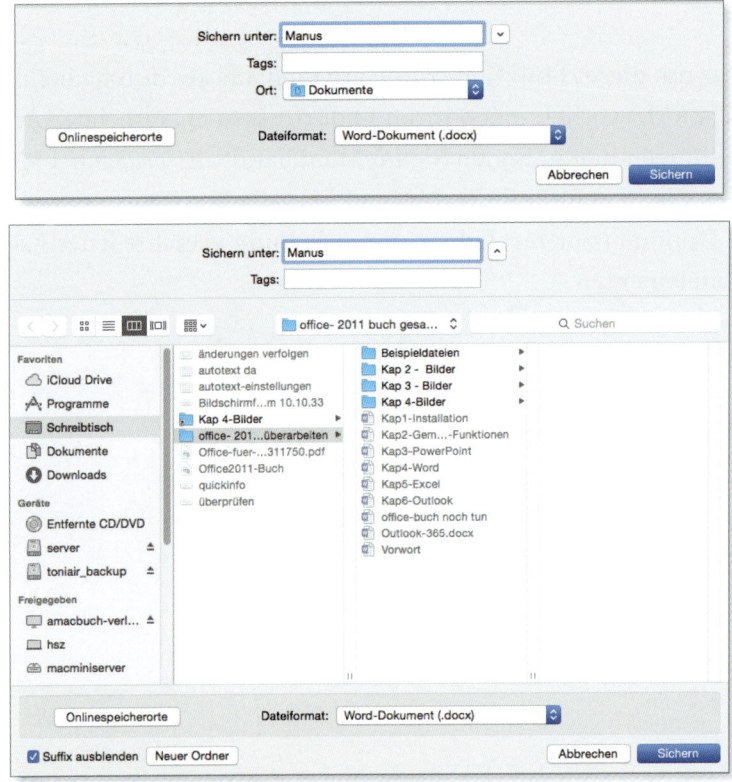

Speichern-Dialog in verschiedener Darstellung

Wie Sie es auch von anderen Applikationen her kennen, können Sie nun der Datei einen Namen vergeben. Der Dateiname darf maximal 255 Zeichen lang sein. Bedenken Sie, dass Word beim Speichern sofort ein Suffix hinzufügt. Das verwendete Suffix sehen Sie im Bereich *Format*. Das Standardsuffix ist *.docx*. Das heißt: Der Dateiname darf maximal 250 Zeichen umfassen, damit das Suffix hinterher noch angehängt werden kann. Wählen Sie zudem den Ablageort, an dem Ihr Dokument abgelegt werden soll.

In welchen Dateiformaten kann Word seine Dateien abspeichern? Nun, hierfür stehen mehrere verschiedene Formate zur Verfügung.

- *.docx:* Das Format *.docx* kann von folgenden Word-Versionen weiter bearbeitet und verwendet werden: Word 2008, 2011 und 2016 für den Mac bzw. Word 2007, 2010 und 2013 für Windows.

- *.doc:* Dieses Word-Format ist kompatibel mit älteren Word-Versionen, also Word 2004 und älter am Mac bzw. Word 2003 und älter unter Windows. Haben Sie Kollegen in Ihrem Team, die noch mit diesen älteren Versionen arbeiten, so ist dieses Dateiformat eine gute Wahl.

- *.dotx:* Haben Sie einen Musterbrief erstellt, dann soll dieser Musterbrief natürlich später sehr einfach zur Verwendung kommen können. Das Vorlagenformat bietet genau diese Eigenschaft. Wenn Sie eine Datei als Vorlage abspeichern, werden Sie sofort erkennen, dass Word als Speicherort den Ordner *Vorlagen* verwendet. Geben Sie dieser Vorlagendatei einen Namen und speichern Sie sie ab. Anschließend können Sie über den Menüpunkt *Datei –> Neu aus Vorlage* auf Ihr gespeichertes Vorlagendokument zurückgreifen.

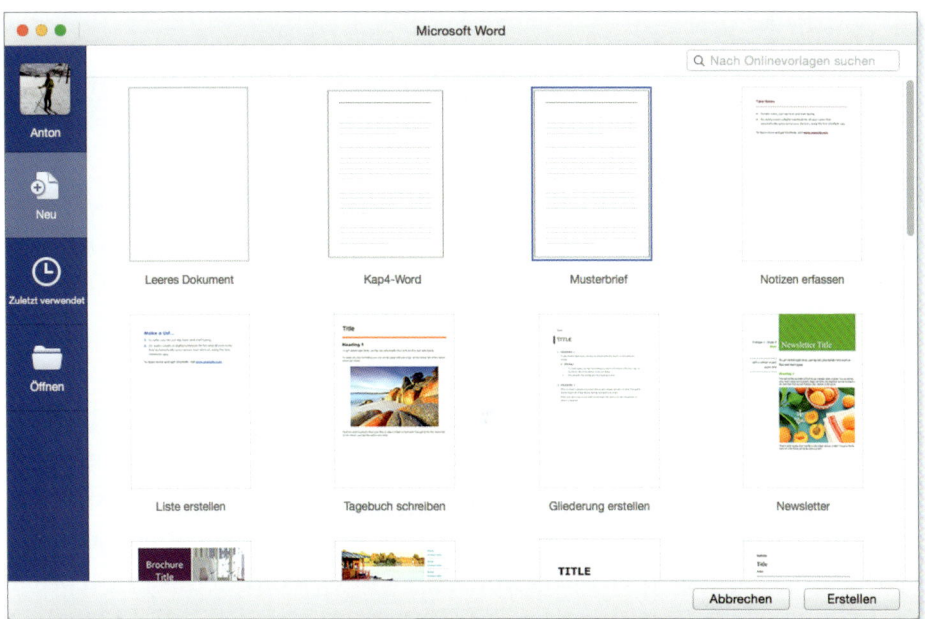

Wählen Sie aus vorgefertigten oder selbst erstellten Vorlagen aus.

Und das besonders Schöne an der Vorlagengeschichte ist, dass die Vorlagenelemente in Ihr neues Dokument übernommen und auch modifiziert werden können. Die Vorlage hingegen bleibt unangetastet und kann später erneut verwendet werden. Erstellen Sie so Vorlagen für Briefe, Faxe, Rechnungen, Angebote etc.

- *.dot:* Das *.dot*-Format ist das alte Vorlagenformat. Wenn Sie also Daten mit älteren Versionen als Word 2008 am Mac und Word 2007 unter Windows austauschen wollen, ist es die richtige Wahl.

- *.rtf:* Das sogenannte Rich-Text-Format ist ein sehr gängiges Austauschformat von Text- und Bildinformationen mit anderen Nicht-Microsoft-Programmen. Bedenken Sie, dass hierbei eine Reihe von Funktionen nicht weitergegeben werden können. Zum Beispiel die soeben besprochenen Kommentar- und Anmerkungsfunktionen sind nicht Bestandteil des *.rtf*-Formats.

- *.txt:* Wie der Name schon sagt, ist dies ein reines Textformat. Das heißt: Der in Word erfasste Text wird ohne Formatierung und ohne Bildinformation ausgegeben und kann als reine Textinformation an anderer Stelle weiterverwendet werden.

- *.htm:* Wenn Sie Ihr Word-Dokument ins Internet bringen wollen, ist die Konvertieren Sie es mit *.htm* bzw. *.html* in das Webseitenformat. Denken Sie daran, dass Sie im Menüpunkt *Ansicht* auch die *Weblayoutdarstellung* verwenden können bzw. im Menüpunkt *Datei* die *Webseitenvorschau*. Dort können Sie über einen Browser prüfen, wie sich Ihr Word-Dokument später in einem Browser darstellt. Über das Speichern als Webseite wird letztendlich das Word-Dokument als Webseite abgelegt.

> **!** Sie sollten das Word-Dokument immer als reines Word-Dokument und dann zusätzlich als Webseite abspeichern. Denn: Stehen Korrekturen an, sollten diese am Word-Dokument ausgeführt werden, um danach die geänderte Fassung wieder als Webseite abspeichern zu können.

- *.pdf:* Keine Frage: Das PDF-Format ist eine hervorragende Möglichkeit, anderen Personen Ihr Dokument mit Nur-Lese-Zugriff zur Verfügung zu stellen. Ihr Gegenüber kann mit dem kostenlosen *Adobe Reader* oder auf dem Mac mit dem Programm *Vorschau* diese PDF-Datei betrachten und ausdrucken, aber keinerlei Modifikationen vornehmen. Das PDF-Format hat zudem den Vorteil, dass sich darin keine Viren und andere Schädlinge einnisten können. Deshalb ist es das bevorzugte Dateiformat, wenn

Sie z. B. ein Angebot oder Rechnungen oder eine umfangreichere Arbeit einem anderen Personenkreis zur Verfügung stellen wollen, die nicht weiter bearbeitet werden müssen.

Weiterhin finden Sie im Speicherndialog noch den Button *Optionen*. Darüber gelangen Sie in die Word-Einstellungen und dort in die Kategorie *Speichern*.

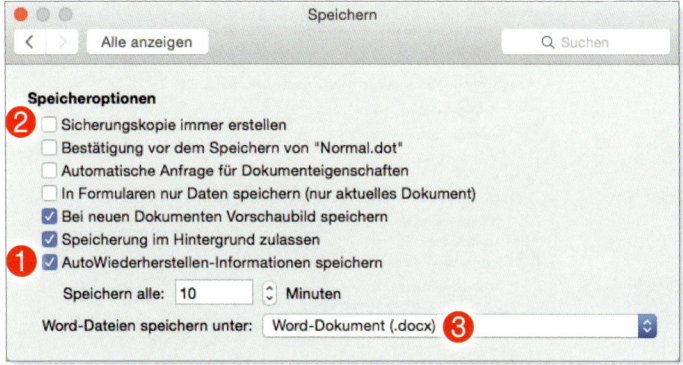

Word-Einstellungen –> Speichern

Hier finden Sie einige Grundeinstellungen, was die Speichernfunktionalität von Word 2016 anbelangt. Es ist eine gute Idee, die ❶ *AutoWiederherstellen-Informationen speichern alle XY Minuten* zu aktivieren. Damit speichert Word automatisch in dem eingestellten Zeitintervall eine Version Ihrer Datei. Sollte wider Erwarten Word einmal seinen Dienst quittieren, können Sie so, ohne dass Sie selbst gespeichert haben, auf die letzte Version Ihres Dokuments zurückgreifen, die Word für Sie erstellt hat.

Möglicherweise ist für Sie auch die Eigenschaft ❷ *Sicherungskopie immer erstellen* eine interessante Geschichte. Dabei haben Sie von Ihren Dokumenten immer noch vorherige Versionen verfügbar. Bei *Word-Dateien speichern unter* ❸ stellen Sie das Standardspeicherformat ein; nachdem Sie mit Word 2016 arbeiten, ist dies standardmäßig das Format *Word-Dokument (.docx)*.

Haben Sie alle Einstellungen getroffen, können Sie den Dialog über *OK* verlassen und so die Einstellungen übernehmen.

Dokument schützen

Wenn Sie anderen Personen Ihre Word-Dateien zur Verfügung stellen, kann es durchaus sein, dass Sie reglementieren möchten, was die anderen Personen mit Ihrem Word-Dokument machen dürfen. Im Menüpunkt *Extras –> Dokument schützen* haben Sie einige Funktionen hierzu verfügbar. Sie können optional ein Kennwort spezifizieren, um nur Personen die das Kennwort kennen, den vollen Zugriff zu ermöglichen. Personen, die das Kennwort nicht kennen, erhalten nur beschränkten Zugriff auf die Eigenschaften, die Sie hier definiert haben.

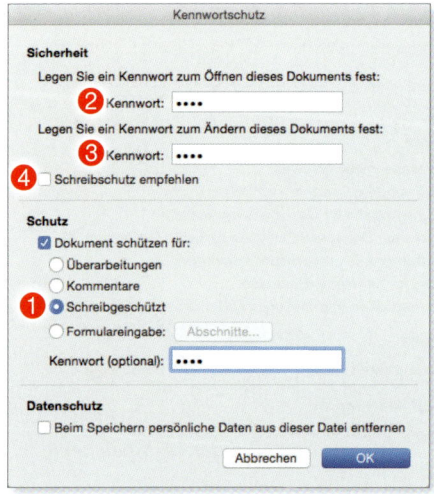

Dokument schützen

Von besonderem Interesse ist sicherlich für viele Anwender die Eigenschaft des Schreibschutzes. Wählen Sie also im Bereich *Dokument schützen* die Eigenschaft *Schreibgeschützt* ❶ und geben Sie ein Kennwort ein, das Sie nach Betätigen von *OK* noch einmal bestätigen müssen. Speichern Sie nun dieses Word-Dokument ab und versenden Sie es beispielsweise per E-Mail. Ihr Gegenüber kann das Word-Dokument natürlich öffnen, bekommt aber in der Statusleiste die Meldung, dass dieses Dokument geschützt ist und er deshalb keine Modifikationen vornehmen darf.

Das Dokument ist geschützt.

Wie Sie anhand des Bildschirmfotos erkennen, ist der Schutz ebenfalls für Kommentare, Formulare oder Überarbeitungen möglich. Weiter oben im Fenster können Sie das Dokument zusätzlich mit einem Öffnen- ❷ oder/und Ändern-Kennwort ❸ versehen. Die Funktion *Schreibschutz empfehlen* ❹ bringt folgendes Fenster zum Vorschein:

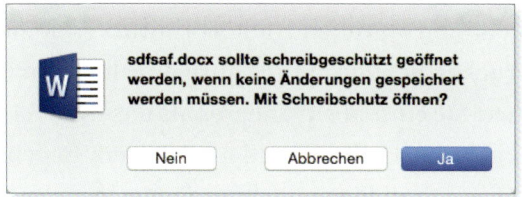

Schreibschutz empfehlen

Wie Sie sehen, kann der Anwender diesen Hinweis umgehen und das Dokument auch im Original öffnen.

Weitere Dokumenteigenschaften und -einstellungen

Word bietet Ihnen eine Reihe von Funktionen, um die Eigenschaften der damit erstellten Dokumente zu definieren.

Papierformat

Wenn Sie mit einem Word-Dokument arbeiten, sollten Sie zu Beginn der Arbeit zunächst das *Papierformat* festlegen. Nachdem Sie im häufigsten Fall auf DIN A4 arbeiten, hat Word das als Grundeinstellung bereits so vorbereitet. Sie finden die dazugehörige Konfiguration unter *Datei –> Seite einrichten*.

Papierformat

Dort sollten Sie neben dem Papierformat auch die Orientierung des Papiers, sprich Hoch- oder Querformat, konfigurieren. Via *Größe* können Sie die Größe Ihres Papiers skalieren. Wenn Sie dort beispielsweise 50 Prozent eintragen, wird der Ausdruck schlicht und ergreifend auf die Hälfte verkleinert an den Drucker übergeben. Den Drucker, den Sie aktuell ausgewählt haben, finden Sie darüber bei *Format für*. Sollten Sie einmal ein anderes als das DIN-A4-Format benötigen, so klappen Sie einfach das Pull-down-Menü bei dem Begriff auf und erhalten damit Zugriff auf eine ganze Reihe anderer Papierformate. Sind dort alle Einstellungen getroffen, bestätigen Sie diese über *OK*.

Seitenränder

Genauso wie beim Papierformat hat Microsoft auch die Seitenrandeinstellungen bereits mit vernünftigen Werten vordefiniert. Um diese Werte einsehen oder auch korrigieren zu können, müssen Sie in die Seitenrändereinstellungen. Diese finden Sie wiederum im *Papierformat*. Wenn Sie das Pull-down-Menü bei *Einstellungen* aufklappen, erscheint der Unterpunkt *Microsoft Word*. Dort können Sie den Begriff *Seitenränder* anklicken, um zu den gleichnamigen Einstellungen zu gelangen.

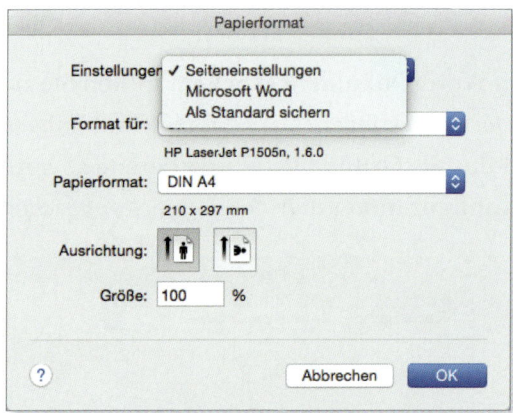

Seitenränder einstellen

Die Seitenränder sind standardmäßig auf den Wert von 2,5 Zentimeter für oben, links und rechts sowie auf den Wert von 2,0 Zentimeter für den unteren Bereich eingestellt.

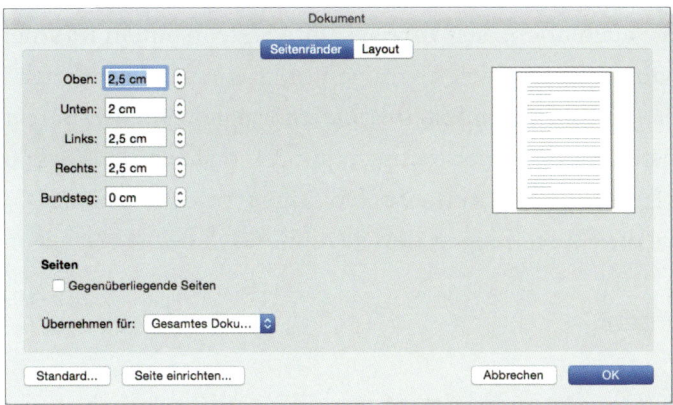

Seitenrandeinstellungen

Hier können Sie auch angeben, wo sich die Kopf- bzw. Fußzeile Ihres Dokuments befinden soll. Die Standardeinstellungen sind hier jeweils 1,27 Zentimeter. Wenn Sie in den Bereich *Layout* wechseln, können Sie noch weitere Feinjustierungen vornehmen.

Wie Sie vielleicht wissen, lässt sich ein Word-Dokument in verschiedene Abschnitte unterteilen. Denken Sie z. B. an die Erstellung einer Magisterarbeit. Dort ist das erste Blatt im Regelfall ein Deckblatt; dieses Deckblatt soll aber weder Kopf- noch Fußzeilen haben. Derartige Funktionen können an dieser Stelle eingestellt werden. Auch die Einstellung, dass Kopf- und Fußzeilen auf geraden und ungeraden Seiten anders dargestellt werden, sollte hier vorgenommen werden.

Feineinstellungen für das Layout des Word-Dokuments

Möchten Sie auch noch, dass Ihre gesamte Seite in einem Rahmen dargestellt erscheint, wählen Sie die gleichnamige Funktion aus. Sie gelangen zum Menüpunkt *Format –> Rahmen und Schattierung* und sogleich in den Bereich *Seitenrand*. Sind alle Einstellungen vorgenommen, quittieren Sie das Dialogfeld mit *OK*, um diese Einstellungen für Ihr aktuelles Dokument zu übernehmen. Via *Abbrechen* verwerfen Sie die Einstellungen und akzeptieren die vorherige Konfiguration.

Eigenschaften

Neben den sichtbaren und auf der Seite dargestellten Informationen bekommt jedes Word-Dokument, das Sie abspeichern, auch noch eine Art Visitenkarte angeheftet. Diese Visitenkarte enthält Informationen, die nicht Bestandteil des Dokuments sind. Aber für Personen, die diese Dateien weiterbearbeiten müssen, enthält sie unter Umständen sehr sinnvolle und wichtige Funktionen.

Die *Eigenschaften* finden Sie im Menüpunkt *Datei*. Dort haben Sie auf mehreren Reitern die Möglichkeit, Informationen zu Ihrem Dokument einzusehen sowie im Bereich Zusammenfassung eigene Informationen hinzuzufügen. Noch einmal: All diese dort eingetragenen Informationen sind Bestandteil des Dokuments, werden aber innerhalb der Word-Datei nirgendwo tatsächlich angezeigt, sondern kommen lediglich zum Vorschein, wenn man das Eigenschaftsfenster hervorruft.

Eigenschaftsfenster

Für einige Autoren mag der Bereich *Statistik* interessant sein, weil diese die Anzahl der Buchstaben, Zeichen und Wörter in einem Dokument auflistet. Diese Information ist besonders dann wichtig, wenn der Autor nach der Anzahl der Zeichen bezahlt wird bzw. innerhalb einer Broschüre oder eines Buches eine bestimmte Anzahl von Zeichen beitragen soll. Diese statistischen Funktionen können ebenso über den Menüpunkt *Extras –> Wörter zählen* aufgerufen werden.

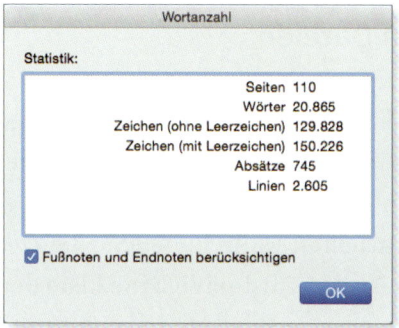

Extras –> Wörter zählen

Dateigröße verringern

Es kann durchaus sein, dass Sie in ein Word-Dokument auch eine Reihe von Bildinformationen eingebunden haben. Insbesondere Bilddateien sind dafür verantwortlich, dass eine Word-Datei unter Umständen ziemlich groß werden kann. Und nun möchten Sie nach der Erstellung des Word-Dokuments die Dateigröße auf das notwendige Minimum reduzieren. Verwenden Sie den Menüpunkt *Datei –> Dateigröße verringern*, um die Bildinformationen innerhalb Ihrer Word-Datei auf eine bestimmte Auflösungsqualität zu optimieren.

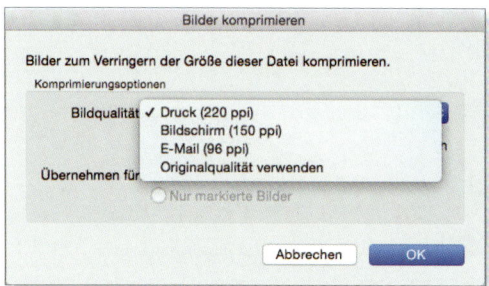

Dateigröße verringern

Dabei bedeutet eine Halbierung der ppi-Zahl, dass das Bild etwa nur noch ein Viertel der Dateigröße beansprucht. Der Wechsel von 220 ppi, was optimal für die Ausgabe auf einem Drucker ist, auf 96 ppi zur optimalen Darstellung für den E-Mail-Versand spart Ihnen ungefähr 75 Prozent der Dateigröße ein. Ein guter Kompromiss sowohl für die Ausgabe auf dem Drucker als auch die Weitergabe per E-Mail oder das Erzeugen eines PDF oder das Veröffentlichen im Internet ist die Wahl *Bildschirmanzeige (150 ppi)*. Dann gehen Sie einen sehr guten Kompromiss zwischen Dateigröße und Qualität der enthaltenen Bilder ein.

Zuletzt verwendete Dateien

Wenn Sie nun nach und nach mit Word Dateien erzeugen, werden diese ja stets auf Ihrem Rechner in einem Ordner abgelegt und mit einem Dateinamen versehen. Möchten Sie nun zu einem späteren Zeitpunkt eine bereits existierende Datei noch einmal überarbeiten, dann finden Sie die *Zuletzt verwendete öffnen* im Menüpunkt *Datei*. Dort ist standardmäßig eine Liste der zehn zuletzt verwendeten Dateien dargestellt.

Noch deutlich eleganter und auch übersichtlicher ist die Funktionalität, die Sie im *Vorlagenkatalog* vorfinden. Den Vorlagenkatalog rufen Sie *Datei –> Neu aus Vorlage* und dort den Eintrag *Zuletzt verwendet* auf. Sie erhalten ein Fenster und können dort die zuletzt verwendeten Dokumente zum Vorschein bringen.

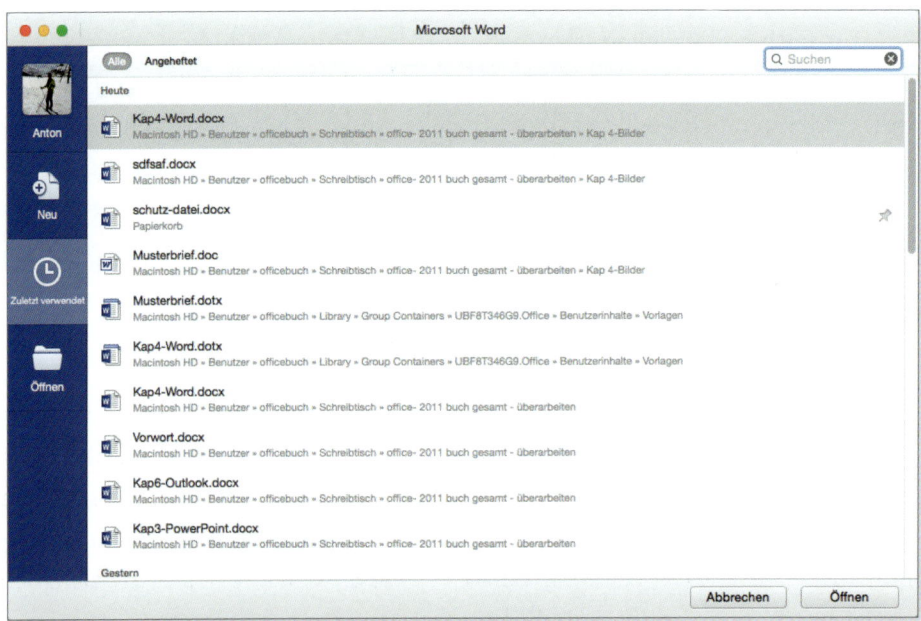

Zuletzt verwendete Word-Dateien in der Übersicht

Dokument drucken

Keine Frage: Irgendwann muss das fertige Word-Dokument im Regelfall auf dem Drucker ausgegeben werden. Kontrollieren Sie noch einmal im Bereich *Seite einrichten* das gewählte Papierformat und die dazugehörigen Einstellungen. Ist all das überprüft und auf den aktuellen Stand gebracht, können Sie über die Tastenkombination *cmd + P* oder den Menüpunkt *Datei –> Drucken* bzw. alternativ über den entsprechenden Button in der Standard-Symbolleiste den Drucken-Dialog aufrufen.

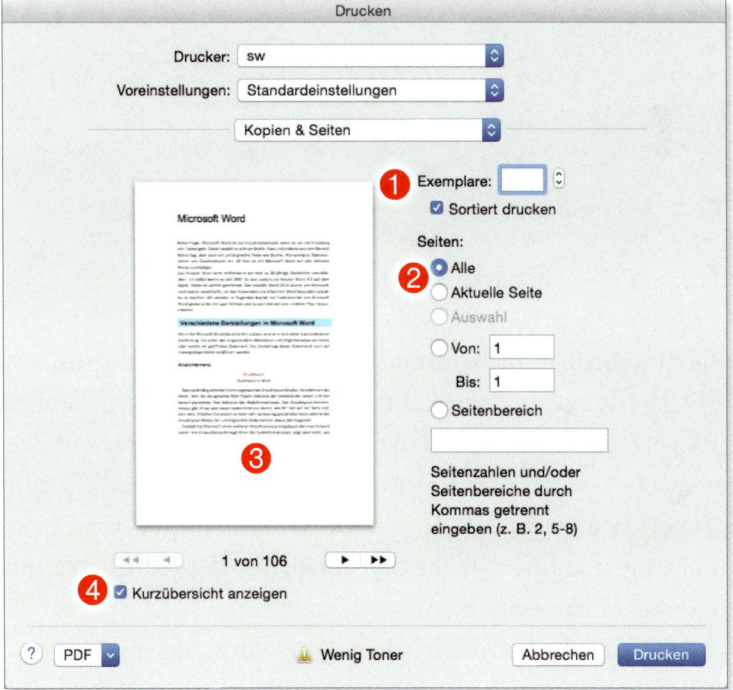

Drucken-Dialog

Dort sehen Sie, auf welchem Drucker derzeit ausgegeben wird, und Sie können festlegen, wie viele Exemplare ❶ bzw. welche Seiten ❷ des Word-Dokuments zum Ausdruck gelangen. Sie sehen links daneben eine Vorschau ❸ Ihres Dokuments und können auch durch die verschiedenen Seiten Ihres Dokuments navigieren. Möchten Sie die Vorschau des Word-Dokuments in dieser Druckansicht nicht haben, entfernen Sie das Häkchen bei *Kurzübersicht anzeigen* ❹.

Besonders interessant im Druck-Dialog ist im Pull-down-Menü bei *Kopien & Seiten* der Eintrag *Microsoft Word*.

Alle anderen Einstellungen wie **Layout**, **Papierhandhabung**, **Papiereinzug** etc. sind Betriebssystemeinstellungen, das heißt in jeder Applikation identische Konfigurationen. In den Microsoft Word-Einstellungen im Drucken-Ddialog können Sie definieren, was denn ausgedruckt werden soll. Im Regelfall wollen Sie das Dokument auf den Drucker übertragen, und das ist auch die Standardeinstellung.

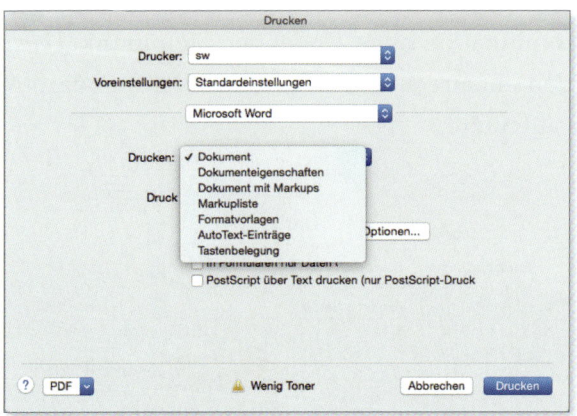

Microsoft-Word-Druckoptionen.

Manchmal besteht aber die Notwendigkeit, nicht das Dokument, sondern eine alternative Darstellung des Dokuments oder eben ganz andere Elemente auf den Drucker zu übertragen. Interessant ist z. B. der Ausdruck der *AutoText-Einträge*. Sie erinnern sich: Die AutoText-Einträge sind Textpassagen, möglicherweise inklusive Tabellen oder Bilder, die Sie durch ein Kürzel immer rasch in ein Dokument einfügen können. Über den Ausdruck der AutoText-Einträge wird also eine derartige Liste erstellt.

Ähnlich nützlich kann das Ausdrucken des Dokuments mit Markups sein. Sie erinnern sich: Die *Überprüfen*-Funktion bietet Ihnen mannigfaltige Möglichkeiten, Kommentare, Änderungen usw. in Ihr Dokument einzubauen und diese mit weiteren Autoren abzustimmen. Wenn Sie sich für *Dokument mit Markups* entscheiden, werden also diese Anmerkungen, Korrekturen und Änderungswünsche in dem Word-Dokument mit ausgedruckt. Haben Sie in diesem Bereich alle Einstellungen vorgenommen, wechseln Sie von den Word-Optionen zurück zu *Kopien & Seiten*, um wieder das reguläre Druckfenster zu erhalten, und schicken letztendlich mit *Drucken* den Druckauftrag an den Drucker.

Formatieren

Zeichenformatierung

Keine Frage: Sobald der Text vollständig in Word eingetragen ist, gilt es, diesen Text vom Erscheinungsbild her zu optimieren. Dazu stellt Microsoft Word 2016 eine ganze Fülle von Formatierungsfunktionen zur Verfügung. Zunächst einmal wollen wir uns damit beschäftigen, wie man eine Zeichenformatierung vornimmt. Zeichenformatierung bedeutet dabei, dass Sie als Anwender eine beliebige Anzahl an Zeichen markieren und dann entsprechend formatieren können. Das heißt, für all die Formatierungen, die nachfolgend dargestellt werden, gilt immer: Zuerst müssen die entsprechenden Zeichen, Wörter und Textpassagen mit der Maus oder einer Tastenkombination markiert werden, bevor die Formatierung stattfinden kann. Sie werden etwas später sehen, dass das bei den Absatzformatierungen nicht notwendig ist, denn dort genügt es, den Cursor in den zu formatierenden Absatz zu stellen.

Noch einmal zurück zu den Markierungen: Die gängigsten Markierungen – zeilenweise, wortweise etc. – haben wir bereits an früherer Stelle innerhalb dieses Kapitels behandelt. An der Stelle vielleicht noch einige Tipps, wie Sie sehr effektiv auch mithilfe der Tastatur markieren können.

Markierungsart	Tastenfunktion
Wortweise markieren	alt + Shift + Cursor nach rechts bzw. alt + Shift + Cursor nach links
Bis ans Ende der Zeile markieren bzw. bis an den Anfang der Zeile markieren	cmd + Shift + Cursor nach rechts bzw. cmd + Shift + Cursor nach links
Gesamten Absatz markieren	Zunächst Cursor an den Beginn des Absatzes setzen und dann cmd + Shift + Cursor nach unten

So, aber nun zu den mannigfaltigen Formatierungsfunktionen, die Word im Angebot hat. Dabei gibt es generell verschiedenste Möglichkeiten, diese Formatierungen hervorzuholen. Word bietet dazu über das Menüband *Start* die wichtigsten Formatierungsfunktionen an. Ebenso kann aber auch die Symbolleiste *Format* zum Einsatz kommen.

Das Menüband „Start" enthält wichtige Formatierungsfunktionen.

Markieren Sie beispielsweise durch einen Doppelklick ein Wort und verwenden Sie die Funktion *Kursiv*. Klicken Sie hierzu den entsprechenden Button im Menüband an. Wollen Sie diese Formatierung wieder rückgängig machen, sprich das Wort soll nicht mehr kursiv erscheinen, so markieren Sie es noch einmal und drücken die Funktion *Kursiv* erneut.

Weiterhin können Sie die Formatierungen auf Zeichenebene mit einem dazugehörigen Menüpunkt aufrufen. Verwenden Sie hierzu die Tastenkombination *cmd + D* bzw. den Menüpunkt *Format –> Schriftart*. In dem nun erscheinenden Fenster finden Sie sämtliche Formatierungen, die Sie mit dem markierten Text vornehmen können.

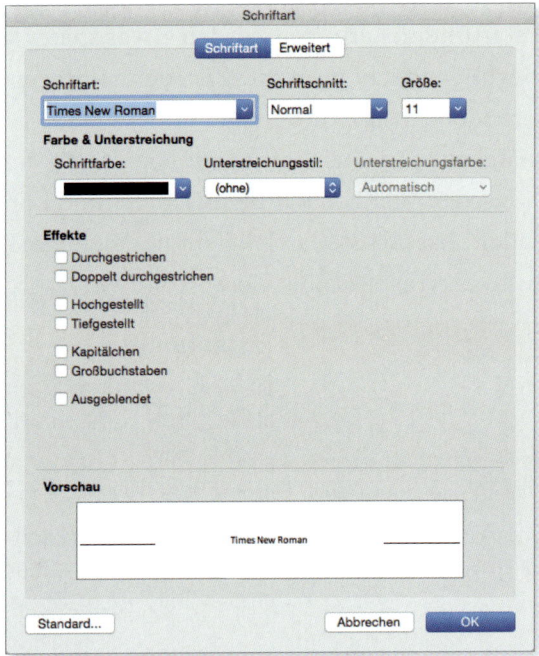

Schrift formatieren.

Deutlich schneller und eleganter geht es bisweilen durch die Verwendung von entsprechenden Shortcuts. Nachfolgend in der Tabelle die wichtigsten Shortcuts für häufig verwendete Formatierungen:

Formatierung	Shortcut
Fett	cmd + B
Kursiv	cmd + I
Unterstrichen	cmd + U
Doppelt unterstrichen	cmd + Shift + D
Hochgestellt	cmd + Shift + 0 (Null)
Tiefgestellt	cmd + 0 (Null)
Wechsel von Groß- zu Kleinschreibung	Shift + F3
Durchgestrichen	cmd + Shift + X

! Das Besondere an diesen Tastenkombinationen ist, dass man sie während der Texterfassung direkt verwenden kann. Sie tippen also einen Text und möchten nun das folgende Wort kursiv haben. Bevor Sie also das Wort tippen, schalten Sie mit der Tastenkombination **cmd + I** die Kursivfunktion ein, tippen das Wort oder die Begriffe und schalten hernach mit **cmd + I** den Befehl wieder aus. Für Vielschreiber und Profis also eine gute Möglichkeit, bereits bei der Texterfassung die Formatierung mit anzugeben.

Rückgängig und Wiederholen

Sicher kennen Sie diese Funktionalität auch aus anderen Programmen am Mac: *Bearbeiten –> Rückgängig*. Haben Sie an einem Dokument an verschiedenen Stellen Formatierungen vorgenommen und möchten nun einige Schritte wieder rückgängig machen, so verwenden Sie den entsprechenden Menüpunkt oder, einfacher, die Tasten *cmd + Z*. Sie finden die Funktion *Rückgängig* auch in der Titelleiste des Fensters. Es ist der gekrümmte Pfeil, der nach links zeigt. Sie können theoretisch beliebig viele Schritte bei der Erstellung eines Word-Dokuments zurückgehen.

Das Gegenteil von Rückgängigmachen ist die Funktion *Wiederholen*. Diese Funktion ist beim Formatieren sehr nützlich. Zum Beispiel: Sie haben als letzte Aktion ein Wort mit der Formatierung *Kursiv* beaufschlagt. Die letzte Aktion war also das Kursivstellen eines Wortes. Wenn Sie nun ein weiteres Wort oder eine weitere Passage markieren und die Tastenkombination *cmd + Y* verwenden, wird die letzte Aktion wiederholt. Also wird die neue Markierung ebenfalls kursiv dargestellt. Der Nachteil der Funktionalität *Wiederholen* ist, dass Sie lediglich die letzte Funktion erneut verwenden können.

Formatierungspinsel

Haben Sie einen Textbereich mit verschiedenen Formatierungen versehen und möchten genau diese Formatierungen auch an anderen Stellen Ihres Dokuments verwenden, dann ist das die passende Situation, um den *Formatierungspinsel* einzusetzen. Diesen Pinsel finden Sie im Menüband *Start*. Die Vorgehensweise ist dabei ganz einfach: Markieren Sie einen Textbereich und geben Sie ihm all die Formatierungen, die Sie haben möchten (Schriftart, Schriftgröße, Schriftfarbe etc.). Ist die Formatierung abgeschlossen, lassen Sie diesen Bereich noch markiert.

Klicken Sie nun einmal auf den *Formatierungspinsel*, verändert sich Ihr Mauszeiger – an Ihrem Cursor hängt jetzt an der linken Stelle ein kleines Plus. Sie können nun erneut einen beliebigen Text markieren. Dieser wird nach Abschluss der Markierung sofort mit der aufgenommenen Formatierung versehen. Das heißt, die Formatierung wurde identisch auf eine andere Stelle übertragen.

Formatierungspinsel im Menüband „Start".

Sie haben damit eine sehr elegante und einfache Möglichkeit, verschiedene Textelemente mit der gleichen Formatierung zu belegen. Allerdings haben Sie bemerkt, dass der Pinsel nach einer Übernahme der Formatierung an anderer Stelle wieder neu befüllt werden muss.

Sie können dies umgehen, indem Sie den Pinsel doppelt anklicken; dann bleibt die eingelesene Formatierung erhalten, und Sie können an beliebigen Stellen innerhalb Ihres Dokuments diese Formatierung anbringen. Um den Formatierungspinsel wieder zu deaktivieren, klicken Sie ihn erneut an. Das Schöne ist auch, dass Sie den Pinsel immer wieder neu aufladen können.

Formatvorlagen für Zeichen

Aber die Pinselfunktion hat definitiv einen Nachteil: Haben Sie z. B. in einem umfangreichen Dokument verschiedene Textstellen mit der Pinselfunktion identisch formatiert und fällt Ihnen zu einem späteren Zeitpunkt bei der Überarbeitung des Dokuments ein, dass Sie nun doch all diese aktuell identisch formatierten Textstellen anders dargestellt haben möchten, dann müssen Sie manuell nacharbeiten.

Beispiel: Sie haben also jetzt in einem 100-seitigen Dokument alle wichtigen Begriffe mit einer Schriftfarbe, in kursiver Darstellung und einer besonderen Schrift hervorgehoben. Jetzt müssen Sie also, weil Sie eine andere Farbe oder eine andere Schriftart haben wollen, all diese Stellen erneut aufsuchen und korrigieren.

 Möglicherweise können Sie über die Funktion **Bearbeiten –> Suchen –> Ersetzen** (Tastenkombination **cmd + Shift + H**) in dem ganzen Dokument nach einer Eigenschaft suchen und diese durch eine andere Eigenschaft ersetzen lassen.

Für umfangreichere Dokumente helfen die *Formatvorlagen* weiter. Das heißt: Statt der Verwendung der Pinselfunktion geben Sie all den Begriffen, die ein identisches Aussehen haben sollen, eine Formatvorlage. Wie funktioniert das in der Praxis?

Sie möchten z. B. in Ihrem umfangreichen Dokument wichtige Signalwörter in grüner Schriftfarbe und kursiver Darstellung haben. Dazu erstellen Sie nun eine sogenannte *Zeichenformatvorlage*. Der dazugehörige Menüpunkt findet sich bei *Format –> Formatvorlagen*. Klicken Sie dort auf den Button *Neu* und geben Sie der Formatvorlage einen Namen. Wichtig ist, darunter bei *Formatvorlagentyp* die Eigenschaft *Zeichen* auszuwählen.

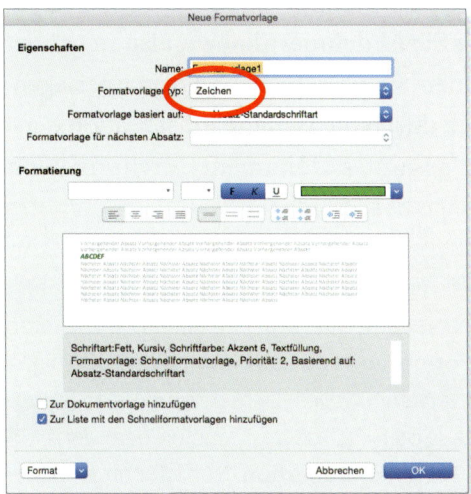

Neue Zeichenformatvorlage

Stellen Sie im unteren Teil des Fensters ein, welche Formatierungen in die Formatvorlage übernommen werden sollen. In unserem Fall wäre das als Schriftfarbe ein Grünton und von der Formatierung her die kursive Darstellung. Sind alle Einstellungen erledigt, bestätigen Sie das Erstellen dieser neuen Zeichenformatvorlage mit *OK*.

Zurück in Ihrem Dokument markieren Sie nun den Begriff, der mit dieser Zeichenformatvorlage versehen werden soll. Nun muss die Zeichenformatvorlage zugewiesen werden. Eine gute Idee hierfür ist es, über das Menüband *Start* den *Bereich „Formatvorlagen"* als Aufgabenbereich einblenden zu lassen.

Dort sehen Sie eine Liste aller bereits existierenden Formatvorlagen. Bei der Erstellung eines neuen, leeren Dokuments ist standardmäßig eine ganze Reihe von Formatvorlagen bereits enthalten, mit denen wir zu einem späteren Zeitpunkt noch arbeiten werden. Es sollte nun in der Liste auch Ihre Formatvorlage auftauchen. Sie sehen hinter der Formatvorlage ein kleines a, das Ihnen zeigt, dass es sich um eine zeichenbasierte Formatvorlage handelt.

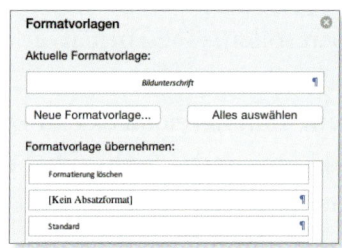

Aufgabenbereich mit Formatvorlagen

Wenn Sie genau hinschauen, sehen Sie, dass die Formatvorlage in etwa so dargestellt wird, wie Sie es definiert haben, also in grüner Farbe und kursiver Darstellung. So können Sie verschiedene Formatvorlagen nicht nur nach dem Namen, sondern auch durch die visuelle Präsentation derselben unterscheiden. Nun können Sie Ihr gesamtes Dokument durcharbeiten und mit der entsprechenden Formatvorlage beaufschlagen.

> ! Für Anwender, die diese Funktion sehr häufig einsetzen, besteht auch die Möglichkeit, jeder Formatvorlage eine Tastenkombination zuzuordnen. Gehen Sie hierzu zu **Format –> Formatvorlage** und wählen Sie die Formatvorlage aus, die Sie mit einem Shortcut versehen wollen. Gehen Sie über den Button **Ändern** und wählen Sie links unten aus dem Pull-down-Menü, in dem derzeit **Format** aufgelistet ist, die Eigenschaft **Tastenkombination**. Nun können Sie dieser Formatvorlage einen Shortcut zuweisen.

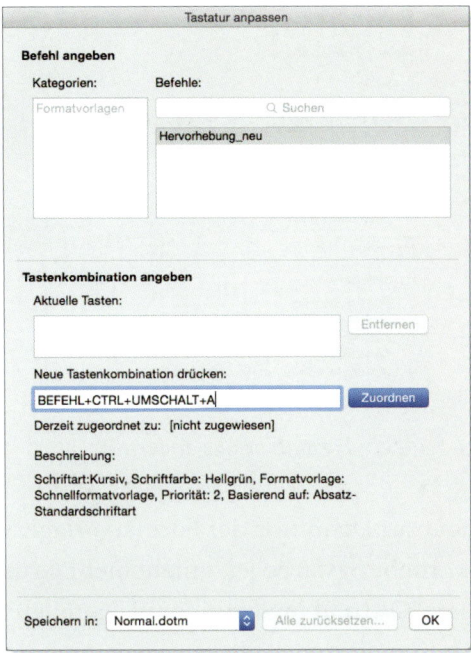

Shortcut für Formatvorlagen

Achten Sie dabei darauf, dass die Tastenkombination, die Sie bei *Neue Tastenkombination drücken* eintragen, nicht bereits für eine andere Funktion vergeben ist. Sie sehen anhand des Bildschirmfotos: Die Tastenkombination *cmd + ctrl + shift + A* ist derzeit nirgendwo zugewiesen und kann für die Formatvorlage problemlos verwendet werden. Bestätigen Sie die Dialogfelder mit *OK*, um diese zu verlassen.

Fortan können Sie über die Tastenkombination diese Formatvorlage auf die markierten Textpassagen anwenden. Der besondere Vorteil liegt nun darin, dass eine Änderung der Formatvorlage sofort alle Textpassagen betrifft.

Formatvorlage ändern

Wie aber ist die Formatvorlage zu ändern? Nun, auch hier gibt es wieder mehrere Möglichkeiten. Sie gelangen entweder über *Format –> Formatvorlage* in den entsprechenden Dialog oder aber Sie verwenden den Aufgabenbereich. Dort setzen Sie Ihren Cursor auf die zu ändernde Formatvorlage, und dort rechts daneben erscheint ein Dreieck nach unten, das Sie anklicken.

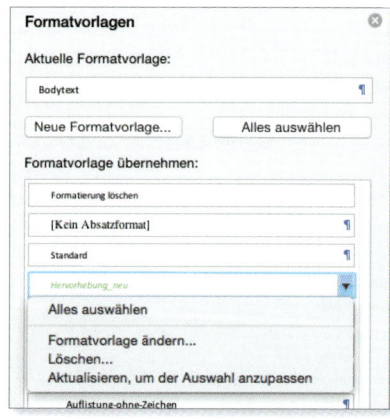

Formatvorlage ändern

So gelangen Sie erneut zur Definition der Formatvorlage, passen die Parameter an – z. B. soll die Hervorhebungsfarbe jetzt nicht mehr Grün, sondern Rot sein –, bestätigen das Ganze mit *OK*, und in Sekundenbruchteilen wird an allen Stellen Ihres Dokuments, die diese Formatvorlage verwenden, die neue Formatierung umgesetzt.

So kann man sehr schnell umfangreiche Dokumente mit identischen Formatierungen gestalten. Soll die Formatvorlagenänderung noch schneller umgesetzt werden?

Auch das ist möglich: Markieren Sie eine Textpassage, die mit der Zeichenformatvorlage versehen ist. Ändern Sie nun z. B. die Schriftfarbe. Jetzt ist aber nur dieses eine Element mit einer anderen Schriftfarbe versehen worden. Wenn Sie möchten, dass diese geänderte Schriftfarbe in die Formatvorlage übernommen wird, gehen Sie erneut über den Aufgabenbereich und die Darstellung der Formatvorlagen und klappen bei der Formatvorlage das Menü mit dem Pfeil nach unten auf. Jetzt wählen Sie die Eigenschaft *Aktualisieren, um die Auswahl anzupassen*. Damit wird die Formatvorlage mit der neuen Eigenschaft versehen, und alle so formatierten Textpassagen werden informiert und erhalten ein identisches Aussehen.

> **!** Wenn Sie sehr oft mit dieser Funktion arbeiten, dann kann es durchaus sinnvoll sein, dass Sie sich in der Toolbox bei **Formatvorlagen** unterhalb bei **Liste** lediglich die Formatvorlagen anzeigen lassen, die Sie innerhalb Ihres Dokuments verwenden. Schalten Sie deshalb im Pull-down-Menü bei **Liste** auf **Verwendete Formatvorlagen** um. Möchten Sie zudem in Ihrem Dokument auch noch eine visuelle Rückmeldung bekommen, welche Formatvorlagen Sie im Einsatz haben, dann aktivieren Sie die Funktion **Führungslinien für Formatvorlagen** anzeigen.

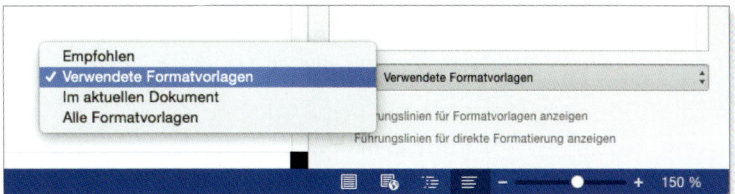

Verwendete Formatvorlagen und Führungslinien

So erhalten Sie als professioneller Word-Benutzer eine sehr einfache Darstellung, an welcher Stelle welche Formatvorlagen in Ihrem Dokument zum Einsatz kommen. Sollte eine Formatvorlage nicht mehr benötigt werden, können Sie diese natürlich auch wieder entfernen. Dadurch verlieren Sie natürlich die Hervorhebungen der Textelemente, die mit dieser Zeichenformatvorlage versehen waren.

Absatzformatierung

Wie vorhin schon erwähnt, unterscheidet sich die Formatierung von ganzen Absätzen von der Zeichenformatierung. Nämlich dahingehend, dass bei der Absatzformatierung keinerlei vorherige Markierung notwendig ist. Das heißt: Wenn Sie einem Absatz eine Eigenschaft geben wollen, genügt es, den Cursor in den entsprechenden Absatz zu setzen. Damit ist dieser Absatz aktiviert und wird mit der nachfolgenden Formatierung versehen.

Typische Formatierungen für Absätze sind die Ausrichtung wie linksbündig, rechtsbündig, zentriert, Blocksatz, Zeilenabstand sowie Tabulatoren, Einzüge, Abstände usw. Wir werden diese Funktionen gleich noch im Detail ansehen.

 Sollen mehrere Absätze mit dem gleichen Format versehen werden, so können diese a) entweder gemeinsam markiert werden, um das gleiche Aussehen zu bekommen, oder b) es ist sinnvoll, eine Formatvorlage für Absätze zu erstellen und dort alle gemeinsamen Formatierungsoptionen einzubringen.

Aber nochmals einen Schritt zurück: Wir wollen uns erst einmal die Formatierungsfunktionen, die es für einen Absatz gibt, etwas detaillierter ansehen. Es verhält sich dabei ähnlich wie bei den Zeichenformatierungen: Auch die Absatzformatierungen lassen sich an verschiedenen Stellen aufrufen. Jetzt starten wir einfach mal mit den wichtigsten Absatzformatierungen, die Sie per Tastenkombinationen schnell hervorrufen können.

Funktion	Tastenkombination
Linksbündig	cmd + L
Rechtsbündig	cmd + R
Blocksatz	cmd + J
Zentrieren	cmd + E
Zeilenabstand zweizeilig	cmd + 2
Zeilenabstand einzeilig	cmd + 1
Zeilenabstand 1,5-zeilig	cmd + 5
Erstellen eines hängenden Einzugs	cmd + T
Entfernen eines hängenden Einzugs	cmd + Shift + T

Natürlich finden Sie die Absatzformatierungen ebenso im Menüband, und zwar gibt es dort den Bereich *Schriftart* und daneben den Bereich *Absatz*. Hier finden Sie die häufigsten Funktionen, die im Rahmen einer Absatzformatierung notwendig sind.

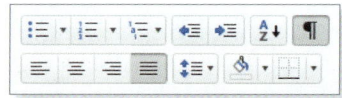

Absatzformatierung im Menüband

Oder aber Sie verwenden den Menüpunkt, in dem Sie ebenfalls die ganzen Absatzformatierungsfunktionen vorfinden: Der Menüpunkt *Format –> Absatz* ist rasch durch die Tastenkombination *cmd + alt + M* aufgerufen.

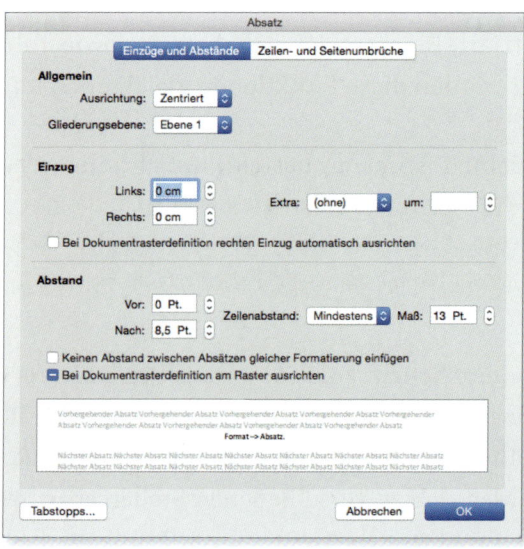

Format –> Absatz

An dieser Stelle noch einmal kurz die Erinnerung, dass ein Absatz der Text zwischen zwei Absatzschaltungen ist. Wenn Sie also in einem Dokument eine Adressinformation eingeben und möchten, dass diese als ein Absatz behandelt wird, dann sollten Sie von der einen zur nächsten Zeile wechseln, indem Sie mit *Shift + Return-Taste* lediglich einen Zeilenwechsel einbauen. Sie können es ganz einfach erkennen, wenn Sie sich die nicht druckbaren Zeichen anzeigen lassen, die Sie mit *cmd + 8* in Ihr Dokument bringen.

Aber nun wieder zurück zu möglichen Absatzformatierungen.

Nummerierungen und Aufzählungen

Eine sehr häufig verwendete Funktion in Microsoft Word ist das Anbringen von Nummerierungs- oder Aufzählungszeichen. Diese sind in Word sehr einfach implementiert und können mit wenigen Klicks angewendet und den eigenen Bedürfnissen entsprechend angepasst werden.

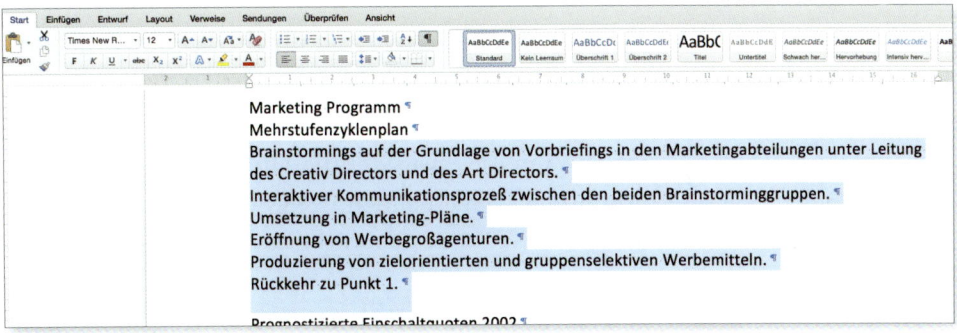

Textvorgabe für Aufzählungen

Sie sehen anhand des Bildschirmfotos, dass dieser aktuell markierte Text, der aus mehreren einzelnen Absätzen besteht, mit Nummerierungs- und Aufzählungszeichen versehen werden soll.

Nachdem er mehrere Absätze umfasst, ist es notwendig, diese Absätze zu markieren. Die Funktion *Aufzählungszeichen* oder *Nummerierung* finden Sie im Menüband.

Sofern Sie eine der beiden Funktionen aktivieren, wird sofort das dazugehörige Zeichen vor die Absätze gesetzt. Darüber hinaus wird der Absatz aber auch mit einem linken Einzug versehen sowie mit einem weiteren Einzug, sodass der Text der zweiten Zeile in der Aufzählung stets auf der gleichen Höhe steht wie auch der Text in der ersten Zeile.

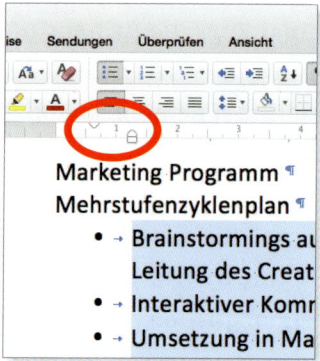

Aufzählungszeichen inklusive Einzügen

Wie das Bildschirmfoto zeigt, wurde also hier automatisch ein sogenannter hängender Einzug eingebaut. Insgesamt ist in der Summe der Absatz von der linken Kante eingezogen und die zweite und alle weiteren Zeilen haben darüber hinaus einen hängenden Einzug bekommen. Zwischen dem Aufzählungszeichen und dem Text wurde ein Tabulator positioniert, der den Abstand vom Aufzählungszeichen zum Text angibt. Sie erkennen anhand des Lineals kleine Dreiecke, die Ihnen diese Situation optisch wiedergeben und zeigen, dass ein linker und ein hängender Einzug gleichzeitig existieren. Möchten Sie nun diesen Einzug modifizieren, so können Sie entweder die Dreiecke in dem Lineal bewegen oder aber die Werte numerisch eingeben.

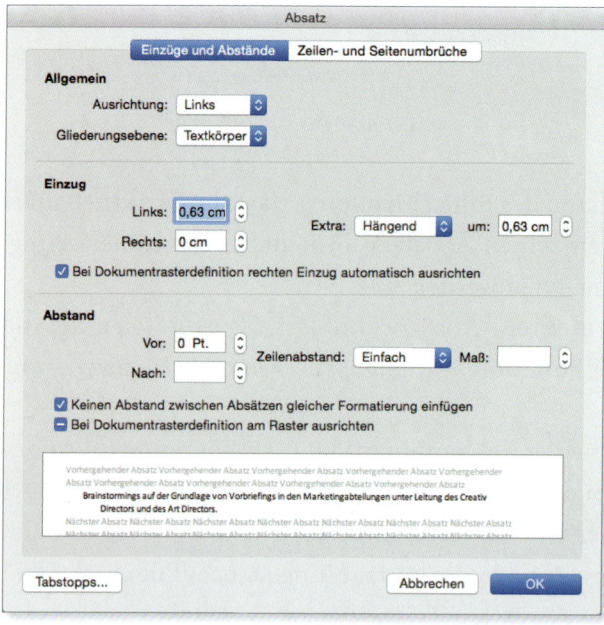

Einzug ändern bei Format –> Absatz

Ich möchte, dass der Einzug nicht wie von Word vorgegeben 0,63 Zentimeter beträgt, sondern er soll von der linken Kante einen Zentimeter entfernt sein; darüber hinaus hätte ich gerne die Eigenschaft des hängenden Einzugs auf einen Wert von 0,5 Zentimeter modifiziert.

Beachten Sie bitte, wenn Sie diese Einzugswerte ändern, dass Sie auch alle betreffenden Absätze markiert haben.

Möchten Sie nun, nachdem die Aufzählung erfolgreich angebracht wurde, ein anderes Aufzählungszeichen verwenden oder gar eine Nummerierung einbauen, so ist auch dies nur wenige Mausklicks entfernt. Markieren Sie erneut alle Absätze, die das veränderte Aussehen bekommen sollen, und klappen Sie dann die Auswahlliste der anderen Zeichen bzw. der Nummerierungsformate auf und verwenden Sie ein Zeichen Ihrer Wahl.

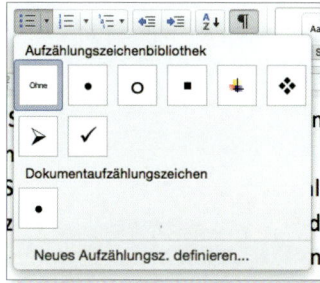

Alternative Aufzählungen bzw. alternative Nummerierungen

Sollten Sie in den jeweiligen Listen nichts Passendes finden, so wählen Sie *Neues Aufzählungszeichen definieren* bzw. *Neues Zahlenformat definieren* und spezifizieren im nachfolgenden Fenster, welches Zeichen in welcher Darstellungsart zum Einsatz kommen soll.

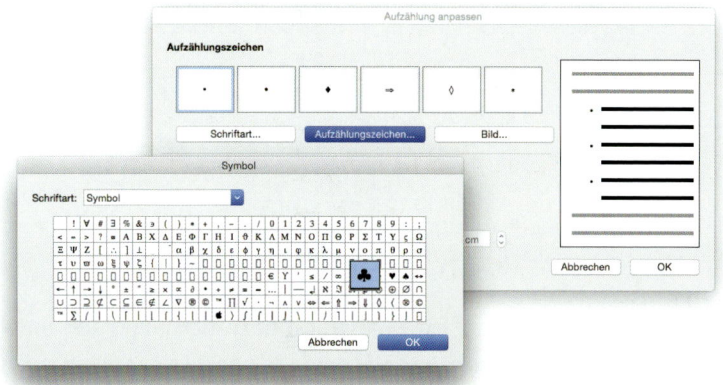

Aufzählungszeichen anpassen

Sie sehen, Sie können als Aufzählungszeichen auch ein beliebiges Bild verwenden, das dann eben vor dieser Aufzählung als Icon dargestellt wird. Hier sind also Ihrer Kreativität keine Grenzen gesetzt.

Absatzabstände

Oftmals möchte man die Aufzählungspunkte auch optisch etwas hervorheben. Dies gelingt sehr einfach durch sogenannte Absatzabstände. Zur Modifikation der Absatzabstände wählen Sie am besten den dazugehörige Menüpunkt *Format –> Absatz*. Dort finden Sie bei *Abstand* die Eigenschaft, einen Abstand vor – also oberhalb des Absatzes – oder nach – also unterhalb des Absatzes – einzufügen. Sie können hier die entsprechenden Werte eintragen.

> Standardmäßig wird die Maßeinheit Punkt für den Abstand verwendet. Bedenken Sie dabei, dass ein Punkt 0,353 Millimeter ist. Sie können den Abstand allerdings auch in Millimeter angeben. Dazu müssen Sie nach dem Wert nur die Abkürzung **mm** eintippen.

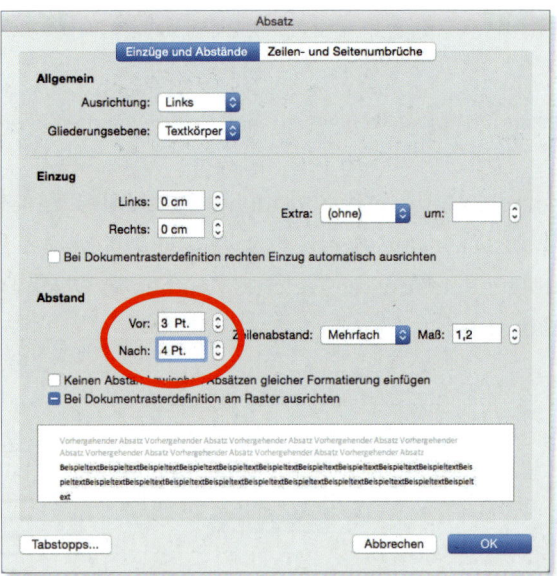

Absatz – Abstand einbauen

> Nachdem nun jeder Absatz einen **Abstand nach** bekommt, also unterhalb der Absatzschaltung, ist es nicht notwendig, auch noch einen **Abstand vor**, also oberhalb, einzubauen.

Rahmen

Soll die Hervorhebung des Absatzes noch deutlicher ausfallen, dann ist die Funktion *Rahmen und Schattierung* eine sehr interessante Eigenschaft. Ein Rahmen wird standardmäßig dem kompletten Absatz zugeordnet. Das heißt: Es genügt auch hier, den Cursor in den entsprechenden Absatz einzubringen. Wählen Sie den Menüpunkt *Format –> Rahmen und Schattierung* und bei *Rahmen* das entsprechende Element aus.

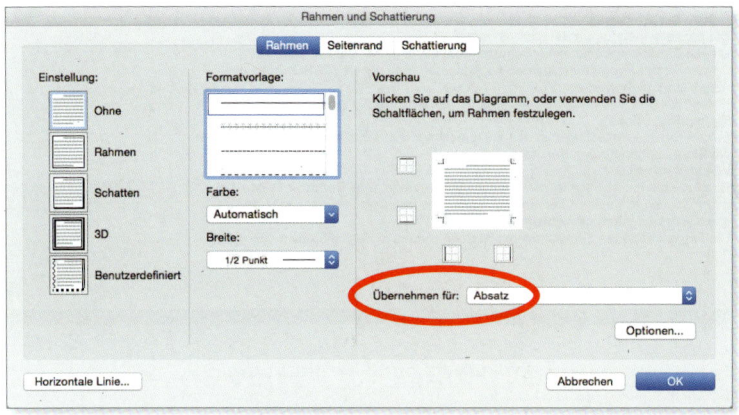

Rahmen für einen Absatz

Achten Sie dabei darauf, dass auf der rechten Seite bei *Übernehmen für* auch *Absatz* zu stehen kommt. Alternativ könnte ein Rahmen nämlich noch für die ganze Seite oder innerhalb einer Tabelle für andere Bereiche verwendet werden. Bestätigen Sie Ihre Einstellung mit *OK*, wird der Rahmen auf Ihren Absatz übernommen. Möchten Sie zudem, dass der Rahmen nicht die gesamte Breite Ihrer Seite beansprucht, dann definieren Sie über die Absatzeinzüge (links bzw. rechts), wie weit der Rahmen an den Seitenrand heranreichen soll.

Formatvorlagen für Absätze

Soll nun ein umfangreicheres Dokument Formatierungen enthalten, so können Absätze ebenso wie Zeichen bzw. Textpassagen mit Formatvorlagen versehen werden. Damit gewährleisten Sie, dass alle Absätze ein tatsächlich identisches Aussehen haben, und können rasch auch Formatierungsänderungen über große Dokumente hinweg durchführen. Sehen Sie sich beispielsweise dieses Dokument an:

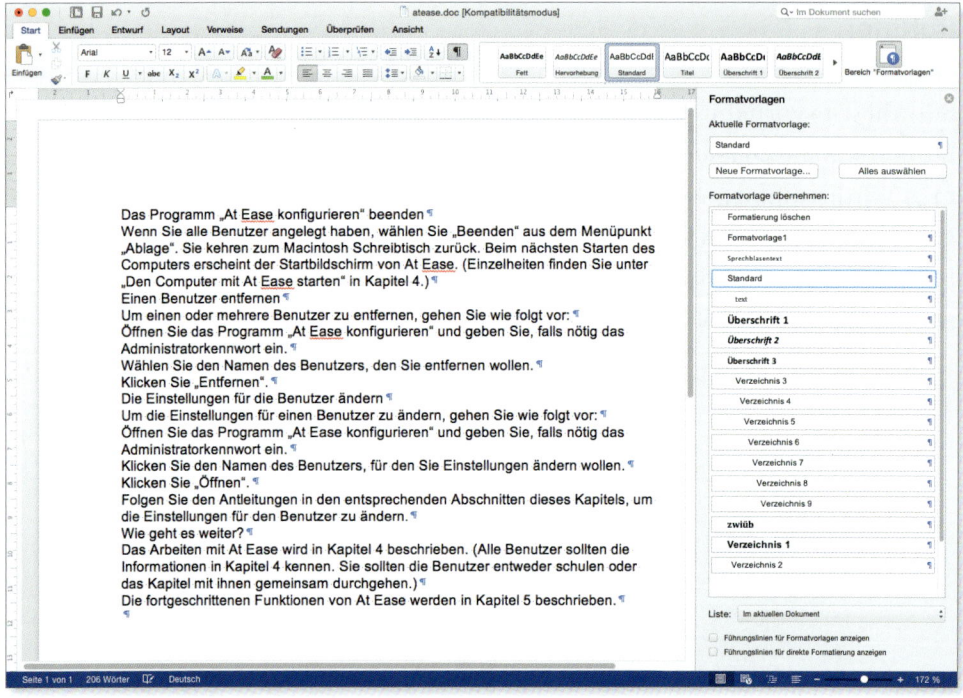

Dokument ohne Formatvorlage

Dieses Dokument soll in kürzester Zeit ein vernünftiges Erscheinungsbild aufweisen. Dabei sieht es von der Struktur des Textes so aus, dass es Zwischenüberschriften und darunter liegende Textpassagen enthält. Es bietet sich für diesen Text also an, die Gestaltung mit zwei *Formatvorlagen* durchzuführen: einer Formatvorlage, die sich um die Zwischenüberschriften kümmert, und einer Formatvorlage, die die Textbestandteile formatiert und gestaltet.

Formatvorlagen für Absätze können neben den Absatzformatierungen wie linksbündig, rechtsbündig, Zeilenabstand, Rahmen, Aufzählungs- und Nummerierungszeichen etc. auch die Schriftart, Schriftgröße und die Schriftdarstellung beinhalten.

Das heißt: Mit Absatzformatvorlagen haben Sie ein perfektes Werkzeug, um Texte vernünftig zu gestalten. Wir wollen nun das Erstellen einer Formatvorlage einmal auf eine andere Weise durchführen. Vorhin, bei der Erstellung der Zeichenformatvorlage, wählten wir den Menüpunkt *Format –> Formatvorlage* und haben diese dort definiert.

Die alternative Vorgehensweise sieht so aus: Markieren Sie einen beispielhaften Absatz, der die Überschriftformatierungen erhalten soll. Und nun gestalten Sie diesen Absatz, indem Sie ihm eine Schriftart zuordnen, die Schriftgröße auswählen, die Formatierung, die Bündigkeit, die Abstände, die Einzüge etc., eben alles konfigurieren, was diesen Absatz später auszeichnen soll. Ist dies geschehen und der Absatz allen Bedürfnissen entsprechend gestaltet worden, wird jetzt aus all den Formatierungen eine Formatvorlage kreiert. Zum Erstellen der Formatvorlage gibt es zwei Wege:

1. Halten Sie nach wie vor den Absatz markiert, der all die Eigenschaften der späteren Formatvorlage enthält. Blenden Sie, sofern noch nicht geschehen, den Aufgabenbereich *Formatvorlagen* ein.

2. Klicken Sie auf *Neue Formatvorlage* und schreiben Sie nun den Namen hinein, den die Formatvorlage erhalten soll. Bestätigen Sie dies mit der *OK-Taste*. Damit haben Sie eine Formatvorlage erstellt.

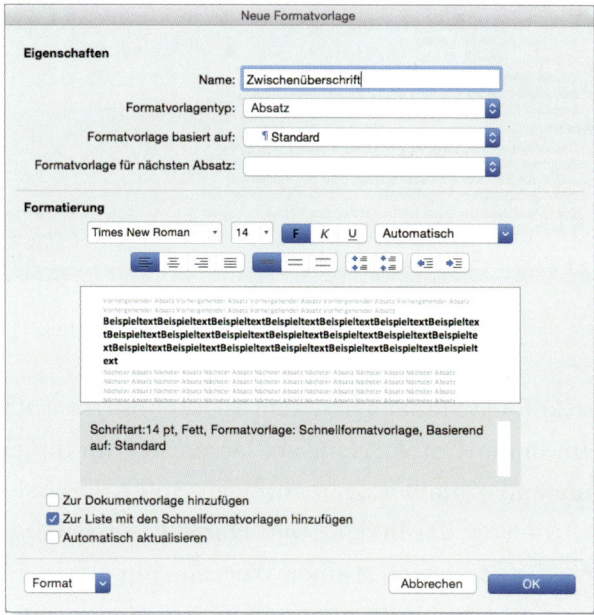

Formatvorlage erstellen

Sind die Formatvorlagen erfolgreich erstellt worden, gehen Sie den Text absatzweise durch, um Ihre neuen Formatvorlagen zuzuweisen.

 Wie schon bei den zeichenbasierten Formatvorlagen erwähnt, können Sie auch Absatzformatvorlagen eine Tastenkombination zuordnen, was deren Zuweisung sehr effektiv gestaltet.

Ist zum Schluss der komplette Text mit Formatvorlagen versehen, können Sie dies nochmals optisch prüfen, indem Sie sich z. B. in der Toolbox bei den *Formatvorlagen* die *Führungslinien für Formatvorlagen* anzeigen lassen.

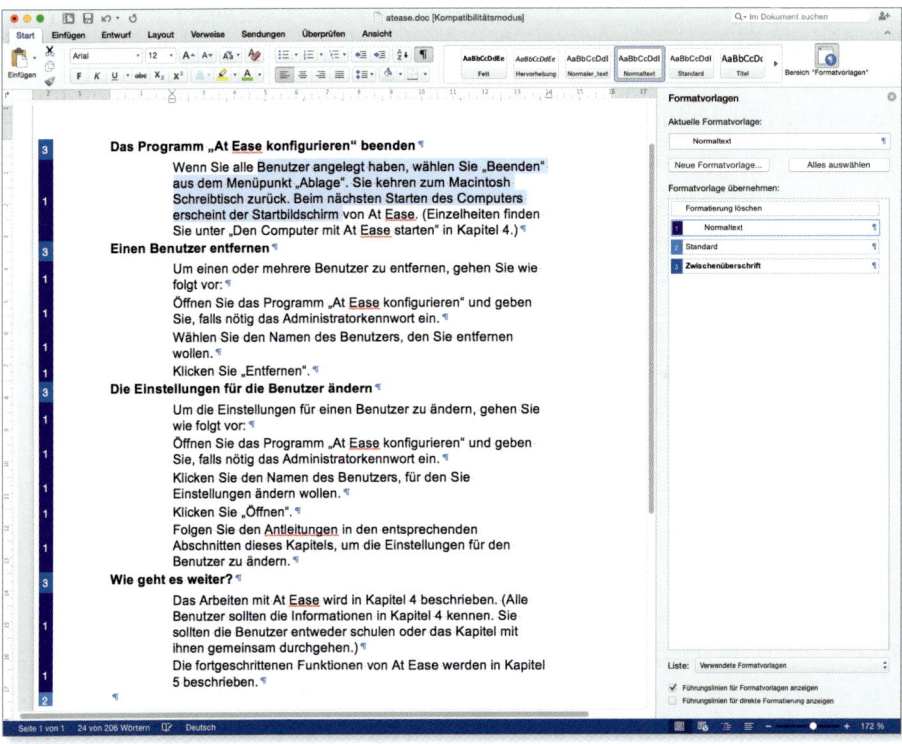

Führungslinien für Formatvorlagen anzeigen

Alternativ dazu können Sie auch über den Menüpunkt *Ansicht* in die Entwurfs-ansicht wechseln. In der Entwurfsansicht lassen sich im linken Bereich eben-falls die verwendeten Formatvorlagen anzeigen. Sollte dies bei Ihnen nicht der Fall sein, dann prüfen Sie das in den *Word-Einstellungen* bei *Ansicht* und stellen bei *Breite der Formatvorlagenanzeige* einen Wert ein, um neben den Absätzen die zugeordneten Formatvorlagen zu erkennen.

All das, was wir vorhin bei den zeichenbasierten Formatvorlagen schon bespro-chen haben, gilt natürlich auch für die Absatzformatvorlagen. Sie können diese Formatvorlagen jederzeit ändern. Damit werden zugleich alle Elemente, die mit dieser Formatvorlage gestaltet wurden, ein neues Aussehen bekommen. Absatz-formatvorlagen können natürlich auch wieder gelöscht werden; so verlieren die dazugehörigen Absätze auch deren Formatierung.

> **!** Absatzformatvorlagen gehören wie die Zeichenformatvorlagen immer zum jeweili-gen Dokument. Das heißt: Wenn Sie jetzt in einem Dokument mit Formatvorlagen arbeiten und später ein neues Dokument erstellen, müssen Sie auch die Format-vorlagen neu erstellen. Sie können Formatvorlagen aber auch dokumentenüber-greifend transportieren.

Formatvorlagen weitergeben

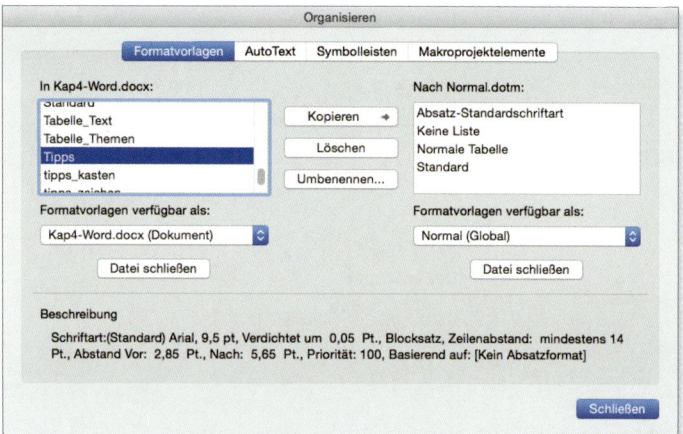

Formatvorlagen organisieren

Word bietet Ihnen eine ganz einfache Funktion, um aus anderen Dokumenten dort bereits erstellte Formatvorlagen in das bestehende Dokument zu laden. Hierzu verwenden Sie den Menüpunkt *Format –> Formatvorlage* und tippen auf den Button *Organisieren*. Sie erhalten ein zweispaltiges Fenster, in dem Sie links Ihr bestehendes Dokument finden und rechts ein anderes Dokument aufrufen können. So können Sie, wie Sie anhand des Bildschirmfotos sehen, nicht nur Formatvorlagen von einem Dokument in ein anderes transportieren, sondern auch AutoText-Einträge, Symbolleisten bzw. Makro-Elemente.

Die Standard-Formatvorlage

Wenn Sie in Word ein neues Dokument öffnen und zu schreiben beginnen, wird der Text automatisch mit der sogenannten Standard-Formatvorlage erfasst. Die Standard-Formatvorlage enthält also das Aussehen Ihres Textes. Das ist in meinem Fall die Schrift Calibri in der Schriftgröße 12, der Text ist linksbündig usw. Viele Anwender möchten aber nicht mit der von Word voreingestellten Schrift arbeiten, sondern mit einer selbst gewählten Schrift, die z. B. im Rahmen eines Unternehmens zum Einsatz kommt. Aber jedes Mal, wenn Sie Word öffnen, verwendet es diese Standard-Formatvorlage mit der falschen Schrift. Kann diese Voreinstellung geändert werden? Natürlich. Dazu muss die Standard-Formatvorlage geändert werden. Hierzu bedarf es einiger Schritte, die wir uns kurz gemeinsam ansehen wollen.

1. Wählen Sie den Menüpunkt *Format –> Formatvorlage*, wählen Sie die Formatvorlage *Standard* aus und klicken Sie auf *Ändern*.

Standard-Formatvorlage ändern

2. Stellen Sie dann alle Eigenschaften ein, die die neue Formatvorlage bekommen soll. Also ändern Sie die Schriftart, die Schriftgröße, die Orientierung, den Zeilenabstand, die Absatzeinzüge etc., etc. Bestätigen Sie die Änderungen via *OK*.

3. Klicken Sie jetzt auf den Button *Organisieren*. Sie sehen in der linken Spalte des *Organisieren*-Fensters die Formatvorlagen in Ihrem Dokument und rechts die *Normal.dotm*, also die Grundeinstellung, wie Microsoft Word stets startet. Klicken Sie nun auf der linken Seite Ihre geänderte Formatvorlage *Standard* an und bewegen Sie diese via *Kopieren* in die *Normal.dotm*.

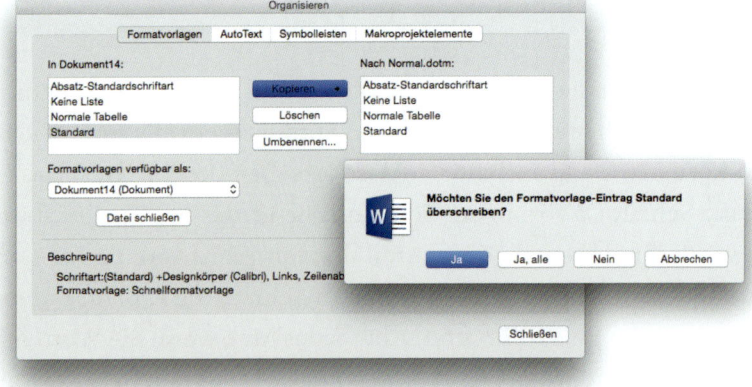

Standard-Formatvorlage in der Normal.dotm ändern

Word wird noch nachfragen, ob Sie tatsächlich die Standard-Formatvorlage in den Grundeinstellungen von Word ändern möchten. Klicken Sie nun auf *Ja*. Wenn Sie ab jetzt ein neues Dokument öffnen, werden Sie feststellen, dass die geänderten Eigenschaften übernommen worden sind.

Gliederung und Inhaltsverzeichnis

Nachdem nun das Werkzeug *Formatvorlage* bekannt ist, ist das Erstellen von Inhaltsverzeichnissen bei umfangreichen Dokumenten über die *Gliederungsansicht* eine sehr einfache Geschichte. Wollen wir uns das anhand des Bildschirmfotos mal ansehen!

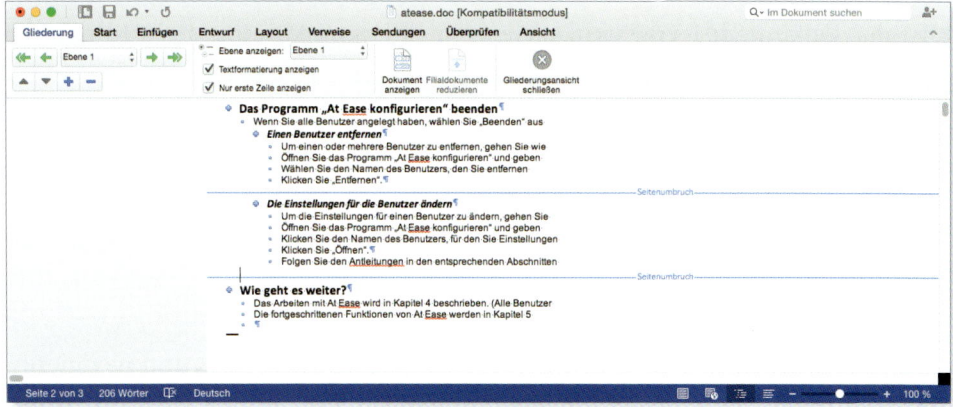

Text mit Gliederungsebenen

Wie Sie an dem Bildschirmfoto sehen, wurde über die *Gliederungsansicht* dem Dokument nunmehr eine Struktur gegeben. Das geschieht einfach dadurch, dass Sie den Cursor in dem entsprechenden Absatz platzieren und dann mit den Gliederungstools – den grünen Pfeilen – diesen Text höher oder tiefer stufen, um ihn einer Ebene zuzuweisen.

Wenn Sie den Text ganz nach links hochstufen, wird er der Überschriftsebene 1 zugeordnet. Sie können statt der Verwendung der grünen Pfeile auch direkt den Absatz am vorderen Ende anfassen und ihm die entsprechende Ebene zuweisen. Sie erkennen, dass das Zuweisen einer Gliederungsebene einhergeht mit der Verwendung einer *Formatvorlage*. Die Gliederungsebene 1 erhält die

Überschriftsebene 1, und ebenso verhält es sich mit den anderen Ebenen. Sie können jetzt natürlich die Formatvorlagen *Überschrift 1*, *Überschrift 2* usw. Ihren Bedürfnissen entsprechend modifizieren.

> **!** Die Überschriftformatvorlagen sind standardmäßig in Word vordefiniert. Wenn Sie innerhalb dieses Dokuments die Überschriftformatvorlagen modifizieren, ist das keine Änderung der Formatvorlagenbasis, die in Word zur Verfügung steht. Sie erinnern sich: Wollen Sie die Formatvorlagenänderung auch in die Word-Grundlagen übernehmen, so können Sie über **Format –> Formatvorlage** und **Organisieren** die geänderten Formatvorlagen in die Grundfunktionalität von Word übertragen.

Aber zurück zur Gliederungsebene. Sie strukturieren nun ein umfangreiches Dokument, indem Sie die Texte den entsprechenden Formatvorlagen und damit der Gliederung zuweisen. Das bedeutet auch, dass Sie, wenn Sie einem Text die Formatvorlage *Überschrift 1* als Format zuweisen, es damit in der Gliederungsebene an die erste Stelle bewegt haben.

Ist das Dokument fertig strukturiert, so soll zum Abschluss ein Inhaltsverzeichnis über die verschiedenen Überschriftebenen geschlagen werden. Word weiß, dass die Formatvorlagen *Überschrift 1*, *Überschrift 2* etc. in ein Inhaltsverzeichnis eingelesen werden sollen. Um dies zu tun, sollten Sie zunächst einmal den Platz für das Inhaltsverzeichnis schaffen. Da das Inhaltsverzeichnis normalerweise zu Beginn eines umfangreichen Dokuments steht, muss quasi vor Ihrem Text noch eine Leerseite eingefügt werden, um dort das Inhaltsverzeichnis platzieren zu können.

Wechseln Sie dazu beispielsweise in die Drucklayoutansicht und navigieren Sie an den Anfang Ihres Dokuments. Verwenden Sie nun den Menüpunkt *Einfügen –> Umbruch –> Seitenumbruch (cmd + Return)*.

Damit haben Sie eine neue, leere Seite erstellt, in die das Inhaltsverzeichnis einlaufen soll. Das Inhaltsverzeichnis selbst holen Sie sich über *Einfügen –> Index und Verzeichnisse*. Wählen Sie dort *Inhaltsverzeichnis* aus und definieren Sie, wie viele Ebenen im Inhaltsverzeichnis dargestellt werden sollen. Weiterhin sollten Sie spezifizieren, ob auch die Seitenzahl angezeigt werden soll und ob zwischen der Überschrift und der Seitenzahl z. B. Pünktchen als Füllzeichen eingetragen werden sollen.

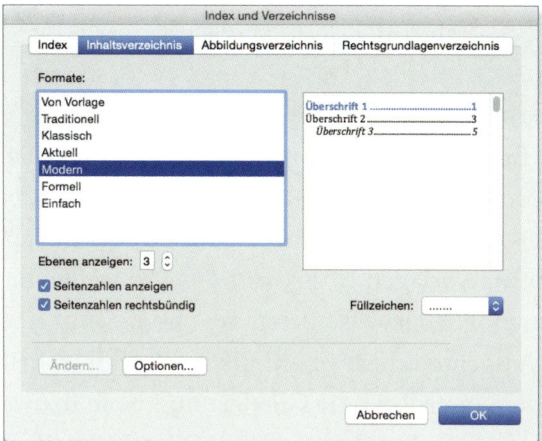

Inhaltsverzeichnis einfügen

Sind alle Einstellungen vorgenommen, können Sie durch Bestätigen mit *OK* das Inhaltsverzeichnis in Ihr Dokument einbauen.

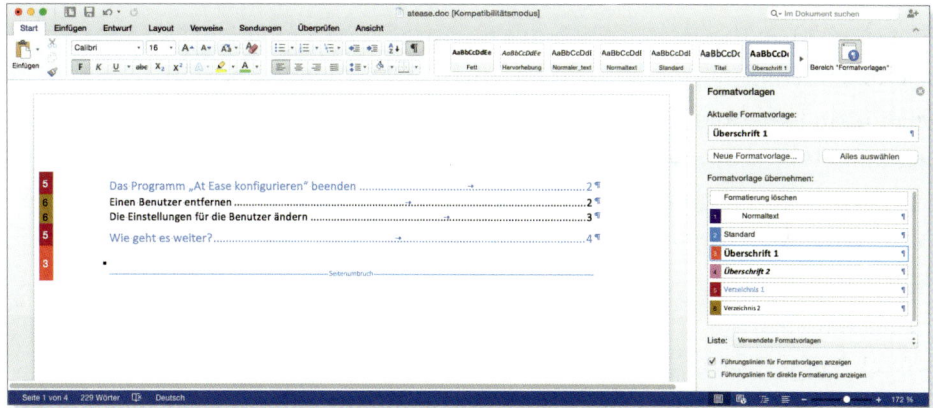

Das Inhaltsverzeichnis wurde erstellt.

Sie erkennen, wenn Sie das Bildschirmfoto begutachten, dass auch der Text Ihres Inhaltsverzeichnisses auf der Basis von Formatvorlagen formatiert wurde. Das heißt: Die Überschriftsebene 1 wird im Inhaltsverzeichnis mit der Format-vorlage *Verzeichnis 1* gestaltet und die Überschriftsebene 2 mit der Formatvorlage *Verzeichnis 2*. Möchten Sie nun das Aussehen Ihres Inhaltsverzeichnisses ändern, müssen Sie die entsprechenden Formatvorlagen modifizieren. Die Vorgehens-weise ist ja bekannt: Sie gehen beispielsweise im Aufgabenbereich-Fenster bei den Formatvorlagen auf *Verzeichnis 1*, wählen rechts beim Dreieck die Option *Formatvorlage ändern* und geben die Gestaltungsfunktionen ein, die Sie gerne haben möchten.

Eigene Formatvorlagen als Überschriften

Sie sehen also, dass die Funktion *Formatvorlagen* eine sehr wichtige und zentrale Rolle bei der Erstellung von komplexen und umfangreichen Dokumenten innerhalb von Word spielt. Vielleicht haben Sie als Anwender festgestellt, dass das Erstellen eines Inhaltsverzeichnisses über die Gliederungsansicht mit der Zuweisung der Formatvorlagen *Überschrift 1* etc. bisweilen nachteilig ist.

Denn: Sie haben möglicherweise Ihren Text bereits mit eigenen Formatvorlagen versehen und möchten diese ebenfalls in die Überschriftsebenen aufnehmen. Wenn Sie aber einem Text die Gliederungsebene 1 zuweisen, wird darauf automatisch die Formatvorlage *Überschrift 1* angewendet. Ihre Formatierung ist damit durch diese Formatvorlage ersetzt worden. Und nun müssen Sie nachträglich die Formatvorlage *Überschrift 1* wieder Ihren Bedürfnissen entsprechend anpassen.

Es wäre doch deutlich geschickter, wenn Sie eine Möglichkeit hätten, Ihre selbst erstellten Formatvorlagen ebenfalls in Überschriftsebenen erscheinen zu lassen. Auch das ist natürlich mit Microsoft Word möglich.

Sie sollten dazu eigene Formatvorlagen für Ihre Überschriften designen und vernünftig benennen. Anschließend gehen Sie in den Menüpunkt *Einfügen −>* *Index und Verzeichnisse*, wählen die Eigenschaft *Inhaltsverzeichnis* aus und gelangen über *Optionen* zur Definition, welche Formatvorlagen welche Überschriftsebene darstellen soll.

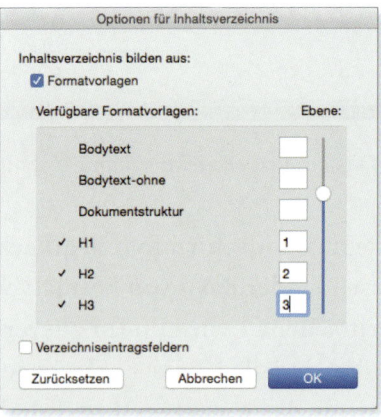

Optionen für Inhaltsverzeichnis

Wie Sie anhand des Bildschirmfotos sehen, ist die Vorgehensweise recht einfach. Entfernen Sie bei den Word-Standard-Formatvorlagen bei Überschrift 1, 2 etc. die Ziffern in der Spalte *Ebene*. Sofort werden diese Formatvorlagen nicht mehr innerhalb der Gliederung und damit innerhalb des Inhaltsverzeichnisses berücksichtigt. Anschließend geben Sie bei den Formatvorlagen, die Sie innerhalb des Dokuments im Einsatz haben, eine entsprechende Ziffer bei *Ebene* an, um diese Vorlagen in der Gliederung und auch im Inhaltsverzeichnis zu sehen.

 Soll zu einem späteren Zeitpunkt ein bereits erstelltes Inhaltsverzeichnis aktualisiert werden, so genügt es, wenn Sie zum Inhaltsverzeichnis blättern und mit der rechten Maustaste darauf klicken, um die Funktion **Felder aktualisieren** (**cmd + shift + alt + U**) aufzurufen.

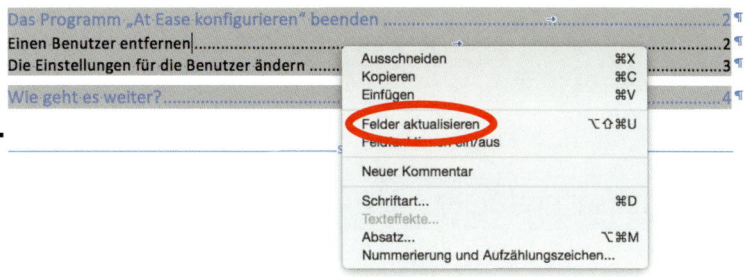

Inhaltsverzeichnis aktualisieren

Sogleich wird Word noch einmal nachfragen, ob sich lediglich die Seitenzahlen geändert haben oder ob das komplette Inhaltsverzeichnis neu eingelesen werden soll. Entscheiden Sie sich für die entsprechende Optionen.

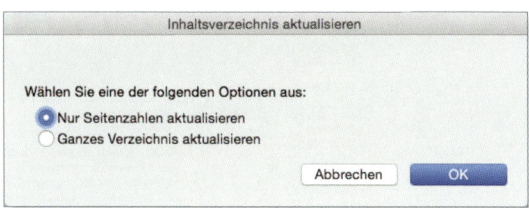

Verzeichnis oder Seitenzahlen aktualisieren?

Abschnitt

Wenn Sie ein umfangreiches Dokument haben, könnte es durchaus sinnvoll sein, dieses in verschiedene *Abschnitte* zu unterteilen. Das Arbeiten mit Abschnitten hat mehrere Vorteile, denn Sie können abschnittsweise z. B. die Anzahl der Spalten, die verwendet werden können, einstellen. Weiterhin können verschiedene Abschnitte unterschiedliche Kopf- und Fußzeilen haben. Wollen wir uns also zunächst ansehen, wie ein Dokument in verschiedene Abschnitte unterteilt werden kann und welche Gestaltungsmöglichkeiten dabei umgesetzt werden können.

Abschnittswechsel einfügen

Um in ein Dokument einen Abschnittswechsel oder Abschnittsumbruch einzubauen, setzen Sie den Cursor an die gewünschte Stelle und wählen hernach den Menüpunkt *Einfügen –> Umbruch*.

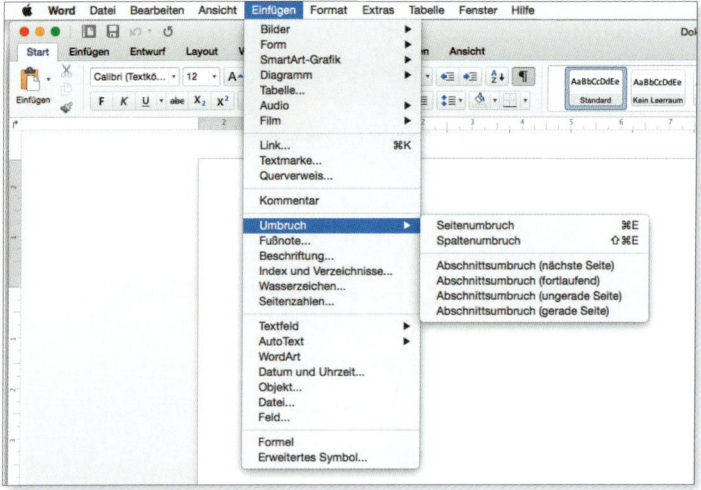

Abschnittsumbruch einfügen

Entscheiden Sie sich nun, ob der Abschnittsumbruch auf derselben Seite stattfinden soll (*fortlaufend*) oder auf einer neuen Seite bzw. einer *geraden* oder *ungeraden Seite* eingebaut wird. Sie erkennen den Abschnittsumbruch, wenn Sie in der Entwurfsansicht Ihres Dokuments sind, durch eine doppelte Linie, die mit

Abschnittsumbruch benannt ist. Ebenso können Sie den Abschnittsumbruch in der Drucklayoutdarstellung erkennen.

Abschnittsumbruch in einem Dokument

Die klassische Formatierung eines Abschnitts ist die Definition, in wie vielen Spalten der Text innerhalb des jeweiligen Abschnitts dargestellt werden soll. Die Standardeinstellung ist einspaltige Darstellung. Nachdem Sie aber nun Ihr Dokument in verschiedene Abschnitte unterteilt haben, können Sie auch abschnittsweise definieren, in wie vielen Spalten der Text dargestellt werden soll. Setzen Sie hierzu den Cursor in den Abschnitt, den Sie ändern wollen, und wählen Sie den Menüpunkt *Format –> Spalten* aus. Alternativ dazu können Sie auch die Anzahl der Spalten im Menüband *Start* bei *Absatz* ändern. Sie haben aber über das Fenster *Format –> Spalten* deutlich mehr Einstelloptionen, wie die mehrspaltige Darstellung des Textes aussehen soll. Achten Sie darauf, wenn Sie die Spaltenanzahl modifizieren, dass Sie im unteren Bereich des Fensters bei *Übernehmen* für die Einstellung *Aktuellen Abschnitt* verwenden.

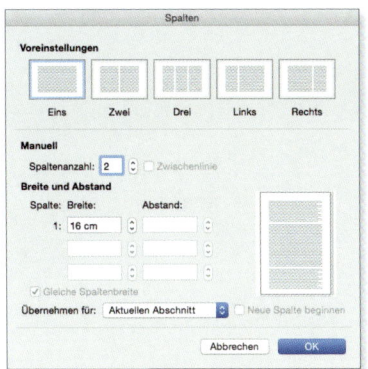

Format –> Spalten

> Sind Sie noch unzufrieden mit der automatischen Aufteilung des Textes auf die verschiedenen Spalten, so können Sie an beliebiger Stelle über den Menüpunkt **Einfügen –> Umbruch** einen **Spaltenumbruch** erzeugen. Wollen Sie einen Abschnittsumbruch wieder entfernen, so genügt es, wenn Sie den Cursor auf die blaue Doppellinie setzen. Der Cursor wird dann links von der Abschnittslinie erscheinen und mit der **Entfernen-Taste** der Abschnitt gelöscht.

Wie vorher erwähnt, können Abschnitte unterschiedliche Kopf- und Fußzeilen beinhalten, was die Verwendung von Abschnitten wieder einmal in ein sehr interessantes Licht rückt. Voraussetzung hierfür ist, dass ein Abschnittsumbruch auch auf einer neuen Seite beginnt.

Unterteilen Sie also ein Dokument in mehrere Abschnitte, indem Sie den *Abschnittsumbruch nächste Seite* bzw. *ungerade Seite* oder *gerade Seite* wählen. Um nun in die Modifikation der Kopf- und Fußzeilen zu gelangen, wählen Sie entweder den dazugehörigen Menüpunkt *Ansicht –> Kopf- und Fußzeile* oder Sie klicken einfach in den Kopf- bzw. Fußzeilenbereich in der Drucklayoutansicht doppelt.

Wenn Sie ein Dokument mit mehreren Abschnitten erzeugt haben, erhalten Sie stets den Hinweis, welche Kopf- bzw. Fußzeile in welchem Abschnitt Sie gerade modifizieren. Über den Button *Wie vorherige* können Sie eine Kopf- und Fußzeile über mehrere Abschnitte synchronisieren. Der Kopf- und Fußzeilenbereich sind die klassischen Bereiche, um dort z. B. eine Seitennummer zu platzieren bzw. Kapitelbeschriftung, Überschriften oder Themen einzutragen. Diese Elemente finden Sie alle im Menüpunkt *Einfügen –> Feld*. Im Regelfall handelt es sich dabei um Variablen. Das heißt: Wenn sich die Anzahl der Seiten oder das Ablagedatum ändert, werden diese Variablen im Regelfall sofort aktualisiert.

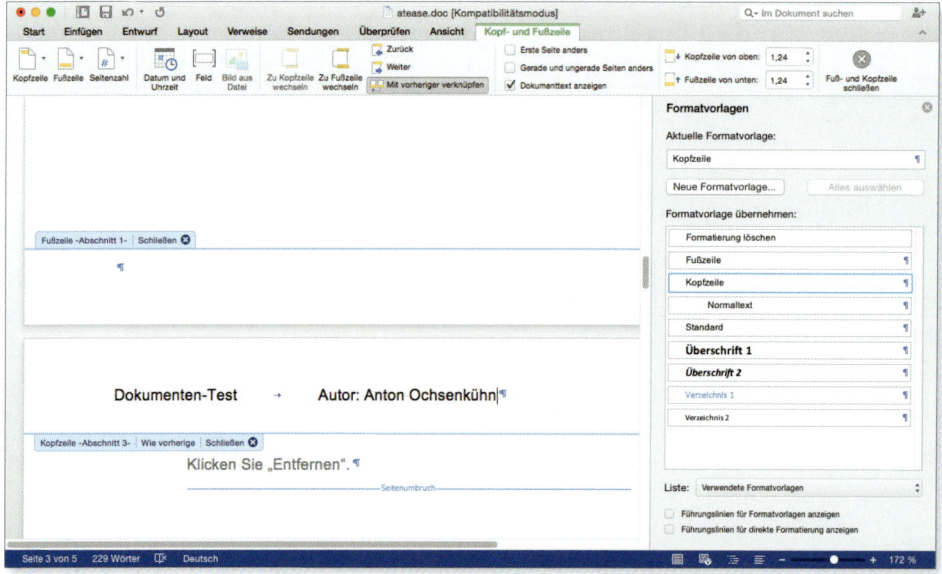

Kopfzeile innerhalb eines Abschnitts

> Sollte es bei der Aktualisierung der Kopf- und Fußzeileninformationen zu Problemen kommen, können Sie ähnlich wie beim Inhaltsverzeichnis die Felder aktualisieren lassen. Dazu klicken Sie die Feldinformationen im Kopf- und Fußzeilenbereich mit der rechten Maustaste an und wählen **Felder aktualisieren** oder Sie verwenden die Tastenkombination **cmd + Shift + alt + U**. Wurde die Kopf- und Fußzeile so erfolgreich erstellt, können Sie via **Schließen** oder durch einen Doppelklick auf den darunter liegenden Teil Ihres Dokuments das Bearbeiten der Kopf- bzw. Fußzeile beenden.

Fußnoten

Weiterhin kann der Fußbereich eines Dokuments zudem für Fußnoten verwendet werden. Um eine Fußnote zu erstellen, setzen Sie einfach den Mauscursor an die entsprechende Textstelle und wählen *Einfügen –> Fußnote* aus.

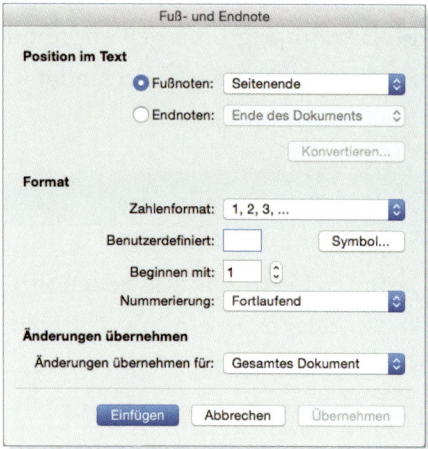

Fußnote erstellen

Definieren Sie, wo die Fußnote erscheinen soll und wie die Nummerierung stattfinden soll. Ist das mit *OK* bestätigt, wird an der Textstelle im Regelfall die hochgestellte Nummer erscheinen, und darunter im Fußbereich kann der dazugehörige Text eingetragen werden. Um die Fußnote zu löschen, genügt es, die hochgestellte Ziffer wieder zu entfernen

Dokument

Nachdem wir nun zeichenweise, absatzweise und auch abschnittsweise Formatierungen vorgenommen haben, gibt es natürlich auch für das gesamte Dokument globale Formatierungseinstellungen. Viele dieser Einstellungen haben wir bereits an anderer Stelle erwähnt und können diese nun noch einmal zusammenfassen. Sie haben im Menüband die Einträge *Layout* und *Dokumentelemente* zur Verfügung. Bei beiden können Sie Funktionen für das gesamte Dokument einrichten.

Menüband „Layout"

Im Menüband *Layout* finden Sie die Einstellungen wie *Seitenränder* etc., die wir an anderer Stelle bereits besprochen hatten und im Menüpunkt *Datei –> Seite einrichten* zu finden sind. Der Eintrag *Umbruch* enthält die Funktionen, die Sie schon im Menüpunkt *Einfügen –> Umbruch* verwendet haben.

Wasserzeichen

Mit nur wenigen Klicks können Sie so z. B. alle Seiten Ihres Dokuments mit einer Hintergrundfarbe versehen oder z. B. ein Wasserzeichen auf alle Ihre Dokumentseiten aufbringen (*Einfügen –> Wasserzeichen*). Als Wasserzeichen können Sie entweder ein Bild platzieren oder aber auch einen Text einbauen.

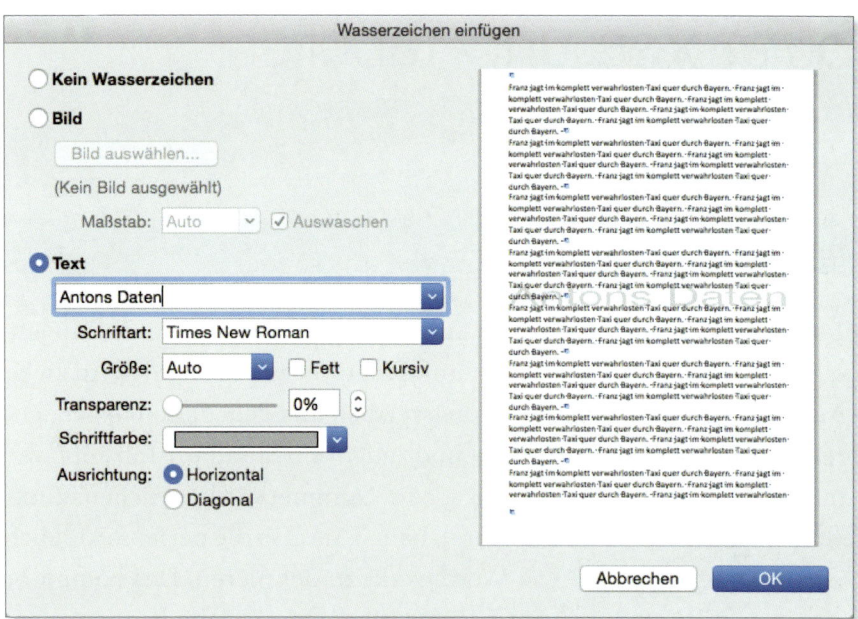

Wasserzeichen einfügen

Rahmen

Möchten Sie, dass alle Seiten Ihres Dokuments mit einem Rahmen versehen werden, so wählen Sie die Funktion *Format –> Rahmen und Schattierung –> Seitenrand* aus.

Tabulatoren und Tabellen

Tabulatoren

Tabulatoren haben wir bereits bei Aufzählungen und Nummerierungen kennengelernt. Sobald eine der beiden Funktionen verwendet wird, wird zwischen dem Aufzählungs- bzw. Nummerierungszeichen und dem darauf folgenden Text automatisch ein Tabulator eingebaut und zudem ein Standard-Tabstopp verwendet, um den Abstand des Aufzählungs- bzw. Nummerierungszeichens zum Text zu definieren. Mithilfe von Tabulatoren haben Sie also die perfekte Möglichkeit, Zeichenabstände innerhalb von Word exakt zu definieren. Das kommt besonders dann zum Einsatz, wenn Sie mehrspaltige Listen in Word erzeugen wollen.

> **!** Früher kannte man von der Schreibmaschine her noch die Eigenschaft, über die **Leertaste** Abstände einzugeben. Am Computer hingegen ist der Leerschritt im Gegensatz zur Schreibmaschine in der Breite nicht fest definiert, sodass der Einsatz der **Leertaste** bei Word nicht zu empfehlen ist, um in mehreren Zeilen immer wieder die gleichen Abstände zu erzeugen

Der Tabulator ist hierfür das perfekte Werkzeug. Microsoft Word kennt vier Arten von Tabulatoren: linksbündige, rechtsbündige, zentrierte und dezimale. Um mit Tabulatoren arbeiten zu können, sind zwei Dinge notwendig:

Zum einen muss das Tabulatorzeichen in den Text eingegeben werden, und zum zweiten muss der Tabstopp an geeigneter Stelle positioniert werden. Die Positionierung der Tabstopps erfolgt im einfachsten Fall über das Lineal. Sollte also das horizontale *Lineal* nicht eingeblendet sein, so bringen Sie es über den Menüpunkt *Ansicht –> Lineal* zum Vorschein. Links vom Lineal sehen Sie auch die Funktion, um verschiedene Tabstopps hervorzurufen.

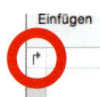

Tabstopps und Lineal

Wenn Sie das Lineal genau begutachten, erkennen Sie unterhalb des Lineals feine, kurze, dunkle Striche. Diese markieren die Standard-Tabulatoren, die bei der Grundeinstellung von Word alle 1,27 Zentimeter erscheinen.

 Sobald Sie einen individuell gesetzten Tabstopp in das Lineal eingebaut haben, werden die Standard-Tabstopps bis zu diesem Wert deaktiviert.

Wie aber setzt man nun einen neuen Tabstopp? Zunächst sollten Sie die Art des Tabstopps auswählen, die Sie verwenden möchten. Ist dieser links im Pull-down-Menü ausgewählt, fahren Sie im Lineal an die Position, an der der Tab-stopp erscheinen soll. Dort klicken Sie einmal in das Lineal. Sogleich müsste das entsprechende Tabstopp-Zeichen im Lineal erscheinen. Wiederholen Sie den Vorgang für alle Tabstopps, die Sie innerhalb der gleichen Zeile benötigen.

Haben Sie den Vorgang abgeschlossen, können Sie nun beginnen, den Text einzutippen. Um dabei diese Tabstopp-Position anzuspringen, verwenden Sie auf der Tastatur die *Tabulator-Taste*, die sich links neben dem „Q" befindet. Sofern Sie die nicht druckbaren Sonderzeichen eingeblendet haben, erkennen Sie auch die Eingabe eines Tabulator-Zeichens.

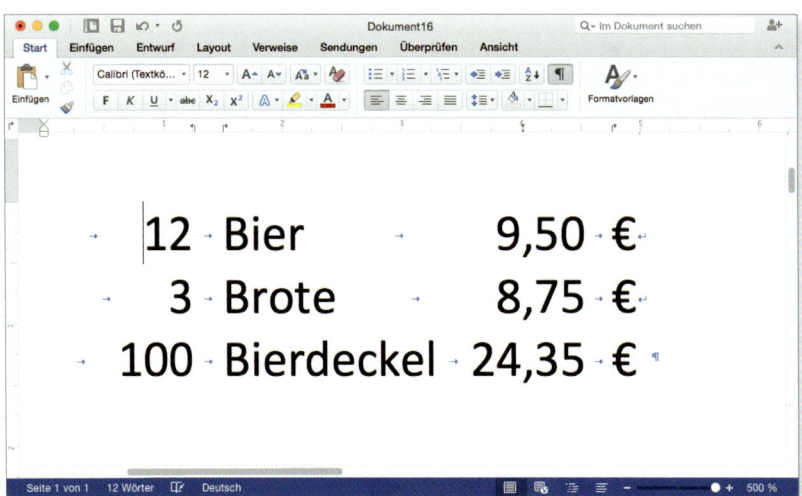

Erstellen einer mehrspaltigen Liste

Sie sehen anhand des obigen Beispiels, dass Sie durch die Verwendung der verschiedenen Tabulatoren eine ordentlich dargestellte Auflistung erhalten. Der erste Tabulator ist ein rechtsbündiger Tabulator, um die Zahlen von den Stellen her bündig untereinander zu stellen. Die Eurobeträge sind mit einem Dezimalta-bulator an deren Komma ausgerichtet, und die Einkaufsprodukte respektive das

Eurosymbol sind mit einem linksbündigen Tabulator an der linken Seite bündig dargestellt. Weiterhin erkennen Sie, dass das Ende einer Zeile stets mit einem *Zeilenwechsel* erfolgt und nicht mit einer Absatzschaltung.

 Jeder Absatz kann seine eigenen Tabulatoren haben. Deshalb ist es ratsam, wenn Sie für eine Reihe von Zeilen die gleichen Einstellungen haben möchten, den Zeilenwechsel statt den Absatzwechsel zu verwenden.

Nachdem Tabstopps eine Eigenschaft von Absätzen sind, können sie somit auch in eine Formatvorlage integriert werden, um an verschiedenen Stellen des Dokuments gleichartige Listen zu erzeugen.

Vielleicht haben Sie bemerkt, dass beim Positionieren der Tabstopps in dem Lineal nicht jede Position möglich ist, sondern die Tabstopps etwas zickig reagieren und an bestimmte Positionen in Ihrem Lineal springen möchten. Das ist eine normale Funktion in Microsoft Word. Möchten Sie die Tabstopps im Lineal exakter positionieren, ist es eine gute Idee, diese mit der *alt-Taste* anzufassen. So können Sie die Tabstopps sehr exakt modifizieren.

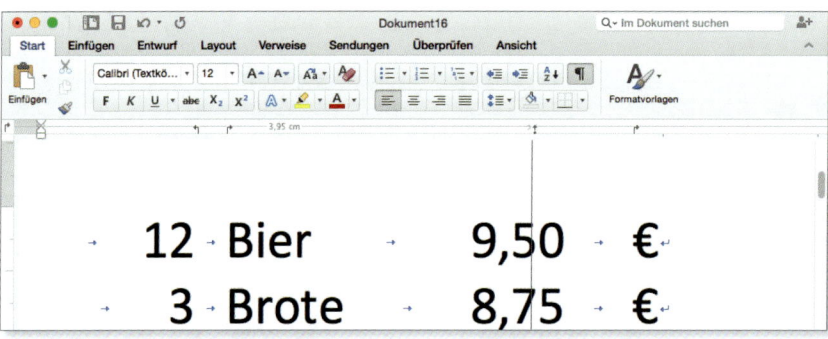

Tabstopp mit alt-Taste verschieben

Das exakte Positionieren mit der **alt-Taste** funktioniert nicht nur im Zusammenhang mit Tabstopps. Auch die Einzüge, die Sie in Ihrem Lineal durch die Dreiecke dargestellt vorfinden, können mit der **alt-Taste** exakt positioniert werden, und auch die Seitenränder können Sie mit der **alt-Taste** auf die gewünschte Größe bringen. Möchten Sie die Tabstopps ohnehin numerisch festlegen, dann wählen Sie den Menüpunkt **Format –> Tabstopp**. Dort finden Sie die aktuellen Tabstopp-Positionen der Tabulatoren des aktuellen Absatzes. Sie können nun Tabstopps löschen bzw. die Position der Tabstopps ändern. Weiterhin finden Sie hier die Eigenschaft, Tabstopps mit einem **Füllzeichen** zu versehen.

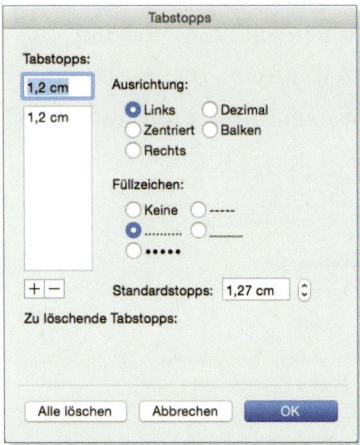

Tabstopps formatieren

Tabulatoren in eine Tabelle umwandeln

Möchten Sie nun diese tabellarische Liste zusätzlich mit Linien versehen, so kann das durchaus eine sehr anstrengende Aufgabe sein. Deshalb ist es wahrscheinlich sinnvoller, diese tabellarische Liste in eine echte Tabelle umzuwandeln, weil Sie dort viel flexibler sind, was die Gestaltung dieser Auflistung angeht. Markieren Sie hierzu Ihre Liste und wählen Sie im Menüband *Einfügen –> Tabelle* den Eintrag *Text in Tabelle konvertieren*.

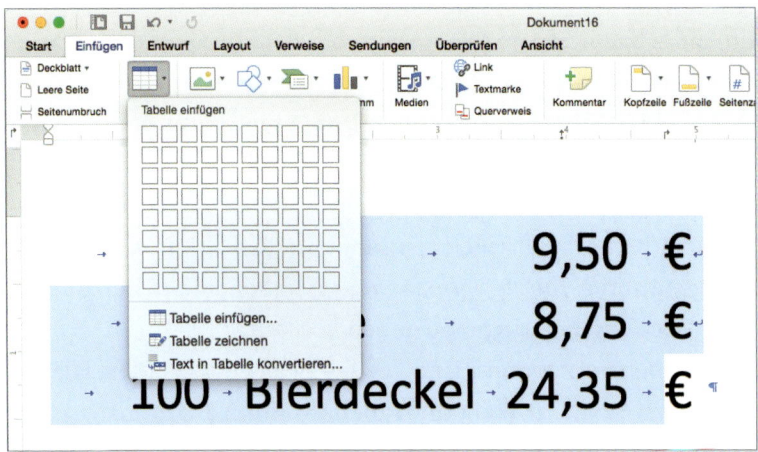

Text in Tabelle konvertieren

Word erkennt nun automatisch aufgrund der eingetippten Tabulatoren im Text, auf wie viele Spalten es diesen Text aufteilen soll. Sie können ebenso das Semikolon oder die Absatzschaltung oder andere beliebige Trennzeichen verwenden, um aus einem Text eine Tabelle erstellen zu lassen.

Optionen beim Konvertieren in eine Tabelle

Tabellen

Und so haben Sie im Handumdrehen aus der tabellarischen Liste eine echte Tabelle erzeugt. Wie schon eingangs in Kapitel 2 bei den gemeinsamen Funktionen erwähnt, ist dies eine Funktion, die in allen Office-Programmen gleich ist. Das heißt: Das Arbeiten mit Tabellen ist in PowerPoint nahezu identisch. Es gibt in Word einige Optionen mehr, die wir gleich genauer betrachten werden.

Aber zurück zu der frisch erstellten Tabelle. Sie sehen, dass Word bei der Darstellung der Tabelle automatisch Zeilen und Spalten sowie Trennlinien (Rahmenlinien) eingebaut hat, um die einzelnen Bestandteile innerhalb der Tabelle optisch klar darzustellen. Diese Spalten- und Zeilentrennlinien können Sie mit der Maus anfahren; Sie erhalten einen Doppelpfeil, um damit die Breite der Spalten oder auch die Höhe der Zeilen zu manipulieren.

Gestalten Sie also nun Ihre Tabelle gemäß Ihren Bedürfnissen. Weiterhin haben Sie sicher bemerkt, dass Sie im Menüband bei *Tabellenentwurf* eine ganze Fülle von sogenannten *Tabellenformatvorlagen* haben, mit denen Sie der Tabelle rasch ein anderes Erscheinungsbild geben können.

Weiterhin können Sie im Menüband auf das *Layout* umschalten. Hierin erhalten Sie mannigfaltige Möglichkeiten, die Tabelle von ihrer Grundstruktur zu modifizieren, indem Sie in der Gruppe *Zeilen und Spalten* beispielsweise neue Zeilen respektive neue Spalten einfügen oder bestehende Zeilen oder Spalten löschen.

Auch das *Verbinden von Tabellenzellen* ist verfügbar genauso wie die Eigenschaft, eine Tabelle an einer beliebigen Stelle zu teilen, um aus einer Tabelle zwei zu erzeugen.

Noch einmal zur Grundstruktur der Tabelle: Die Zeilenhöhen und Spaltenbreiten können Sie – wie schon erwähnt – durch Anfassen der Randhilfslinien modifizieren. Möchten Sie hingegen die Werte ähnlich wie vorhin bei den Tabstopps exakt und damit numerisch eintragen, so verwenden Sie den Menüpunkt *Tabelleneigenschaften* und wählen dort z. B. den Unterpunkt *Spalte* aus. Hier können Sie für jede Spalte eine exakte Zentimeterbreite eingeben. Über die Buttons *Vorherige Spalte* bzw. *Nächste Spalte* springen Sie durch alle Spalten Ihrer Tabelle, um die Werte eintragen zu können.

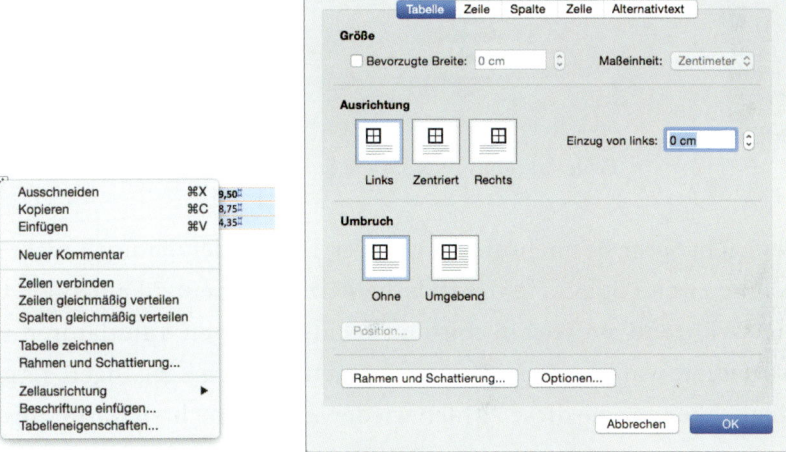

Die Tabelleneigenschaften finden Sie über das Kontextmenü des Tabellenanfassers oder über das Menüband „Layout –> Eigenschaften".

Bei der soeben erstellten Tabelle bietet es sich an, noch in einer abschließenden Zeile die einzelnen Zahlenwerte aufzusummieren, um den Gesamtwert der Einkaufsliste zu ermitteln. Um eine neue Zeile in einer Tabelle zu bekommen, springen Sie einfach mit der Maus oder mit den Cursortasten in die letzte Zelle der bestehenden Tabelle und drücken einmal die *Tabulator-Taste*.

Sogleich wird eine neue, leere Zelle erzeugt. Wählen Sie nun das Menüband *Layout* aus, finden Sie die Funktion *fx*. Setzen Sie den Cursor in die korrespondierende Zelle und wählen Sie die Funktion *=Sum(Über)* aus. Was nichts anderes bedeutet, als dass die Zahlenwerte, die oberhalb stehen, dadurch summiert werden. Bestätigen Sie dasselbe mit *OK*, und schon hat Ihnen Microsoft Word diesen Zahlenwert errechnet.

Ändert sich nun ein Wert in der Liste, so müssen Sie hernach noch einmal mit der rechten Maustaste den Summenwert anklicken und die Eigenschaft *Felder aktualisieren* wählen, um die Summenfunktion noch einmal wirken zu lassen.

Sie sehen, Microsoft Word denkt und arbeitet hier anders als Excel. Bei Excel werden die Berechnungen stets an allen Stellen in den Tabellen automatisch aktualisiert; bei Word muss dies manuell geschehen.

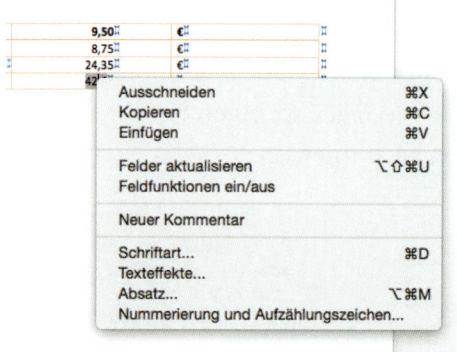

Felder aktualisieren für die Summenfunktion

Was bei genauerer Betrachtung in unserer Tabelle derzeit noch nicht gut aussieht, ist die zweite Spalte, in der sich die Anzahl der einzukaufenden Objekte befindet. Während sie vorhin mit den rechtsbündigen Tabulatoren wunderschön orientiert waren, ist die Ausrichtung jetzt verloren gegangen. Es gibt nun zwei Möglichkeiten, wie diese Zahlen wieder an ihrer rechten Kante angeordnet werden können.

1. Markieren Sie die Spalte, indem Sie den Mauszeiger oberhalb der Spalte positionieren. Der Mauszeiger verwandelt sich in einen kleinen schwarzen Pfeil, der nach unten schaut. Klicken Sie nun einmal, um diese Zellen zu markieren. Wählen Sie anschließend den Menüpunkt *Format –> Absatz*. Bei *Format –> Absatz* sollten Sie die Ausrichtung *Rechts* wählen und einen Einzug auf der rechten Seite vornehmen. Und schon werden diese Zahlen aufgrund der rechtsbündigen Ausrichtung einen Zentimeter vor der senkrechten Spaltenhilfslinie untereinander positioniert.

> **!** Bedenken Sie dabei, dass jede Zelle in einer Word-Tabelle als eigener Absatz betrachtet wird. Das heißt, Sie könnten diese Einstellung erneut in eine Formatvorlage übernehmen und die Formatvorlage an verschiedenen Stellen der Tabelle oder auf andere Tabellen in Ihrem Dokument anwenden.

2. Es besteht auch die Möglichkeit, Tabulatoren innerhalb von Tabellen zu verwenden und so die Zahlen aneinander auszurichten. Wenn Sie in einer Tabelle das Tabulator-Zeichen drücken, springen Sie damit von einer Zeile zur nächsten. Um nun innerhalb einer Zelle ein Tabulator-Zeichen einzufügen, verwenden Sie die Tastenkombination *ctrl + Tabulator-Taste*. Tun Sie dies an allen Stellen der Tabelle, wo Sie jetzt einen Tabulator benötigen. Anschließend sollten Sie wieder (weil alle Zellen eigene Absätze sind) die entsprechenden Zellen markieren und in dem Lineal an der richtigen Stelle den Tabstopp positionieren.

Sie sehen also, dass die Arbeit mit Tabellen innerhalb von Word eine sehr einfache Angelegenheit ist. So erzeugen Sie im Nu optisch ansprechende Auflistungen und können damit beeindrucken. Im Menüband *Layout* finden Sie weiterhin zwei sehr interessante Funktionen.

Die eine Funktion nennt sich *Sortieren* ❶ und ist dazu gedacht, in einer bestimmten Tabellenspalte die Begriffe respektive Zahlen zu sortieren. Weiterhin können Sie natürlich eine Tabelle auch wieder zurückverwandeln in Text inklusive Tabulatoren. Verwenden Sie hierfür den Button *Tabelle in Text* ❷.

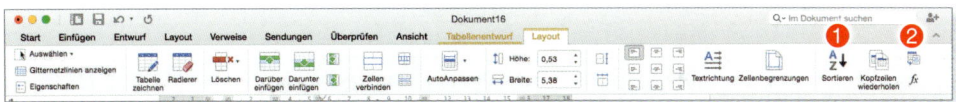

Menüband „Layout" bei Tabellen

Serienbrief

Mit Microsoft Word kann man sehr einfach Serienbriefe erstellen. Voraussetzung ist zum einen, dass man über eine Liste von Adressinformationen verfügt, und zum anderen ein Brief, der Platzhalterelemente enthält, um an diesen Stellen die Adressinformationen einfließen zu lassen.

Das Erstellen von Serienbriefen wird über das Menüband *Sendungen –>* *Seriendruck-Manager* gestartet. Sogleich erscheint ein zusätzliches Pull-down-Menü, das Ihnen bei der Erstellung des Serienbriefdokuments hilft. In mehreren Schritten werden Sie nun von Word zur perfekten Seriendruckfunktion geleitet.

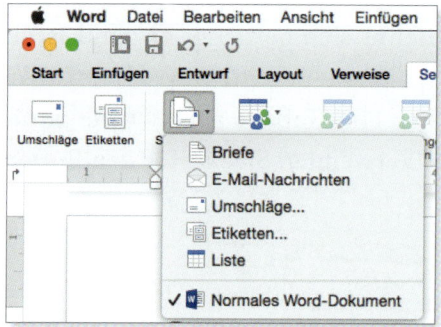

Seriendruck-Manager

 Ich spreche an dieser Stelle immer von einem Serienbrief, genauso könnte es natürlich um die Erstellung von Etiketten, Briefumschlägen etc. gehen. Die Vorgehensweise ist quasi dieselbe, nur dass dann eben ein anderes Papierformat zum Tragen kommt.

Wählen Sie im ersten Schritt aus, ob Sie einen Brief, Etiketten, Umschläge oder ein anderes Serienbriefdokument erstellen möchten. Wir entscheiden uns für *Briefe*. Sobald diese Auswahl getroffen ist, wird das bestehende, derzeit geöffnete Word-Dokument zum *Hauptdokument* erklärt und zum Punkt 2, nämlich zur Empfängerliste, übergegangen.

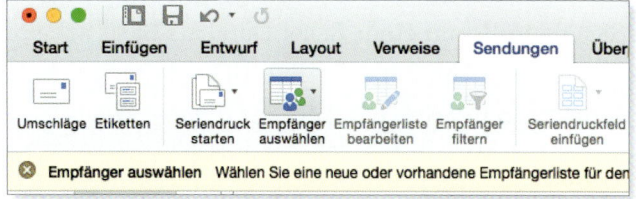

Nun müssen die Empfänger ausgewählt werden.

1. Nun will Microsoft Word wissen, woher das Adressmaterial stammt. Wenn Sie auf den Button *Empfänger auswählen* klicken, erscheint im Pull-down-Menü eine ganze Reihe von möglichen Adressquellen. Wenn Sie an dieser Stelle *Neue Liste erstellen* verwenden, so erscheint ein Folgefenster, in dem Sie nun die Platzhalter und die Einträge für Ihre Adressen vornehmen können. Über den Eintrag *Vorhandene Liste verwenden* erscheint ein Fenster im Öffnen-Dialog, in dem Sie auf eine bestehende Datenquelldatei zugreifen können. Das sind Textdateien, die z. B. durch Semikola oder Tabulatoren getrennte Informationen enthalten. Excel-Tabellen mit Adressen sind hierbei ein oft verwendetes Dateiformat.

   Das *Outlook-* bzw. *Apple-Adressbuch* verwendet die Informationen entweder aus Outlook oder aus dem Programm *Kontakte*, das mit Ihrem Apple-Betriebssystem mitgeliefert wird. Wir entscheiden uns jetzt für *Vorhandene Liste verwenden* und wählen eine Excel-Datei, in der die Adressinformationen eingetragen sind.

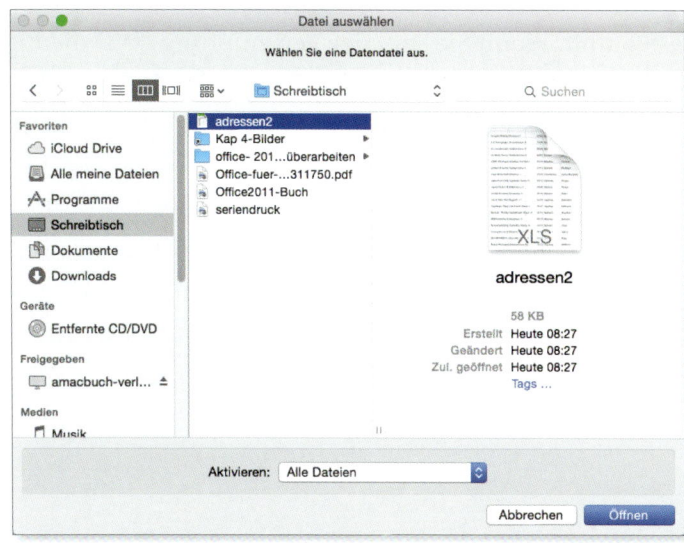

Excel-Datei mit Adressinformationen

Sofern Sie ebenfalls mit einer Excel-Datei als Basis arbeiten wollen, sollten Sie in der ersten Zeile der Excel-Datei die Platzhalterbegriffe spezifizieren, also Begriffe wie *Anrede*, *Vorname*, *Name*, *Straße* etc. Denn wenn Sie später in Word diese Platzhalterelemente verwenden, greift Word auf diese Platzhalter innerhalb von Excel zurück.

2. Hat die Auswahl der Adressbuchinformationen funktioniert, sollten nun die Menüpunkte 3 + 4 *Empfängerliste bearbeiten* bzw. *Empfänger filtern* aktiv geworden sein.

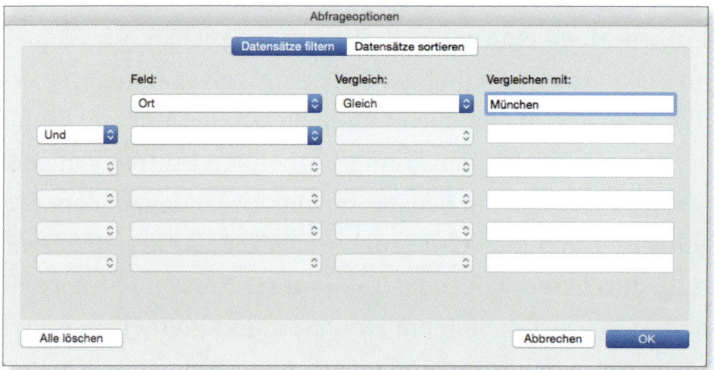

Die Serienbriefempfänger können nun final festgelegt werden.

Dabei können Sie eine Reihe von Filterfunktionen einsetzen: Die Filterfunktionen werden automatisch mit der Funktionalität *UND* verbunden. Das heißt: Sofern Sie mehrere Kriterien eingetragen haben, müssen alle Kriterien zutreffen, damit die Person auch in den Genuss Ihres Briefes kommt. Wenn Sie statt der Verknüpfung *UND* die Eigenschaft *ODER* verwenden, dann können Sie Personen mit unterschiedlichen Eigenschaften aus Ihrem Adresspool herausfiltern. Möchten Sie das Seriendokument in einer bestimmten Reihenfolge sortiert haben, wechseln Sie in den Abfrageoptionen noch in den Bereich *Datensätze sortieren* und geben hier einen maximal dreistufigen Sortierschlüssel an.

3. Nun müssen die Adressplatzhalter in das Dokument gebracht werden. Ziehen Sie per Drag and Drop die Seriendruckfelder (*Seriendruckfeld einfügen*) an die betreffende Stelle innerhalb Ihres Word-Dokuments.

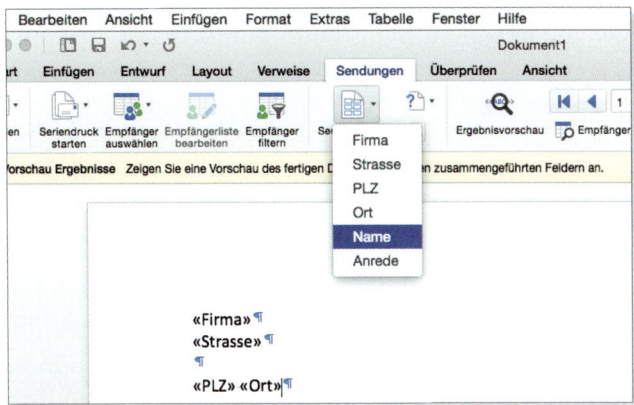

Seriendruckfelder werden nun platziert.

Achten Sie dabei darauf, dass zwischen Anrede und Vorname bzw. Vorname und Nachname oder zwischen PLZ und Ort ein Leerschritt eingebaut wird. Besonders interessant ist das Erstellen der Anrede. Wie Sie der Excel-Tabelle entnehmen können, ist bei *Anrede* lediglich Herr bzw. Frau angegeben. Sie möchten aber im Rahmen des Briefs natürlich die betreffende Person mit „Sehr geehrter Herr" respektive „Sehr geehrte Frau" ansprechen.

Wie ist dies zu bewerkstelligen? Klappen Sie dazu im Menüband den Eintrag *Regeln* auf und und verwenden dort die Funktion *Wenn... Dann... Sonst*. Wählen Sie bei *Feldname* die *Anrede* aus und als Vergleichsoperator die Funktion *Gleich* und tragen bei *Vergleichen mit* den Begriff „Herr" ein. Wird diese Bedingung erfüllt, dann lautet die Anrede „Sehr geehrter Herr", andernfalls „Sehr geehrte Frau". Tragen Sie beide Texte entsprechend ein.

Bedingungsfeld einfügen

Bestätigen Sie mit *OK*, um das Bedingungsfeld in Ihrem Dokument zu platzieren.

 Vergessen Sie nicht, hinter der Anrede noch den Namen bzw. Nachnamen zu platzieren. Darunter erscheint dann der Text, den Sie diesen Personen zukommen lassen möchten.

Vergessen Sie nicht, zum Schluss den Brief noch Ihren Wünschen entsprechend zu formatieren und den notwendigen Standardtext hinzuzufügen.

4. Damit haben Sie das Dokument ausreichend vorbereitet, und mit der *Ergebnisvorschau* bietet Ihnen Word die Möglichkeit, zu überprüfen, ob die Adressen vernünftig in Ihren Text einlaufen. Klicken Sie also darauf und über die blauen Pfeile rechts daneben gelangen Sie zur Funktionalität *Vorheriger* oder *Nächster Datensatz*, um so durch Ihre Daten hindurchzublättern. Es sollte immer jeweils eine Adressinformation in Ihren Brief geladen und dargestellt werden. Überprüfen Sie, ob die Gestaltung des Briefs Ihren Anforderungen genügt.

5. Abschließend muss nun der Seriendruck gestartet werden. Deshalb finden Sie ganz rechts die Möglichkeit, das Seriendokument direkt an den Drucker zu übermitteln (*Fertig stellen und zusammenführen –> Dokumente drucken*). Davon würde ich abraten. Besser ist die darüber liegende Funktion *Einzelne Dokumente bearbeiten*.

Denn damit erzeugt Microsoft Word ein neues Dokument, in dem alle Adressen verwendet werden und je Adresse eine neue Seite erzeugt wird. Das heißt: In meinem Fall habe ich 165 Adressen in der Excel-Liste verfügbar und ich erhalte so ein 165-seitiges Word-Dokument; auf jeder Seite wurde eine andere Adresse in das Dokument eingebaut. Sie erkennen, dass jede Seite mit einem Abschnittsumbruch beendet wird. Sie können so dieses mehrseitige Dokument abschließend prüfen und – sollte alles in Ordnung sein – mit dem ganz normalen Drucken-Dialog – *cmd + P* – an den Drucker senden.

Damit haben Sie in wenigen Minuten ein Serienbriefdokument erstellt. Noch einmal: Die Basis ist die vernünftige Aufbereitung des Adressdatenmaterials, damit Sie die Serienbrieffunktion zügig ausführen können. Word geleitet Sie in Schritten zum fertigen Serienbriefdokument.

Index erstellen

Wenn Sie umfangreichere Dokumente in Word erzeugen, dann ist neben dem Generieren eines Inhaltsverzeichnisses über Formatvorlagen auch das Erstellen eines Indexverzeichnisses eine sehr wichtige Funktion. Das Erstellen eines Index ist in Word 2016 sehr einfach geregelt: Wählen Sie den Menüpunkt *Einfügen –> Index und Verzeichnisse* und klicken dort auf die Funktion *Eintrag festlegen*, so erscheint das Fenster *Indexeintrag markieren*.

Indexeintrag festlegen

> Das besonders Tolle an diesem Fenster ist, dass, wenn Sie nun an Ihrem Word-Dokument eine Markierung vornehmen, diese Markierung in das Fenster **Indexeintrag markieren** übernommen wird. Über den Button **Markieren** können Sie somit den Begriff gleich als Indexeintrag spezifizieren. Standardmäßig ist bei den Optionen **Aktuelle Seite** ausgewählt. Das heißt: Es wird zu dem Indexeintrag sowohl der Begriff als auch die aktuelle Seite angebracht, sodass beim Erstellen des Indexverzeichnisses die Seitenzahl automatisch mit herangezogen werden kann.

Soll der Index eine Ebenenstruktur haben, so können Sie über die Eigenschaft *Haupteintrag* und *Untereintrag* diese genauer steuern. Navigieren Sie so durch Ihr Dokument, markieren Sie alle Wörter und Textpassagen, klicken Sie danach auf das geöffnete Fenster *Indexeintrag* festlegen und übernehmen Sie via *Markieren* diesen Begriff in das Indexverzeichnis. Haben Sie Ihr komplettes Dokument in der Art und Weise durchgearbeitet, folgt als abschließender Schritt das Generieren des Indexverzeichnisses.

Indexverzeichnis erstellen

Landläufig wird das Indexverzeichnis an das Ende eines Dokuments gestellt. Deshalb sollten Sie am Ende Ihres umfangreichen Word-Dokuments möglicherweise eine neue, leere Seite einfügen, dort den Cursor platzieren und über den Menüpunkt *Einfügen –> Index und Verzeichnisse* den Bereich *Index* auswählen und mit *OK* diesen Index erstellen. Sie tun gut daran, die Eigenschaft *Seitenzahlen rechtsbündig* zu verwenden, denn damit wird ein Tabulator mit Füllzeichen eingebaut, der Ihnen eine optisch ansprechende Indexdarstellung garantiert.

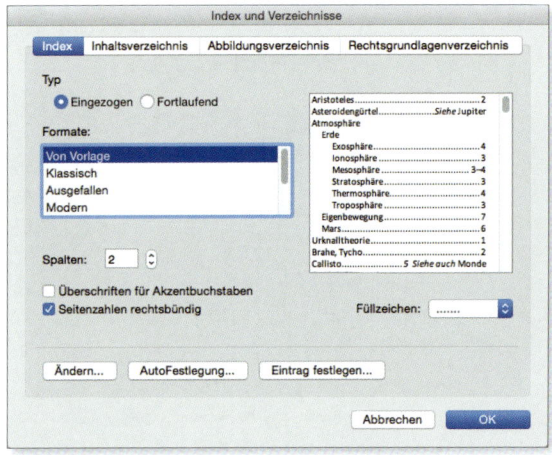

Indexverzeichnis erstellen

Das komplette Indexverzeichnis wird alphabetisch sortiert an der Cursorposition einfließen. Sie erkennen den Tabulator mit dem Füllzeichen und die rechtsbündigen Seitenzahlen. Außerdem werden automatisch mehrere Seitenzahlen dargestellt, wenn ein und derselbe Begriff an verschiedenen Stellen Ihres Dokuments vorkommt. Wenn Sie über den Aufgabenbereich die *Formatvorlagen* öffnen, dann erkennen Sie, dass Indexeinträge der 1. Ordnung automatisch mit der Formatvorlage *Index 1* versehen sind. Sollen nun diese Indexeinträge anders gestaltet werden, müssen Sie schlicht und ergreifend die Formatvorlage *Index 1* modifizieren.

Indexverzeichnis aktualisieren

Was aber, wenn sich Ihr Dokument nach der Erstellung des Indexverzeichnisses noch einmal ändern sollte? Angenommen, Sie überarbeiten Ihr Dokument, löschen Seiten oder bringen neue Elemente in Ihr Dokument ein, dann ist das Indexverzeichnis ja auf einem veralteten Stand. Das heißt, die Begriffe lassen sich nicht mehr auf den Seiten finden, die das zuvor erstellte Indexverzeichnis anzeigt.

Aber auch das ist kein Problem: Denn das Indexverzeichnis wird von Word als sogenannte Feldfunktion verwendet, und dieses Feld können Sie ganz simpel aktualisieren, damit der Index wieder auf dem korrekten Stand ist. Hierzu klicken Sie mit der rechten Maustaste auf das Indexverzeichnis und wählen die Funktion *Felder aktualisieren* aus.

Und schon beginnt Word damit, Ihr gesamtes Dokument daraufhin zu überprüfen, ob die Indexeinträge noch auf den ursprünglichen Seiten existieren. In Sekundenbruchteilen ist somit Ihr Index wieder aktuell. Sicher haben Sie auch schon bemerkt, dass ein Indexeintrag auf einer Seite ebenfalls durch eine Feldfunktion dargestellt wird.

Indexeintrag innerhalb eines Dokuments

Sofern Sie die nicht druckbaren Sonderzeichen eingeschaltet haben, sehen Sie an den Stellen, an denen Sie Indexeinträge eingebaut haben, eine geschweifte Klammer mit dem Parameter „XE" und danach den Begriff, der in das Indexverzeichnis aufgenommen werden soll, in Anführungs- und Schlusszeichen.

Sie könnten an dieser Stelle auch manuell eingreifen. Wenn Sie z. B. möchten, dass der Begriff in dem Indexverzeichnis anders dargestellt wird als im Text, können Sie innerhalb der Anführungszeichen die entsprechende Modifikation vornehmen. Diese wird dann im Rahmen der Indexverzeichniserstellung entsprechend ausgelesen. Möchten Sie einen Indexeintrag wieder löschen, heißt das nichts anderes, als die geschweiften Klammern inklusive deren Inhalt zu entfernen.

Weitere Verzeichnisse

Neben der Erstellung von Index- und Inhaltsverzeichnissen kann Ihnen Word auch ein Abbildungsverzeichnis erstellen. Dabei wählen Sie *Einfügen –> Beschriftung* aus, um allen Bildern im Dokument eine Beschriftung zu geben. Via *Ein-*

fügen –> Index und Verzeichnisse und Anwahl von *Abbildungsverzeichnis* gelangen Sie in den Bereich, um das dazugehörige Verzeichnis zu erzeugen.

Manches Mal benötigen Anwender zudem *Querverweise* innerhalb ihres Dokuments.

Querverweis erstellen

Querverweise (Einfügen –> Querverweise) können – wie Sie anhand des Bild-schirmfotos sehen – zu jedem beliebigen Element hergestellt werden. Die Funktion ist sehr einfach einzubauen und sehr leistungsfähig.

Inhaltsverzeichnis, Indexverzeichnis und Querverweise arbeiten auf Basis der sogenannten Feldfunktionen. Eine Übersicht über alle Feldfunktionen und deren Parameter finden Sie unter *Einfügen –> Feld*. Dort sehen Sie eine Reihe weiterer, sehr nützlicher Funktionen, die Sie in Ihr Dokument einfügen können.

Wichtige Word-Grundeinstellungen

Wir haben nun die wesentlichen Funktionen von Word 2016 besprochen und an vielen Stellen haben wir bereits in die Word-Einstellungen geschaut, um dort sinnvolle Konfigurationen vorzunehmen. Abschließend hier noch einmal ein kurzer Rundgang durch wesentliche Word-Einstellungen, um weitere nützliche Dinge konfigurieren zu können.

Allgemein

Word-Einstellungen allgemein

Hier nun die wichtigsten Konfigurationen dieses Fensters:

- *Formatierten Text in Zwischenablage einfügen:* Wenn Sie nun innerhalb von Word einen Text gestalten und formatieren und diesen über *cmd + C* in die Zwischenablage legen, wird nicht nur die Textinformation, sondern auch deren Formatierung in die Zwischenablage übernommen. Wenn Sie innerhalb eines anderen Programms, das gleichzeitig auf Ihrem Rechner läuft, mit dem Befehl *Einfügen* (*cmd + V*) die Objekte der Zwischenablage wieder heranholen, wird neben der Textinformation auch die dazugehörige Formatierung dargestellt.

- *Dateiformatkonvertierung beim Öffnen bestätigen:* Mit der Word-Version 2016 können Sie alle bisherigen Word-Dateien öffnen und weiter bearbeiten.

Unter Umständen sind hier Anpassungen, sprich Konvertierungen notwendig. Dieses Häkchen fragt an, ob diese Konvertierungen beim Öffnen stattfinden sollen.

 Wollen Sie die Konvertierung zu einem späteren Zeitpunkt vornehmen, so können Sie dies in den Einstellungen deaktivieren und finden im Menüpunkt **Datei** den Unterpunkt **Dokument konvertieren**.

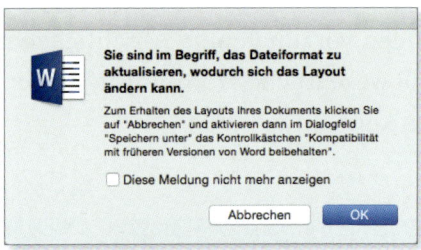

Dateiformat konvertieren

Dort werden nun die Konvertierfunktionen ausgeführt. Word weist Sie ausdrücklich darauf hin, dass das Konvertieren in das neue Word-2016-Format unter Umständen Änderungen im Erscheinungsbild des Dokuments, also im Layout, nach sich ziehen kann.

- *Word-Dokumentkatalog beim Starten von Word anzeigen:* Sofern Sie diese Funktion aktivieren, wird stets der Word-Dokumentkatalog mit seinen vielen Vorlagendateien beim Starten von Word eingeblendet.

Ansicht

Die Einstellungen in diesem Bereich sind eher eine Frage des Geschmacks denn der Notwendigkeit. Sie können hier im Bereich *Im Dokument anzeigen* oder *Nicht druckbare Zeichen anzeigen* bzw. auch bei *Fensterelemente anzeigen* definieren, wie Ihr Word sich grundsätzlich darstellt und welche Funktionen in Ihrem Dokument erscheinen sollen. Auf jeden Fall zu empfehlen ist, im Bereich *Im Dokument anzeigen* die *Textbegrenzungen* einzublenden, um in der Seitenlayoutansicht die Seitenränder zu erkennen. Im Bereich *Fensterelemente anzeigen* kann die *Breite der Formatvorlagenanzeige* definiert werden, was für Personen, die sehr umfangreiche Texte erstellen, eine sehr, sehr nützliche Eigenschaft ist.

Einstellungen „Ansicht"

In der Kategorie *Nicht druckbare Zeichen anzeigen* ist zu empfehlen, die Eigenschaft *Alle* zu belassen. Das heißt: Sie können über den Button in der Standard-Symbolleiste alle nicht druckbaren Zeichen komplett ein- respektive komplett ausschalten, was in den meisten Fällen Sinn macht.

Bearbeiten

Hier gibt es eine Reihe von nützlichen Konfigurationen, die Sie definieren können.

- *Ausgewählten Text bei der Eingabe ersetzen:* Haben Sie innerhalb eines Word-Dokuments eine Markierung vorgenommen und beginnen nun auf der Tastatur zu tippen, wird der neu getippte Text Ihre Markierung ersetzen.
- *Textbearbeitung durch Drag & Drop:* Vielleicht haben Sie es bei den ersten Gehversuchen mit Word schon erkannt: Wenn Sie in Word eine Markierung vornehmen und mit der linken Maustaste auf diese Markierung zeigen und die Maustaste drücken, können Sie den Text per Drag and Drop an einer anderen Stelle ablegen, was im Regelfall sehr nützlich ist.
- *Beim Auswählen von Text ganzes Wort auswählen:* Wenn Sie Formatierungen vornehmen wollen, müssen Sie den betreffenden Text markieren. Sie haben gelernt, dass ein Doppelklick stets ein ganzes Wort markiert.

Wenn Sie diese Funktion aktivieren, ist das nicht notwendig. Setzen Sie den Cursor einfach in ein Wort und nehmen Sie eine Formatierung vor. Sogleich wird das komplette Wort mit dieser Formatierung versehen.

Einstellungen –> Bearbeiten

Drucken

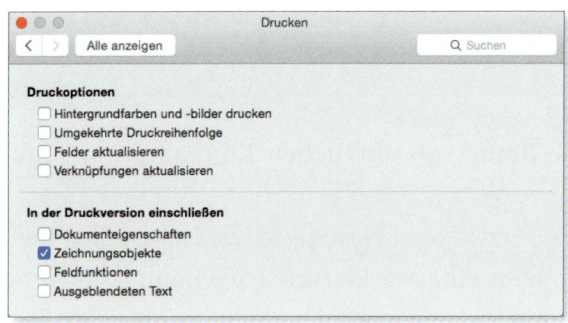

Einstellungen –> Drucken.

Sie haben bei der Erstellung des Indexverzeichnisses gesehen, dass dieses über die Feldfunktion stattfinden kann. Felder können Sie innerhalb von Word über die rechte Maustaste aktualisieren. Aber, wie es oft der Fall ist, müssen Sie kurz vor dem Abgabetermin noch Änderungen vornehmen und haben möglicherweise vergessen, manuell die Felderaktualisierung auszuführen, drucken nun das Dokument aus und erkennen, dass die Informationen nicht korrekt aktualisiert wurden.

Um derartige Fehler zu vermeiden, sollten Sie hier die Eigenschaft *Felder aktualisieren* aktivieren, sodass vor jedem Ausdruck die Feldfunktionen überprüft und gegebenenfalls aktualisiert werden. Ebenso verhält es sich mit *Verknüpfungen aktualisieren*. Es kann ja sein, dass Sie in Ihrem Word-Dokument Verbindungen zu anderen Dateien aufgebaut haben. Diese sollten natürlich beim Ausdruck auch aktualisiert werden. Hingegen deaktiviert sollte die Funktion *Feldfunktionen* sein. Denn Sie möchten ja nicht die Funktion selbst im Ausdruck erhalten, sondern lediglich den Inhalt der Funktion.

Dateispeicherorte

Unter *Speicherorte für Datien* definieren Sie, wo z. B. Ihre *Benutzervorlagen* standardmäßig abgelegt werden respektive wo Sie Ihre Dokumente abspeichern möchten. Geben Sie hier Speicherorte für die jeweiligen Dateitypen an, indem Sie den jeweiligen Bereich anklicken und durch *Ändern* den Pfad selektieren.

Dateispeicherorte

Tastatur anpassen

Diese Funktionalität finden Sie nicht in den Einstellungen, sondern im Menüpunkt *Extras*. Hierüber können Sie den vielfältigen Funktionen, die Word bereithält, eigene Shortcuts zuweisen bzw. vorhandene Shortcuts Ihren Bedürfnissen anpassen.

Word kann mit Ihren Tastenkombinationen versehen werden.

Wählen Sie via *Kategorien* bzw. *Befehle* die Funktion aus und setzen sodann den Cursor in das Feld *Neue Tastenkombination drücken*. Sollte Ihre neue Tasten-kombination im Konflikt mit einer bereits bestehenden sein, werden Sie sofort darauf hingewiesen.

Microsoft Excel

Die Oberfläche von Microsoft Excel

Wenn Sie *Microsoft* Excel das allererste Mal starten, so bekommen Sie ähnlich wie in *Microsoft Word* ein leeres Dokument inklusive Menüband bzw. den Vorlagenkatalog.

 Sie sehen, dass in **Microsoft** Excel, was das Menüband angeht, Grüntöne Einzug gehalten haben, während in **Microsoft Word** Blautöne vorherrschen. Um die Farbe loszuwerden, gehen Sie über Excel **–> Einstellungen –> Allgemein** zu **Personalisieren** und schalten **Farbig** auf **Klassisch** um.

Navigieren innerhalb des Excel-Arbeitsblatts

Wenn Sie Excel gestartet haben, erhalten Sie eine leere Arbeitsmappe mit der Bezeichnung *Arbeitsmappe1*. Genau am unteren Rand Ihres Fensters sehen Sie, dass Sie sich im *Blatt1* befinden, das Bestandteil der *Arbeitsmappe1* ist. Eine *Arbeitsmappe* kann also beliebig viele Tabellen und auch Diagramme enthalten. Das werden wir uns noch genauer ansehen.

Die Tabelle an sich trägt bei den Spaltentiteln Buchstaben (A, B, C ...) und bei den Zeilen fortlaufende Nummern (1, 2, 3 ...).

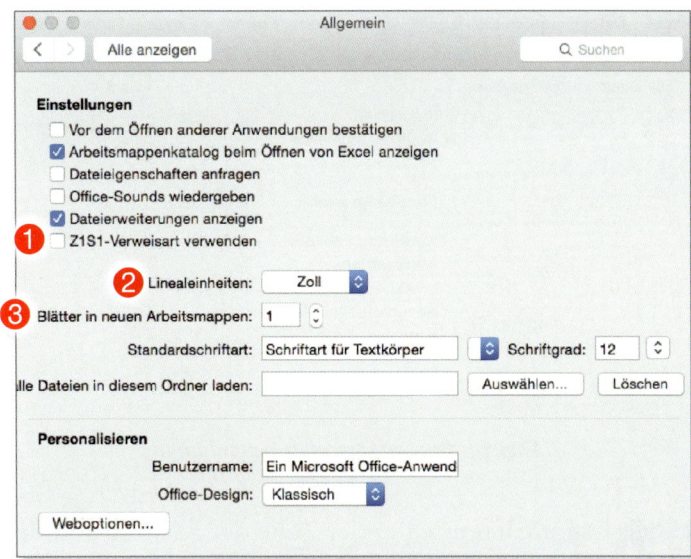

Z1/S1-Bezugsart

Sollte es bei Ihnen nicht der Fall sein, dass die Spaltentitel mit Buchstaben versehen sind, so rate ich Ihnen dringend, über den Menüpunkt Excel in die *Einstellungen* zu gehen und dort im Reiter *Allgemein* das Häkchen bei *Z1/S1-Verweisart verwenden* zu entfernen ❶. Sie sehen weiterhin, dass Sie dort auch Ihr Lineal konfigurieren ❷ und bei *Blätter in neuen Arbeitsmappen* ❸ festlegen können, wie viele Tabellen standardmäßig in den Arbeitsmappen enthalten sein sollen. Die Voreinstellung ist *1*, es könnte aber auch sein, dass Sie es mit Tabellen zu tun haben, wo Sie die Monate eines Jahres benötigen, also Januar bis Dezember. Dann wäre hier die Grundeinstellung *12* sinnvoll, was aber auch bedeutet, dass jede neue Excel-Datei immer 12 Tabellenblätter bekommt. Also belassen wir es doch bei der Einstellung 1 und holen uns die zusätzlichen Tabellen, wenn es an der Zeit ist.

Menü Ansicht

Der Unterschied ist ein ganz einfacher: In der *Standardansicht* sehen Sie durch gestrichelte Linien, wie groß Ihr eingerichtetes Papierformat ist, im Regelfall eine DIN-A4-Seite im Hochformat. Wohingegen Sie, wenn Sie im Seitenlayout arbeiten, tatsächlich ein DIN-A4-Blatt mit den Blatträndern sehen. Ich wechsle also die Ansicht und werde in der Standardansicht weiterarbeiten.

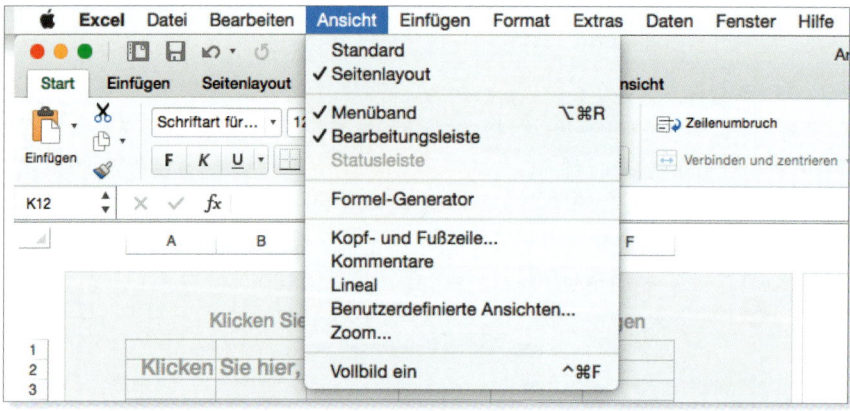

Ansicht –> Standard oder Seitenlayout

Augenblicklich befinde ich mich in der Zelle der *Spalte A* und der *Zeile 1*. Ich kann dies auch überprüfen, weil ich in der Bearbeitungsleiste *Zelle A1* ablesen kann.

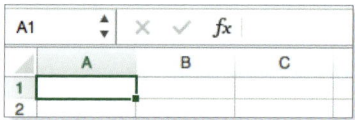

A1 in Bearbeitungsleiste

Das heißt: Die *Bearbeitungsleiste* ist für Sie immer eine gute Anlaufstelle, wenn Sie prüfen wollen, wo Sie sich aktuell in Ihrer Tabelle befinden (*Ansicht –> Bearbeitungsleiste*).

Zudem finden Sie im Menüpunkt *Ansicht* noch die Funktion *Vollbild ein*, mit der Sie das Excel-Fenster monitorfüllend darstellen können.

Navigieren in Tabellen

Wir wollen uns nun die ersten wichtigen Navigationsbefehle ansehen, um uns in einer Tabelle zu bewegen. Die einfachste Idee ist, mit den *Cursor-* oder *Pfeiltasten* beliebige andere Zellen anzusteuern. Versuchen Sie es doch einfach mal: Einige Cursorschritte nach unten, nach rechts, nach links – und siehe da, Sie bewegen sich in der Tabelle und sehen an einer farbigen Hervorhebung, dass Sie eine andere Zelle angesteuert haben. Die *Bearbeitungsleiste* gibt Ihnen auch die Position der Zelle durch. Sie können natürlich ebenso mit der Maus an eine beliebige Zelle auf dem Blatt fahren und diese anklicken.

Was aber, wenn Sie sich schneller bewegen wollen? Auch hierzu gibt es Möglichkeiten. Setzen Sie sich beispielsweise in die Zelle H17. Möchten Sie nun sehr rasch zur Zelle A17 kommen, also in der Zeile bleiben, aber die Spalte wechseln, so verwenden Sie auf der *Tastatur* die *Taste Pos1* (diese Taste hat als Kennzeichen einen Pfeil nach schräg links oben!), um in der gleichen Zeile in die Spalte A zu gelangen. Wollen Sie noch schneller springen, dann ist es eine gute Idee, die *cmd-Taste* zu verwenden. Nehmen Sie beispielsweise die *Befehlstaste* und die *Cursortaste nach unten* – und siehe da: Sie sind in der Zelle mit der Zeile 1048576 gelandet.

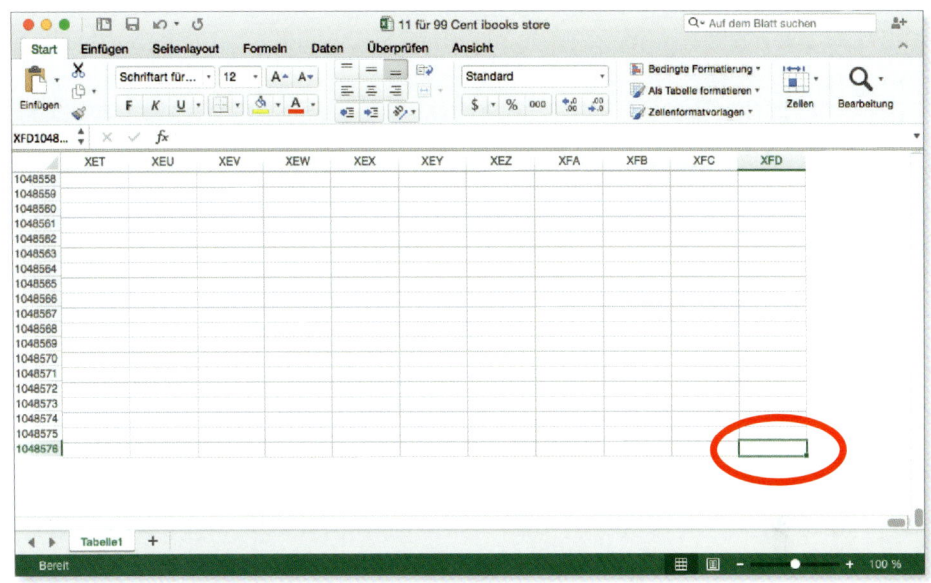

Excels Zelle ganz rechts unten auf dem Tabellenblatt

Das ist die letzte Zeile, über die Microsoft Excel verfügt. Und wenn Sie nun mit der *Befehlstaste* und *Cursor nach rechts* marschieren, kommen Sie an bei der Spalte XFD. Jetzt sind Sie also am äußersten unteren rechten Rand Ihrer Tabelle angelangt. Das heißt in anderen Worten: Eine Excel-Tabelle kann riesengroß sein. Sie verfügt über mehr als eine Million Zeilen und über mehrere Tausend Spalten (16 000!). Um wieder sehr rasch in die Zelle A1 zu gelangen, verwenden Sie beispielsweise *Befehlstaste + Cursor nach oben* (damit springen Sie in die erste Zeile), bleiben aber weiterhin in der allerletzten Spalte rechts. Mit *Befehlstaste + Cursor nach links* landen Sie abschließend wieder in der Zelle A1. Oder Sie erledigen das noch eleganter via *cmd + Pos1*. Damit kommen Sie immer zurück auf A1 – egal wo Sie vorher waren.

> **!** Haben Sie auf der Tabelle bereits textuelle oder Zahleninformationen eingegeben, so springt die Tastenkombination **cmd + Cursortaste** immer um den Block, in dem sich auf der Tabelle Informationen befinden. Sind also beispielsweise von A3 bis A15 Informationen enthalten, so springen Sie zunächst mit **cmd + Cursor nach unten** zu A3, mit dem zweiten **cmd + Cursor nach unten** zu A15 und hernach tatsächlich in die Zelle A1048576. Das heißt: Mit der **cmd-** und den **Cursortasten** können Sie sehr rasch größere Sprünge in Ihrer Tabelle vornehmen.

Kommen wir zurück zur Bearbeitungsleiste. Wenn Sie die Zellbezeichnung in der Bearbeitungsleiste anklicken, so können Sie auch dort eine beliebige Zelle eintragen.

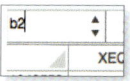

Sprungstellen eintragen

Tippen Sie also einfach über den bestehenden Wert in der Bearbeitungsleiste eine neue Position ein und bestätigen Sie den Wert mit einem *Return*. Und schon springt Excel für Sie in diese gewünschte Zelle.

> **!** Blicken wir nun an den unteren Rand Ihres Excel-Fensters, zur sogenannten **Statusleiste**. In der Statusleiste sehen Sie ebenso die Möglichkeit, zwischen den verschiedenen Ansichten zu wechseln, und darüber hinaus – etwas oberhalb –, dass Sie sich aktuell in **Tabelle1** befinden. Und neben **Tabelle1** sehen Sie ein **Pluszeichen**. Damit können Sie Ihrer Arbeitsmappe weitere Tabellen hinzufügen.

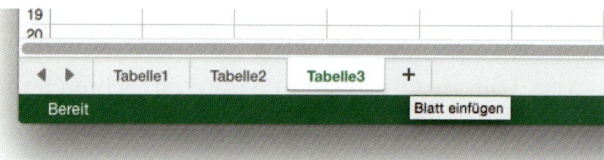

Statusleiste und weitere Tabellen

Klicken Sie also auf das *Plussymbol,* um für diese Arbeitsmappe weitere Tabellen hinzuzufügen. Möchten Sie diese Tabellen wieder entfernen, so können Sie dies mit einem Klick der rechten Maustaste auf den Titel der Tabelle (z. B. *Tabelle2*) tun.

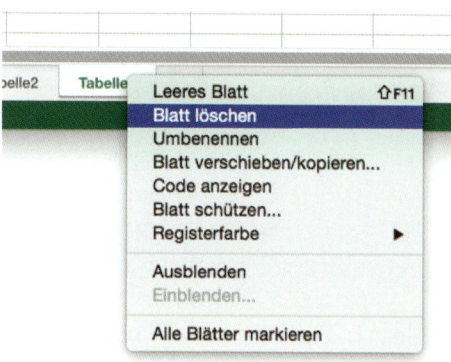

Tabelle aus der Arbeitsmappe entfernen

Das Schöne an diesen vielen Tabellen innerhalb einer Arbeitsmappe ist, dass beim Speichern der Arbeitsmappe natürlich der Inhalt sämtlicher Tabellen abgelegt wird. Das kann durchaus interessant sein, wenn Sie beispielsweise selbstständig sind und eine Einnahmen- und eine Ausgabentabelle führen. Wollen Sie beide miteinander verrechnen, so haben Sie also innerhalb von drei Tabellen, die sich alle in ein und derselben Arbeitsmappe befinden, Ihre kompletten geschäftlichen Aktivitäten im Überblick und sie somit nicht auf mehrere Einzeldateien verteilt, was sehr praktisch ist.

Gut – bevor wir uns nun komplexeren Situationen zuwenden, schlage ich vor, wir gehen zuerst die einfachen Schritte und sehen, wie man schnell Informationen in Tabellen eintragen kann.

Dateneingabe in Excel 2016

Texteingabe

Beginnen wir in der Zelle A1. Tippen Sie dort beispielsweise den Text „Martin und das Fahrrad". Sie können diesen Text entweder in der Zelle A1 eintragen oder in der Bearbeitungsleiste, die Sie darüber sehen. Beenden Sie die Texteingabe mit einem abschließenden *Return*. Ihr Cursor wird sogleich in die Zelle A2 springen.

Texteingabe

Schauen Sie sich das bitte genauer an. Sie erkennen: Der Text „Martin und das Fahrrad" ist zu breit für die Spalte A, er läuft also in die Spalte B. Was tun? Es gibt nun drei Möglichkeiten. Bevor wir diese drei Möglichkeiten begutachten, analysieren wir zuerst das Problem: Setzen Sie Ihren Cursor nun in die Zelle B1 und tippen Sie dort das Wort „Auto". Wo ist der Text „Fahrrad" geblieben?

Wo ist das Fahrrad?

Der Text „Fahrrad" ist nicht verschwunden und wurde nicht überschrieben. Wenn Sie erneut auf die Zelle A1 klicken, dann sehen Sie, dass der Text sehr wohl existiert, und zwar in der Zelle A1. Die Bearbeitungsleiste gibt Ihnen darüber Auskunft.

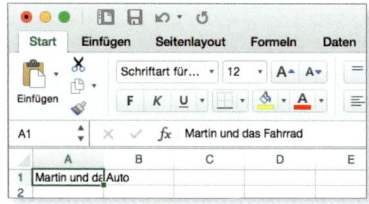

Text komplett in der Bearbeitungsleiste

Das heißt also, dass der Text „Fahrrad" jetzt nicht mehr angezeigt werden kann, weil er von seiner Breite in die Zelle B1 hinüberreicht, wo allerdings eigene Informationen (der Text „Auto") enthalten sind. Wir können uns also nun an die vorhin schon angesprochenen drei Methoden heranwagen.

Methode 1: Die Spalte A soll breiter werden

Im einfachsten Fall setzen Sie Ihren Cursor auf die *Trennlinie* zwischen der Spalte A und der Spalte B und führen einen Doppelklick aus. Erledigt! Die Spalte ist nun ausreichend breit, um den Text aufzunehmen. Achtung: Sie wissen ja, dass wir über eine Million Zellen in dieser Spalte A haben!

> **!**
>
> Das heißt: Der Doppelklick in der **Spaltenleiste** sucht nach dem breitesten Eintrag in der Spalte A und macht die Spalte so breit, dass dieser komplett hineinpasst. Sie können aber auch statt einem Doppelklick per Drag and Drop die Spaltenbreite ändern. Und zu guter Letzt: Im Menüpunkt **Format –> Spalte** finden Sie die Funktion **Markierung AutoAnpassen** oder die Möglichkeit der Eingabe eines numerischen Werts im Bereich **Breite**.

Format –> Spalte

Methode 2: Den Text aufteilen

Man könnte natürlich auch den Begriff „Fahrrad" nicht mehr in die Zelle A1 schreiben, sondern darunter in die Zelle A2. Oder eben daneben in die Zelle B1 und das Wort „Auto" in die Zelle C1. Auch das wäre denkbar, ist aber im Regelfall nicht besonders praktikabel.

Methode 3: Zeilenumbruch in der Zelle

Besser ist es, wenn Excel erkennt, dass der Text nicht in diese Zelle passt, die Zeilenhöhe der Zeile 1 automatisch anpasst und den Text am Rand der Zelle umbricht. Hierfür verwenden wir den Menüpunkt *Format –> Zellen (cmd + 1)* und tragen dort bei *Ausrichtung* das Häkchen *Zeilenumbruch* ein.

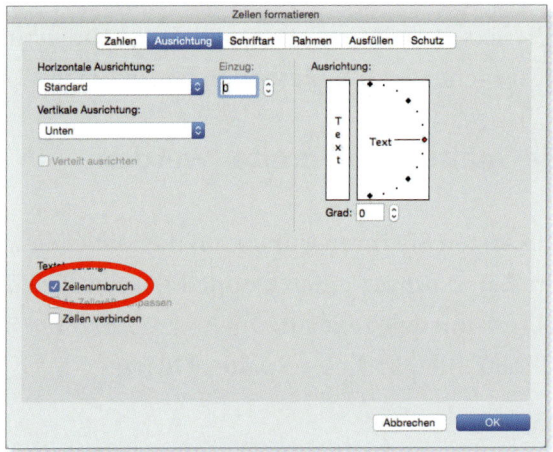

Zeilenumbruch

Verlassen Sie den Dialog mit *OK* und schon sehen Sie, dass nun der Text auf zwei Zeilen verteilt dargestellt wird.

Zeilenumbruch in einer Zelle

Wenn Sie beim Eingeben des Textes schon merken: „Oh, dieser Text wird sicher nicht in die Zelle passen", und einen Zeilenumbruch erzwingen möchten, dann tippen Sie einfach an der gewünschten Zelle die Tastenkombination **ctrl + cmd + Enter**. Somit ersparen Sie sich den umständlichen Weg über den zugehörigen Menüpunkt.

Zahlen

Neben der Eingabe von textuellen Informationen ist die Hauptaufgabe von Excel natürlich die Eingabe von Zahlen. Gehen Sie nun also in die Zelle A4 und tippen Sie dort die Zahl 12,40 ein. Bestätigen Sie die Eingabe erneut mit *Return* oder verwenden Sie beispielsweise *die Cursortaste nach rechts* oder die *Cursortaste nach unten*, um die Eingabe abzuschließen. Sogleich erkennen Sie, dass die Zahl 12,4 eingetragen wurde, und Sie erkennen weiter, dass die zweite Nachkommastelle (weil sie 0 ist) nicht dargestellt wird. Frohgemut wandern wir weiter zur Zelle A5 und tippen dort ein: 24,53 m (für Meter), und bestätigen das Ganze wieder mit *Return*.

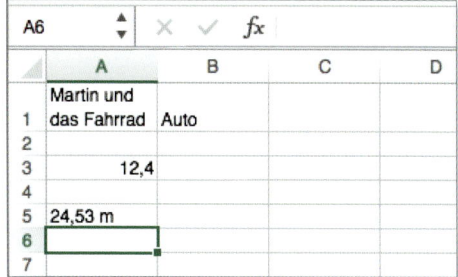

Zahleneingabe

Sehen Sie sich das Ergebnis nun ganz genau an:. Die Information wurden zwar wie gewünscht eingetragen, aber der Eintrag 24,53 m wird linksbündig dargestellt worden ist, wohingegen die Zahl 12,4 rechtsbündig steht.

 Geben Sie nie, nie, nie bei der Eingabe von Zahlen die Einheit mit an. Excel wird dies in den meisten Fällen missverstehen und die gesamte Information als Text und somit nicht als Zahl behandeln. Und dann können Sie später damit keine Berechnungen durchführen. Wie aber werden die Einheiten hinzugefügt? Das wollen wir später besprechen, denn das Hinzufügen von Einheiten ist auf der Formatierungsebene in Excel zu lösen.

Also drei Erkenntnisse:

1. Dezimalzahlen werden mit einem Komma eingegeben.
2. Dezimalstellen mit 0 nach dem Komma können Sie sich sparen.
3. Geben Sie niemals Einheiten bei der Eingabe von Zahlen an!

Datum

Möchten Sie in Excel Datumswerte eingeben, dann verwenden Sie den Punkt als Trennung. Gehen Sie beispielsweise in die Zelle A8 und tippen Sie dort ein: 12.3. Verlassen Sie das Ganze mit *Return* und Sie werden erleben: Es wird der 12. März eingetragen. Fahren Sie noch einmal auf den Eintrag A8 und prüfen Sie das Ergebnis oben in der *Bearbeitungsleiste*. Sie sehen: Excel hat automatisch das aktuelle Jahresdatum verwendet.

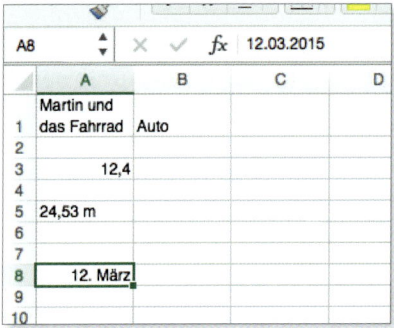

Datumseingabe

> Wenn Sie also nur einen Punkt zwischen zwei Zahlen eintragen, dann wird die Jahreszahl des aktuellen Jahres automatisch angehängt. Wollen Sie jedoch ein bestimmtes Jahr eingeben, so hängen Sie dieses an das Datum an. Zum Beispiel: Zelle A10: „15.4.1973" und **Return**. Anschließend erscheint die Jahreszahl am Ende der Datumseingabe.

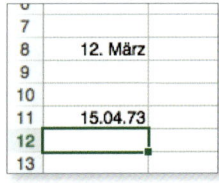

Automatische Formatierung

Sie sehen auch hier: Excel nimmt automatisch eine Formatierung vor. Während bei dem ersten Datum der Monat in abgekürzter Schreibweise dargestellt wird, werden nun interessanterweise alle Informationen zweistellig formatiert. Auch das ist ein Automatismus von Excel. Wir werden dies später über die Formatierung entsprechend anpassen. Hier haben wir dann alle Möglichkeiten, um den Monatsnamen immer in zwei oder drei oder mehr Buchstaben darzustellen oder immer die Jahreszahl anzuzeigen, ja auch die Möglichkeit, den Wochentag dazuschreiben zu lassen. Aber dazu später mehr, wenn es um die Formatierung geht.

 Wir halten an der Stelle fest, dass die Eingabe eines Datumswertes in Excel durch einen Punkt erfolgt.

 Woher kennt Excel diese Informationen? Excel liest sie aus dem Betriebssystem aus, genauer, aus den **Systemeinstellungen** bei **Sprache & Region**.

Uhrzeit

Die nächste Information, die wir in Excel eintragen wollen, ist eine Uhrzeit. Ich gehe dazu z. B. in die Zelle A15 und trage nun ein: „8:3" (*Return*).

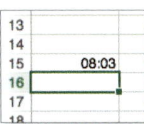

Uhrzeiteingabe

Sie sehen: Der Doppelpunkt bringt Excel dazu, die Information als Uhrzeit zu verstehen und entsprechend darzustellen. Achten Sie darauf, dass sowohl die Uhrzeit als auch die Datumswerte rechtsbündig dargestellt werden. Das heißt: Wir können mit Uhrzeit und Datumswerten auch rechnen, was wir später selbstverständlich noch tun werden.

 Noch einmal zusammengefasst: Linksbündige Werte sind in Excel also Textinformationen, mit denen nicht gerechnet werden kann. Standardmäßig erkannte Informationen, die rechtsbündig dargestellt werden, sind für Excel weiterverwendbare, sprich für Berechnungen geeignete Informationen.

Was aber nun, wenn Sie z. B. einen Maßstab eintippen wollen, also z. B. 1:2 oder dergleichen? Sie möchten diese Eingabe selbstverständlich nicht als Uhrzeit verstanden wissen. Wie kann man Excel sozusagen überlisten, diesen Automatismus zu deaktivieren? Ganz einfach: Springen Sie beispielsweise in die Zelle A17 und geben Sie zunächst ein Hochkomma (') ein. Anschließend schreiben Sie dahinter den tatsächlichen Wert, also z. B. '1:2 für den Maßstab 1:2.

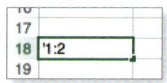

Texteingabe via Hochkomma ...

> **!** In dem Augenblick, in dem Sie mit **Return** quittieren, verschwindet das Hochkomma, und die eingetragene Information wird linksbündig dargestellt und ist somit als Text verstanden worden.

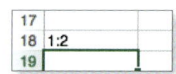

... als Text erkannt

Fantastisch! Damit können wir also Excel ein Schnippchen schlagen und Daten tatsächlich so eintragen, wie wir es gerne möchten. Aber aufgepasst: Das bedeutet nun, dass dies ein Text ist, der in keinen Berechnungen Verwendung finden kann!

Eine letzte Geschichte noch in diesem Zusammenhang: Setzen Sie beispielsweise Ihren Cursor in die Zelle A20. Sie möchten nun 13,11 eintragen, aber versehentlich tippen Sie einen Punkt, sodass nach der Eingabe 13.11 eingetragen wird. Sobald Sie mit *Return* bestätigt haben, wissen Sie, was geschieht: Es wird der 13. November erkannt.

Ist ja auch klar, denn Sie haben schließlich einen Punkt eingetragen, sodass Excel Ihre Eingabe automatisch als Datum interpretiert. Wenn Sie nun korrekt 13,11 darüberschreiben und dies mit *Return* bestätigen, werden Sie erkennen, dass Excel verrückt zu spielen scheint. Es wird Ihnen nun den Datumswert 13. Januar 1900 um 02:38 Uhr darstellen.

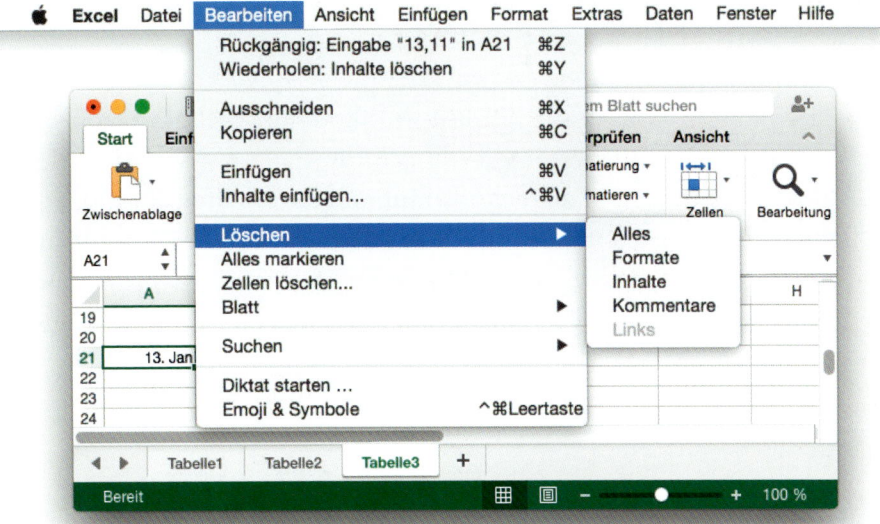

Excel spielt verrückt.

> **!**
>
> Woher kommt dies? Nun, die Sache ist relativ einfach erklärbar: Der Kalender von Excel startet am 01.01.1900. Wenn Sie nun 13.11 eintippen, wird Excel das als Datum interpretieren. Bei der Korrektur mit dem Komma (13,11) denkt Excel immer noch, dass es sich bei dem Inhalt dieser Zelle um ein Datum handelt, und wird zum 01.01.1900 genau 13 und ca. ein Zehntel Tag hinzurechnen (also 13,11 Tage). Somit gelangen Sie zum 13.01.1900 um 02:38 Uhr (2:38 Uhr ist 0/10 von 24 Stunden). Aber wie bekommen wir hier jetzt wieder eine Kommazahl in die Excel-Zelle? Ganz einfach: Verwenden Sie dazu den Menüpunkt **Bearbeiten –> Löschen –> Formate**.

Bearbeiten –> Löschen –> Formate

Dadurch nehmen Sie Excel die vorherige Erkennung als Datum weg, und es wird den Inhalt wieder als Zahl erkennen und wunschgemäß 13,11 präsentieren.

Listen

Oftmals ist es in Tabellen sinnvoll, untereinander oder nebeneinander zusammengehörige Werte zu definieren, z. B. eine Liste von Monaten oder Tagen etc. Auch dies wollen wir nun ausprobieren. Zu diesem Zweck würde ich gerne alle Daten, die wir bisher erfasst haben, wieder löschen. Mit *cmd + A* können Sie alle Informationen in Ihrer Tabelle markieren und entweder über die *Entfernen*-Taste oder über *Bearbeiten –> Löschen –> Alles entfernen* den kompletten Inhalt, den wir testweise in der Tabelle hatten, löschen.

So, ein erstes Beispiel: Wir tippen in die Zelle A1 „Januar" ein und möchten darunter eine Liste bis zum Dezember haben. Es gibt mehrere Möglichkeiten, dies zu bewerkstelligen:

1. Tippen Sie den Wert „Januar" in die Zelle A1 und bestätigen Sie die Eingabe mit *Return*. Verwenden Sie beispielsweise die *Pfeiltaste nach oben*, um erneut auf die Zelle A1 zu springen. Nun sehen Sie in der rechten unteren Ecke der Zelle A1 in der Markierungsfarbe ein kleines *quadratisches Kästchen*.

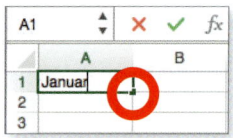

Anfasser

Fahren Sie mit dem Mauszeiger darauf und Sie erhalten ein *schwarzes Kreuz*. Nehmen Sie nun die linke Maustaste und ziehen Sie die Maus herab bis zur Zelle A12, wo Sie die Maustaste wieder loslassen. So haben Sie eine Liste der Monate von Januar bis einschließlich Dezember erstellt.

Monatsliste

Das war also die Methode über den *Anfasser*.

Gehen wir nun beispielsweise in die Zelle C1 und tragen dort „Montag"
ein. Probieren Sie es aus über den *Anfasser* und Sie erkennen, dass Excel
automatisch eine Tagesliste für Sie produziert.

Nun werden Sie etwas mutiger, navigieren zur Zelle E1 und tippen dort
die Zahl 1 ein und bestätigen dasselbe mit *Return*. Wenn Sie nun versuchen, die Zahl 1 herunterzuziehen, dann erkennen Sie: Oh je, Excel
erstellt nicht, wie erwartet, eine Reihenfolge der Ziffern (1, 2, 3, 4, 5, 6, 7
etc.), sondern wiederholt stets die Ziffer 1.

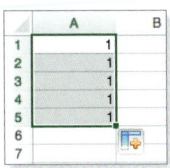

Fehlgeschlagene Zahlenliste

Wie aber können Sie das dennoch bewerkstelligen? Das führt uns zu
Methode 2.

2. Tippen Sie untereinander in Zelle E1 die Ziffer 1 und in E2 die Ziffer 2
ein. Markieren Sie beide gemeinsam und verwenden Sie nun erneut den
Anfasser.

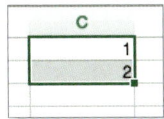

Zahlenliste mit Vorgabe

Wenn Sie jetzt nach unten ziehen, hat Excel verstanden: Sie möchten eine Zahlenfolge haben, in der immer um 1 erhöht wird, wie es im markierten Bereich (also der Unterschied von 1 zu 2) der Fall ist. Excel füllt die unteren Zellen wunschgemäß mit den Ziffern von 3 bis 7 aus.

So verhält sich Excel auch bei vielen weiteren Dingen. Gehen Sie beispielsweise in die Zelle G1, tippen Sie „Januar" und darunter „März". Sofern Sie beides untereinander markieren und mit dem *Anfasser* nach unten ziehen, so erstellt Excel automatisch eine Liste mit jedem zweiten Monat. Oder: Sie schreiben einen Datumswert, angenommen, heute wäre Sonntag, der 26. April 2015. Also tippen Sie „26.04.2015" ein. Darunter tippen Sie das Datum des nächsten Sonntags: „03.05.2015". Markieren Sie beide und ziehen Sie mit dem *Anfasser* nach unten – schon erhalten Sie eine Liste der folgenden Sonntage.

Liste der Sonntage

Sie sehen also: Über die Vorgabe von zwei, möglicherweise auch drei Informationen beginnt Excel zu kombinieren und führt Ihre Listen entsprechend dem vorgegebenen Muster weiter. Probieren Sie es vielleicht auch einmal aus, indem Sie in einer anderen Spalte „1. Quartal" schreiben, darunter „3. Quartal", beide markieren und nach unten ziehen. So erhalten Sie eine Liste von jedem 2. Quartal abwechselnd. Sie können natürlich auch untereinander schreiben, „1. Quartal" und „2. Quartal", und die gemeinsame Markierung herunterziehen. So erstellt Excel eine Liste vom ersten bis zum vierten Quartal und startet dann wieder mit dem ersten Quartal. Bei „Quartal" erkennt Excel also, dass es vier Quartale gibt. Wenn Sie es mit einem anderen Begriff ausprobieren, wie z. B. „1. Auto", „2. Auto" etc., so sehen Sie: Sie können die Liste mit beliebig vielen Autos fortführen.

Wie aber funktioniert Methode Nummer drei?

3. Setzen Sie den Cursor wieder in eine freie Zelle und rufen Sie den Eintrag *Daten –> Füllbereich –> Datenreihe* auf. Wählen Sie dort beispielsweise den Eintrag *Spalten,* den Eintrag *Linear,* das *Inkrement 2* (Schrittweite) und als *Endwert* z. B. den Wert *20.*

Datenreihe ausführen.

Sie geben also einen Startwert an und definieren, ob die Fortsetzung in Zeilen oder Spalten erfolgen soll, und Excel erstellt für Sie diese Reihen.

Sie sehen also: Sie haben drei sehr komfortable Möglichkeiten, um mit Excel Reihen von Werten, Zahlen oder auch Begriffen, die Sie oftmals benötigen, einzutragen.

Erste einfache Formeln mit Microsoft Excel

Natürlich haben Sie recht: Excel ist eigentlich dazu da, mit den Zahlen, die eingetragen worden sind, zu arbeiten. Sie erinnern sich an die Dinge, die wir weiter vorne schon genannt haben: Als Zahlen erfasst Excel Kommawerte, Datumswerte und auch Uhrzeitwerte. Damit können Berechnungen durchgeführt werden. Wir wollen nun beginnen, in Excel Berechnungen auszuführen, und uns über die Eingabe von Formeln unterhalten.

Machen wir dazu ein erstes einführendes Beispiel: Setzen Sie den Cursor in eine beliebige Zelle und starten Sie mit der Eingabe des *Ist-Gleich-Zeichens* (=). Dieses erstellen Sie mit gedrückt gehaltener *Shift-Taste* und der Taste *0* auf Ihrer Tastatur. Tippen Sie dahinter beispielsweise ein: *19+3*2-10*. Ist die Berechnung abgeschlossen, quittieren Sie das Ganze mit *Return*. Sie sollten als Ergebnis 15 erhalten. Der Wert ist hoffentlich richtig, lassen Sie uns nachrechnen:

19 plus 3? (Achtung: nicht 3, denn Punkt vor Strich – 3 mal 2 ist 6)

19 plus 6 ist 25

25 minus 10 ist 15 – perfekt!

Excel tut also das, was Sie auch in der Schule gelernt haben: Erst kommen Punktkalkulationen und danach die Strichkalkulationen.

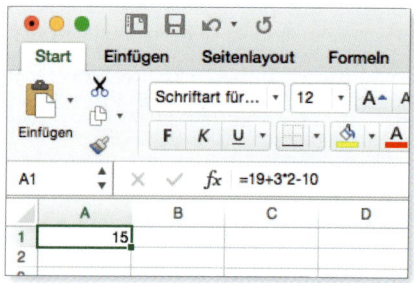

Erste einfache Berechnung

Betrachten wir das Bildschirmfoto genauer: Sie sehen in der Zelle den *Ergebniswert*, also in unserem Fall die Ziffer *15*, und Sie sehen oben in der *Bearbeitungsleiste* die Berechnung. Möchten Sie nun an der Berechnung etwas verändern, z. B. vom Ergebnis nicht 10, sondern 20 subtrahieren, dann können Sie in die *Bearbeitungsleiste* hineinklicken, um die Berechnung zu editieren.

 Deutlich besser geht es, wenn Sie einen Doppelklick in dem **Ergebnis** ausführen. Sogleich erscheint die Formel in der Zelle, und Sie können hier die Berechnung ändern.

Formel ändern

Das geht flott, und die Excel-Profis verwenden ausschließlich diese Funktion. Deshalb lege ich sie Ihnen hier auch ans Herz.

 Bei komplizierteren Formeln kann es durchaus eine interessante Idee sein, diese mit Kommentaren zu erläutern. Unter dem Menüpunkt **Einfügen –> Neuer Kommentar** können Sie jeder Zelle einen Zusatzeintrag geben.

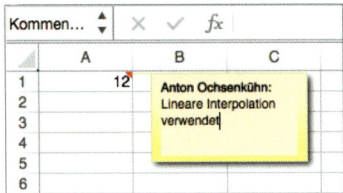

Kommentar in Excel

Das ist praktisch und sinnvoll, wenn Sie Daten an andere weitergeben oder selbst nach einiger Zeit über die Kommentare nachvollziehen wollen, warum dies oder jenes so oder so erstellt worden ist. Via *Bearbeiten –> Löschen* können Sie die Kommentare jederzeit wieder entfernen. Und zur Bearbeitung der Kommentare wählen Sie die rechte Maustaste auf der Zelle, in der sich der Kommentar befindet, und verwenden *Kommentar bearbeiten*.

Formeln im Zellbezug

Nun aber los! Nachdem wir jetzt wissen, wie Formeln einzugeben sind, wollen wir uns ein erstes konkretes Beispiel ansehen. Wenn Sie das Bildschirmfoto betrachten, erkennen Sie: Ein Verlag hat für das erste Quartal seine Zahlen auf einem Blatt zusammengestellt. Den Umsätzen stehen Kosten gegenüber, diese Kosten sollen in der Zeile 14 summiert werden, und das Betriebsergebnis soll dadurch zustande kommen, dass man vom Komplettumsatz des Monats die Kostensumme subtrahiert.

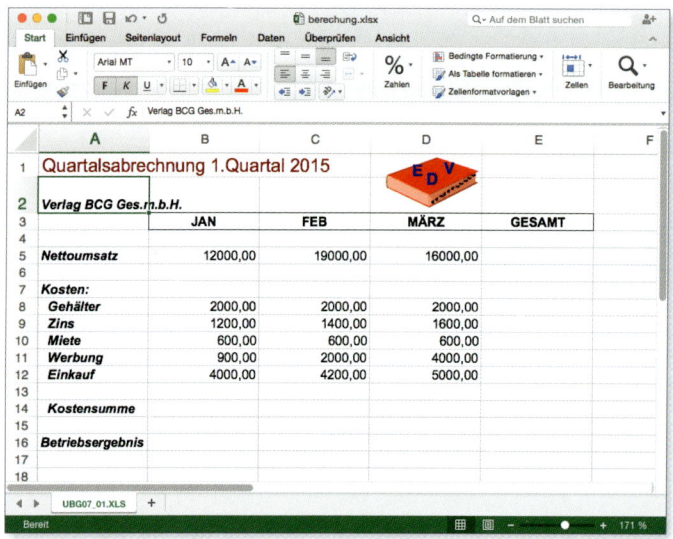

Erstes Beispiel

In der Spalte E, in der der Begriff „Gesamt" zu finden ist, sollen für das erste Quartal die Werte summiert werden, um z. B. in Erfahrung zu bringen, wie viele Zinsen im ersten Quartal ausgegeben wurden. Oder auch: Wie viel Umsatz wurde in der Summe im ersten Quartal erwirtschaftet? Frisch ans Werk! Starten wir in der Zelle B14. Die Zelle B14 soll die Summe der Kosten des Januars bekommen. Wir starten mit =. Welche Zahlen müssen wir nun addieren? Die Zahlen der Zellen B8 bis B12. Wir werden dies mehrfach tun und starten hier mit der einfachsten denkbaren Möglichkeit, die da lautet: Tippen Sie ein: *=B8+B9+B10+B11+B12.* Es genügt übrigens die Eingabe von Kleinbuchstaben bei den Spaltenbegriffen.

Zahlen einzeln addieren

Bestätigen Sie mit *Return* und Sie erhalten das Ergebnis 8700. Testen Sie die unglaubliche Performance von Excel! Ändern Sie beispielsweise den Wert in der Zelle B12. Der Einkaufswert ist aktuell 4000, ändern Sie ihn beispielsweise auf 0, indem Sie den Wert mit 0 überschreiben. Sofort wird die Kostensumme auf 4700 geändert. Unglaublich – das ist die Eleganz und der Nutzen, die Sie beim Einsatz von Excel haben:

> Wenn Sie eine Berechnung erstellt haben und sich eine Zahl, die zur Berechnung herangezogen wurde, ändert, wird in unendlich kurzer Zeit sofort das Endergebnis verifiziert.

Wollen Sie nun wieder den ursprünglichen Wert einsetzen, können Sie dies sehr einfach tun, indem Sie oben in der Menüleiste den Befehl *Rückgängig* verwenden oder *cmd + Z* drücken. Sogleich haben Sie wieder Ihr gewünschtes Ergebnis. Wir wollen das gleich noch einmal in der Zelle E5 üben. Dort ist als Berechnung einzutragen: *=B5+C5+D5*.

Durch die *farbige Hervorhebung* sehen Sie auch sehr leicht, dass Sie tatsächlich die richtigen Zahlen verwendet haben, die zur Berechnung notwendig sind.

Mit einem erneuten *Return* bestätigen Sie die Berechnung und sollten als Ergebnis den Wert 47000 erhalten. Sie erinnern sich: Ein Doppelklick auf das Ergebnis bringt Ihnen wieder die zugrunde liegende Berechnung zum Vorschein. Und nun könnten wir an allen anderen notwendigen Positionen die gleiche Art Berechnung durchführen. Doch warten Sie – wir werden es in wenigen Sekunden noch deutlich schneller vonstattengehen lassen.

Als Nächstes kümmern wir uns um die Zelle B12. In der Zelle B16 geht es darum, das Ergebnis des Monats Januar zu erfassen. Sie erinnern sich: Das Ergebnis des Monats Januar errechnet sich aus dem Umsatz abzüglich der Kostensumme. Das heißt, wir navigieren in die Zelle B16 und geben die Formel *=B5-B14* ein. Wir sollten als Ergebnis den Wert 3300 erhalten.

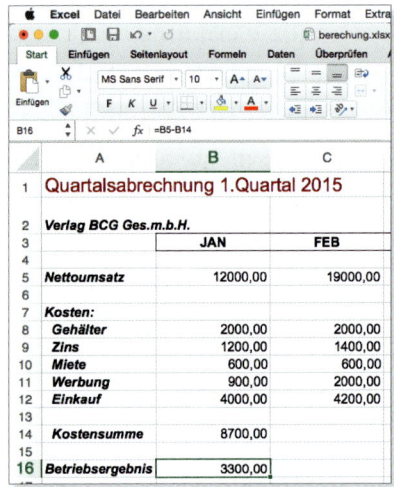

Subtraktion

Damit haben Sie auch erkannt, dass beispielsweise der Wert 4000, der in Zelle B12 zu finden ist, an zwei Stellen zur Weiterberechnung verwendet wird, nämlich zum einen in der Zelle B14 und zum anderen in Zelle B16. Gibt es irgendeine Möglichkeit innerhalb von Microsoft Excel, Derartiges zu überprüfen? Die Antwort lautet selbstverständlich „Ja"! Setzen Sie Ihren Cursor auf die Zelle B12.

> **!** Wählen Sie im Menüband **Formeln** und lassen Sie sich die **Spur zum Nachfolger** einblenden. Versuchen Sie das und wiederholen Sie das Gleiche noch einmal.

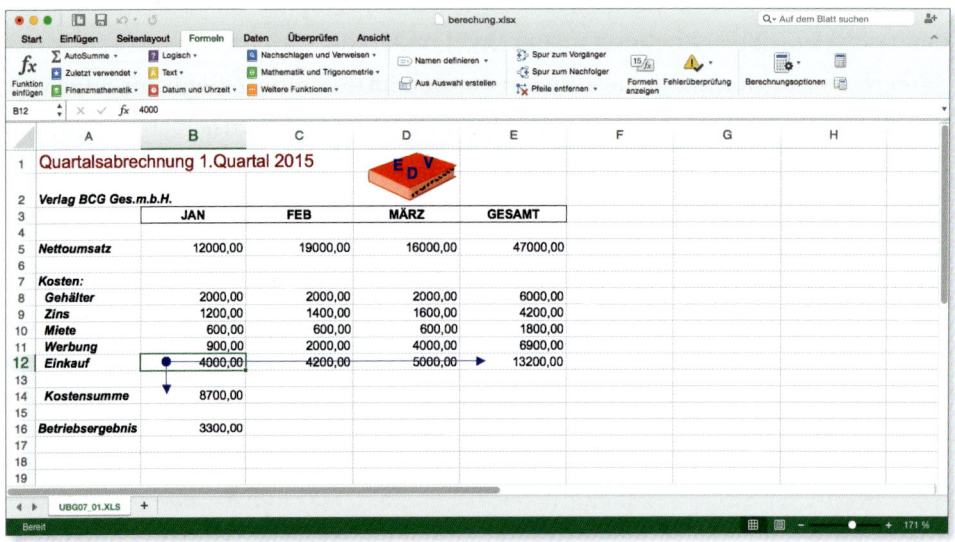

Formeln –> Spur zum Nachfolger

Das ist aber wirklich genial. Sie können sich also optisch eine Rückmeldung geben lassen, wie gerechnet wurde. Ich verwende diese Funktion beliebig oft, vor allen Dingen aber dann, wenn ich nicht selbst die Tabelle erstellt habe, sondern die Arbeitsmappe z. B. per E-Mail von jemand anderem erhalten habe.

Über diese Spuren kann ich mir sehr schnell ein Bild davon machen, wie die Person, die die Tabelle erstellt hat, gedacht hat und wie die Werte miteinander zu Berechnungen herangezogen werden. Natürlich funktioniert es auch andersherum: Wenn Sie den Cursor beispielsweise auf die Zelle E5 stellen – dort haben Sie ja die drei Werte links nebeneinander zusammengezählt –, dann können Sie sich über *Formeln udn Spur zum Vorgänger* diese Werte anzeigen lassen.

> Sie haben damit erkannt, dass Formeln, also berechnete Ergebnisse, Vorgänger haben, wohingegen einfach eingetippte Zahlen im Regelfall Nachfolger besitzen, nämlich Formeln, die sich auf diese Zahlen beziehen. Der **Detektiv** – ich verspreche es Ihnen – wird Ihnen ab heute ein lebenslanger Begleiter sein. Wenn Sie die Spuren wieder entfernen wollen, wählen Sie **Formeln –> Pfeile entfernen**, und schon können Sie sich wieder auf die Berechnungen konzentrieren.

Gehen wir nun in die Zelle C14. Ich hatte Ihnen ja versprochen, dass wir uns die Funktion des Berechnens in mehreren verschiedenen Varianten noch einmal ansehen werden. Es folgt nun die zweite Methode. Setzen Sie Ihren Cursor in C14, um die Kostensumme des Februars zu errechnen. Tippen Sie wieder = ein, um Excel mitzuteilen, dass nun eine Berechnung erfolgt. Statt aber die Zellen mit der Tastatur einzugeben (also *C8+C9+C10*), können Sie Folgendes tun: Sie klicken C8 an, dann geben Sie das + auf der Tastatur ein, danach klicken Sie die Zelle C9 an, dann tippen Sie noch ein + und klicken abschließend auf Zelle C10. Sie klicken also hintereinander mit der Maus die Zellen an, die zur Berechnung anstehen.

> Wenn Sie das **Pluszeichen** zwischendurch vergessen, werden Sie erleben, dass das nichts macht, denn Excel verwendet standardmäßig eine Addition für mehrere Zellen in Formeln, sofern Sie nichts anderes angeben. Das heißt: Sie können auch ohne Eingabe des **Plussymbols** die Zellen der Reihenfolge nach anklicken, und Excel wird automatisch das **Additionszeichen +** einfügen. Sie sollten als Ergebnis den Zahlenwert 10200 erhalten.

Also: Statt der Eingabe der expliziten Zellen, in denen sich die Zahlen befinden, können Sie diese Zellen mit der Maus auch einfach anklicken. Wir wollen aber noch schneller werden! In der Zelle D14 soll die Summe der Kosten des Monats März auftauchen. Setzen Sie Ihren Cursor also in die Zelle D14. Das Zusammenzählen ist eine sehr, sehr häufig genutzte Funktion. Deshalb haben Sie ganz rechts im Menüband *Start* das Werkzeug *Summe*. Klicken Sie dieses Werkzeug an und Sie erkennen, dass Excel nun eine Summe errechnet.

Summenfunktion im „Start"-Menüband

Summe

Aber: Leider ist die Summe über die falschen Werte erstellt worden. Ich möchte ja nicht die Werte von B14 und C14 addieren, sondern die Werte von D8 bis D12. Deshalb sollten wir an der Stelle abbrechen. Zum Abbrechen verwenden Sie die Tastenkombination *cmd + Punkt (.)*. Wie stellen wir es an, dass *die Summenfunktion* die richtigen Werte verwendet?

	A	B	C	D	E
1	Quartalsabrechnung 1.Quartal 2015				
2	Verlag BCG Ges.m.b.H.				
3		JAN	FEB	MÄRZ	GESAMT
4					
5	Nettoumsatz	12000,00	19000,00	16000,00	47000,00
6					
7	Kosten:				
8	Gehälter	2000,00	2000,00	2000,00	6000,00
9	Zins	1200,00	1400,00	1600,00	4200,00
10	Miete	600,00	600,00	600,00	1800,00
11	Werbung	900,00	2000,00	4000,00	6900,00
12	Einkauf	4000,00	4200,00	5000,00	13200,00
13					
14	Kostensumme	8700,00	10200,00	=SUMME(B14:C14)	
15					

Summenfunktion im praktischen Einsatz

Will ich nun die richtigen Werte zusammenzählen, empfiehlt sich folgende Vorgehensweise: Markieren Sie die Zellen von D8 bis einschließlich D14 und klicken Sie dann erneut auf das *Summensymbol*.

	A	B	C	D	E
1	Quartalsabrechnung 1.Quartal 2015				
2	Verlag BCG Ges.m.b.H.				
3		JAN	FEB	MÄRZ	GESAMT
4					
5	Nettoumsatz	12000,00	19000,00	16000,00	47000,00
6					
7	Kosten:				
8	Gehälter	2000,00	2000,00	2000,00	6000,00
9	Zins	1200,00	1400,00	1600,00	4200,00
10	Miete	600,00	600,00	600,00	1800,00
11	Werbung	900,00	2000,00	4000,00	6900,00
12	Einkauf	4000,00	4200,00	5000,00	13200,00
13					
14	Kostensumme	8700,00	10200,00	=SUMME(D8:D13)	
15				SUMME(Zahl1; [Zahl2]; ...)	
16	Betriebsergebnis	3300,00			

Korrekte Summe.

Sie sehen, dass jetzt die Summenberechnung exakt erfolgt ist. Überprüfen Sie die Formel, die eingesetzt wurde, und Sie erkennen: Es wurde eine Excel-Funktion namens *Summe* verwendet, die die Werte von D8 bis einschließlich D13 zusammenzählt.

Sie haben recht, wenn Sie behaupten, es wäre unnötig, die Zelle D13 mit in die Berechnung einfließen zu lassen, da dies eine leere Zelle ist. Aber dadurch, dass sie leer ist und keinen Wert enthält, wird auch kein zusätzlicher Zahlenwert zur Summe hinzuaddiert. Das Ergebnis ist korrekt, und wir können also mit der Berechnung unserer Tabelle fortfahren.

Um Ihnen zu zeigen, wie die *Summe*-Funktion korrekt und vernünftig arbeitet, sollten Sie nun Ihren Cursor in die Zelle E8 stellen, um mit einem Klick das Summensymbol erneut aufzurufen.

Nun hat die *Summenfunktion* alles richtig gemacht. Bestätigen Sie mit *Return*, um das korrekte Ergebnis zu bekommen.

Wir wollen aber noch schneller werden! Wir müssen jetzt die gleiche Art der Berechnung in E9, E10, E11 und so weiter vonstattengehen lassen. Das machen wir deutlich flotter. Setzen Sie Ihren Cursor bitte auf die Zelle E8, also auf die Summenberechnung von E8. Nehmen Sie erneut den *Anfasser*, den Sie aus den vorherigen Übungen schon kennen, und ziehen Sie mit diesem *Anfasser* die Berechnung bis zur Zelle E16 hinunter.

	A	B	C	D	E	F
1	Quartalsabrechnung 1.Quartal 2015					
2	Verlag BCG Ges.m.b.H.					
3		JAN	FEB	MÄRZ	GESAMT	
4						
5	Nettoumsatz	12000,00	19000,00	16000,00	47000,00	
6					0,00	
7	Kosten:				0,00	
8	Gehälter	2000,00	2000,00	2000,00	6000,00	
9	Zins	1200,00	1400,00	1600,00	4200,00	
10	Miete	600,00	600,00	600,00	1800,00	
11	Werbung	900,00	2000,00	4000,00	6900,00	
12	Einkauf	4000,00	4200,00	5000,00	13200,00	
13					0,00	
14	Kostensumme	8700,00	10200,00	13200,00	32100,00	
15					0,00	
16	Betriebsergebnis	3300,00			3300,00	
17						
18						

Viele Summen auf einmal

Das ist unglaublich, aber wahr! Excel hat jetzt erkannt, was Sie ihm in Zeile 8 beigebracht haben. Nämlich: Bitte nimm die drei Werte, die in der gleichen Zeile in den links nebenan stehenden Spalten stehen, und addiere diese (man nennt dies auch Berechnungen mit relativem Bezug). Diese Berechnung wurde nun nach unten durchkopiert. Überprüfen Sie beispielsweise das Ergebnis in Zelle E14 in der Kostensumme. Sie können über den *Detektiv* leicht nachvollziehen, dass diese Berechnung korrekt stattgefunden hat. Excel ist also ein fantastisches Werkzeug, wenn man weiß, wie die Funktionen zu erlangen sind, um Berechnungen in unglaublicher Geschwindigkeit auszuführen.

Sie haben jetzt natürlich an einigen Stellen Berechnungen durchführen lassen, wo gar keine Werte existieren, z. B. in der Zelle E13 oder der Zelle E15. Fahren Sie die Zellen an und löschen Sie einfach mit der Taste *Entfernen* den dortigen Inhalt.

Es fehlen noch zwei Berechnungen, nämlich die Berechnung in den Zellen C16 und D16. Wie wollen wir das schnell und komfortabel lösen? Wieder ganz einfach: Sie setzen Ihren Cursor auf die Zelle B16, nehmen erneut den *Anfasser* und ziehen über C16 zu D16. Schon haben Sie die komplette Tabelle mit allen Werten berechnet.

		JAN	FEB	MÄRZ	GESAMT
13					0,00
14	*Kostensumme*	8700,00	10200,00	13200,00	32100,00
15					0,00
16	*Betriebsergebnis*	3300,00	8800,00	2800,00	14900,00
17					
18					

Alle Berechnungen erfolgreich

Fantastisch! Nun wäre es ein guter Zeitpunkt, den *Detektiv* in Aktion zu versetzen. Angenommen, Sie möchten wissen, welche Auswirkung eine Änderung der Gehälterposition im Januar hat, also eine Änderung der Zelle B8, dann verwenden Sie *Formeln –> Spur zum Nachfolger*. Es werden E8 *und* E14 markiert. Wiederholen Sie das Gleiche mehrmals, also ein zweites und drittes Mal. Wenn Sie die Funktion ein viertes Mal aufrufen möchten, bekommen Sie einen *Signalton*. Der bedeutet: Sie haben nun alle Nachfolger gefunden, die der Wert der Zelle B8 hat.

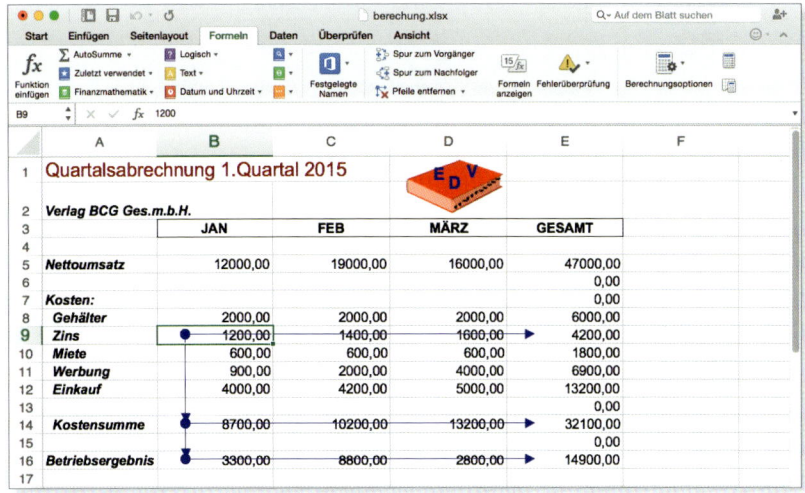

Alle Nachfolger für die Zelle B8

Sie sehen also, dass eine Änderung der Gehälterposition im Januar an fünf Stellen sofortige Änderungen durchführt. Probieren Sie es aus! Ändern Sie den Gehälterwert von 2000 auf beispielsweise 0 und bestätigen Sie die geänderte Eingabe mit *Return*. Sofort haben sich diese fünf Werte den geänderten Anfangsbedingungen angepasst.

Excel ist ein Wahnsinnsprogramm! Und jetzt verstehen Sie sicher auch, warum praktisch alle Menschen auf der Welt Excel als Tabellenkalkulationsprogramm verwenden. Kalkulationen sind sehr schnell erstellt, sehr schnell geändert, die Formeln sind einfach zu durchschauen und mit Zusatzwerkzeugen wie den *Spuren* schnell zu überprüfen.

Verwenden von absoluten Bezügen bei Berechnungen

Wir wollen nun eine komplexere Tabelle mit Berechnungen versehen.

Komplexe Tabelle

Nun gut – keine Frage: Im Vergleich zu den Tabellen, die Sie vermutlich im Verlauf Ihres Arbeitsalltags zu sehen bekommen, ist diese noch nicht unglaublich komplex, aber für die Einführung in die Funktionsweise von *Microsoft* Excel ein durchaus interessantes Beispiel.

Sehen Sie sich die Tabelle etwas genauer an. Sie finden verschiedene Kostenstellen in Spalte B aufgelistet. In Spalte C sind für die jeweilige Kostenstelle die budgetierten Daten formuliert, in Spalte E die tatsächlich eingetretenen Daten. In Spalte G wurden die Abweichungen vom Budget zu den Istwerten berechnet. Diese Art der Berechnung kennen Sie schon: Es ist einfach nur die Subtraktion der Werte, und zwar einmal ausgeführt in Zeile 5 und dann mit dem *Anfasser* nach unten durchkopiert.

In Zelle C15 ist die Summe über die Budgetdaten geschlagen worden, ebenso in den Zellen E15 und G15. Wir wollen uns nun mit den Spalten D und F beschäftigen. Worum geht es in der Berechnung der Spalte D respektive der Spalte F? Sie sehen in Zelle C8, dass 77000 der budgetierte Wert für die Ausgaben ist. Die Gesamtausgaben belaufen sich auf 627900. Die Frage, die es zu lösen gilt, ist: Wie hoch ist der Anteil dieser EDV-Ausgaben an den Gesamtausgaben? Und dieser Prozentwert soll in die Zelle D8 eingetragen werden. Genauso verhält es sich mit allen anderen Werten der Spalte D. Deswegen sollte man in Zelle D5 beginnen. Wie lautet die Berechnung? Ganz einfach: *=C5/C15*.

Bestätigen Sie das Ganze mit *Return* und Sie erhalten vermutlich als Zahlenwert dieses Ergebnis:

	A	B	C	D	E
1					
2	**1.Quartal**	**2016**		**Ausgabenanalyse**	
3					
4	Kostenstelle		Budget	Bu.%	Istdaten
5	Planung		40.000,00	0,063704	42.000,00
6	Beratung		15.000,00		13.900,00
7	Forschung		46.000,00		48.200,80
8	EDV		77.000,00		67.893,23
9	Personal		215.000,00		227.840,00

Prozentberechnung

> **!** Es erscheint also ein Dezimalwert, in diesem Fall 0,0637... Sicher haben Sie irgendwann im Rahmen Ihrer schulischen oder beruflichen Ausbildung gelernt, dass man beim Prozentrechnen immer mit einem Faktor 100 zu arbeiten hat. Das erledigt Excel automatisch für uns. Denn dieser hier errechnete Wert ist ja das Verhältnis der Planungsdaten zu den Gesamtausgabedaten. Es fehlt lediglich noch die Umwandlung in einen prozentualen Wert. Klicken Sie hierzu im **Menüband Start** den **%-Button an** und direkt rechts daneben die Funktion **Dezimalstelle hinzufügen**. Klicken Sie zweimal auf **Dezimalstelle hinzufügen**, um diesen Prozentwert mit zwei Nachkommastellen zu versehen.

> **!** Das heißt also: Beim Klick auf das **%-Icon** in der Symbolleiste wird der Faktor 100 mit einberechnet, sodass Sie bei der Kalkulation auf diesen Wert verzichten können. Das ist sehr wichtig, und Sie sollten es sich merken. Nun, damit ist die erste Berechnung in Ordnung. Vermutlich machen Sie es nun genauso wie ich und ziehen mit dem **Anfasser** das Ergebnis nach unten. Und siehe da: Es funktioniert nicht.

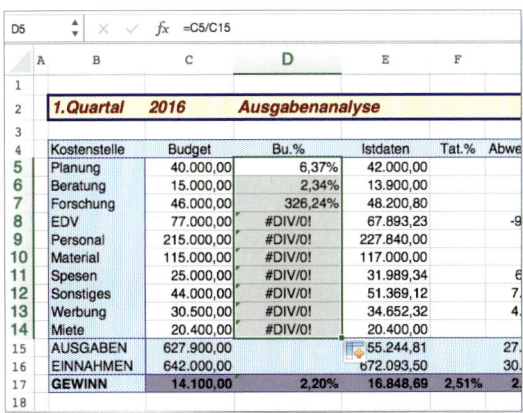

Die Übernahme der Formel ist fehlgeschlagen.

Warum funktioniert die Berechnung scheinbar nur an den ersten zwei Stellen und danach nicht mehr? Ich werde das Problem mit dem *Detektiv* lösen. Dazu setze ich den Mauszeiger beispielsweise an die erste Fehlberechnung in D8 und hole mir, weil es ein berechneter Wert ist, über das Menüband *Formeln –> Spur zum Vorgänger*. Und Sie sehen: Alles klar, hier haben wir ein Problem.

	A	B	C	D	E
1					
2		**1.Quartal**	**2016**	**Ausgabenanalyse**	
3					
4		Kostenstelle	Budget	Bu.%	Istdaten
5		Planung	40.000,00	6,37%	42.000,
6		Beratung	15.000,00	2,34%	13.900,
7		Forschung	46.000,00	326,24%	48.200,
8		EDV	77.0	#DIV/0!	67.893,
9		Personal	215.000,00	#DIV/0!	227.840,
10		Material	115.000,00	#DIV/0!	117.000,
11		Spesen	25.000,00	#DIV/0!	31.989,
12		Sonstiges	44.000,00	#DIV/0!	51.369,
13		Werbung	30.500,00	#DIV/0!	34.652,
14		Miete	20.400,00	#DIV/0!	20.400,
15		AUSGABEN	627.900,00		655.244,
16		EINNAHMEN	642.000,00		672.093,
17		**GEWINN**	14.100,00	2,20%	16.848,
18					
19					

Problem bei der Berechnung

Es ist völlig in Ordnung, dass C8 zur Berechnung herangezogen wird. Aber wie um alles in der Welt kommt Excel auf die Idee, mit C18 zu rechnen? Nun, die Sache ist eigentlich klar: Wir haben es an dem vorherigen Beispiel mit den einfachen Formeln ja schon kennengelernt. In dem Augenblick, wo ich mit dem *Anfasser* die Formel nach unten durchkopiere, wird der relative Bezug kopiert. Was heißt das? Als wir die Formel erstellt haben, haben wir Excel das Signal gegeben: Bitte nimm den Wert der gleichen Zeile, aber eine Spalte links, und dividiere durch den Wert eine Spalte links und zehn Zeilen weiter unten. Und diese Formel ziehe ich jetzt mit dem *Anfasser* nach unten, sodass in Zelle D8 Excel den Wert C18 verwendet, was klar ist, weil sich Excel ja gemerkt hat, dass der Wert, durch den zu dividieren ist, zehn Zeilen weiter unten steht. Das heißt: Wir kommen jetzt mit Berechnungen über sogenannte *relative Bezüge* nicht mehr weiter, wir müssen uns etwas anderes überlegen.

 Diese Berechnung nennt Excel **absoluter Bezug** bzw. **absolute Adressierung**, und sie funktioniert wie folgt:

Löschen Sie erneut alle Berechnungen und setzen Sie Ihren Cursor wieder in die Zelle D5. Es gibt zwei Arten, eine absolute Berechnung durchzuführen. Wir starten mit Methode eins:

Geben Sie die Berechnung ein, und zwar *=C5/C15* (bitte noch nicht mit *Return* bestätigen). Das Problemkind ist C15. C15 muss auf absolut gewechselt werden, damit sich beim Hinunterziehen mit dem *Anfasser* der Wert nicht ändert. Sie lösen dies im einfachsten Fall mit der Tastenkombination *cmd + T* aus. Nun erscheint an dieser Stelle ein $-Zeichen vor dem C und ein $-Zeichen vor der Zahl 15.

SUMME	× ✓	fx	=C5/$C$15

	A	B	C	D
1				
2		1.Quartal	2016	Ausgabenanal
3				
4		Kostenstelle	Budget	Bu.%
5		Planung	40.000,00	=C5/$C$15
6		Beratung	15.000,00	
7		Forschung	46.000,00	

Absoluter Bezug

Quittieren Sie nun mit *Return* und ziehen Sie mit dem *Anfasser* von D5 bis zu D14 hinunter. Und schon hat es funktioniert! Überprüfen wir es erneut mit den Spuren.

	A	B	C	D	E	F
1						
2		1.Quartal	2016	Ausgabenanalyse		
3						
4		Kostenstelle	Budget	Bu.%	Istdaten	Tat.%
5		Planung	40.000,00	6,37%	42.000,00	
6		Beratung	15.000,00	2,39%	13.900,00	
7		Forschung	46.000,00	7,33%	48.200,80	
8		EDV	77.000,00	12,26%	67.893,23	
9		Personal	215.000,00	34,24%	227.840,00	
10		Material	115.000,00	18,32%	117.000,00	
11		Spesen	25.000,00	3,98%	31.989,34	
12		Sonstiges	44.000,00	7,01%	51.369,12	
13		Werbung	30.500,00	4,86%	34.652,32	
14		Miete	20.400,00	3,25%	20.400,00	
15		AUSGABEN	627.900,00		655.244,81	
16		EINNAHMEN	642.000,00		672.093,50	
17		GEWINN	14.100,00	2,20%	16.848,69	2,51
18						

Absoluter Bezug mit Spuren überprüft

Sie sehen also: Nun stimmt's. Alle Werte verwenden den summierten Ausgabenwert, um damit den Prozentwert zu errechnen.

Sie sehen, wenn ich in D15 eine Formatierung vorgenommen habe, wie die zweistellige Darstellung als Prozentwert, wird durch Herunterziehen mit dem **Anfasser** diese Formatierung auch nach unten übertragen. Das ist sehr praktisch und spart jede Menge Arbeit.

Namen definieren

Es gibt eine weitere Möglichkeit, mit *absoluten Bezügen* zu arbeiten. Das wollen wir uns in der Spalte F ansehen. In Spalte F sind die Werte von E5 bis E14 prozentual zu dem Wert von E15 darzustellen. E15 ist damit ein sehr, sehr wichtiger Wert. Deshalb haben wir folgende Möglichkeit: Ich klicke als Allererstes den Wert in E15 an, gehe in die *Bearbeitungsleiste* und gebe der Zelle anstelle von E15 einen Namen. Der Name könnte „istausgabesumme" lauten. Schreiben Sie ihn bitte ohne Anführungszeichen und am besten in Kleinbuchstaben, um die Arbeit zu erleichtern. Quittieren Sie mit *Return*, und schon heißt diese Zelle nicht mehr E15, sondern „istausgabesumme". Und genau das können wir für die Berechnung verwenden. Setzen Sie nun den Cursor in die Zelle F5 und schreiben Sie: *=E5/istausgabesumme.* Sie merken bereits beim Eintippen, dass Excel den Namen kennt und deshalb als Vorschlag auflistet.

Bestätigen Sie mit *Return*, und sofort müsste der Zahlenwert erscheinen. Nun können Sie, wie bereits in Spalte D gesehen, dieses Ergebnis mit dem *Anfasser* nach unten ziehen, und alle Ergebnisse sind sofort korrekt.

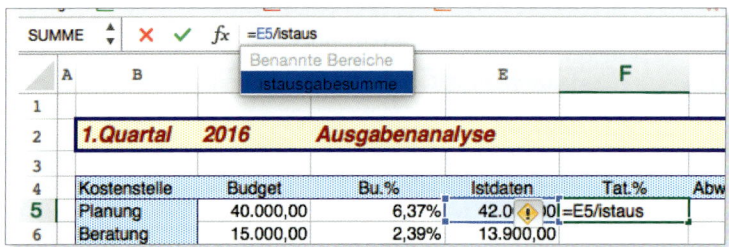

Formel mit Namen

Über die Namensvergabe haben wir also eine sehr elegante Möglichkeit, wichtigen Zahlen einen eindeutigen Namen zu verpassen und diesen Namen auch zur Berechnung zu verwenden. Und dazu müssen wir uns nicht mehr merken, an welcher horizontalen und vertikalen Position der Wert steht, denn der Name ist ja identisch mit der Zellenposition.

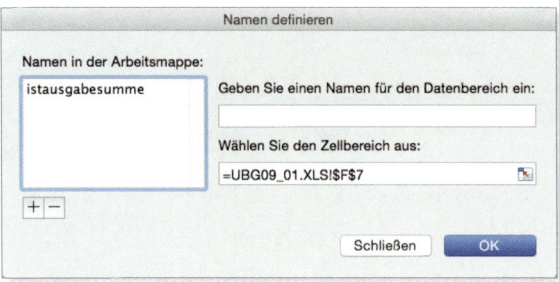

Arbeiten mit Namen

Wollen Sie eine Übersicht haben, welche Namen in Ihrem Tabellenblatt aktuell vergeben sind, dann wählen Sie das Menüband *Formeln –> Namen definieren* und dort den Eintrag *Definieren*. Sie können dort bestehende Namen in einer Liste sehen, neue Namen definieren, Namen löschen, hinzufügen etc. Jeder Name ist für diese Tabelle einmalig, das heißt, es dürfen keine zwei identischen Namen innerhalb einer Tabelle zur Verwendung kommen. Damit haben wir ein erstes Beispiel, wie komplexere Berechnungen mithilfe von sogenannten *absoluten Bezügen* erfolgreich abgeschlossen werden können. Ich werde an dieser Stelle ein zweites Beispiel mit Ihnen durcharbeiten, um noch einmal die Funktion und die Kraft dieser *absoluten Bezüge* zu verdeutlichen.

Beispiel Ansparen

Stellen Sie sich bitte Folgendes vor: Sie möchten für Ihren Ruhestand Geld ansparen. Sie wissen, es gibt verschiedene Produkte und verschiedene Ideen, dies zu bewerkstelligen. Und unterstellen wir mal den allereinfachsten Fall, Sie tragen jeden Monat 100 Euro auf ein Girokonto auf Ihrer Bank und lassen dieses Geld mit einem Zins versehen. Und das Ganze tun Sie über einen Zeitraum von vielleicht 30 Jahren. Um die Berechnung nicht so komplex werden zu lassen, schlage ich folgende Vereinfachungen vor:

1. Wir zahlen immer am ersten Januar das Geld für das aktuelle Jahr komplett ein, sodass wir am Ende des Jahres den Zinsertrag für die Einzahlung beginnend mit dem 1. Januar haben.
2. Der Form halber möge über die gesamte Laufzeit der Zinssatz konstant bleiben, sodass wir über einen Zeitraum von 30 Jahren mit dem gleichen Zinssatz rechnen können.

So, dann wollen wir mal dieses Problem mit Excel lösen.

	A	B	C	D	
1	Monatsrate	100			
2	Zinssatz p. a.	3%			
3					
4					
5	Jahr	Beginn des Jahres	Zinsen	Ende des Jahres	
6	1	1.200,00 €	36,00 €	1.236,00 €	
7	2	2.436,00 €	73,08 €	2.509,08 €	
8	3	3.709,08 €	111,27 €	3.820,35 €	
9	4	5.020,35 €	150,61 €	5.170,96 €	

Ansparen

Erstellen Sie also in Excel eine Tabelle gemäß dem Muster des Bildschirmfotos.

> **!** Erinnern Sie sich bitte in der Spalte A, wie Sie die Zahlenkolonne von 1 bis 30 erstellen: Geben Sie am besten den Wert 1 und 2 vor, markieren Sie beide gemeinsam und ziehen Sie mit dem **Anfasser** nach unten. So, nun kann die Berechnung beginnen. Wir wollen mal mit Startwerten wie einer Monatsrate von 100 Euro und einem Zinssatz von 3 % anfangen. Wie viel zahlen wir zu Beginn des Jahres ein? Klare Sache, für das gesamte Jahr, also für zwölf Monate je 100 Euro. Die Berechnung lautet an der Stelle: **=12*B1**.

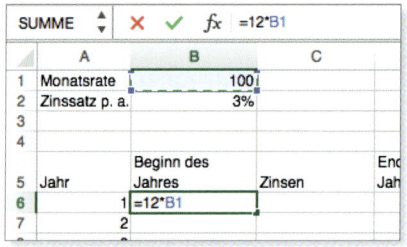

Berechnung zu Beginn des Jahres

Bestätigen Sie mit *Return* und Sie müssten tatsächlich 1 200 Euro erhalten haben. Die Berechnung der Zinsen lautet: *=B6*B2*.

Sie erhalten damit 36 Euro Zinsen für die 1 200 Euro im Laufe des ersten Jahres, was uns zu der Summe am Ende des ersten Jahres von *B6+C6* und damit zu 1 236 Euro bringt.

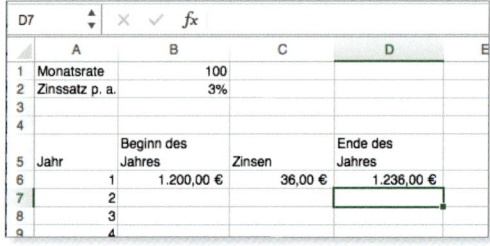

Situation am Ende des ersten Jahres

Bitte noch nicht vorschnell weiterarbeiten. Wenn Sie jetzt nach unten ziehen, ist die Berechnung nämlich noch nicht exakt. Bedenken Sie, die Situation im zweiten Jahr ändert sich grundlegend. Warum? Sie haben bereits Kapital in Höhe von 1 236 Euro, und jetzt kommt zusätzlich die Einzahlung vom zweiten Jahr hinzu. Deswegen lautet die Berechnung in der Zelle B7: = 12*$B$1+ D6.

Und B1 muss in diesem Fall mit *cmd + T* auf *absolut* geschaltet werden oder eben über die Namensmethode. Warum? In jedem Jahr ist die Einzahlung über 100 Euro pro Monat konstant. Wir müssen uns also immer auf die 100 Euro, also den Wert B1, beziehen. Bestätigen Sie mit *Return* und Sie sollten das richtige Ergebnis erhalten.

B7			fx	=12*$B$1+D6	
	A	B		C	D
1	Monatsrate	100			
2	Zinssatz p. a.	3%			
3					
4					
5	Jahr	Beginn des Jahres		Zinsen	Ende des Jahres
6	1	1.200,00 €		36,00 €	1.236,00 €
7	2	2.436,00 €			
8	3				
9	4				
10	5				

Beginn des zweiten Jahres

So, wie sieht die Berechnung für den Zins aus? Sie errechnet sich aus: =B7*$B$2 – also wieder B2 mit *cmd + T* in den absoluten Bezug setzen. Der Wert des Zinses sollte nun erhöht sein auf 73,08. Da Sie mehr Kapital haben, und zwar mehr als das Doppelte des ersten Jahres, bekommen Sie auch mehr als den doppelten Zinsertrag – logisch! Somit verfügen Sie am Ende des zweiten Jahres über *B7+C7*, also über 2 509,08 Euro.

Damit sind die grundsätzlichen Berechnungen erledigt, und wir können tatsächlich mit dem *Anfasser* nach unten ziehen. Setzen Sie also den Cursor auf B7 und ziehen Sie mit dem *Anfasser* nach unten. Setzen Sie den Cursor auf C7 und ziehen Sie auch hier mit dem *Anfasser* nach unten. Setzen Sie nun noch den Cursor auf D7 und ziehen Sie ein letztes Mal mit dem *Anfasser* auch diese Berechnung nach unten. Sie sehen, wie sich die korrekten Werte in der Tabelle automatisch einblenden. Und wenn Sie alles korrekt hinter sich gebracht haben, erkennen Sie, dass Sie insgesamt einen Betrag von 58 803,21 Euro erwirtschaftet haben.

F17		× ✓ fx			

	A	B	C	D	E
1	Monatsrate	100			
2	Zinssatz p. a.	3%			
3					
4					
5	Jahr	Beginn des Jahres	Zinsen	Ende des Jahres	
6	1	1.200,00 €	36,00 €	1.236,00 €	
7	2	2.436,00 €	73,08 €	2.509,08 €	
8	3	3.709,08 €	111,27 €	3.820,35 €	
9	4	5.020,35 €	150,61 €	5.170,96 €	
10	5	6.370,96 €	191,13 €	6.562,09 €	
11	6	7.762,09 €	232,86 €	7.994,95 €	
12	7	9.194,95 €	275,85 €	9.470,80 €	
13	8	10.670,80 €	320,12 €	10.990,93 €	
14	9	12.190,93 €	365,73 €	12.556,66 €	
15	10	13.756,66 €	412,70 €	14.169,35 €	
16	11	15.369,35 €	461,08 €	15.830,44 €	
17	12	17.030,44 €	510,91 €	17.541,35 €	
18	13	18.741,35 €	562,24 €	19.303,59 €	
19	14	20.503,59 €	615,11 €	21.118,70 €	
20	15	22.318,70 €	669,56 €	22.988,26 €	
21	16	24.188,26 €	725,65 €	24.913,91 €	
22	17	26.113,91 €	783,42 €	26.897,32 €	
23	18	28.097,32 €	842,92 €	28.940,24 €	
24	19	30.140,24 €	904,21 €	31.044,45 €	
25	20	32.244,45 €	967,33 €	33.211,78 €	
26	21	34.411,78 €	1.032,35 €	35.444,14 €	
27	22	36.644,14 €	1.099,32 €	37.743,46 €	
28	23	38.943,46 €	1.168,30 €	40.111,76 €	
29	24	41.311,76 €	1.239,35 €	42.551,12 €	
30	25	43.751,12 €	1.312,53 €	45.063,65 €	
31	26	46.263,65 €	1.387,91 €	47.651,56 €	
32	27	48.851,56 €	1.465,55 €	50.317,11 €	
33	28	51.517,11 €	1.545,51 €	53.062,62 €	
34	29	54.262,62 €	1.627,88 €	55.890,50 €	
35	30	57.090,50 €	1.712,71 €	58.803,21 €	
36					
37					

Ergebnis Ansparen

Das ist ganz stattlich, was sich hier nach 30 Jahren mit 100 Euro im Monat ansammeln lässt. Es wäre nun noch interessant zu wissen, wie viel Geld man in diesem Zeitraum eigentlich eingezahlt hat. Noch genauer: Ich möchte eigentlich ständig wissen, wie hoch mein Kapital im Vergleich zu den bis dato eingezahlten Raten angewachsen ist. Deswegen erweitere ich die Tabelle um eine Spalte F und nenne diese *Bisher eingezahlte Raten*. Denken Sie daran, dass der Text nicht in die Breite passt, daher können Sie mit *Control + cmd + Enter* einen Zeilenumbruch veranlassen. Zu Beginn des ersten Jahres haben Sie eingezahlt: *=B6*, also 1 200 Euro. Im zweiten Jahr zahlen Sie erneut 1 200 Euro ein, die Berechnung könnte wie folgt aussehen: *=F6+12*$B&1* (B1 erneut mit *cmd + T absolut* setzen).

Ziehen Sie auch diesen Wert nach unten und Sie erhalten einen insgesamt eingezahlten Betrag von 36 000 Euro, was wir aber auch durch Kopfrechnen hätten ermitteln können :-).

es		bisher eingezahlte Raten	
236,00 €		1200	
509,08 €		=12*$B$1+F6	
820,35 €		3600	
170,96 €		4800	
562,09 €		6000	
994,95 €		7200	
470,80 €		8400	

Eingezahlte Raten

> Mit dieser Tabelle haben Sie, ob Sie es glauben oder nicht, ein unglaublich wichtiges Werkzeug. Denn Sie können nun beispielsweise die Monatsrate ändern, und kaum haben Sie mit **Return** den neuen Wert quittiert, erhalten Sie ein neues Ergebnis – probieren Sie es aus! Tragen Sie als Monatsrate beispielsweise 250 Euro ein, **Return**, und schon erhalten Sie eine Gesamtsumme von ca. 147000 Euro nach einer Laufzeit von 30 Jahren bei eingezahlten 90000 Euro. Wow! Excel kann also in unglaublich kurzer Zeit beliebig viele, auch sehr komplexe Berechnungen durchführen.

Selbstverständlich gilt das ebenso für die Änderung des Zinssatzes. Wir sind bei drei Prozent gestartet. Angenommen, Sie haben einen guten Kontakt zu Ihrer Bank und können Ihren Banker davon überzeugen, Ihnen fünf Prozent Zinsen zu geben. Beachten Sie bitte: Es genügt, die Zahl 5 einzutragen, das %-Zeichen ist nicht notwendig.

Und nach der Bestätigung mit *Return* erhalten Sie als Ergebnis nun über 200000 Euro aus insgesamt eingezahlten 90000 Euro. Das ist – wie Sie sehen – schon deutlich interessanter. Sie haben also Ihr Geld im Lauf der 30 Jahre mehr als verdoppelt. Wenn wir aber ehrlich sind, dann ist das oft nicht die Frage, die sich uns stellt.

Zielwertsuche

Die Fragestellung ist häufig eine andere: Ich möchte nach 30 Jahren über eine Summe von ca. 450000 Euro verfügen – wie hoch müsste die monatliche Rate sein bei einem gegebenen Zinssatz von 6,3 %? Kann man Derartiges auch mit Excel lösen? Selbstverständlich.

Das Werkzeug, das Ihnen diese coole Funktion anbietet, nennt sich *Zielwertsuche*. Tragen Sie auf jeden Fall den noch gegebenen Wert von 6,3 % für die Verzinsung ein und setzen Sie als Zweites Ihren Cursor in die Zielzelle, die in unserem Fall Zelle D35 ist. Holen Sie sich nun im Menüpunkt *Extras* die *Zielwertsuche*. Als *Zielwert* wollen wir 450000 ansteuern. Tragen Sie dies bitte bei *Zielwert* ein. Die veränderbare Zelle soll die monatliche Rate sein, die wir in B1 finden. Tragen Sie auch diesen Wert in den Dialog ein.

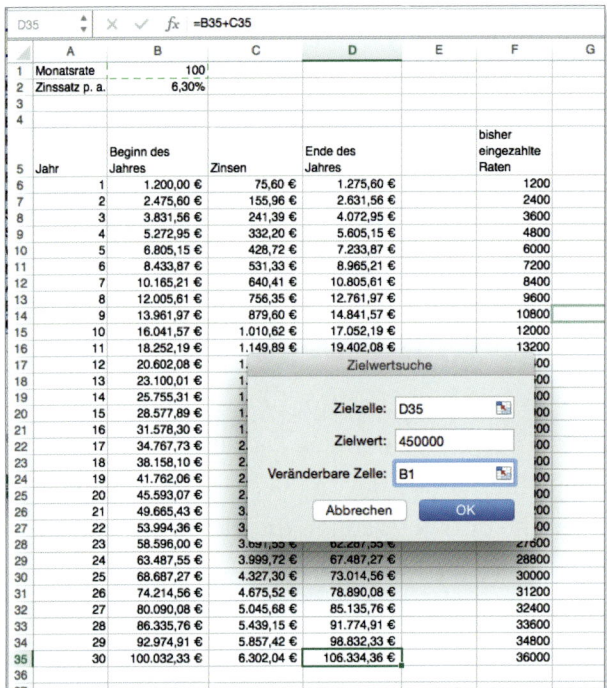

Zielwertsuche erstellen

Ist alles korrekt, dann klicken Sie auf *OK*, und – unglaublich, aber wahr – wenige Sekundenbruchteile später hat Excel für Sie ein Ergebnis gefunden, nämlich das Ergebnis von ca. 423,20 Euro, um den *Zielwert* von 450000 Euro zu erreichen.

Sie sehen, diese Funktion ist absolut spektakulär. Sie können von einem gewünschten Ergebnis auf dafür notwendige Startwerte zurückrechnen. Und das klappt überall in Excel, also nicht nur, wenn es – wie hier – um Geld geht, sondern auch bei vielen anderen Dingen. Denken Sie z. B. an die Tabelle von vorhin zurück, wo wir budgetierte und Istdaten hatten. Da kann es durchaus eine Aufgabenstellung sein, dass jemand möchte, dass die EDV-Daten nur maximal sieben Prozent des Gesamtbudgets ausmachen dürften. Wie hoch können dann die EDV-Ausgaben sein? Die *Zielwertsuche* ist ein supermächtiges Werkzeug bei der Verwendung von *Microsoft* Excel.

 Wer noch deutlich komplexere Probleme von Excel gelöst haben möchte, der kann sich als kostenlosen Download den Solver für Excel 2011 unter **http://www.solver.com/mac/dwnmac2011solver.htm** besorgen.

Berechnungen mit Uhrzeitwerten

Man kann mit Excel nicht nur normales Zahlenmaterial zu Berechnungen verwenden, sondern natürlich kann auch mit Uhrzeiten oder Datumswerten gerechnet werden. Wir wollen uns auch hierzu eine Aufgabe ansehen. Stellen Sie sich vor, Sie erstellen eine Tabelle, in der Sie Ihre tägliche Arbeitszeit und am Ende der Woche Ihre Wochenarbeitszeit berechnen möchten.

	A	B	C	D	E	F	G
	F16		fx				
1	Berechnung von Arbeitszeiten						
2							
3							
4	Tag	Beginn	Mi-Pause Start	Mi-Pause Ende	Ende		Arbeitszeit je Tag
5	Montag						
6	Dienstag						
7	Mittwoch						
8	Donnerstag						
9	Freitag						
10							
11					Gesamt		
12							
13					Mittelwert:		
14							
15							

Tabelle mit Arbeitszeiten

Diese leere Tabelle könnte hierfür zur Verwendung kommen. Hernach erfolgt die Eintragung der täglichen Zeiten. Mit „Beginn" ist die Zeit gemeint, in der die Arbeit beginnt. Daneben steht „Mi-Pause Start", also wann die Mittagspause beginnt, danach ist der Wert einzutragen, wann sie endet. Mit „Ende" ist eine Spalte vorgesehen, um das Ende der täglichen Arbeitszeit zu hinterlegen.

Ist das Grundraster erledigt, können Sie die Werte eintragen.

	A	B	C	D	E	F	G
	G14		fx				
1	Berechnung von Arbeitszeiten						
2							
3							
4	Tag	Beginn	Mi-Pause Start	Mi-Pause Ende	Ende		Arbeitszeit je Tag
5	Montag	08:12	12:12	13:05	16:45		
6	Dienstag	07:45	12:34	13:14	16:54		
7	Mittwoch	08:00	12:37	13:34	17:30		
8	Donnerstag	07:30	12:03	12:57	17:12		
9	Freitag	07:54			15:10		
10							
11					Gesamt		
12							
13					Mittelwert:		

Eingetragene Uhrzeiten

Sie sehen, ich habe dabei eine kleine Spezialität integriert, nämlich am Freitag wurde keine Mittagspause eingelegt, sondern komplett durchgearbeitet. Sie werden gleich sehen: Dies hat Auswirkungen auf die Art der Berechnung der täglichen Arbeitszeit. Und damit wollen wir nun beginnen. Das heißt: Ich setze den Cursor in die Zelle G5, um die Arbeitszeit für den Montag zu berechnen, und bedenke, dass am Freitag keine Mittagspause gemacht wird.

Grundsätzlich könnten zwei Berechnungsmethoden herangezogen werden:

1. *Ende der Arbeitszeit* minus *Mittagspause Ende* – um die Nachmittagszeit zu berechnen – plus (*Mittagspause Start* minus *Uhrzeit des Arbeitsbeginns*). Diese beiden Teilergebnisse (Nachmittag und Vormittag) wären die Tagesarbeitszeit. Achtung: Diese Formel würde aber am Freitag nicht funktionieren, weil Sie hier keine Mittagspause haben.

Deshalb verwende ich Methode zwei:

2. *Ende der Arbeitszeit* minus *Beginn der Arbeitszeit* minus (*Mittagspause Ende* minus *Mittagspause Start*). Das heißt also: Ich ziehe von der Gesamtarbeitszeit die Mittagspause ab. Diese zweite Methode funktioniert auch mit dem Freitag, weshalb ich sie an dieser Stelle bevorzuge.

Die Formel lautet also in G5: *=(E5-B5)-(D5-C5)*

> **!** Stören Sie sich bitte nicht an dieser Datumsdarstellung. Das ist von Excel standardmäßig vordefiniert, wir werden es in wenigen Augenblicken ändern.

Die Formel war erfolgreich, das heißt, wir können mit dem *Anfasser* des Ergebnisses bis Freitag hinunterziehen, um die weiteren täglichen Arbeitszeiten zu bekommen. Anschließend wollen wir die Gesamtarbeitszeit ermitteln. Diese ist definitiv die Summe der Einzelarbeitszeiten. Deshalb bevorzuge ich folgende Vorgehensweise: Markieren Sie die Zellen von G5 bis einschließlich G11 und klicken Sie auf die *Summe*-Funktion, um die Gesamtarbeitszeit für diese Woche zu errechnen.

	A	B	C	D	E	F	G	H
1	Berechnung von Arbeitszeiten							
2								
3								
4	Tag	Beginn	Mi-Pause Start	Mi-Pause Ende	Ende		Arbeitszeit je Tag	
5	Montag	08:12	12:12	13:05	16:45		07:40	
6	Dienstag	07:45	12:34	13:14	16:54		08:29	
7	Mittwoch	08:00	12:37	13:34	17:30		08:33	
8	Donnerstag	07:30	12:03	12:57	17:12		08:48	
9	Freitag	07:54			15:10		07:16	
10								
11					Gesamt		16:46	
12								
13					Mittelwert:			
14								
15								

Gesamtarbeitszeit

Sehen Sie sich bitte das Ergebnis ganz genau an. Sie sehen ein Ergebnis von 16 Stunden und 46 Minuten. Das kann nicht korrekt sein. Denn bereits an den ersten beiden Tagen arbeiten Sie in der Summe etwa 16 Stunden; am Mittwoch kommen noch einmal 8 dazu, also sind wir bereits bei 24 und mehr Stunden. Wieso aber erhalten wir die Aussage 16:46? Antwort: Das Format, das Excel hier hinterlegt, beginnt bei 24 Stunden erneut bei null, sodass Sie nicht nur circa 16 Stunden gearbeitet haben, sondern 24 Stunden plus eben diese 16 Stunden. Wir werden das Problem in wenigen Sekunden beheben.

Lassen Sie uns noch zu guter Letzt den Mittelwert berechnen. Was ist ein Mittelwert? Ja, selbstverständlich die Anzahl der Arbeitsstunden geteilt durch die Anzahl der Arbeitstage (in diesem Fall 5). Auch hierzu haben Sie mehrere Möglichkeiten der Berechnung.

1. Sie nehmen den Gesamtwert in G11, obwohl er noch nicht richtig formatiert ist, und teilen ihn durch 5 oder

2. Sie verwenden die Excel-Funktion namens *Mittelwert*. Diese finden Sie, wenn Sie neben der *Summe*-Funktion auf den *Pfeil nach unten* klicken.

Mittelwert berechnen

Wählen Sie also dort den Eintrag *Mittelwert* für die Zelle G13 aus. Sie sehen, dass Excel nun noch wissen will, über welche Werte der Mittelwert zu schlagen ist. Geben Sie hier *G5:G9* ein.

Bestätigen Sie das Ergebnis mit *Return*, und es sollte der Wert 8:09 als Mittelwert erscheinen. Noch einmal: Stören Sie sich nicht an dem voranstehenden Datumseintrag, das ist lediglich eine Standardformatierung, die wir gleich ändern werden.

Die Berechnungen sind also nun in Ordnung. Jetzt geht es darum, die Formatierung so zu ändern, dass die Zahlenwerte auch zweifelsfrei und eindeutig abgelesen werden können. Markieren Sie zu diesem Zweck mit *gedrückter lin-*

ker Maustaste G5 bis G9 und halten Sie die *Befehlstaste* gedrückt, um noch den Wert in G13 zu markieren. So können Sie durch Verwenden der *Befehlstaste* nicht zusammenhängende Markierungen innerhalb von Excel ausführen. Wählen Sie den Eintrag *Format –> Zellen* und dort den Bereich *Uhrzeit.*

Wählen Sie den ersten Eintrag aus, quittieren Sie das Ganze mit *OK*, und schon sieht Ihre Darstellung in der Excel-Tabelle deutlich freundlicher aus.

Einzig der Gesamtwert ist noch überarbeitungsbedürftig. Noch einmal das Problem an dieser Stelle: Wir haben in der Summe einen Zahlenwert, der jenseits von 24 Stunden liegt. Deshalb müssen wir Excel dazu bringen, ein Zeitformat zu verwenden, das mehr als 24 Stunden anzeigen kann. Wechseln Sie erneut zu *Format –> Zellen –> Uhrzeit* und gehen Sie etwas weiter nach unten in der Liste. Dort müssten Sie den folgenden Eintrag finden: *37:30:55.*

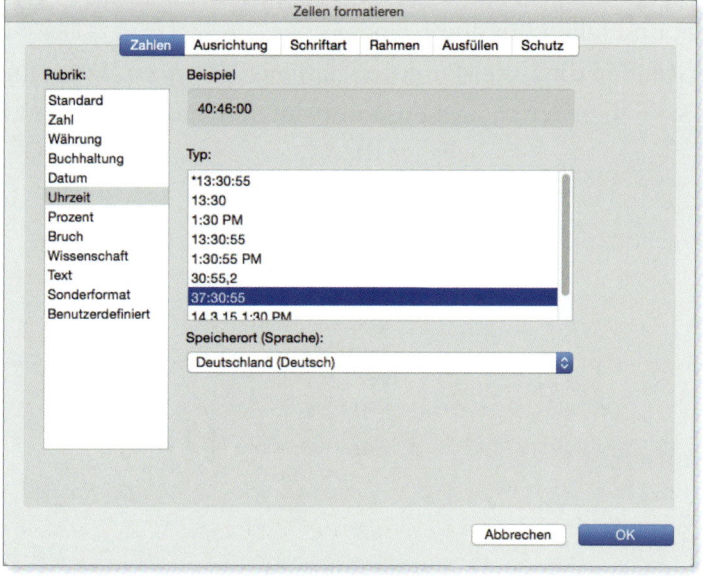

Mehr als 24 Stunden anzeigen

Dieses Format ist deshalb in der Liste, weil es das 24-Stunden-Raster sprengt. Bestätigen Sie mit *OK*, und schon erhalten Sie bei der *Gesamtwochenarbeitszeit* den korrekten Wert, in diesem Fall **40:46 Stunden.**

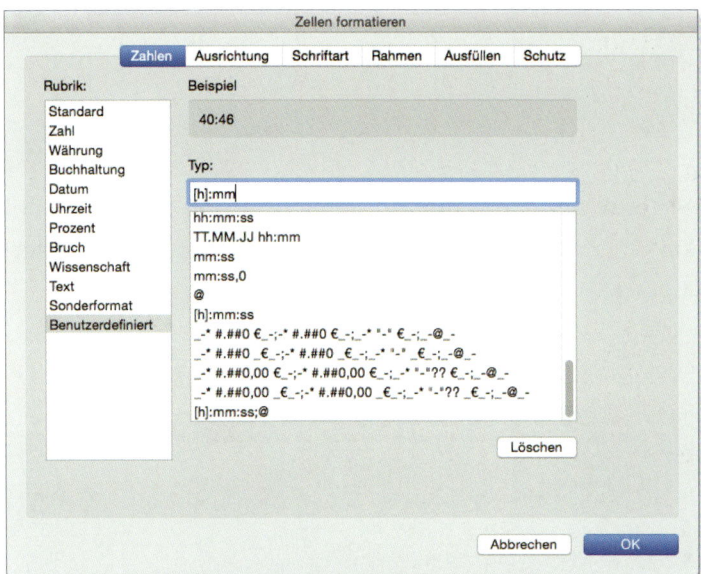

Sekundendarstellung noch ändern

Möchten Sie noch die sinnlose Darstellung der Sekundenanzeige weghaben, dann wechseln Sie nochmals in das *Format*-Menü und wählen diesmal statt *Uhrzeit Benutzerdefiniert* aus und entfernen die Zeichen hinter *[h]:mm*.

Bevor wir uns über weitere Funktionen der Formatierung unterhalten, würde ich an dieser Tabelle gerne noch eine andere Idee ausprobieren. Diese Wochenarbeitszeittabelle enthält schon ziemlich viel Know-how: Wir haben die *Summe*-Funktion verwendet, die *Mittelwert*-Funktion, wir haben die Formatierung korrekt angepasst usw. Diese Tabelle soll nun meinen Kolleginnen und Kollegen zur Verfügung gestellt werden, sodass diese dort auch ihre Arbeitszeiten eintragen und wie von Zauberhand die tägliche und wöchentliche Arbeitszeit berechnen können.

Ich möchte aber nicht, wenn die Kollegen mit dieser Tabelle arbeiten, dass sie versehentlich die Formeln oder Formatierungen zerstören. Das heißt: Ich würde gerne in der Tabelle begrenzen, dass andere Personen lediglich in den Zellen B5 bis E9 Einträge vornehmen dürfen. Deshalb tun wir Folgendes:

Zellschutz

Markieren Sie bitte mit der Maus den Bereich von B5 bis E9 und holen Sie sich den Menüpunkt *Format –> Zellen* und dort den Eintrag *Schutz*. Entfernen Sie das Häkchen *Gesperrt*.

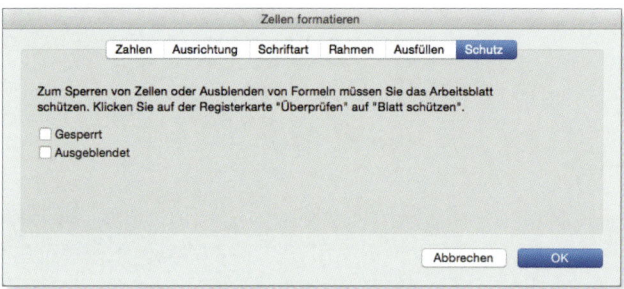

Zellschutz aufheben

Das war der erste Schritt. Im zweiten Schritt werden wir die komplette Tabelle sperren. Wenn wir die komplette Tabelle sperren, dann heißt das: Alle Zellen, die das Häkchen haben, sind für Veränderungen gesperrt. Die Sperrung aktivieren wir im Menüpunkt *Extras*. Wählen Sie dort *Schutz* und verwenden Sie den Eintrag *Blatt schützen*.

Blatt schützen

Lassen Sie hier lediglich die Funktion *Nicht gesperrte Zellen auswählen* aktiv. Geben Sie oberhalb zweimal ein Kennwort identisch ein, und schon ist der Schutz eingeschaltet.

Wenn Sie die Excel-Datei nun auf einem Server ablegen, können andere Kollegen die Datei zwar verwenden, aber nichts von Ihrem wertvollen Know-how zerstören oder kaputt machen. Damit haben Sie eine sehr einfache Möglichkeit, Ihren Kolleginnen und Kollegen Musterdateien zur Verfügung zu stellen, mit denen diese arbeiten können.

Wie heben Sie den Schutz wieder auf, falls Sie selbst Änderungen an der Arbeitsmappe vornehmen wollen? Dazu wählen Sie natürlich erneut den Eintrag *Extras –> Schutz*, und es erscheint nun der Menüpunkt *Blattschutz aufheben*, mit dem Sie nach Eingabe Ihres *Kennworts* wieder an alle Funktionen herankommen. Beachten Sie bitte, dass Sie jede Tabelle in einer Arbeitsmappe einzeln, aber natürlich auch die Arbeitsmappe insgesamt schützen können.

Zahlenformate definieren

Wie Sie bereits am vorherigen Beispiel mit der Berechnung der Uhrzeit gesehen haben, kann man über das Erstellen von vernünftigen Formaten eine Menge Zusatznutzen innerhalb von Excel generieren. Weiter vorne haben wir schon erwähnt, dass Sie bei der Eingabe von Zahlen immer auf die Einheiten verzichten sollten, denn diese können nachträglich über eine Formatierung hinzugefügt werden. Und genau diese Formatierungen wollen wir uns nun genauer ansehen.

 Geben Sie in irgendeine Zelle eine Dezimalzahl ein, im Beispiel sehen Sie im Bildschirmfoto die Zahl 12,34. Und diese Zahl soll nun mit der Einheit **Meter** versehen werden. Ich verwende den Menüpunkt **Format –> Zellen**, gehe in den Menüpunkt **Zahl** und werde gleich zu **Benutzerdefiniert** weitermarschieren.

Es ist der Typ *Standard* ausgewählt, und im Beispiel darüber erkennen Sie, wie die Zahl nun dargestellt werden würde. Wir wollen diesen Standardtyp nun mit unseren eigenen Einstellungen versehen. Überschreiben Sie den Begriff *Standard* mit 0,000 und Sie sehen in der Vorschau sogleich die Auswirkung.

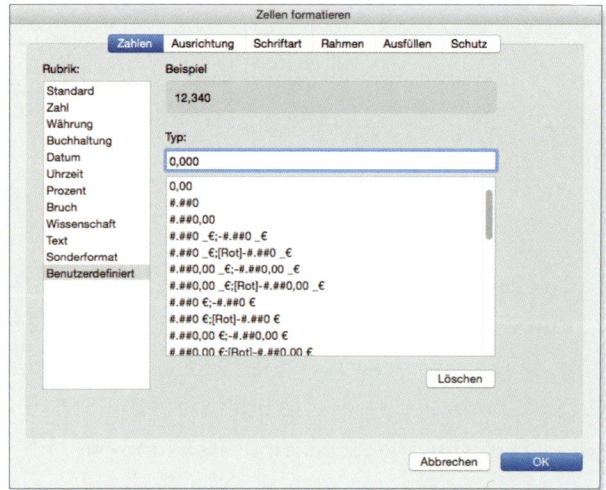

Formatierung mit drei Nachkommastellen

Die Zahl wird nunmehr mit drei Nachkommastellen versehen. Erste Erkenntnis: In einem benutzerdefinierten Format bedeutet eine Null eine *bindende Stelle*. Das heißt, drei Nullen nach dem Komma bedeuten zwangsläufig drei Nachkommastellen. Man könnte ebenso vor dem Komma mehrere Nullen anbringen und diese würden zwar sinnlose, aber immerhin existierende Nullen als Vorkommastellen erbringen.

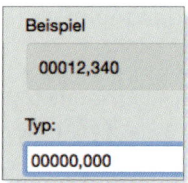

Die Null als bindende Stelle

Das wollen wir aber nicht. Wir wollen nur festlegen, wie viele Stellen nach dem Komma dargestellt werden. Vor dem Komma aber möchten wir einen Tausenderpunkt bei Zahlen setzen, die tausend überschreiten. Aber eben nur dann. Wir brauchen jetzt nicht die Null als bindend anzuzeigende Stelle, sondern etwas, das uns optional die Null als Vorkommastelle einblendet. Hierfür verwenden wir die Raute (#). Um den Tausenderpunkt zu bekommen, geben Sie die Raute ein, gefolgt von einem Punkt, und noch einmal die Raute und noch eine Null als Vorkommastelle (denken Sie an Dezimalzahlen: 0,12), gefolgt von der Anzahl der Nachkommastellen. Sie sehen: Das Format hat funktioniert – ich habe es mal mit einer Zahl getestet, die größer als 1.000 ist.

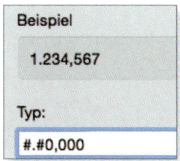

Tausendertrennzeichen

Jetzt führen wir aber die Anzahl der Nachkommastellen wieder auf zwei Stellen zurück. Hernach soll noch eine Einheit kommen, diese soll in dem Fall der Meter sein. Lassen Sie nach der letzten Null der Nachkommastelle einen Leerschritt, bringen Sie dann das Anführungszeichen an ("), schreiben Sie die Einheit ein und quittieren Sie das Selbige mit einem Schlusszeichen ("). Perfekt – damit haben Sie die Chance, beliebige Einheiten an Zahlen anzuhängen.

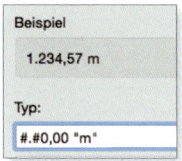

Meter als Einheit

Aber damit geben wir uns noch nicht zufrieden. Wie Sie vielleicht wissen, ergibt sich aus buchhalterischen Gesichtspunkten oftmals die Notwendigkeit, Zahlen, die einen negativen Wert haben, auch auffällig in einer Liste darzustellen. Sehr beliebt ist dabei die Farbe Rot. Das heißt also: Negative Zahlen sollen in roter Farbe erscheinen, aber natürlich auch dieselbe Anzahl an Nachkommastellen und einen Tausenderpunkt etc. haben.

Wie finden wir hierfür eine Lösung? Wechseln Sie zurück zu der Kategorie *Zahl* und wählen Sie für *negative Zahlen* das letzte Format im Bereich *Negative Zahlen* aus.

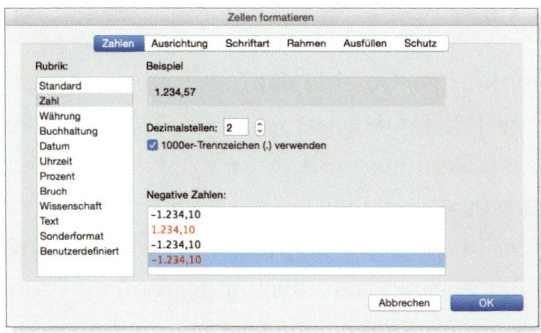

Darstellung negativer Zahlen

Wechseln Sie zu *Benutzerdefiniert*, um zu sehen, wie dieses Zahlenformat in Excel hergestellt wird. Dabei erkennen Sie nach dem *Strichpunkt* in *eckigen Klammern* den Begriff *Rot* und dahinter das *Minus*. Und Sie sehen: Als Format haben wir aktuell – wie im Bildschirmfoto zu sehen – zwei Nachkommastellen, nur dass negative Zahlen zusätzlich die Eigenschaft Rot erhalten. Perfekt! Es fehlt jetzt nur noch die Angabe unserer Einheit. Wir fügen also beide Male in Anführungszeichen die Einheit *Meter* hinzu, um sowohl positive als auch negative Zahlen mit der Einheit *Meter* zu versehen.

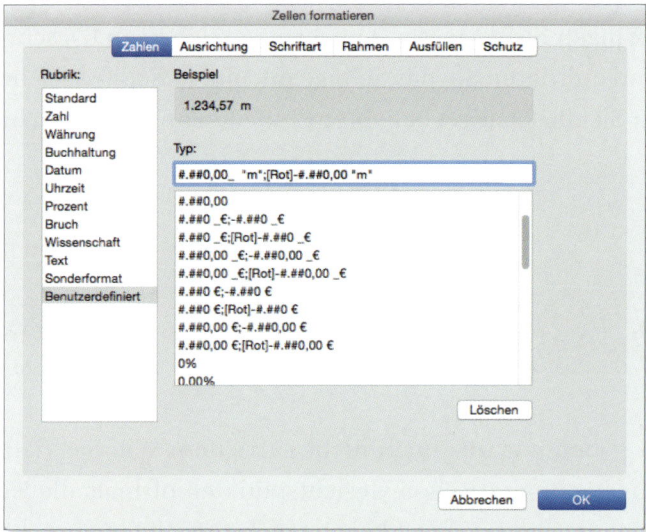

Einheit Meter für positive und negative Zahlen

> **!** Wichtiger Hinweis: Dieses Format ist jetzt für diese Excel-Arbeitsmappe gültig. Das heißt: Wenn Sie eine neue Excel-Arbeitsmappe erstellen oder öffnen, ist dieses Format nicht verfügbar. Genauer formuliert bedeutet das: Das Format ist Bestandteil der Arbeitsmappe. Hat diese Arbeitsmappe mehrere **Tabellen**, können Sie das Format innerhalb der kompletten Arbeitsmappe zum Einsatz bringen. In einer neuen Arbeitsmappe jedoch müsste das Format wieder neu erstellt werden.

Das war ein erstes Beispiel für eine Zahl. Wir möchten nun Datumswerte mit einem individuell gestalteten Format versehen. Tippen Sie hierzu irgendwo in einer Excel-*Tabelle* ein Datum ein. Sie erinnern sich: Wenn Sie nur einen Punkt zwischen Tag und Monat vorgeben, hängt Excel automatisch die aktuelle Jahreszahl an. Wenn Sie auch nach dem Monat einen Punkt angeben, können Sie am Ende das Jahr mit angeben, aus dem der Datumswert stammt.

Über den Menüpunkt *Format –> Zelle* und diesmal über *Datum* gelangen Sie zu den Datumsformaten, die Excel Ihnen standardmäßig feilbietet. Ich würde hier wieder in den Bereich *Benutzerdefiniert* gehen, um das System zu erforschen. Beginnen Sie mit der Eingabe von „TT", danach einem Punkt, danach „MM", noch einem Punkt und „JJ", um die Darstellung („TT.MM.JJ") zu vervollständigen. Bitte beachten Sie: Es ist an dieser Stelle notwendig, die Buchstaben in Großschreibweise einzutragen. Sie sehen wiederum am Beispiel, welche Konsequenzen Ihr aktuell definiertes Format hat.

Sie sehen also eine zweistellige Tages-, eine zweistellige Monats- und eine zweistellige Jahresanzeige. Möchten Sie das Jahr vierstellig haben, genügt es, ein drittes und viertes „J" hinzuzufügen.

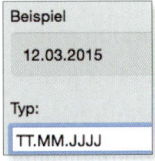

Vierstellige Jahresanzeige

Soll der Monat voll ausgeschrieben erscheinen, so geben Sie hier zwei weitere „M" ein. Drei „M" führen zu einer Abkürzung in Textschreibweise (z. B. Jan.).

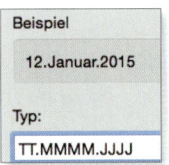

Monat komplett ausgeschrieben

Was können wir nun mit den Tagen noch tun? Wenn Sie ein drittes „T" hinzufügen, wird statt dem Datumswert des Tages der Tag hingeschrieben (in abgekürzter Schreibweise): Der 12.03. ist übrigens ein Samstag. Noch besser ist, wenn Sie drei „T", gefolgt von einem Leerschritt und zwei „T" formulieren. Dann erhalten Sie den Tag in abgekürzter Schreibweise, hernach den Datumswert und anschließend den ganzen Rest.

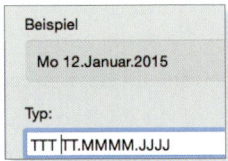

Der Wochentag wird mit dargestellt.

Und so sehen Sie, dass Sie über die Zellenformatierungseigenschaften nahezu beliebig viele Funktionen haben, um das Zahlenmaterial in Ihrer Excel-Tabelle so erscheinen zu lassen, wie Sie es aktuell benötigen und verwenden möchten.

Gestalten einer Tabelle

In Excel haben Sie vielfältige Möglichkeiten, einmal erstellte Tabellen Ihrem Geschmack und den Anforderungen entsprechend zu designen. Bevor wir uns die mannigfaltigen Gestaltungsmöglichkeiten anschauen, noch ein paar Takte zu bereits bestehenden Tabellen. Bevor Sie diese gestalten, könnte es sein, dass Sie an der Tabellenstruktur noch einige Änderungen vornehmen wollen.

Zeilen/Spalten/Zellen einfügen, löschen, verschieben

> **!** Möglich wäre hier z. B. noch das Einfügen von Leerzeilen oder Leerspalten, um die Tabelle vom Erscheinungsbild schöner zu gestalten. Dies geht in Excel recht einfach: Klicken Sie mit der rechten Maustaste auf den **Spaltentitel**, um darin über **Einfügen** eine neue Spalte einzufügen bzw. über **Zellen löschen** die gesamte Spalte zu entfernen.

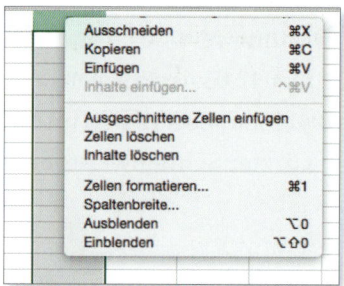

Kontextmenü beim Spaltentitel

Das funktioniert natürlich auch, wenn Sie eine Zeile mit der rechten Maustaste an ihrer *Nummer* anklicken. Und selbstverständlich ist es mit jeder beliebigen Markierung möglich, die Sie innerhalb der Tabelle anbringen.

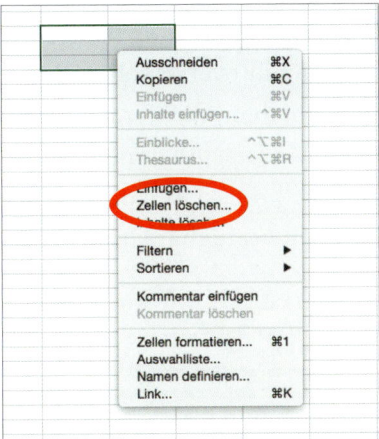

Zellen löschen

Haben Sie innerhalb einer *Tabelle* eine Markierung vorgenommen und gehen über den Eintrag *Zellen löschen*, dann will Excel es schon sehr genau wissen:

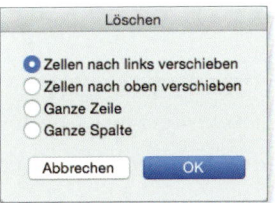

Löschen?

Was soll passieren, wenn diese Zellen nicht mehr existieren? Soll die ganze Zeile bzw. die ganze Spalte gelöscht werden oder sollen nur diese einzelnen Zellen gelöscht werden, sodass der restliche Bereich von oben oder unten nachfolgt? Entscheiden Sie sich hier für die gewünschte Option.

Weiterhin können Sie einen Tabellenbereich markieren, und wenn Sie an den Rand der Markierung fahren, bekommen Sie die Schiebehand.

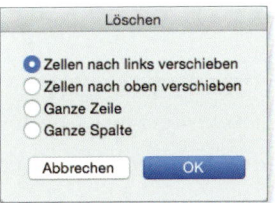

Verschieben

An jedem beliebigen Rand der Markierung können Sie nun die darin enthaltenen Elemente beliebig auf dem Blatt verschieben. Achten Sie dabei darauf, dass Sie nicht auch Bereiche verschieben, die bereits Elemente enthalten. Statt des Verschiebens mit der linken Maustaste können Sie auch die rechte Maustaste nehmen. Sie erhalten dann nach Loslassen der rechten Maustaste ein Kontextmenü, in dem weitere Optionen verfügbar sind.

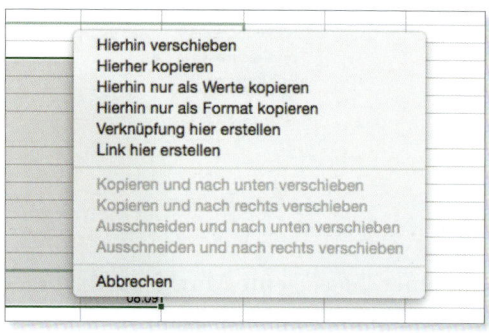

Verschieben mit rechter Maustaste

Besonders interessant sind hier die Funktionen *Hierhin nur als Format kopieren* und *Hierin nur als Werte kopieren*. Letzteres bedeutet, dass nicht die Formeln übernommen werden, sondern lediglich das Zahlenmaterial. Bereits berechnete Werte werden also nicht als Formeln übernommen, sondern nur die darin enthaltenen Ergebnisse – das kann manchmal bei der Weiterverwendung der Zahlen interessant sein. Mit der Funktion *Hierhin nur als Format kopieren* werden dagegen nicht die Werte übernommen, sondern lediglich die Formatierung. Sie sehen also, dass Sie nachträglich einmal gestaltete Tabellen weiter Ihren Bedürfnissen entsprechend anpassen können.

Formatierungen

Aber nun zur Formatierung. Es gibt grundsätzlich drei verschiedene Stellen, wo Sie Formatierungsfunktionen finden:

1. Das *Menüband*

Menüband

Das *Menüband* ist in allen Programmen von Office vertreten und zeigt stets die wichtigsten Funktionen, die so rasch zum Einsatz kommen können.

Im *Menüband* bleiben somit kaum Wünsche offen.

2. Es gibt darüber hinaus natürlich noch den Menüpunkt *Format –> Zellen*. Dort gibt es einige Reiter, in denen Sie die Formatierung des markierten Materials in Ihrer Zelle einstellen können. Interessant an der Stelle ist dieser schnelle Zugriff über die Tastenkombination: Mit *cmd + 1* gelangen Sie in das Fenster *Zellen formatieren*.

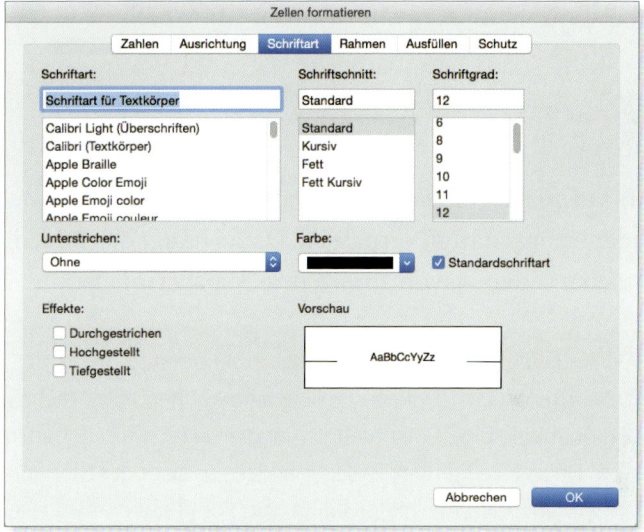

Format –> Zellen

3. Statt den Menüpunkt *Format –> Zellen* aufzurufen, ist es ebenso möglich, auf der Markierung mit der rechten Maustaste zum Eintrag *Zellen formatieren* zu gelangen.

Es würde an dieser Stelle zu weit führen, alle Formatierungsfunktionen noch einmal darzustellen. Die meisten Formatierungsfunktionen kennen Sie bereits aus dem Textverarbeitungsprogramm Microsoft Word. Es handelt sich hierbei um die Veränderung der Schriftart und Schriftgröße, das Hoch- und Tiefstellen, Fett, Kursiv, Unterstreichen, die Ausrichtung (rechts- oder linksbündig) etc. Ich werde mich an dieser Stelle um einige Funktionen kümmern, die sich in Excel ein wenig anders verhalten als in Word:

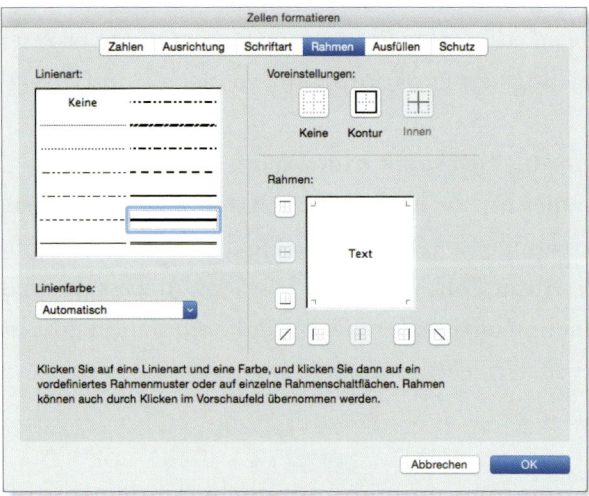

Format –> Rahmen

Im Menüpunkt *Format –> Zellen –> Rahmen* können Sie jedem Zellenrand individuelle Rahmeneigenschaften verpassen. Dabei hängt das Bild, das Sie hier bei *Rahmen formatieren* sehen, davon ab, wo Ihre Markierung ist.

> **!** Ist Ihr Cursor lediglich in einer Zelle, dann bekommen Sie in der Bildvorschau bei **Rahmen** genau eine Zelle abgebildet und können links, rechts, oben, unten oder auch quer beliebige Linien definieren, die Sie rechts daneben im Bereich **Stil** auswählen. Haben Sie mehrere Zellen markiert, so sieht der Menüpunkt **Rahmen** etwas anders aus, denn er bietet Ihnen nun Funktionen an, um auch zwischen den einzelnen Zellen Rahmenlinien zu ziehen.

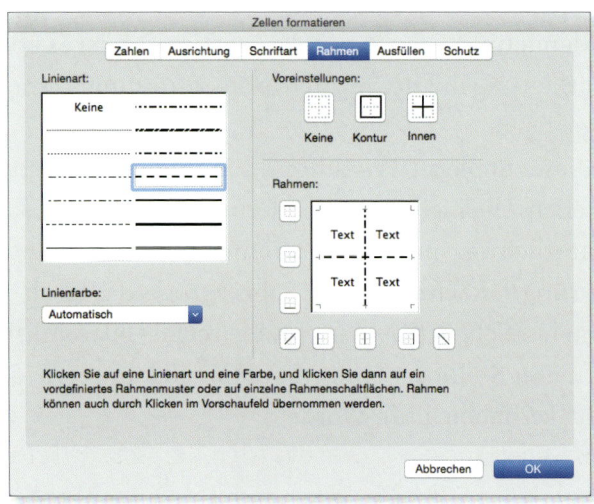

Rahmen im Detail

Gestalten Sie also die Formatierung nach Ihren Bedürfnissen und wählen Sie vorab die Markierung der Tabelle so aus, dass Sie auch die entsprechenden Rahmenlinien in diese Zellen ziehen können.

Weiterhin interessant und speziell für Excel verfügbar sind die Funktionen des sogenannten *Verbindens* sowie *Verbinden und zentrieren*. Schauen wir uns hierzu folgendes Beispiel an:

Verbinden und zentrieren

Sie sehen, dass die Überschrift lediglich über die Bereiche Spalte A und B führt. Ich möchte aber, dass diese Überschrift zentral über der ganzen Tabelle steht; die Tabelle hört erst in Spalte G auf ❶. So führen wir nun eine Markierung aus von A1 bis G1 und verwenden in der *Format-Symbolleiste* den Button *Verbinden und zentrieren* ❷.

Damit wird der Text automatisch über diese sieben Spalten zentriert, weil die sieben einzelnen Zellen zu einer großen Zelle vereint wurden. Sie können zudem, um der Überschrift mehr Gewicht zu geben, die Zeilenhöhe verändern. Nun aber würde der Text am unteren Rand der neuen großen Zelle stehen, was optisch nicht besonders gut aussieht.

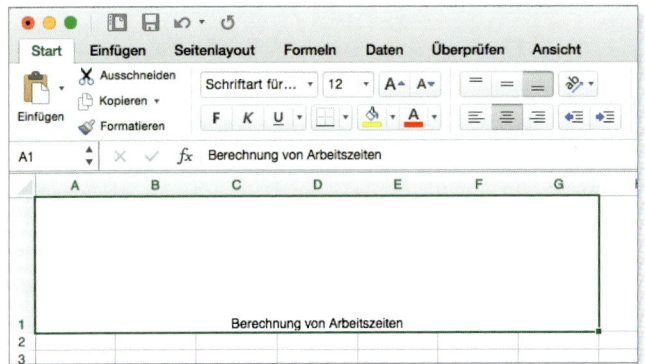

Textposition innerhalb der Zelle

Deshalb kann es ratsam sein, über das Menüband *Start* im Bereich *Ausrichtung* die Eigenschaft *Zentriert ausrichten* zu verwenden, sodass der Text nunmehr sowohl horizontal als auch vertikal zentriert in dieser neuen großen Zelle steht.

Versehen Sie den Text möglicherweise noch mit einer größeren Schriftart, hinterlegen Sie mit dem *Farbeimer* eine hübsche Farbe, und schon sieht das Ganze deutlich mehr nach einer Überschrift aus.

Sie sehen also: Mit wenigen Klicks können Sie ansprechende Gestaltungen in Excel hervorzaubern. Manchmal aber muss es einfach nur sehr, sehr schnell gehen. Sie haben nicht die Zeit, jede Zelle und jeden Textbestandteil individuell zu designen und auf Vordermann zu bringen. Deshalb zwei Tipps, wie das Formatieren deutlich schneller vonstattengeht:

Tipp 1: Menüpunkt Tabellenformatvorlagen

Im Menüband bei *Tabelle* finden sich jede Menge *Tabellenformatvorlagen* mit vordefiniertem Design.

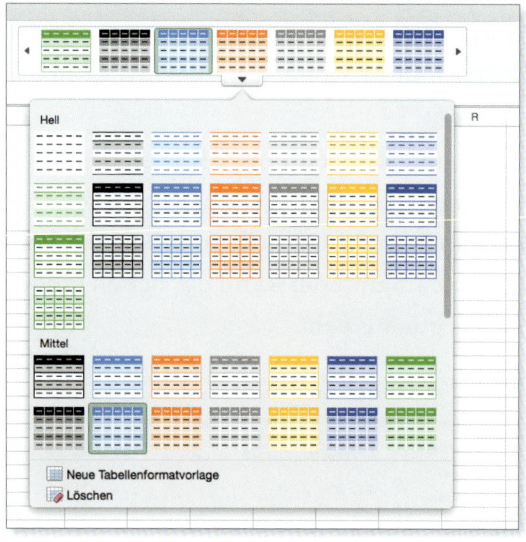

Tabellenformatvorlagen

Wenn Sie die Optionen aufklappen, sehen Sie eine ganze Reihe von unterschiedlichen Darstellungsarten. Sollten Sie vorher bereits manuell Formatierungen vorgenommen haben, dann werden diese bisweilen durch eine *Tabellenformatvorlage* wieder überschrieben. Probieren Sie einfach mehrere Varianten aus, um ein perfektes Erscheinungsbild zu erhalten.

 Das Menüband **Tabelle** steht erst zur Verfügung, wenn Sie via Menüband **Start** die bestehende Tabelle markiert und **Als Tabelle formatieren** angeklickt haben.

Tipp 2 für die schnelle Formatierung: Zellenformatvorlagen

Wenn Sie sich mit Word vertraut gemacht haben, dann haben Sie dort den Bereich *Formatvorlage* kennengelernt. *Formatvorlagen* gibt es auch in Excel. Sie möchten z. B. alle Uhrzeiten, die Sie hier sehen, kursiv und in einer grünen Schrift, etwa Verdana in Größe 10, darstellen. Und Sie hätten gerne, dass der Text zentriert in der jeweiligen Zelle steht. Es ist eine optimale Möglichkeit, Derartiges über eine *Zellenformatvorlage* zu definieren. Wie ist die Vorgehensweise? Am besten holen Sie sich übers Menüband *Start* den Eitnrag *Zellenformatvorlagen* und klappen es auf. Wählen Sie dort *Neue Zellenformatvolage* aus. Geben Sie der neuen Formatvorlage zuallererst im Feld *Name der Formatvorlage* eine eindeutige Bezeichnung.

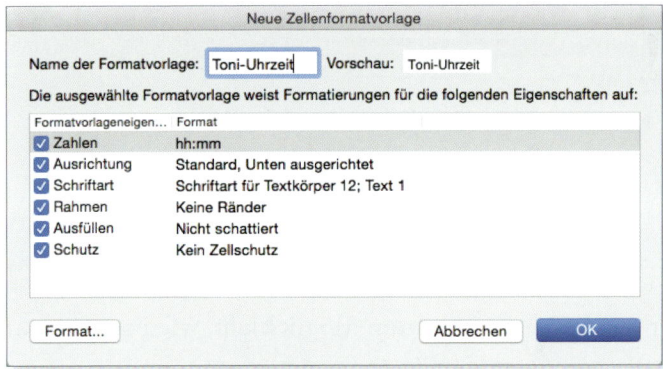

Zellenformatvorlage erstellen.

Wie Sie sehen, kann eine *Formatvorlage* ein Zahlenformat, eine Ausrichtung, eine Schriftart, eine Rahmenstruktur, ein Muster, Ausfüllen-Optionen und auch einen Schutz beinhalten. Klicken Sie die zu ändernde Option an, um via *Format* dort die gewünschten Einstellungen vorzunehmen.

Haben Sie alle Änderungen vorgenommen, können Sie mit *OK* die Zellenformatierung wieder verlassen und mit einem zweiten *OK* die Zellenformatvorlage, so wie sie gerade definiert wurde, speichern.

Worin aber liegt der Reiz bei der Erstellung von *Zellenformatvorlagen*? Genauso wie in Word bieten sie einen gravierenden Vorteil: Ändert sich die *Zellenformatvorlage*, ändern sich sofort alle Zellinhalte, die mit dieser *Formatvorlage* formatiert wurden. Und damit haben Sie in kürzester Zeit auch sehr komplexe Tabellen mit einem neuen Aussehen und Design versehen.

Möchten Sie Formatvorlagen ändern, so gehen Sie über das Menüband zu den Formatvorlagen, klappen die Liste auf, klicken mit der rechten Maustaste auf die entsprechende Vorlage und wählen *Ändern* aus.

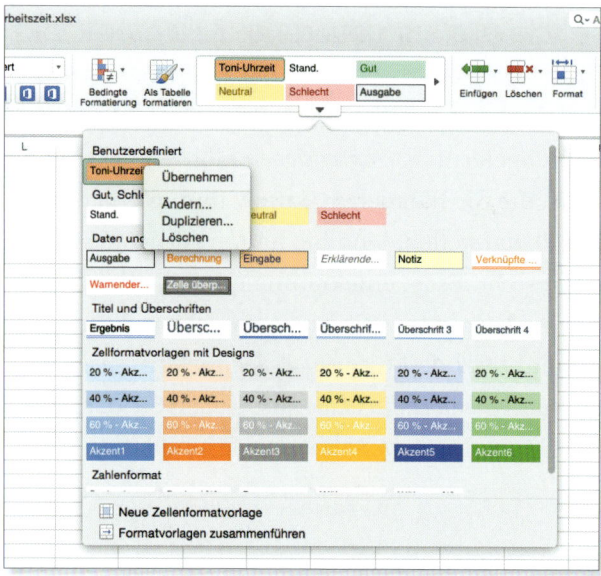

Zellenformatvorlage ändern

Bedingte Formatierung und Datenbalken

Kommen wir wieder zu einer letzten Möglichkeit, wie Formatierungen stattfinden können: die sogenannte *bedingte Formatierung*.

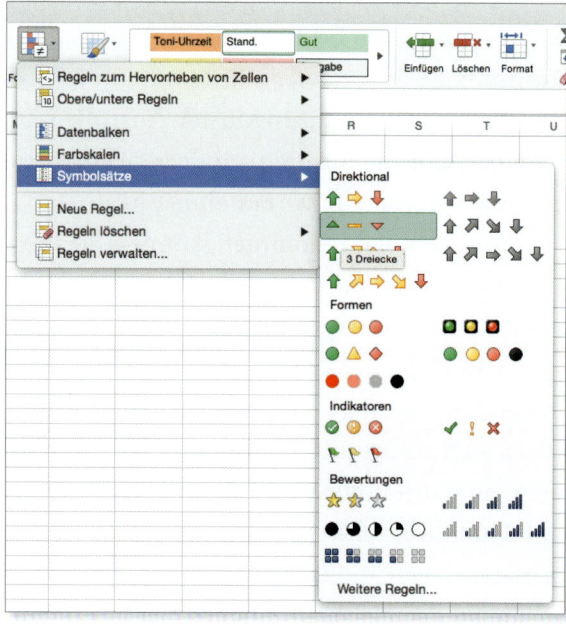

Bedingte Formatierung

Sie sollten ruhig ein wenig mit dieser Eigenschaft spielen, denn dort verbergen sich unglaublich viele Funktionen. Dort finden Sie bereits fertige Regeln, die Sie mit einem Klick anwenden können, so wie Sie es anhand des Bildschirmfotos sehen.

Besonders chic ist die Verwendung der sogenannten *Datenbalken*.

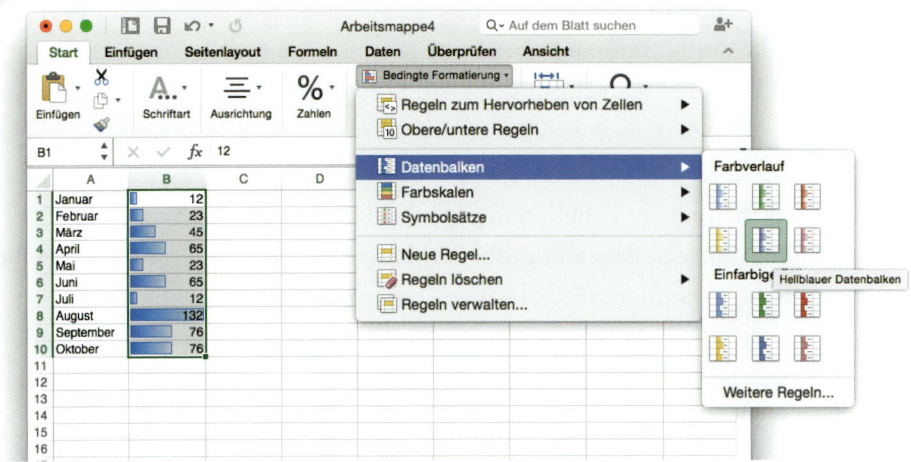

Datenbalken im Rahmen der bedingten Formatierung

Weiterhin können Sie in einem Tabellenblatt an mehreren Stellen bedingte Formatierungen einbauen. Selbst die Anwendung verschiedener Bedingungen auf einen identischen Zellbereich ist möglich. Über den Menüpunkt *Format –> Bedingte Formatierung* erhalten Sie einen Überblick über alle Regeln in der aktuellen Datei.

Dort können Sie dann ebenfalls eigene neue Regeln definieren. Tippen Sie dazu auf das Plussymbol und schon können Sie loslegen.

Jeder Anwender kann eigene Regeln festlegen.

Arbeitsmappen

Wie wir bereits eingangs diskutiert haben, wird, wenn Sie eine neue Excel-Datei anlegen, eine *Arbeitsmappe* erstellt, die mehrere Tabellen beinhalten kann. Was aber nutzt die Möglichkeit, mehrere Tabellen in einer Datei zu haben? Darüber wollen wir in diesem Kapitel reden.

Stellen Sie sich bitte folgende Situation vor: Sie sind selbstständig und verkaufen Tische und Stühle. Sie haben mehrere Niederlassungen: eine in Nürnberg, eine in München und eine in Hamburg. Und Sie wollen nun für die vergangenen drei Monate, also beispielsweise das erste Quartal, ermitteln, wie viele Tische und Stühle Sie insgesamt an den verschiedenen Standorten verkauft haben. Es macht also jetzt Sinn, vier Tabellen in einer *Arbeitsmappe* zu haben. Wieso vier? Eine Tabelle für den jeweiligen Standort und noch eine vierte Tabelle, in der die Werte aus den bestehenden drei Tabellen zusammengefasst werden.

Also gehen wir an die Arbeit und erzeugen in der *Arbeitsmappe* vier Tabellenblätter: Klicken Sie dazu im unteren Teil des Excel-Fensters mehrmals auf das *Plussymbol*, bis Sie vier Tabellen erstellt haben.

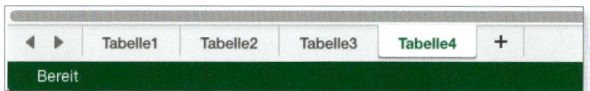

Vier Tabellen in einer Arbeitsmappe

Bevor es nun weitergeht, sollten die Tabellen Namen erhalten. Dazu klicken Sie einfach doppelt auf den Namen „Tabelle1" und tragen dort beispielsweise „Nürnberg" ein. Dies kann bei den anderen Tabellen wiederholt werden.

 Selbstverständlich könnte auch der jeweilige **Tabellenreiter** mit der rechten Maustaste angeklickt werden, um dort die Eigenschaft **Umbenennen** auszuführen.

Die vierte *Tabelle* hört schließlich auf den Namen „Erstes Quartal". So – damit noch nicht genug: Die Tabellen sollen ja die Zahlenwerte für die ersten drei Monate des aktuellen Jahres für die Produkte Tische und Stühle enthalten. Das heißt genauer: Alle vier Tabellen haben eigentlich, textuell gesehen, das gleiche Erscheinungsbild.

Gruppenmodus

Deshalb werden wir jetzt diese vier Tabellen in den *Gruppenmodus* bringen. Klicken Sie hierzu die erste Tabelle an und mit der *Shift-Taste* die letzte Tabelle. Im Titel des Fensters sollte jetzt der Zusatz *Gruppe* erscheinen.

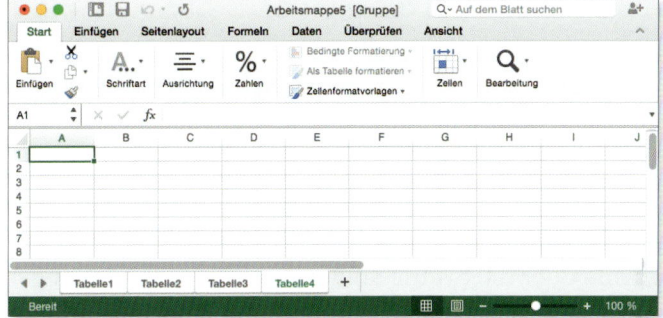

Gruppenmodus

! Wenn Sie nicht zusammenhängende Tabellen in den **Gruppenmodus** bringen möchten, so verwenden Sie nicht die **Shift-Taste**, sondern die **Befehlstaste**. Was ist der Vorteil des **Gruppenmodus**? Ganz einfach: Alles, was wir jetzt tun, machen wir auf allen vier Tabellen gleichzeitig. Und es würde Sinn machen, diesen vier Tabellen gleichzeitig das textuelle Grundgerüst zu verpassen.

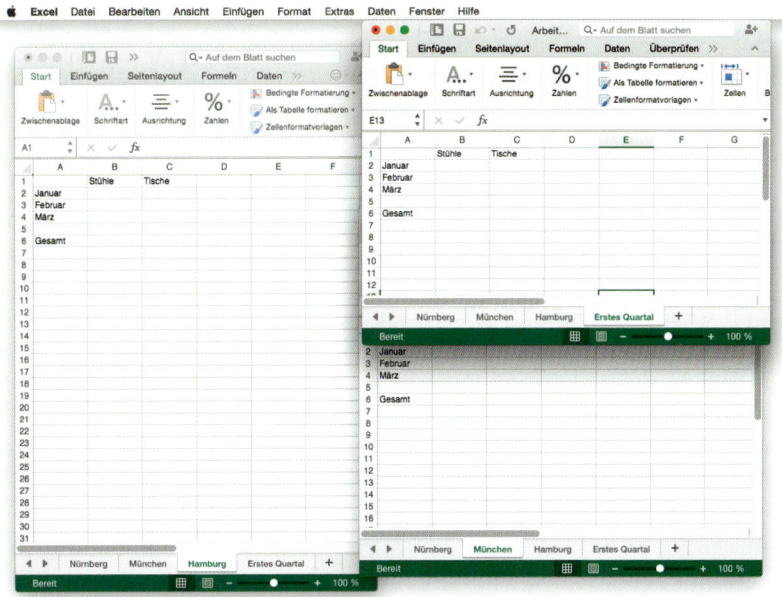

Identische Tabellen

Die Nürnberg-, München-, Hamburg- und auch die Quartalstabelle sehen nun also identisch aus. Sie fragen sich vielleicht: Wieso erscheint jede Tabelle in einem eigenen Fenster? Ganz einfach: Hierzu gibt es den Menüpunkt *Fenster –> Neues Fenster*. So können Sie von ein und derselben *Arbeitsmappe* beliebig viele Fenster öffnen. Damit ist für jedes Tabellenblatt die Grundlage geschaffen. Wir können nun die entsprechenden Zahlenwerte für den jeweiligen Standort eingeben.

Passen Sie an dieser Stelle auf, dass Sie sich nicht mehr im *Gruppenmodus* befinden, denn sonst würden alle Tabellenblätter die gleichen Zahlen bekommen. Ist das Zahlenmaterial in jede Tabelle eingetragen worden, können wir nun die Tabellen wieder in den *Gruppenmodus* bringen. Denn jetzt folgen die Berechnungen, die wiederum in allen Tabellen identisch sind. In Zelle B6 soll jeweils die Summe über die Stühle an dem jeweiligen Standort geschlagen werden. Diese Berechnung ist aufgrund der gleichen Struktur aller Tabellen auch in allen Tabellenblättern identisch. Deswegen bringen wir die Tabellen in den *Gruppenmodus*, setzen den Cursor in die Zelle B6, setzen die *Summe*-Funktion ein, bestätigen mit *Return* und – schwupp – haben sogleich in allen Tabellen die Berechnung durchgeführt. Sie sehen nun, wie viel Zeit Ihnen die Arbeitsmappen-Technologie sparen kann.

Mit dem *Anfasser* ziehen Sie die *Summenfunktion* nun aus der Zelle B6 auf die Zelle C6, und schon haben wir eine Menge Berechnungen innerhalb kürzester Zeit durchgeführt.

Es fehlen lediglich noch die Zahlenwerte in der Quartalstabelle. Diese Quartalstabelle ergibt sich aber aus den Zahlen der jeweiligen Einzeltabellen. Heben Sie deswegen den *Gruppenmodus* wieder auf.

Das geht übrigens am schnellsten, indem Sie von den vielen markierten Tabellen nur eine anklicken – schon sind Sie nicht mehr im *Gruppenmodus*. Setzen Sie Ihren Cursor in die Zelle B2, also „Januar – Stühle", der Quartalstabelle und geben Sie dort folgende Formel ein:

= (nun die Nürnberg-Tabelle anklicken, den Wert B2 anklicken)

+ (München-Tabelle anklicken, B2 anklicken)

+ (Hamburg-Tabelle anklicken, B2 anklicken)

Mit einem abschließenden *Return* kehren Sie wieder in die Quartalstabelle zurück.

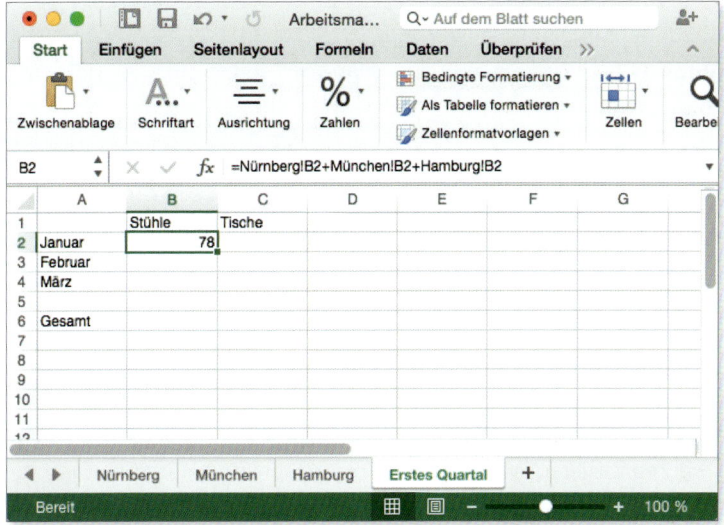

Berechnung der Werte in der Quartalstabelle

Und jetzt haben wir wieder gewonnen, denn die Berechnung der Januar-Werte „Stühle" ist ja identisch mit dem Februar und dem März und auch identisch mit den Tischen. Das heißt: Nehmen Sie nun den *Anfasser* auf der Zelle B2 und ziehen Sie das Ergebnis in der ersten Quartalstabelle hinunter bis B4 und nach rechts bis C4. Fertig! Somit haben Sie in der Quartalstabelle auch alle Summen-werte errechnet.

Sie sehen also: Auch dies ging wieder unglaublich schnell, und Sie profitie-ren enorm davon, dass alle Tabellen sich in ein und derselben Arbeitsmappe befinden.

Und schlussendlich folgt der letzte Akt der Geschichte: Sie haben jetzt vier Tabellen mit allem möglichen Zahlenmaterial. Selbstverständlich werden alle Werte stets aktualisiert, wenn sich in irgendeiner Tabelle irgendein Wert ändert. Beispielsweise ist Ihnen bei den „Nürnberg-Stühlen" im Februar ein Zahlendre-her unterlaufen. Korrigieren Sie diesen, wird die Nürnberg-Tabelle aktualisiert und natürlich auch sämtliche Werte der Tabelle „Erstes Quartal", die betroffen sind.

Aber: Die Tabellen sehen noch etwas langweilig aus. Bringen wir die vier Tabellen wieder in den *Gruppenmodus* und formatieren nun die Tabelle nach Wunsch und Laune. Selbstverständlich können Sie die einzelnen Tabellen auch individuell gestalten, und da sie sich im *Gruppenmodus* befinden, werden alle Tabellen das identische Erscheinungsbild bekommen.

 Es ist übrigens egal, welche der Tabellen Sie bearbeiten, solange sie sich im **Gruppenmodus** befinden. Jede Bearbeitung wird sofort auf alle anderen Tabellen in der Gruppe durchgereicht.

Sie sehen also, dass die Arbeit mit Arbeitsmappen sehr viel Spaß macht, weil Sie erstens die Texteingabe enorm beschleunigen können, zweitens gemeinsame Formeln rasch eintragen können und drittens eine identische und damit gleichförmige Formatierung erstellt werden kann.

 Eine letzte Anmerkung noch zu den **Arbeitsmappen**: Sie können selbstverständlich aus einer **Arbeitsmappe** heraus eine Tabelle in eine andere **Arbeitsmappe** übernehmen. Hierzu wählen Sie bei einer Tabelle am unteren Rand des Fensters mit der rechten Maustaste die Funktion **Verschieben/kopieren** aus.

Tabelle verschieben oder kopieren

Dann will Ihr Computer natürlich von Ihnen wissen, welche Arbeitsmappe wohin übertragen werden soll. Im Regelfall werden Sie gleichzeitig eine andere Excel-Datei geöffnet haben, sodass Sie die Möglichkeit erhalten, von der einen Arbeitsmappe die Datei sogleich in die andere Excel-Arbeitsmappe zu übernehmen.

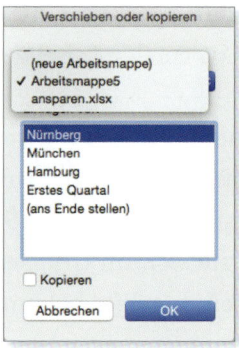

Tabelle verschieben oder kopieren

Datenbanken mit Excel

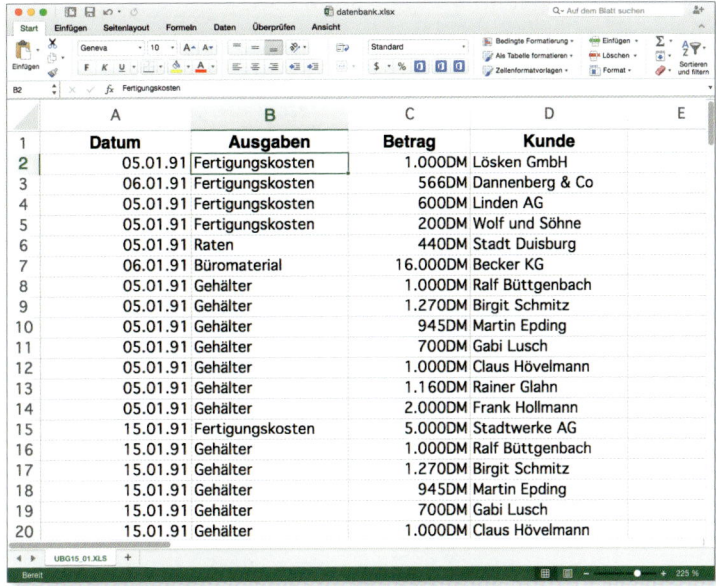

Beispiel einer Datenbank in Excel

Man sieht es dieser Tabelle vielleicht auf den ersten Blick nicht an, aber eine derartige Auflistung, in der in der ersten Zeile die Überschrift steht und in den folgenden Zeilen Einträge sind, behandelt Excel wie Datenbanken und bietet darin eine Reihe spezieller Funktionen an.

Bevor wir uns diese Spezialfunktionen nun genauer zu Gemüte führen, erst mal einige grundsätzliche Funktionen, die Sie beachten sollten, wenn Sie längere Listen bearbeiten wollen oder müssen.

Diese Liste hat 169 Einträge, was nicht besonders viel ist, aber auch für mehrere Bildschirmlängen ausreicht. Sie erinnern sich: Mit der Tastenkombination *cmd + Cursor nach unten* gelangen Sie sehr rasch an das untere Ende des Inhalts.

Damit Excel dies als durchgängige Liste und somit als Datenbank anerkennt, dürfen Sie weder **Leerzeilen** noch **Leerspalten** innerhalb dieses Verbunds haben. Bitte achten Sie darauf, damit die weiteren Funktionen, die wir uns nun ansehen werden, auch vernünftig anwendbar sind.

Wenn Sie nun am unteren Ende der Datenbank angelangt sind, haben Sie möglicherweise das Problem, dass Sie die *Spaltentitel*, also die jeweiligen Überschriften der Spalten, nicht mehr sehen.

Unteres Ende der Liste

Fenster teilen

Es wäre nun sicherlich eine charmante Geschichte, auch hier die Spaltenüberschriften sehen zu können. Das ist sehr einfach gelöst: Wählen Sie im Menüband *Ansicht* die Funktion *Oberste Zeile einfrieren*.

Die oberste Zeile oder auch erste Spalte kann eingefroren werden.

Via *Bereichfixierung aufheben* kann das Ganze wieder gelöst werden.

Fantastisch! Nächste Geschichte: Wenn Sie eine derart große und komplexe Liste bzw. Datenbank vor sich haben, kann es durchaus sein, dass Sie beim Ausdruck nur bestimmte Informationen ausgedruckt haben möchten; andere Informationen sollen ausgeblendet werden. Natürlich gibt es im Menüpunkt *Format –> Spalten* die Option *Ausblenden*, die ich Ihnen aber an dieser Stelle nicht empfehlen würde.

Gruppierung

Deutlich besser ist folgende Funktion: Angenommen, Sie möchten Spalte B und C nicht auf dem Ausdruck haben, dann markieren Sie die beiden Spalten am Spaltentitel und wählen im Menüband *Daten* den Eintrag *Gruppierung und Gliederung* und verwenden nun *Gruppieren*.

Gruppierung

Sogleich erhalten Sie über die beiden markierten Spalten sozusagen eine Klammer, und mit einem *Minus* können Sie diese beiden Spalten nun ausblenden und mit einem nachfolgenden *Plus* wieder einblenden. Dabei können Sie auch weitere Gruppierungs- bzw. Gliederungsebenen einbringen, sodass Sie beispielsweise die Spalten A bis D wiederum gruppieren, um diese gemeinsam aus- und einzublenden und darin die Spalten B und C als Untergruppen zu haben.

Diese Funktionalität ist nicht nur für Spalten, sondern ebenso für Zeilen verfügbar und damit ein geniales Werkzeug, um umfangreiche Tabellen für einen Ausdruck optimiert darzustellen. Wenn Sie die Gruppierungs- oder Gliederungsebenen wieder entfernen möchten, so wählen Sie im Menüband *Daten –> Gruppierung aufheben*

Die Sortierfunktionalität

Sie sehen im Menüband *Daten* zwei Buttons, um aufsteigend oder absteigend sortieren zu können. Setzen Sie also den Cursor irgendwo in eine Spalte und sortieren Sie beispielsweise auf- oder absteigend.

Sortierfunktion in der Symbolleiste

Sitzt der Cursor in der Datumsspalte, wird nach Datum sortiert; sitzt er in der Betragsspalte, wird nach dem Betrag sortiert etc. Dabei haben Sie jetzt nur ein Sortierkriterium zur Auswahl. Wählen Sie hingegen den Menüpunkt *Daten –> Sortieren*, so können Sie mehrere Sortierkriterien miteinander kombinieren. Zum Beispiel: Zuallererst möge nach Datum sortiert werden, sollte es gleiche Datumseinträge geben, dann sollen diese jeweils nach der Höhe des Betrags untersortiert werden.

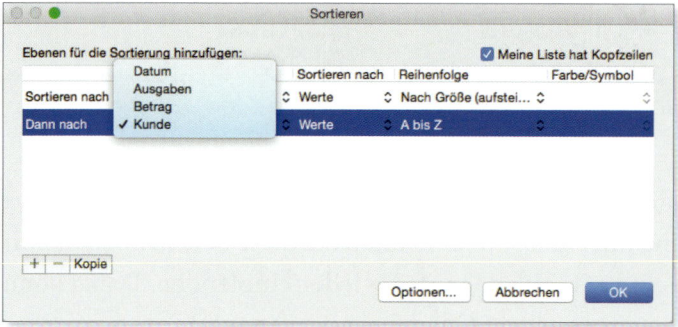

Menüpunkt Daten –> Sortieren

Das geht sehr einfach – und wie schon erwähnt, funktioniert es dann, wenn Ihre Tabelle, Ihre Datenbank, perfekt ist, das heißt keine leeren Spalten und keine leeren Zeilen enthält.

Filter

Die nächste Funktion, die sich mit einer derartigen Datenbank anbietet, ist der sogenannte *Filter*. Der Filter ist nichts anderes als eine Suchfunktion, die Ihnen aus Ihrer langen Liste Einträge herausfiltert, also heraussucht und darstellt. Wählen Sie hierzu den Menüpunkt *Daten –> Filter* oder den entsprechenden Button im Menüband *Daten*.

	A	B	C	D	E
1	**Datum** ▼	**Ausgaben** ▼	**Betrag** ▼	**Kunde** ▼	
2	05.01.91	Fertigungskosten			
3	06.01.91	Fertigungskosten			
4	05.01.91	Fertigungskosten			
5	05.01.91	Fertigungskosten			
6	05.01.91	Raten			
7	06.01.91	Büromaterial			
8	05.01.91	Gehälter			
9	05.01.91	Gehälter			
10	05.01.91	Gehälter			
11	05.01.91	Gehälter			
12	05.01.91	Gehälter			
13	05.01.91	Gehälter			
14	05.01.91	Gehälter			
15	15.01.91	Fertigungskosten			
16	15.01.91	Gehälter			
17	15.01.91	Gehälter			
18	15.01.91	Gehälter			
19	15.01.91	Gehälter			
20	15.01.91	Gehälter	1.000DM	Claus Hövelmann	
21	15.01.91	Gehälter	1.160DM	Rainer Glahn	
22	15.01.91	Gehälter	2.000DM	Frank Hollmann	

Über das Filter-Popup (Titel "Ausgaben") mit Bereichen: Sortieren (Aufsteigend, Absteigend, Nach Farbe: Ohne), Filter (Nach Farbe: Ohne, Eine Option auswählen, Suchen), Auswahlliste mit (Alles auswählen), Büromaterial, Fertigungskosten, Gehälter.

Filtern

Sogleich erscheint bei all Ihren Spaltenüberschriften, also in unserem Fall bei *Datum*, *Ausgaben*, *Betrag* und *Kunde*, jeweils ein Dreieck nach unten, das Ihnen signalisiert, dass nun die Filterfunktion einsatzbereit ist. Das Filtern selbst ist ein absolutes Kinderspiel. Fahren Sie beispielsweise auf die Bezeichnung *Ausgaben* und wählen Sie dort den Eintrag *Gehälter* an. Das war's!

> **!** Sogleich erscheinen in der Liste nur noch Einträge, die dem Suchkriterium entsprechen. Achten Sie bitte darauf, dass am unteren Rand Ihres Excel-Fensters in der **Statusleiste** angezeigt wird, wie viele Einträge Ihrem Suchkriterium entsprechen. In unserem Fall sehen Sie, dass es ganze 112 sind. Sollten Sie die **Statusleiste** nicht eingeblendet haben, wählen Sie den Menüpunkt **Ansicht –> Statusleiste**, um sie zum Vorschein zu bringen. Wollen Sie den Filter bei Ausgaben wieder aufheben, so klicken Sie erneut das nunmehr blaue Dreieck neben dem Begriff **Ausgaben** an und wählen den die Option **Alles auswählen**, um den Filter zu deaktivieren.

Sie können in jeder beliebigen anderen Spalte einen Filter setzen, indem Sie z. B. *Kunde* aufklappen und dort etwa „Stadt Duisburg" wählen. Schon sehen Sie, dass Sie nur noch 15 Einträge in Ihrer Liste haben.

Neben den Daten in der jeweiligen Spalte können Sie ebenso nach Zellfarbe oder Schriftfarbe filtern. Klicken Sie dazu einfach auf den Pfeil neben dem *Filtern*-Symbol der Menüleiste, um die entsprechende Funktion einzusetzen.

Sie müssen zugeben: Das ist sehr elegant und supereinfach in der Funktionalität. Etwas schwieriger wird es bei Datumswerten. Wenn Sie nur die Einträge eines bestimmten Tages suchen möchten, dann ist auch dies problemfrei möglich. Aber oftmals will man ganz bestimmte Informationen haben, wie beispielsweise nur die Ausgaben von Mitte bis Ende Januar oder nur die Ausgaben im 2. Quartal etc. Hierzu bietet Ihnen Excel die *benutzerdefinierten Filter*. Klicken Sie also auf das Dreieck rechts neben *Datum* und wählen Sie die Eigenschaft *Eine Option auswählen*. Angenommen, Sie möchten alle Ausgaben von Mitte Januar bis Ende Februar haben, dann wählen Sie als benutzerdefiniertes Suchkriterium alle Datumswerte, die nach dem 15.01.1991 und vor dem 1.03.1991 liegen.

Suche nach speziellen Werten

Und sogleich erscheinen in Ihrer Liste nur noch die Werte, die dem Suchkriterium entsprechen; in diesem Fall sind es 20 gefundene Werte aus den 168, also etwas weniger als ein Achtel.

Wenn Sie jetzt zusätzlich zu dem Kriterium *Datumssuche* noch alle Ausgaben haben möchten, die Gehälter sind, dann setzen Sie einfach einen zweiten Filter, den Sie auf die Gehälter begrenzen. Sie haben nun zwei Filter gleichzeitig in Verwendung.

	A	B	C	D	
1	Datum	Ausgaben	Betrag	Kunde	
28	05.02.91	Gehälter	2.000DM	Ralf Büttgenbach	
29	05.02.91	Gehälter	2.540DM	Birgit Schmitz	
30	05.02.91	Gehälter	1.890DM	Martin Epding	
31	05.02.91	Gehälter	1.400DM	Gabi Lusch	
32	05.02.91	Gehälter	2.000DM	Claus Hövelmann	
33	05.02.91	Gehälter	2.320DM	Rainer Glahn	
34	05.02.91	Gehälter	4.000DM	Frank Hollmann	
36	15.02.91	Gehälter	1.000DM	Ralf Büttgenbach	
37	15.02.91	Gehälter	1.270DM	Birgit Schmitz	
38	15.02.91	Gehälter	945DM	Martin Epding	
39	15.02.91	Gehälter	700DM	Gabi Lusch	
40	15.02.91	Gehälter	1.000DM	Claus Hövelmann	
41	15.02.91	Gehälter	1.160DM	Rainer Glahn	
42	15.02.91	Gehälter	2.000DM	Frank Hollmann	
170					

Zwei Filter gleichzeitig

> Es werden nun also alle Einträge angezeigt, die sowohl dem einen als auch dem anderen Kriterium zugehörig sind. Damit haben Sie eine sogenannte **Und-zu-gleich-Suche** ausgelöst. Sie können dies noch beliebig fortführen, sodass Sie auch in anderen Spalten eingrenzende Bedingungen definieren. Wenn Sie wieder alle Einträge sehen möchten, müssen Sie natürlich an allen Stellen die Dreiecke aufklappen und den Eintrag **Alles auswählen** verwenden, um beide Filter zu deaktivieren.

Noch ein letztes Beispiel, um Ihnen die Filterfunktion zu demonstrieren: Angenommen, Sie möchten alle Beträge haben, die kleiner 1 000 Euro sind. Dann setzen Sie Ihren Filter bei *Betrag* und gelangen erneut über *Eine Option auswählen* in die Konfiguration. Wählen Sie bei *Betrag kleiner als oder gleich* und geben Sie daneben den Wert *1000* ein.

Weniger oder gleich 1000 Euro

In Bruchteilen einer Sekunde führt Excel für Sie diese Filter- bzw. Suchfunktion aus. Sie sehen: Auch bei vielen Einträgen ist Excel enorm schnell und leistungsfähig.

Was aber, wenn Sie nun nicht nur wissen wollen, wie viele Einträge es zu einem Kriterium gibt, sondern Sie darüber hinaus auch Auswertungen über die Daten haben möchten? Sie suchen beispielsweise alle Einträge aus dem 1. Quartal 1991 und wüssten gerne die Summe des Betrags.

Auch das ist möglich. Setzen Sie zuerst den Filter. Also bei *Datum* die Eigenschaft, um dort das erste Quartal hervorzuholen. Das erste Quartal beginnt am 01.01.1991 endet am 31.03.1991. Ist dies geschehen, können Sie an das Ende der Tabelle gehen und beispielsweise in die Zelle B171 den Begriff *Teilsumme* schreiben und hernach in das Feld C171 wechseln. Klicken Sie nun auf die Funktion

Summe. Sogleich wird Excel ausreichend clever sein und Ihnen die Funktion *Teilergebnis* anbieten.

SUMME		✕ ✓ ƒx	=TEILERGEBNIS(9;C2:C170)		
	A	B	C	D	E
1	Datum ▾	Ausgaben ▾	Betrag ▾	Kunde ▾	
23	01.02.91	Fertigungskosten	1.000DM	Lösken GmbH	
24	05.02.91	Fertigungskosten	566DM	Dannenberg & Co	
25	05.02.91	Fertigungskosten	600DM	Linden AG	
26	05.02.91	Fertigungskosten	200DM	Wolf und Söhne	
27	05.02.91	Raten	408DM	Stadt Duisburg	
36	15.02.91	Gehälter	1.000DM	Ralf Büttgenbach	
38	15.02.91	Gehälter	945DM	Martin Epding	
39	15.02.91	Gehälter	700DM	Gabi Lusch	
40	15.02.91	Gehälter	1.000DM	Claus Hövelmann	
170					
171		Teilsumme:	=TEILERGEBNIS(9;C2:C170)		
172					
173					

Teilergebnis

Das heißt: Excel weiß nun, dass es die Summe über die gefundenen Einträge liefern soll. Quittieren Sie das mit *Return*,und schon haben Sie die Summe über das aktuelle Filterergebnis geschlagen. Ändern Sie die Filtereigenschaften, ändert sich gleichzeitig dynamisch die Teilsumme. Wichtig an der Stelle ist, dass Sie zuerst einen Filter setzen und dann die Summenfunktion ausführen. Tun Sie das nicht, setzen also keinen Filter und verwenden sofort die Summenfunktion, wird Excel immer die Summe über alle Werte schlagen, was nicht das gewünschte Ergebnis liefert.

 Wenn Sie die Teilergebnis-Funktion anschauen, dann beginnt diese in der Klammer mit der Ziffer 9. Verwenden Sie stattdessen die 1 für den Mittelwert, die 4 für das Maximum, die 5 für das Minimum.

Auswertung mit Pivot-Tabelle

Sollen die Auswertungsfunktionen noch deutlich raffinierter werden, dann bietet sich die Funktion *Pivot-Tabelle* an. Eine Pivot-Tabelle ist eine spezielle Auswertungstabelle, mit der Sie sehr, sehr viele Auswertungsfunktionen im Blick haben. Wie aber erstellt man eine Pivot-Tabelle? Heben Sie zu diesem Zweck die Filterfunktionen auf, indem Sie über *Daten –> Filter* das Häkchen entfernen.

> **!** Setzen Sie bitte den Cursor irgendwo in Ihre Liste oder Datenbank, damit die **Pivot-Tabelle** weiß, woher die Daten zu entnehmen sind. Wählen Sie dann den Eintrag **Daten –> Mit PivotTable zusammenfassen** oder im Menüband **Einfügen –> PivotTable**.

PivotTable erstellen

Excel wird Ihnen automatisch Ihre gesamte *Datenbank* bzw. *Liste* als Bereich kennzeichnen, und zwar sofort von A1 bis D169. Wählen Sie zudem, dass für den Pivot-Bericht ein *Neues Arbeitsblatt* verwendet werden soll.

Klicken Sie erneut auf *OK*, um mit der Arbeit zu starten.

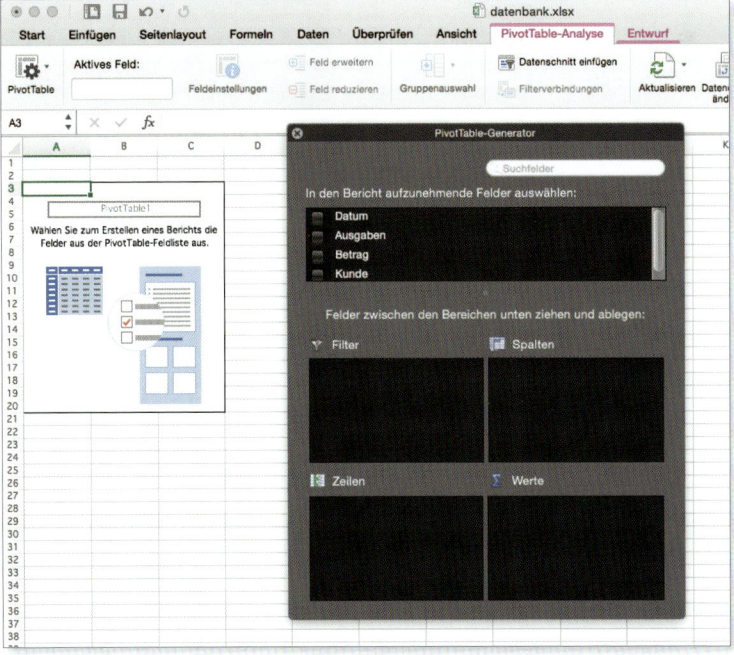

Nicht konfigurierte Pivot-Tabelle

Es sollten zwei zusätzliche Gruppen im Menüband erscheinen, die sich um die Funktionen der *Pivot*-Tabelle kümmern. Und im *PivotTable-Generator (PivotTable-Analyse –> Feldliste)* selbst haben Sie mehrere Bereiche wie *Filter, Spalten, Zeilen und Werte.* Wie funktioniert nun die ganze Geschichte? Wir können mehrere Pivot-Tabellen erstellen, die das gleiche Datenmaterial verwenden. Deswegen an dieser Stelle einfach mal ein Versuch, eine vernünftige Auswertungskonstellation zu erreichen. Ziehen Sie den Begriff *Kunde* auf *Filter,* den Begriff *Datum* auf *Zeilen,* den Begriff *Ausgaben* auf *Spalten* und zu guter Letzt *Betrag* auf *Werte.* Jetzt ist die *Pivot-Tabelle* fertig und auch mit Zahlenmaterial gefüllt.

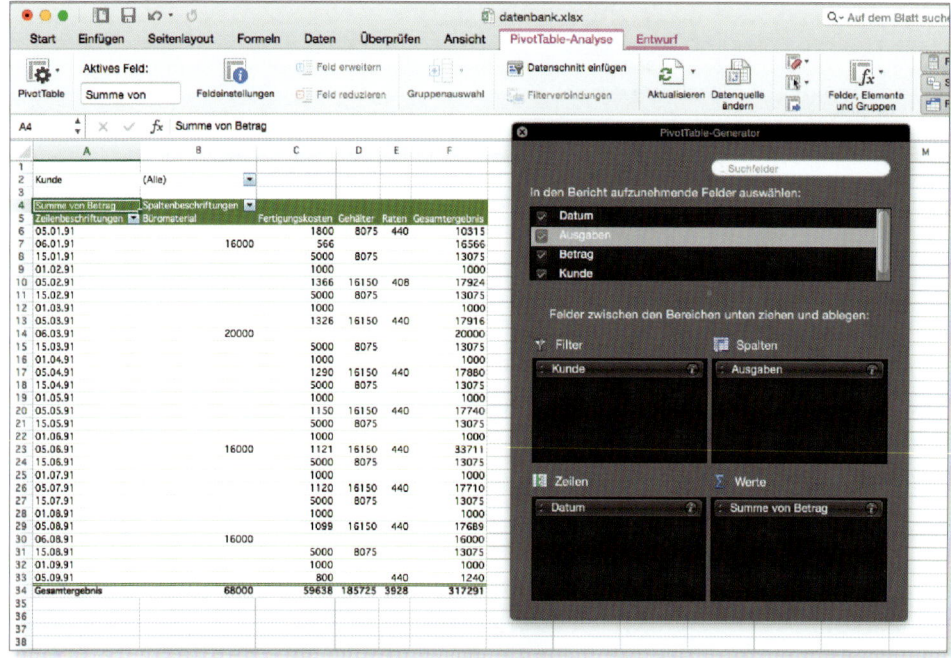

Fertige Pivot-Tabelle

Was sehen Sie nun? Sie sehen eine Tabelle, in der ganz oben *Kunde* steht. Sie sehen links eine Spalte mit den Datumswerten, darüber den Begriff *Ausgaben,* und Sie sehen ganz rechts bei Gesamtergebnis: Es gab insgesamt 168 Zahlungen mit einem Gesamtvolumen von 317291 – ah ja. Nun können wir oben bei *Kunde Alle* aufklappen und z. B. nur einen Kunden heraussuchen. Ich verwende erneut die Stadt Duisburg. Sofort verändert sich das Aussehen der Pivot-Tabelle dahingehend, dass ich nur noch Einträge für den Kunden Stadt Duisburg sehe.

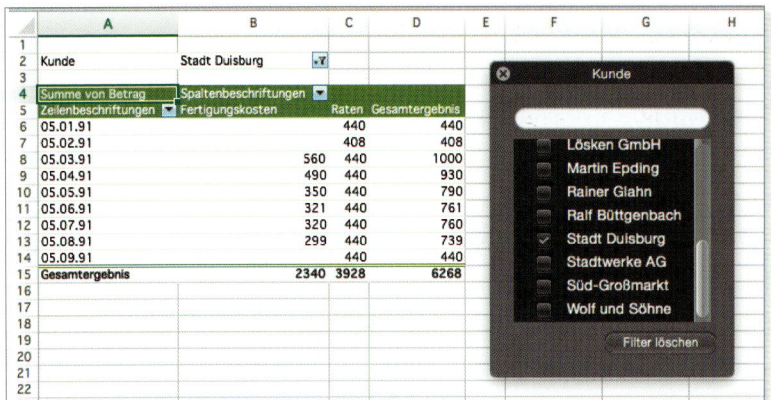

Pivot mit Stadt Duisburg

Sie sehen, an welchen Datumswerten es welche Zahlungen gab. In der Summe sind es nun 15 Zahlungen mit einem Gesamtaufwand von 6268 , die sich auf Fertigungskosten und Raten aufteilen. Sie mögen nun sagen: Na ja, das ist ganz nett, aber mich würde anstatt der Summe eher die Anzahl der Zahlungen interessieren. Dafür verwenden wir wieder das Menüband *PivotTable-Analyse* und klicken den Begriff *Feldeinstellungen* an.

Ich wechsle hier von *Anzahl der Ausgaben* auf *Anzahl von Betrag* und quittiere das Ganze mit *OK*.

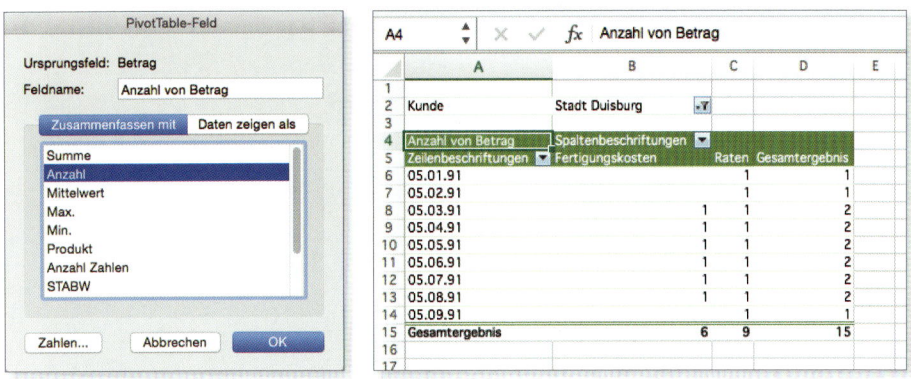

Werte für Stadt Duisburg

Und Sie sehen nun, dass die Anzahl dem Wert der jeweiligen Zahlungen gewichen ist. Neben *Anzahl* und *Summe* – Sie haben es sicherlich gemerkt – gibt es auch die Funktionen *Maximum*, *Minimum* etc.

 Mit der **Pivot-Tabellen**-Funktion haben Sie also sehr viele Auswertungsmechanismen mit wenigen Klicks griffbereit. Sie haben als oberstes Sortierkriterium den Bereich **Kunde** verwendet. Wir wollen nun noch eine weitere **Pivot-Tabelle** mit dem gleichen Zahlenmaterial erstellen.

Wechseln Sie dazu im unteren Teil Ihres Excel-Fensters zur Tabelle zurück und wählen Sie erneut den Menüpunkt *Daten –> Mit PivotTable zusammenfassen*. Den ersten Schritt quittieren Sie mit *OK*. Nun könnte man beispielsweise den Begriff *Ausgaben* in den *Filter*-Bereich ziehen, *Datum* in den *Zeilen*-Bereich, *Kunde* in den *Spalten*-Bereich und natürlich *Ausgaben* in den *Werte*-Bereich. So erhält man eine Tabelle, in der als oberstes Sortierkriterium die Ausgabenarten zu lesen sind. Klappt man diese auf, um z. B. den Begriff *Büromaterial* auszuwählen, dann sieht man sofort, an welchen Kunden und zu welchen Datumswerten die Büromaterialien geflossen sind.

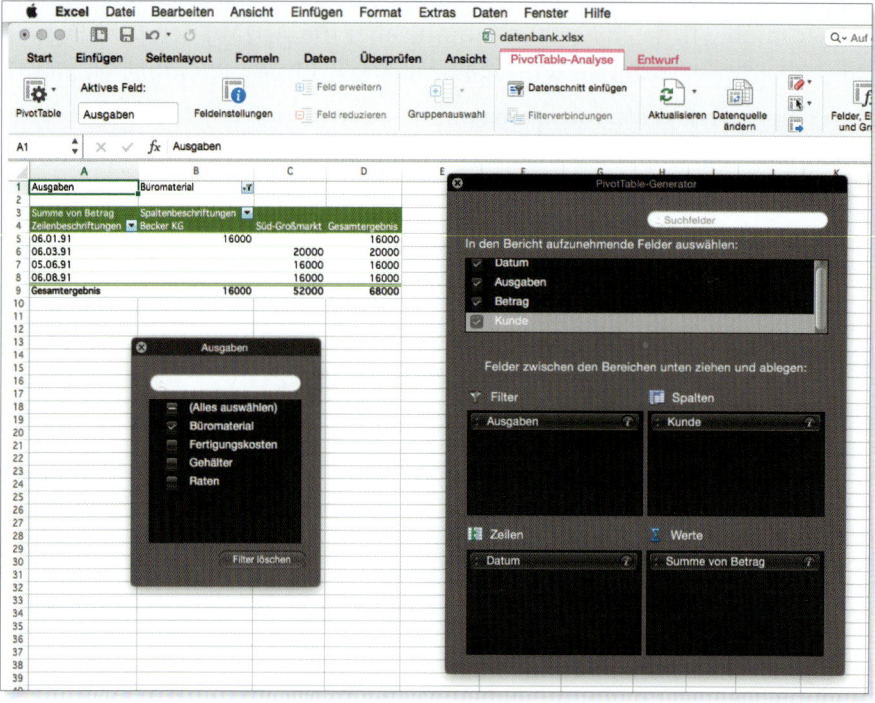

Pivot-Tabelle Büromaterial

Und nun könnten Sie wieder von der *Anzahl* auf *Mittelwert* auf *Maximum* etc. umstellen. Dies finden Sie alles im Menüband *Feldeinstellungen*. Sie sehen also: Die Funktion *Pivot-Tabelle* ist sehr mächtig und für viele, die mit Excel arbeiten, ein unentbehrliches Werkzeug.

! Eine kritische Anmerkung: Wenn sich das Tabellenmaterial ändert, sich also Zahlen ändern, werden die **Pivot-Tabellen** nicht automatisch aktualisiert. Deshalb gibt es im Menüband **PivotTable-Analyse** den Button **Aktualisieren**, mit dem Sie mit einem Klick die **Pivot-Tabelle** aktualisieren können.

! Sollte sich die zugrunde liegende **Tabelle** grundsätzlich ändern, kommen also Zeilen hinzu, dann werden diese durch die Aktualisierung nicht in die **Pivot-Tabelle** übernommen. Das heißt, Sie müssen dann die **Pivot-Tabelle** leider neu erstellen. Werden hingegen Zeilen oder Einträge entfernt, dann funktioniert das **Aktualisieren** sofort und tadellos.

Ein letzter Tipp zu den Pivot-Tabellen: Sie können auch mehrere Felder wie z. B. *Kunde* und *Ausgaben* in den Bereich *Filter* ziehen, um so wunderschöne *Und-zugleich-Abfragen* erzeugen zu können. Und auch das ist möglich: Mehrere Felder können ebenso in *Spalten* oder *Zeilen* gezogen werden.

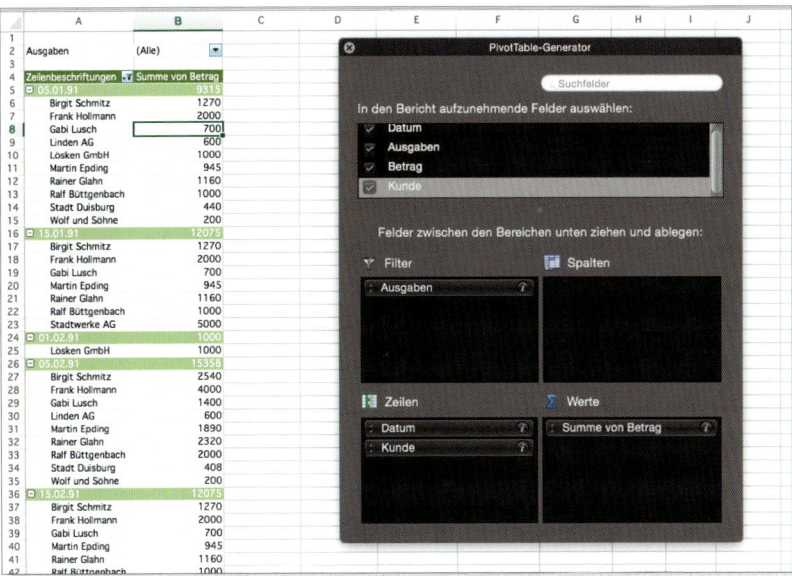

Komplexe Pivot-Tabelle mit mehreren Einträgen im Bereich „Spalten".

Viele, viele Formeln in Excel

Es würde den Rahmen dieses Buches bei Weitem sprengen, alle Berechnungs-arten und Formeln, die Ihnen Excel zur Verfügung stellt, durchzusprechen. Es gibt eine schier unübersichtliche Funktionsvielfalt. Ich will deshalb an einem detaillierten Beispiel darstellen, wie man mit einer Funktion arbeitet, die man bisher noch nie im Einsatz hatte.

Funktion SVerweis

Beispiel Rabatt

Bitte sehen Sie sich diese Tabelle an: Etwas hat einen Stückpreis von 3,15 Euro, und in der Spalte A und B sehen Sie die verkauften Stückzahlen für den jeweili-gen Monat. Darüber hinaus gibt es in Spalte G und H eine Referenztabelle, in der die Rabattierung festgehalten wurde. Werden bestimmte Grenzen oder Stück-zahlen erreicht, so wird auf den Stückpreis ein Rabatt angerechnet, den sich Excel aus der Referenztabelle holt. Es wird also eine Funktion benötigt, die in die Referenztabelle geht, dort einen Prozentwert sucht und diesen Prozentwert zurück in die Haupttabelle bringt, sodass dort weitergerechnet werden kann. Nun ist aber guter Rat teuer – wie könnte diese Funktion heißen?

Und das ist auch das Schwierige an der Arbeit mit Excel: Es gibt beliebig viele Funktionen, aber es ist sehr schwer, herauszufinden, wie der exakte Name der Funktion lautet, die Sie benötigen. An dieser Stelle ist mir die Funktion bekannt: Sie heißt *SVerweis*. Ich setze den Cursor in die Zelle C6 und klicke oben im Menüband *Formeln* den Eintrag *fx* an. Sogleich zeigt mir mein Aufgabenbereich den *Formel-Generator* an, und ich tippe dort zwei, drei Buchstaben der gewünschten Funktion ein. Daraufhin erscheint die *SVerweis*-Funktion.

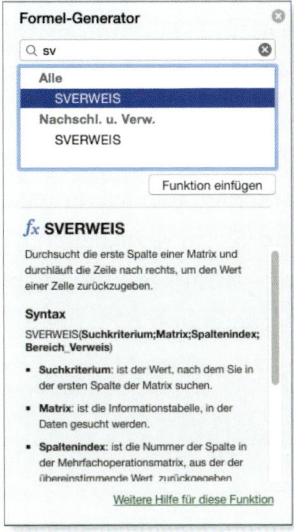

„SVerweis" im Formel-Generator.

Hier erhalte ich einen kurzen Hinweis, was die *SVerweis*-Funktion für mich tun kann. Und Sie sehen: Das ist genau die Funktion, die wir benötigen. Es wird eine Matrix durchsucht und der Wert einer Zelle zurückgegeben. Sodann klicke ich auf *Funktion einfügen*, um die *SVerweis*-Funktion auszuführen. Als Erstes möchte Excel von mir das Suchkriterium wissen. Das ist definitiv die Stückzahl. Der zweite Eintrag ist die Matrix, also die Referenztabelle, die sich bei mir von G8 bis H11 erstreckt. Vergessen Sie nicht, mit *cmd + T* diese noch *absolut* zu setzen.

SVerweis-Funktion

Damit sind wir die Hälfte des Weges schon gegangen. Die dritte Eigenschaft ist der sogenannte *Spaltenindex*. Excel will wissen, aus welcher Spalte es den Wert zurückgeben soll. Das ist bei uns die zweite Spalte. Und die vierte Funktion, der sogenannte *Bereich-Verweis*? Dort ist aktuell kein Eintrag notwendig, das heißt, der Wert, mit dem die Funktion in die Referenztabelle geht, muss nicht exakt existieren. Bei 34 würde Excel den Wert darunter nehmen, also in unserem Fall 0. Und bei 123 wieder den Wert darunter, also 100, was absolut in Ordnung ist. Wir sind jetzt fertig und können mit *Return* bestätigen.

Nun denken Sie: Gibt es denn hier auch zuverlässige Hilfe und Unterstützung? Antwort: Ja, die gibt es. Wenn Sie in dem Fenster den Eintrag *Weitere Hilfe für diese Funktion* anklicken, wird – vorausgesetzt, Sie haben eine aktive Internetverbindung – Ihnen eine *Hilfeseite* angeboten, in der Sie die Parameter noch einmal sehen können und erläutert bekommen.

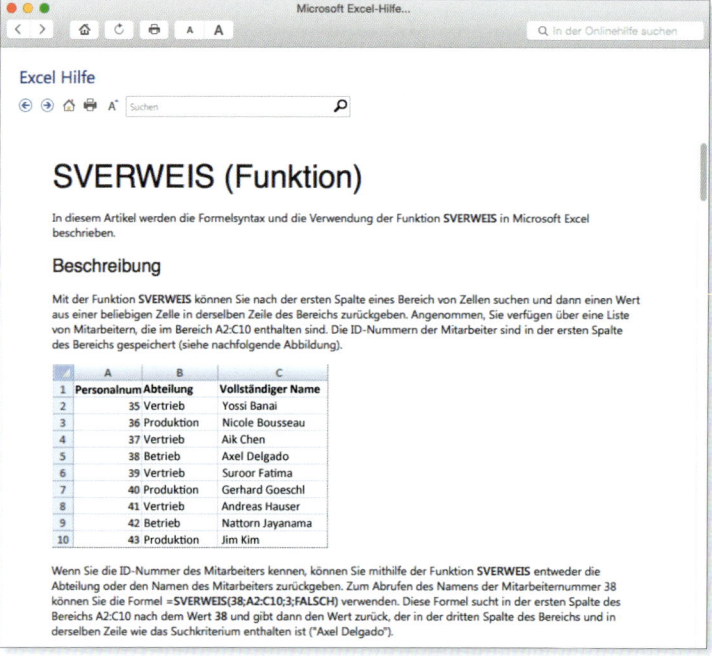

Hilfe für SVerweis

Nun kann ich den ersten Eintrag in C6 noch als Prozentwert mit zwei Nachkommastellen formatieren und ihn sodann über die komplette Spalte C mit dem *Anfasser* nach unten ziehen. Ist dies geschehen, werden die neuen Stückpreise ausgerechnet. Die neuen Stückpreise ergeben sich aus: *=$B$1*(100%-C6)*.

Und auch diese Berechnung kann wieder nach unten durchgezogen werden, um die jeweiligen Preise mit den Rabatten zu erhalten.

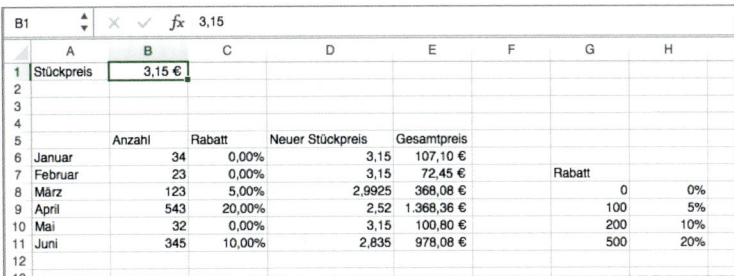

Geänderte Stückpreise

Jetzt ist noch der jeweilige Gesamtpreis in jeder Zelle zu ermitteln, der sich ganz einfach aus Anzahl multipliziert mit Stückpreis errechnet. Zu guter Letzt kann die Tabelle noch vernünftig formatiert und gestaltet werden.

> **!** Sie sehen also: Wenn man weiß, welche Funktion man benötigt, geht auch dies mithilfe von Excel sehr rasch und sehr zügig vonstatten. Wenn Sie aber nicht recht wissen, wie die Funktion lautet, die Sie benötigen, dann ist guter Rat teuer. In diesem Fall sollten Sie in der Suche einen Begriff eingeben und einfach durch die aufgelisteten Funktionen hindurchblättern, denn zu jeder Funktion erhalten Sie eine kurze Beschreibung, die Ihnen wichtige Informationen über die Funktion liefert. Über die Hilfefunktion kommen Sie auf eine Internetseite, in der die Funktion im Detail dargestellt wird und auch Beispiele dazu aufgelistet sind.

> **!** Sofern Sie schon etwas Erfahrung mit Formeln und Funktionen in Excel haben, können Sie natürlich diese direkt in die Berechnungszelle eintragen. Dabei werden Sie erkennen, dass Excel Ihnen hilft, indem es eine Reihe von Funktionen auflistet, die zur aktuellen Eingabe passen könnten.

Funktionsvorschläge bei der Eingabe

Beeindruckend – Diagramme erstellen

Kalkulieren und Berechnen in Excel sind das eine; die zweite und oftmals deutlich wichtigere Geschichte kann das Erstellen von beeindruckenden Diagrammen sein. Sie müssen vielleicht Zahlenmaterial präsentieren, das später in *PowerPoint* Eingang findet, oder einfach schlechte Zahlen durch ein gutes Diagramm kaschieren.

Das Diagramm zu erstellen, ist in Excel ebenfalls eine sehr einfache Angelegenheit. Ich hole mir zu diesem Zweck eine Tabelle, die wir im Laufe des Buches schon einmal besprochen haben. Und ich werde nun für die budgetierten Daten ein Diagramm erstellen. Das Erste und Wichtigste bei der Erstellung eines Diagramms ist definitiv das korrekte Markieren der Daten, die in das Diagramm Eingang finden sollen. In unserem Fall soll aus den Werten von B5 bis C14 ein Diagramm erstellt werden. Also markiere ich von links oben beginnend von B5 nach C14 mit der linken Maustaste.

Zahlen für Diagramm markieren

Von nun an wird es einfach: Klicken Sie beispielsweise im Menüband *Einfügen* auf den Begriff *Empfohlene Diagramme* oder wählen Sie rechts daneben eines aus. Sie haben dabei eine Fülle von Vorgaben zur Auswahl, die Ihnen Excel anbietet. Ich verwende hier den *3D-Kreis* und bin schon fertig!

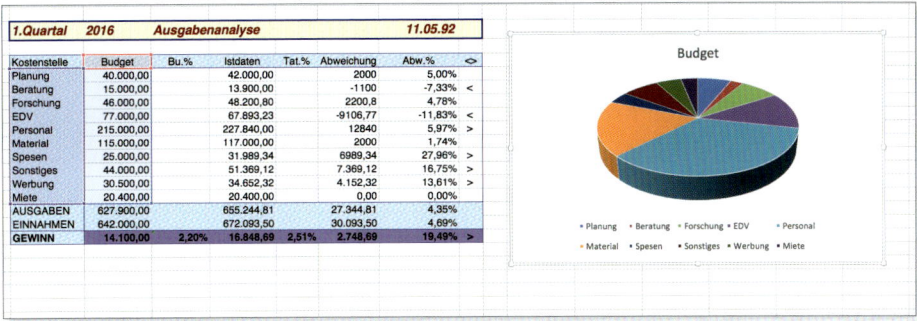

1.Quartal	2016	Ausgabenanalyse			11.05.92	
Kostenstelle	Budget	Bu.%	Istdaten	Tat.%	Abweichung	Abw.%	
Planung	40.000,00		42.000,00		2000	5,00%	
Beratung	15.000,00		13.900,00		-1100	-7,33%	<
Forschung	46.000,00		48.200,80		2200,8	4,78%	
EDV	77.000,00		67.893,23		-9106,77	-11,83%	<
Personal	215.000,00		227.840,00		12840	5,97%	>
Material	115.000,00		117.000,00		2000	1,74%	
Spesen	25.000,00		31.989,34		6989,34	27,96%	>
Sonstiges	44.000,00		51.369,12		7.369,12	16,75%	>
Werbung	30.500,00		34.652,32		4.152,32	13,61%	>
Miete	20.400,00		20.400,00		0,00	0,00%	
AUSGABEN	627.900,00		655.244,81		27.344,81	4,35%	
EINNAHMEN	642.000,00		672.093,50		30.093,50	4,69%	
GEWINN	14.100,00	2,20%	16.848,69	2,51%	2.748,69	19,49%	>

3D-Kreis erstellt

> **!** Sie sehen also: War die Markierung ausreichend, genügt die Auswahl des entsprechenden Diagrammtyps, um mit ein, zwei Klicks sofort ein Diagramm erstellt zu bekommen. Dieses Diagramm wird nun standardmäßig auf das Arbeitsblatt gelegt, auf dem auch Ihre Tabelle erscheint. Ändern sich Werte in Ihrer Tabelle – keine Frage –, so ändert sich sofort die Darstellung in Ihrem Diagramm.

Als etwas nachteilig empfinde ich, dass das Diagramm auf dem Blatt erscheint, auf dem sich auch die Tabelle befindet. Oftmals benötigt man die beiden Informationen getrennt voneinander. Dann wählen Sie im Menüband *Diagrammentwurf* den Eintrag *Diagramm verschieben* und wählen dort *Neues Blatt* aus. Sofort wird in Ihrer *Arbeitsmappe* ein neues Blatt eingelegt, auf dem das Zahlenmaterial, das Sie markiert hatten, nun als Diagramm erscheint. Und Sie können wieder über das Menüband die Art und das Aussehen des Diagramms ändern.

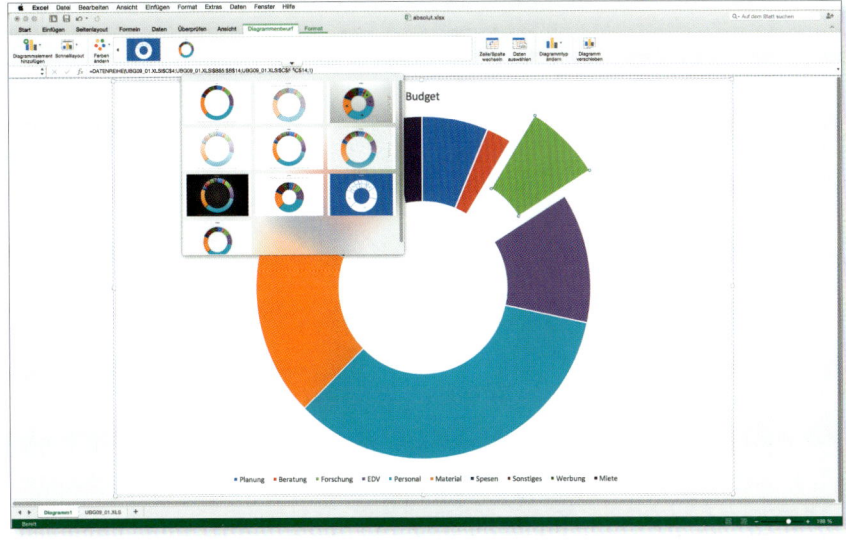

Diagramm auf einem extra Blatt

Nun soll es darum gehen, das Diagramm unseren Bedürfnissen entsprechend anzupassen und zu modifizieren. Wählen Sie beispielsweise als Diagrammtyp noch einmal im Bereich *Kreis* das dreidimensionale Kuchendiagramm. Klicken Sie einmal auf eines der Kuchenstücke, so werden Sie erleben, dass alle Kuchenstücke markiert sind. Klicken Sie noch einmal, so wird nur noch ein Kuchenstück markiert sein, und Sie können dieses Stück z. B. aus dem übrigen Verband herauslösen.

Klicken Sie auf dieses Kuchenstück mit der linken Maustaste doppelt, dann erhalten Sie im Aufgabenbereich rechts daneben *Datenpunkt formatieren* für dieses eine Kuchenstück. Sie sehen verschiedene Reiter wie z. B. *Füllung und Linie*, *Effekte und Reihenoptionen*. Stellen Sie dort z. B. bei *Füllung* einen anderen Farbton für Ihr Kuchenstück ein, ändern Sie die *Transparenz*, geben Sie an, wie der *Farbverlauf* auf dem Kuchenstück sein soll, oder wählen Sie statt einer Farbe im Bereich *Bild oder Struktur* ein anderes Muster.

Kuchenstück formatieren

 Sie haben gesehen, wie einfach das Ganze vonstattenging. Wollen Sie generelle Einstellungen für alle Kuchenstücke ändern, so klicken Sie außerhalb des einen Kuchenstücks, um die Markierung zu deaktivieren, und klicken erneut einmal auf irgendein bestehendes Stück – es sollten nun alle Stücke gemeinsam markiert sein.

Zur Abwechslung verwenden wir die rechte Maustaste, um eine gemeinsame Formatierungsänderung durchzuführen. Wählen Sie dort den Eintrag *Daten-beschriftungen hinzufügen*.

Rechte Maustaste

Klicken Sie erneut mit der rechten Maustaste auf das Diagramm und verwenden Sie nun den Eintrag *Datenbeschriftungen formatieren*, um z. B. Prozentwerte statt Zahlenwerte darstellen zu lassen.

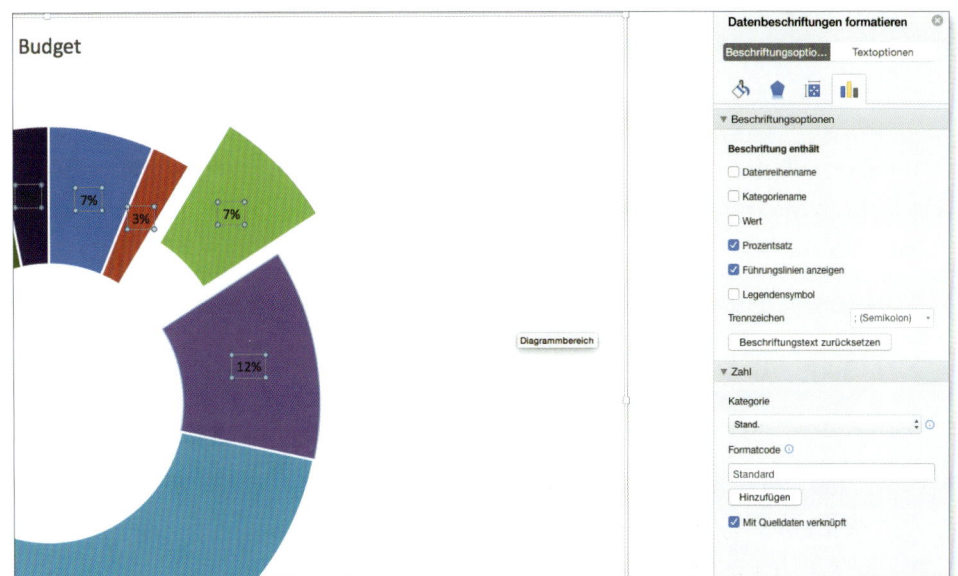

Prozent anzeigen

Und da Sie ja alle Kuchenstücke markiert haben, wird nun an jedem Kuchenstück der prozentuale Wert dargestellt. Das heißt: Sie müssen in der Tabelle bei der Berechnung diesen Wert nicht extra ausrechnen, sondern auch im Diagrammmodus erledigt das Excel, ohne dass Sie dies vorbereiten müssen. Sollte Ihnen die Position der Prozentwerte nicht gefallen, können Sie den Rahmen der Prozentwerte an eine beliebige andere Stelle verschieben.

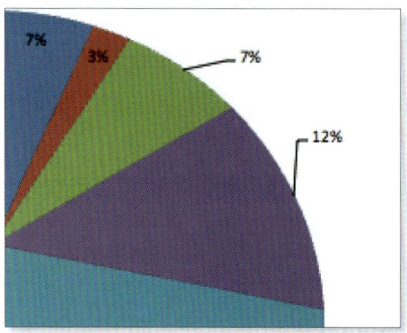

Beschriftung verschieben

Unterhalb des Diagramms sehen Sie die sogenannte *Legende*. Diese ist unbedingt notwendig, damit Sie erkennen, welche Farbe welchen Wert repräsentiert. Selbstverständlich können Sie die *Legende* auch entfernen; klicken Sie diese dazu einmal mit der rechten Maustaste an und verwenden Sie *Löschen*.

Wie können Sie weitere Dinge wie Diagrammtitel etc. ändern? Hier ist es eine gute Idee, das Menüband zurate zu ziehen. Dort finden Sie bei *Diagrammentwurf* vielfältige Möglichkeiten, um Ihr Diagramm Ihren Bedürfnissen entsprechend anzupassen.

Zurück zum *Diagrammtitel*: Schreiben Sie einfach den Text Ihrer Wahl, der dann oberhalb des Diagramms erscheinen wird. Wenn Sie ihn formatieren wollen, klicken Sie mit der rechten Maustaste auf den Titel, um die Formatierung zu verändern.

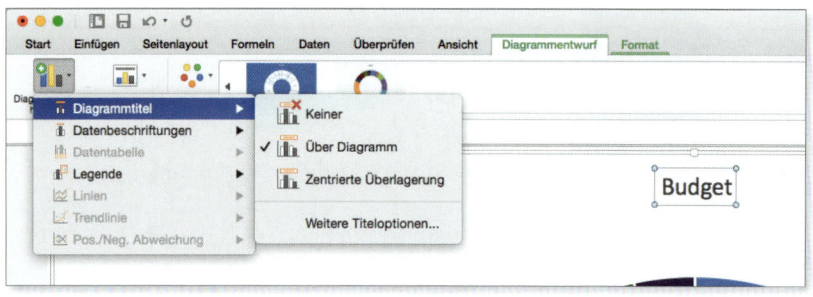

Diagramm und das dazugehörige Menüband „Diagrammentwurf"

Sie sehen also, dass Sie entweder über die rechte Maustaste oder möglicherweise über einen Doppelklick auf ein bestehendes Element, aber auch über die Formatierungspalette alle Eigenschaften, die ein Diagramm besitzt, ändern können.

Obwohl unser Diagramm auf einem extra Blatt ist, bleibt natürlich dennoch die Beziehung zur Tabelle erhalten; ändert sich auf der Tabelle ein Wert, wird das Diagramm aktualisiert. Speichern Sie die Arbeitsmappe ab, so speichert Excel neben der Tabelle natürlich auch das Diagramm. Damit können Sie beliebig viele Diagramme von ein und demselben Datenmaterial erstellen.

Kommen wir noch einmal kurz zurück zur Erstellung eines Diagramms. Wenn Sie die unten stehende Tabelle noch einmal begutachten, dann sehen Sie, dass neben den Budgetdaten noch Istdaten existieren. Ich möchte sowohl die Budgetdaten als auch die Istdaten in einem Diagramm dargestellt haben.

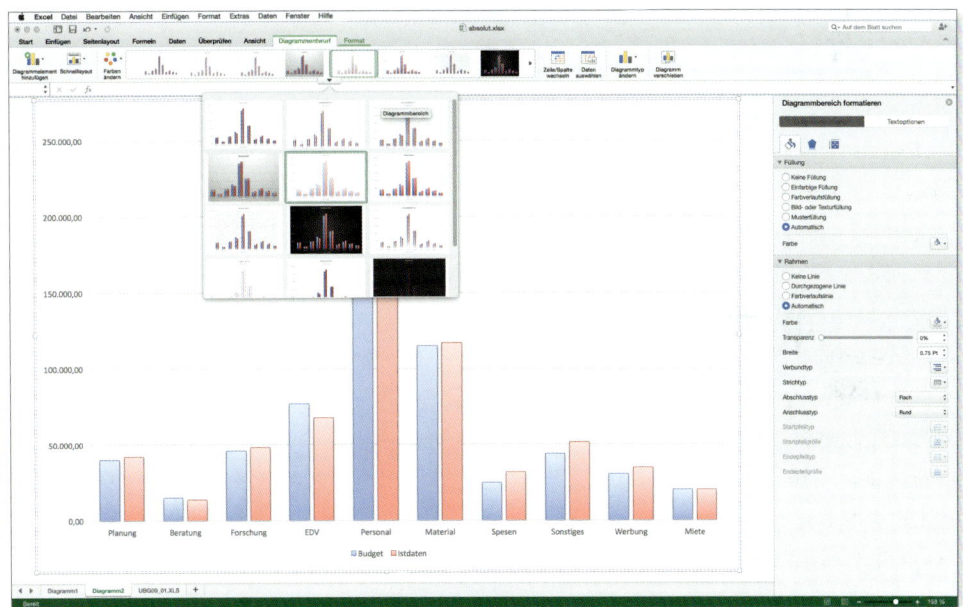

Diagramm für Budget und Ist

Nun liegen dummerweise andere Zahlenmaterialien, andere Informationen dazwischen. Deshalb empfiehlt sich folgende Markierung: Sie starten in der Zelle B4 bis einschließlich C14 und drücken danach die *cmd-Taste*, um von E4 bis E14 zu markieren.

 Das heißt: Mit der **cmd-Taste** können Sie mehrere nicht zusammengehörige Bereiche gemeinsam markieren. Wichtig ist, dass Sie immer links oben starten und weiter rechts unten aufhören.

Über *Diagrammtyp ändern* kann ich mir andere Darstellungen auswählen. Ich wechsle hier einmal in den Bereich *Linien*, um *3D-Linie* zu verwenden. Fertig! Sie sehen also: War die Markierung korrekt, so erhalte ich wiederum in Sekundenbruchteilen ein herrliches Diagramm, das ich meinen Bedürfnissen entsprechend anpassen kann.

Erstellen Sie ein derartiges *Liniendiagramm*, dann haben Sie ja auch Diagrammachsen in Ihrer Darstellung. Markieren Sie diese und dann sehen Sie im Aufgabenbereich *Achse formatieren* vielfältige Möglichkeiten, diese Achsen ein- oder auszublenden oder die Anzahl der Achsen im Diagramm zu definieren.

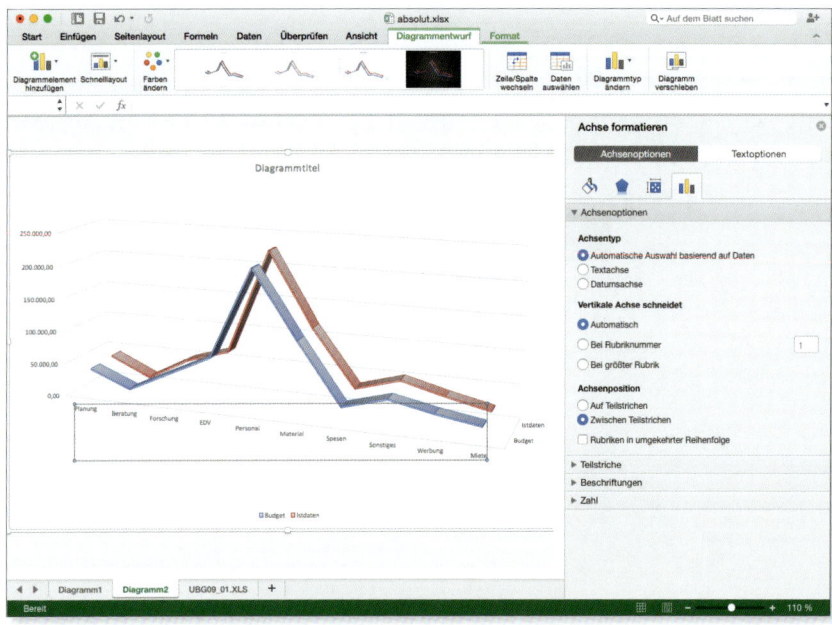

Diagrammachsen können ebenfalls nach Belieben modifiziert werden.

 Wie Sie sicher wissen, kann über die **Zwischenablage**, also mit **cmd + C** und **cmd + V**, das komplette Diagramm in eine andere Applikation übernommen werden – **Microsoft Word** bietet sich an, aber auch **PowerPoint** ist ein dankbarer Empfänger für Diagramme aus Excel.

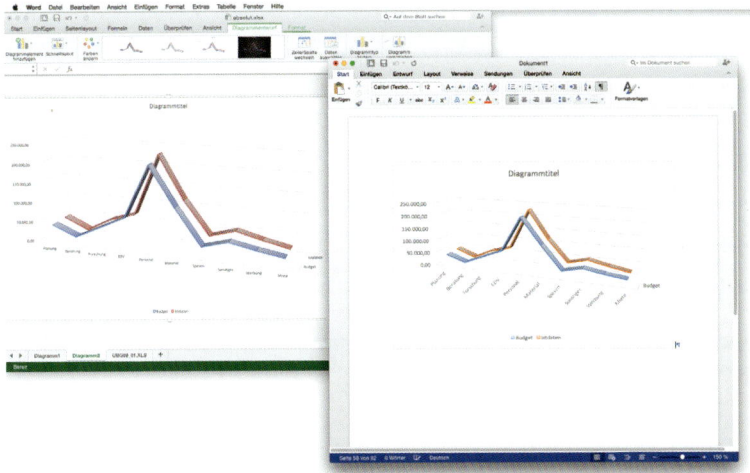

Diagramme in Word übernehmen

Ein besonderes Schmankerl: Wenn Sie ein Diagramm erstellt haben, dann wissen Sie bereits, dass Sie die Füllung des Diagramms ändern können. Besonders nett ist die Option *Bild- oder Texturfüllung*: Hiermit können Sie Ihren Balken, Säulen oder Kuchenstückchen ein beliebiges Foto, das sich irgendwo auf Ihrem Rechner befindet, hinzufügen.

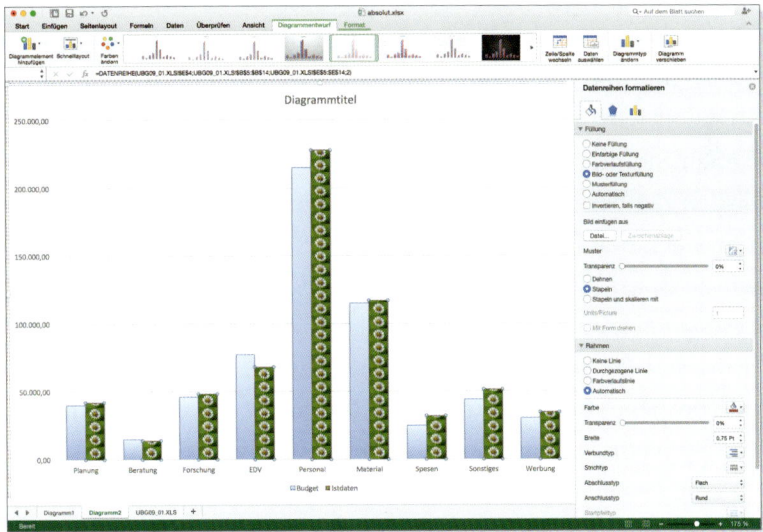

Eigenes Bild als Inhalt

Das Beste dürfte es sein, die Eigenschaft *Stapeln* zu verwenden. Das Bild wird verkleinert und mehrfach auf Ihre Säulen oder Balken aufgetragen. Damit können Sie manch einen professionellen Excel-Anwender überraschen.

Das besondere Diagramm: Sparklines

Es muss nicht immer ein aufwendiges Diagramm sein, das im Rahmen eines neuen Arbeitsblatts dargestellt wird. Es geht auch dezenter, aber nicht weniger beeindruckend mit den sogenannten *Sparklines*. Das sind kleine, aber feine Diagramme mit vielen Darstellungsvarianten, die überdies rasch erzeugt sind.

Sparklines einfügen

Erzeugen Sie einfach eine Tabelle, wie im Screenshot zu sehen ist. Markieren Sie dann die Zahlen darin und rufen Sie über das Menüband *Einfügen* die Funktion *Sparklines* auf und entscheiden Sie sich zwischen *Linie*, *Säule* bzw. *Gewinn/ Verlust*. Sogleich wird der markierte Zahlenblock in dem *Datenbereich* eingetragen. Geben Sie nun noch an, wo die Sparklines dargestellt werden sollen. Tragen Sie den Zellbereich direkt ein oder verwenden Sie am Ende der Zeile das Icon, um hernach den Bereich mit der Maus zu markieren. Ein abschließendes OK bringt die Sparklines zum Vorschein. Und zeitgleich wird im Menüband *Sparkline-Design* eingeblendet.

Ebenso wie bei Diagrammen wird eine Änderung der Zahlen sogleich die Darstellung der Sparklines modifizieren. Wenn Sie nun die Tabelle ausdrucken, werden die Sparklines-Diagramme ebenfalls ausgedruckt, und so erhält der Betrachter eine visuelle Darstellung des Zahlenmaterials.

> **!** Besonders klasse an Sparklines im Vergleich zu Diagrammen ist, dass diese wie Formeln in Zellen behandelt werden können. Wenn Sie den vorherigen Screenshot ansehen, dann wurde das Sparkline in E2 erstellt und mit dem Anfasser einfach nach unten gezogen. Und im Nu sind weitere Sparklines entstanden.

Der optimale Ausdruck

Eine der größten Schwierigkeiten bei Microsoft Excel ist der Ausdruck vor allem von umfangreichen Listen. Dabei gibt es einige wichtige grundlegende Einstellungen, die man beachten sollte, um schnell zu einem vernünftigen Ergebnis zu kommen.

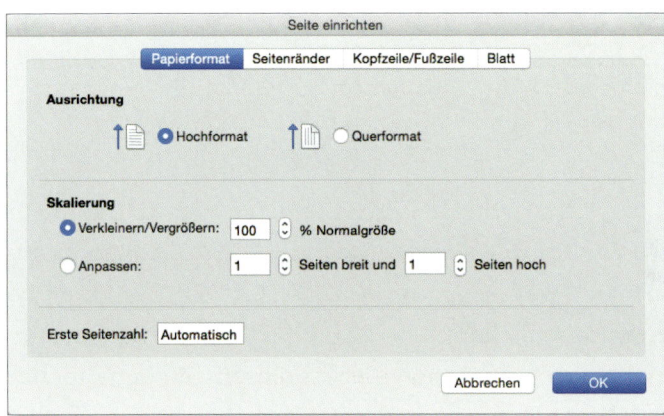

Seite einrichten.

Prüfen Sie zuallererst im Menüpunkt *Datei –> Seite einrichten*, welche *Ausrichtung* Sie gewählt haben. Oftmals ist standardmäßig *Hochformat* ausgewählt, wobei Tabellen jedoch in den meisten Fällen quer angelegt sind. Besonders hübsch ist auch die Geschichte mit dem *Verkleinern/Vergrößern* bzw. *Anpassen*.

 Vielleicht ist Ihnen das auch schon einmal passiert: Bis auf zwei Zeilen hätte die Tabelle eigentlich auf das DIN-A4-Blatt draufgepasst. Nur wegen der letzten zwei Zeilen wurden es dann doch zwei Seiten. Mit **Anpassen** – eine Seite breit, eine Seite hoch – können Sie dies vermeiden. Sie haben damit also eine leichte Verkleinerung auf vielleicht 97 Prozent eingebaut, was nicht dramatisch ist, und die letzten zwei Zeilen rutschen noch auf die erste Seite.

Neben der Ausrichtung ist natürlich auch das Papierformat von Interesse. Deshalb ist es eine gute Idee, über das Menüband *Seitenlayout –> Größe* dies zu prüfen und korrekt einzustellen.

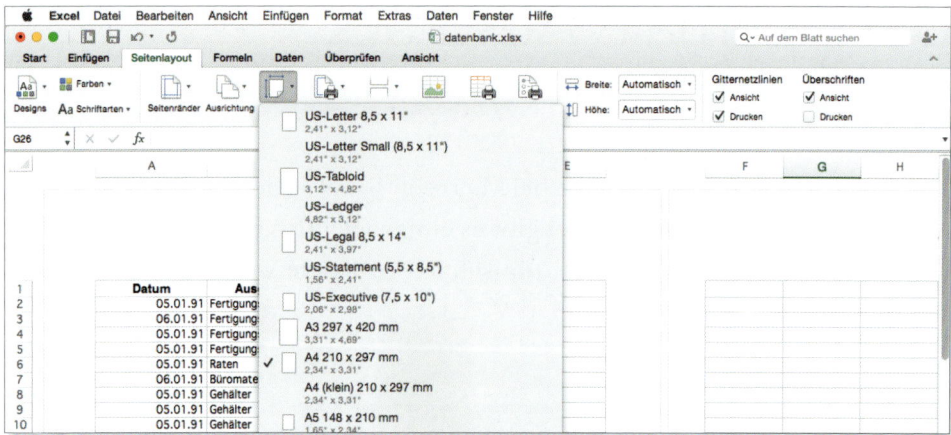

Papierformat

Haben Sie die ersten wichtigen Einstellungen hinter sich, können Sie über den Menüpunkt *Ansicht –> Seitenlayout* erkennen, wie Ihr Ausdruck aussehen wird.

Doch es gibt noch weitere sinnvolle Einstellungen, um einen perfekten Ausdruck zu bekommen. Es könnte z. B. notwendig sein, nur einen Bereich der Tabelle auszudrucken. Sie können hierfür diesen Teil der Tabelle als Auswahl markieren und über den Menüpunkt *Datei –> Druckbereich* festlegen, dass nur dieser Ausschnitt der Tabelle ausgedruckt wird.

Ebenso können Sie hier einen einmal definierten Druckbereich wieder aufheben.

An dieser Stelle auch die Erinnerung an die **Gruppierungsfunktion**, die wir weiter vorne bereits diskutiert haben. Sind es sehr breite oder auch sehr lange Tabellen, können über die **Gruppierungsfunktion** Elemente, die nicht auf dem Ausdruck erscheinen sollen, ausgeblendet werden. Dies ist oftmals die bessere Lösung, als individuell einen neuen Druckbereich festzulegen.

Eine weitere Einstellung, die durchaus Sinn machen kann, befindet sich im Menüpunkt *Einfügen* und heißt *Seitenumbruch*. Setzen Sie also Ihren Cursor auf einen Zeilen- oder Spaltentitel und führen Sie den Befehl *Seitenumbruch* aus. So erhalten Sie links von der markierten Spalte beziehungsweise oberhalb der markierten Zeile einen *Seitenumbruch*, um so die Daten perfekt auf mehrere Seiten verteilen zu können.

Doch noch einmal zurück zum Dialog *Datei –> Seite einrichten*. Unbedingt prüfen sollten Sie auch den die Einstellungen im Reiter *Seitenränder*. Denn manchmal kann es vorkommen, dass Sie Seitenränder eingestellt haben, aber Ihr Drucker gar nicht mehr in der Lage ist, diesen Bereich noch zu bedrucken. Passen Sie also unter Umständen die Seitenränder an die Fähigkeiten Ihres Druckers an.

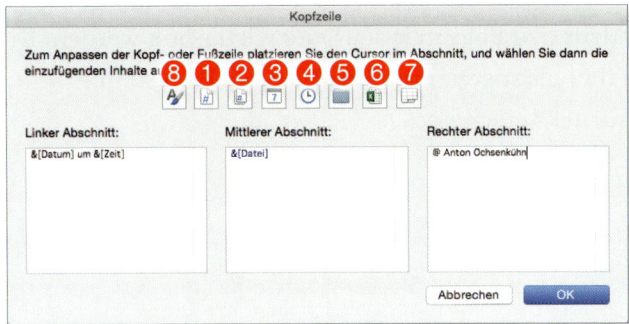

Seitenränder

Weiterhin finden Sie noch zwei interessante Funktionen, nämlich die Möglichkeit des *horizontalen und vertikalen Zentrierens* der Tabelle auf der Seite.

Wechseln Sie einen Reiter weiter, um in den Bereich der *Kopf- und Fußzeile* zu kommen. Dort haben Sie – ähnlich wie bei Microsoft Word – auch Einstellungsfunktionen, um Platzhalter im linken, mittleren oder rechten Abschnitt der Kopf- bzw. Fußzeile einzufügen (Kopf- bzw. Fußzeile anpassen).

Benutzerdefinierte Kopfzeile

Setzen Sie hierzu den Cursor in einen der bestehenden Abschnitte und wählen Sie darüber mögliche Platzhalter aus. Verfügbar sind hier z. B. *Seitenzahl* ❶, *Anzahl der Seiten* ❷, *aktuelles Datum* ❸, *aktuelle Uhrzeit* ❹, *Dateipfad* ❺, *Dateiname* ❻, *Blattname* ❼ sowie die Möglichkeit, mit dem Button ganz links (dem großen A ❽) Text zu formatieren. Sowohl bei der Kopf- als auch bei der Fußzeile stehen Ihnen die genannten Optionen zur Verfügung.

Und zu guter Letzt gibt es noch den Reiter *Blatt*.

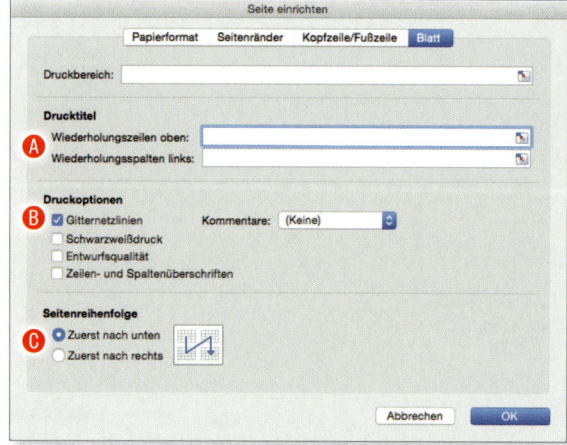

Seite einrichten –> Blatt

Im Reiter *Blatt* mache ich Sie auf drei interessante Dinge aufmerksam:

1. *Wiederholungszeichen oben* bzw. *Wiederholungsspalten links* Ⓐ: Sie erinnern sich an die *Bereichfixierung* eines Fensters? Es ging darum, dass Sie eine lange Liste haben und gerne die Titelspalten auch dann sehen möchten, wenn Sie weiter unten in der Liste arbeiten. Genau dasselbe möchten Sie bestimmt auch einmal auf dem Ausdruck haben: Sie hätten gerne, dass die Spaltenbegriffe, die normalerweise nur auf der ersten Seite stehen, beim Ausdruck zu Beginn jeder Seite wiederholt werden. Dazu definieren Sie die Zeile 1 als sogenannte *Wiederholungszeile*, damit sie auf jeder Seite Ihres Ausdrucks erscheint.

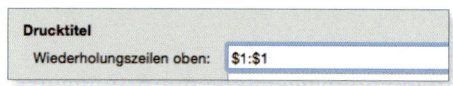

Wiederholungszeile

Soll es nur die erste Zeile sein, dann genügt die Eingabe *$1:$1*. Sollen es mehrere Zeilen sein, dann geben Sie beispielsweise *$1:$3* ein, um die ersten drei Zeilen zu erhalten. Wie funktioniert es bei den Spalten? Geben Sie *$A:$A* ein, wenn es nur die erste Spalte sein soll etc.

2. *Gitternetzlinien*: Ⓑ Wie Sie wissen, können Sie jeder Zelle auf Ihrem Tabellenblatt einen Rahmen geben. Wenn Sie dies für zu mühselig erach-

ten, dann verwenden Sie das Häkchen bei *Gitternetzlinien*. Das heißt: Nun wird jede Zelle mit einer dünnen Linie umrandet und ganz außen bekommt die Tabelle einen dickeren Rahmen. Das Gitternetz wird auch auf dem Ausdruck mit ausgegeben.

3. *Seitenreihenfolge* **C**: Falls Sie sehr lange oder auch sehr breite Tabellen haben, könnte es sein, dass Sie in der *Seitenreihenfolge* einstellen müssen, ob die Tabelle erst von oben nach unten oder von links nach rechts ausgedruckt werden soll. Nehmen Sie auch hier abhängig von Ihrer Tabelle die entsprechenden Einstellungen vor.

> **!**
> Haben Sie all dies konfiguriert und überprüft, ist es immer ein guter Rat, anschließend über **Ansicht –> Seitenlayout** die Ergebnisse zu begutachten. Weiterhin ist es über den Menüpunkt **Ansicht –> Vollbild ein** möglich, Ihr Ergebnis auf dem ganzen Bildschirm darzustellen. Verwenden Sie unter Umständen **Ansicht –> Zoom**, um die Seiten verkleinert darzustellen. Denn haben Sie sehr viele Seiten, könnte durchaus eine Darstellung in der Größe von 25 Prozent interessant sein, um zu sehen, wie sich Ihre Tabelle über mehrere Seiten auf dem Ausdruck verhält.

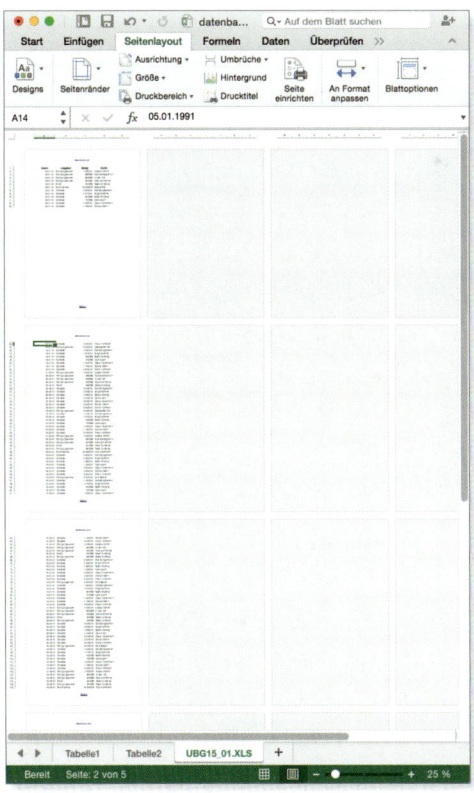

Ansicht –> Seitenlayout

Sind alle Einstellungen Ihren Wünschen entsprechend angepasst, dann ist jetzt der Zeitpunkt, die aktuelle Excel-Datei an den Drucker zu senden. Wählen Sie hierzu den Menüpunkt *Datei –> Drucken*.

Sie sehen im oberen Bereich den eingestellten Drucker und darunter auf der linken Seite eine miniaturisierte Vorschau. Im Druckdialog wird dargestellt, wie viele Seiten Ihr Ausdruck umfassen wird, und Sie können durch die Seiten blättern. Selbstverständlich können Sie beim Ausdruck auch definieren, ob Sie alle Seiten oder lediglich die erste oder letzte oder zwei der drei Seiten ausdrucken möchten. Geben Sie hierzu im Bereich *Seiten* unter *Von* und *Bis* die gewünschten Seiten an.

> **!** Eine gute Sache ist überdies die Opotion **PDF –> PDF in Vorschau öffnen**. Damit erzeugt das Betriebssystem OS X eine PDF-Datei und übergibt diese an das Programm **Vorschau** von OS X; damit erhalten Sie eine Ansicht des Ausdrucks auf dem Monitor. Der Ausdruck wird definitiv genauso aussehen wie die Vorschau auf dem Monitor.

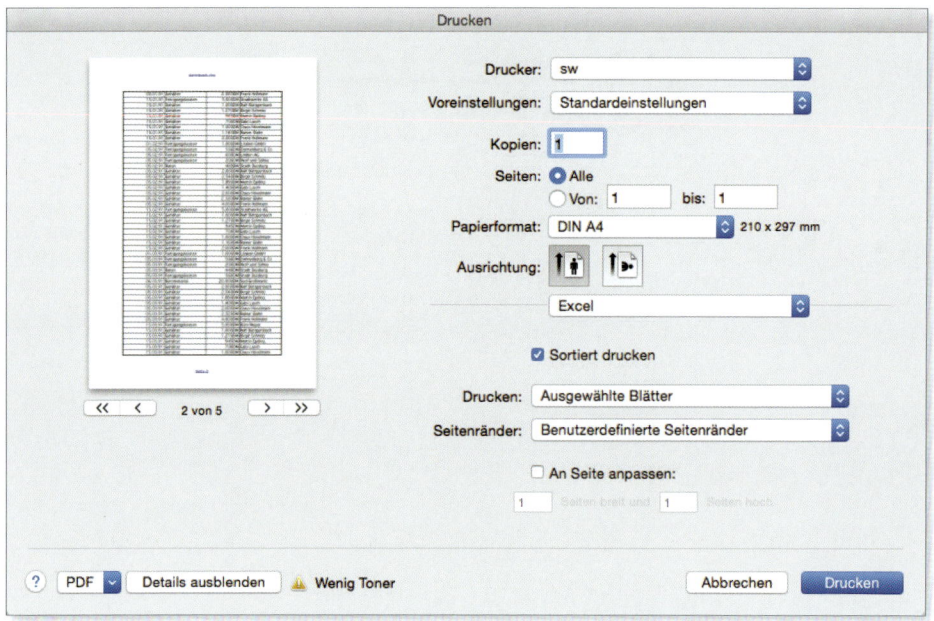

Der Drucken-Dialog ist ähnlich den anderen Office-Apps und beherbergt eine Fülle von Einstellungen.

Alles Einstellungssache

Excel verfügt genauso wie Microsoft Word, PowerPoint, Outlook, also alle anderen Produkte der Office-Suite, über einen umfangreichen Einstellungsbereich.

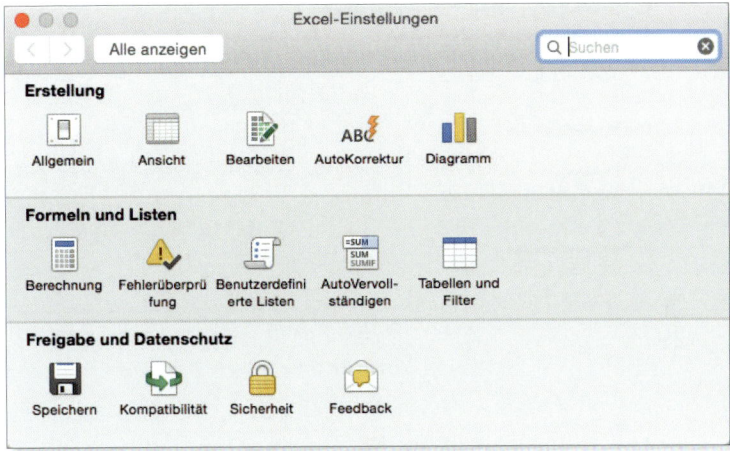

Excel-2016-Einstellungen

Diesen erreichen Sie genauso wie bei den anderen Applikationen über den Menüpunkt *Excel –> Einstellungen*. Etwas schneller geht es mit der Tastenkombination *cmd + Komma* (,). Wir werden nun nicht sämtliche Einstellungen durchsprechen, denn viele sind von den Bedürfnissen des Benutzers abhängig vorzunehmen. Aber die wichtigsten sollten an dieser Stelle genannt werden.

Ansicht

Im Bereich *Ansicht* geht es darum, wie Excel erscheint, wenn Sie eine Datei geöffnet haben. Ich empfehle hier, die Einstellungen des Bildschirmfotos im Wesentlichen zu übernehmen. Einige wichtige Highlights:

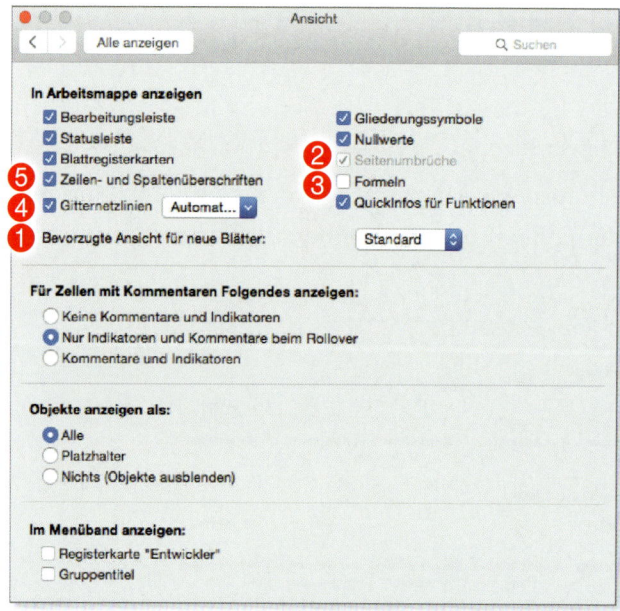

Ansicht

- *Bevorzugte Ansicht für neue Blätter* ❶: Hier hat Excel standardmäßig *Seitenlayout* angewählt – Sie könnten aber auch auf *Standard* umstellen. Sie erinnern sich: *Standard* ist die Einstellung ohne die Blattränder, wohingegen *Seitenlayout* so dargestellt wird, wie die ausgedruckten Blätter später aussehen werden.

- *Seitenumbrüche* ❷: Dieses Häkchen ist ein absolutes Muss, denn egal, ob Sie sich in der *Standard-* oder *Seitenlayout*-Darstellung befinden, ist es doch wichtig zu wissen, auf welcher Seite Sie gerade aktiv sind.

- *Formeln* ❸: Normalerweise steht in der *Bearbeitungsleiste* die Formel und auf dem Tabellenblatt das Ergebnis. Wollen Sie auf dem Tabellenblatt statt der Ergebnisse tatsächlich einmal die Formeln – nicht eine bestimmte, sondern alle Formeln – sehen, dann bringen Sie dieses Häkchen an. Das könnte hilfreich sein, wenn Sie mit Ihrer Tabelle z. B. Probleme haben. Dann können Sie per Fax oder Telefon mit jemand anderem sich darüber austauschen, warum diese oder jene Berechnung auf eine bestimmte Weise stattgefunden hat.

- *Gitternetzlinien* ❹: Diese Funktion sollte unbedingt aktiviert sein, um zu erkennen, in welcher Zelle Sie sind und wo Sie gerade arbeiten. Wenn Tabellen mit Rahmen und Layouts fertig gestaltet wurden, ist es auch praktisch, diese Funktion abzuschalten, um nur das gestaltete Layout anzeigen zu lassen. Beim Speichern der Tabelle wird die Einstellung mit gespeichert, und andere Personen sehen dann das Layout auch nur so, wie man es erstellt hat (ohne Gitternetzlinien). Diese Funktion benutze ich öfters zusammen mit dem Zellenschutz, da es den Sheets dann den Eindruck einer fertigen Anwendung in Excel geben kann. Hier ein kleines Beispiel:

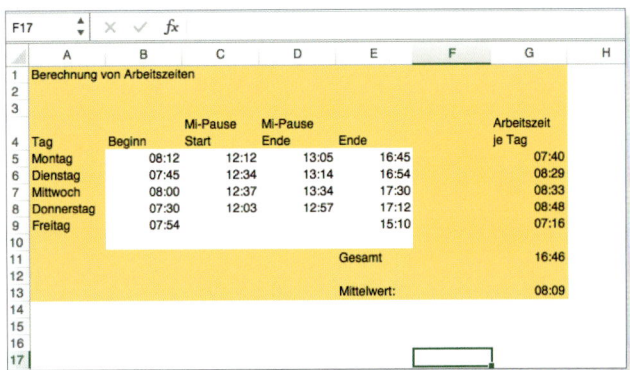

Gitternetzlinien sind ausgeblendet.

- *Zeilen- und Spaltenüberschriften* ❺: Auch das sollte unbedingt aktiv sein, damit Sie, während Sie sich in einer Tabelle bewegen, auch erkennen können, wo Sie sich befinden.
- Ebenso eingeblendet sollten die horizontalen und vertikalen Bildlaufleisten sein, mit denen Sie navigieren können. Außerdem lohnt sich noch das Einblenden der *QuickInfos für Funktionen*, weil Sie dann, wenn Sie mit der Maus auf eine Funktion zeigen, ein kleines Hinweisschild bekommen, das Ihnen sagt, was Sie damit anstellen können.

Bearbeiten

Im Reiter *Bearbeiten* sind erneut wichtige Voreinstellungen definiert. Auch hier einige Highlights:

- *Direkt in den Zellen bearbeiten* ❶: Sie erinnern sich, dass durch einen Doppelklick auf das Ergebnis einer Berechnung in der Zelle die Formel erscheint und bearbeitet werden kann. Da diese Funktion aktiv ist, konnten wir dies bisher auch schon verwenden.
- *Vor dem Überschreiben von Zellen warnen* ❷: Auch dies sollte aktiv sein. Sofern Sie eine Änderung an einer Tabelle vornehmen und einen Teil irgendwo hinziehen, wo bereits andere Daten existieren, erscheint in die-

sem Fall ein *Hinweis darauf*, dass Sie nun Daten überschreiben. Dies ist sehr, sehr nützlich und sollte verwendet werden.

- *Diese Anzahl von festen Dezimalzahlen anzeigen* ❸*:* Wollen Sie stets Ihr Zahlenmaterial z. B. mit zwei oder drei Nachkommastellen definiert haben, dann aktivieren Sie dieses Häkchen.
- *Markierung nach Drücken der Eingabetaste verschieben:* Sie erinnern sich, dass wir jede Eingabe mit einem *Return* abgeschlossen haben. Standardmäßig ist der Cursor dann eine Zelle nach unten gesprungen. Hier stellen Sie ein, wohin der Cursor springen soll, wenn Sie eine Eingabe mit *Return* abschließen, oder ob gar nicht gesprungen werden soll. Es gibt Anwender, die dieses Häkchen entfernen, weil sie die Funktion als nützlich erachten.

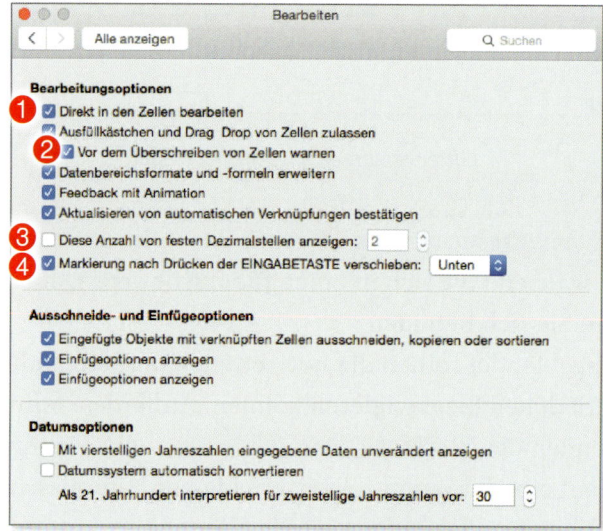

Einstellungen für das Bearbeiten

AutoKorrektur

Ja, richtig. Auch eine *AutoKorrektur* gibt es in Microsoft Excel. Die *AutoKorrektur* ist damit ein Office-übergreifendes Werkzeug. Das heißt: Einstellungen gelten genauso für Word, PowerPoint und Outlook. Wie Sie sich vielleicht erinnern, können Sie im Bereich *Ersetzen* z. B. häufige Tippfehler eintragen und auch Excel dazu bringen, diese stets zu korrigieren.

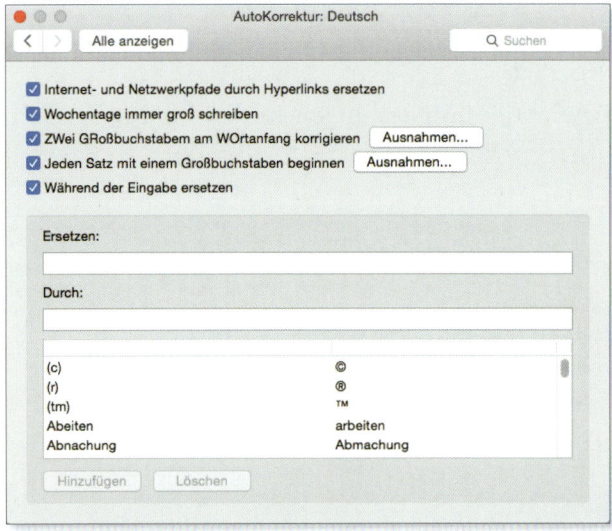

AutoKorrektur

Benutzerdefinierte Listen

Wie Sie wissen, konnten wir mit der Eingabe von „Montag" eine Liste mit den Wochentagen erstellen. Hier gibt es die Möglichkeit, auch noch weitere Listen zu definieren. Klicken Sie auf *Hinzufügen*, um z. B. eine Liste von Personennamen aufzubauen, die Sie immer wieder benötigen. Wird anschließend einer dieser Namen geschrieben, so kann durch Ziehen mit dem *Anfasser* eine derartige Liste erstellt werden.

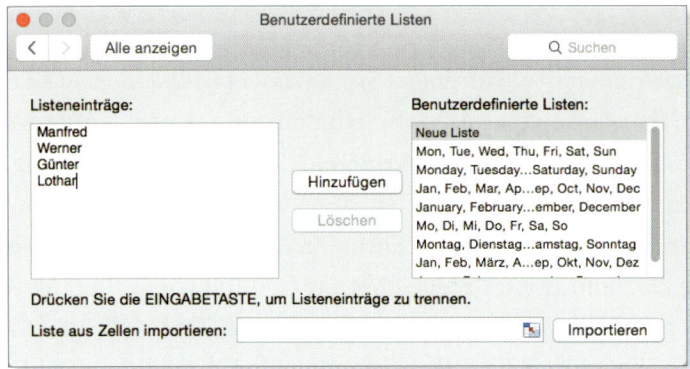

Eigene Listen erstellen

Speichern und Kompatibilität

Zwei sehr, sehr wichtige Einstellungen finden Sie im Bereich *Speichern* und *Kompatibilität*.

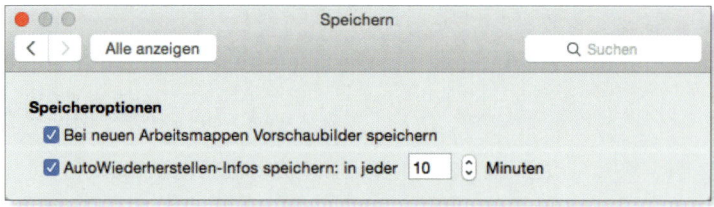

Speichern-Einstellungen

Kompatibilität

Beim *Speichern* macht es durchaus Sinn, das *AutoWiederherstellen* einzustellen. Sollte Ihnen Excel einmal abstürzen, so haben Sie – je nach eingestelltem Zeitintervall – die Chance, die zuletzt bearbeitete Datei in einer vor wenigen Minuten von Excel automatisch gespeicherten Version wiederherstellen zu lassen. Das heißt: Stürzt Excel einmal ab und Sie starten es danach erneut, versucht Excel, die aktuelle Datei im zuletzt gespeicherten Zustand wiederherzustellen. Sie verlieren im Regelfall nur sehr wenige Informationen. Das entbindet Sie aber nicht davon, ab und an mit *cmd + S* Ihre Tabellen auch tatsächlich auf Ihrem Datenträger an der gewünschten Stelle mit dem gewünschten Dateinamen abzulegen.

> ! Das Wichtigste ist derzeit definitiv die **Kompatibilität**. Sie verwenden zurzeit **Microsoft** Excel **2016**. Damit wird das neue Dateiformat mit dem Namen **.xlsx verwendet**, das nur mit **Microsoft Office 2007, 2010 und 2013** unter Windows kompatibel ist. Benutzer, die ältere Excel-Versionen haben – egal, ob am Mac oder unter Windows –, können damit nichts anfangen. Stellen Sie deshalb an dieser Stelle unbedingt auf das Format Excel **97–2004-Arbeitsmappe (.xls)** um, wenn Sie mit Anwendern Daten austauschen müssen, die noch ältere Excel-Versionen im Einsatz haben.

```
✓ Excel-Arbeitsmappe (.xlsx)
  Excel 97-2004-Arbeitsmappe (.xls)
  Excel-Vorlage (.xltx)
  Excel 97-2004-Vorlage (.xlt)
  Kommagetrennte Werte (.csv)
  Webseite (.htm)
  PDF
  Excel-Binärarbeitsmappe (.xlsb)
  Excel-Arbeitsmappe mit Makros (.xlsm)
  Excel-Vorlage mit Makros (.xltm)
  Excel 2004-XML-Arbeitsblatt (.xml)
  Excel-Add-In (.xlam)
  Excel 97-2004-Add-In (.xla)
  Webseite in einer Datei (.mht)
  UTF-16 Unicode-Text (.txt)
  Tabstoppgetrennter Text (.txt)
  Windows-formatierter Text (.txt)
  MS-DOS-formatierter Text (.txt)
  Windows-kommagetrennt (.csv)
  MS-DOS-kommagetrennt (.csv)
  Leerzeichengetrennter Text (.prn)
  DIF (Data Interchange-Format) (.dif)
  Symbolischer Link (.slk)
  Excel 5.0/95-Arbeitsmappe (.xls)
```

Umstellung auf .xls

Damit ist gewährleistet, dass, wenn Sie mit Excel Dateien abspeichern und diese per E-Mail versenden oder anderen Personen auf einem Datenträger mitgeben, diese auch mit älteren Excel-Versionen geöffnet und weiter bearbeitet werden können.

Microsoft Outlook

Microsoft Outlook – der Alleskönner und Kommunikationsspezialist

Mit Microsoft Outlook haben Sie Ihr Leben organisatorisch im Griff. Microsoft Outlook kümmert sich in erster Linie um Ihre E-Mails. Dabei können Sie beliebig viele E-Mail-Konten anlegen, um alle eingehenden und ausgehenden E-Mails zu verwalten. E-Mails werden im Regelfall an Personen oder Firmen verfasst. Microsoft Outlook verfügt zusätzlich über ein *Adressbuch*, in dem Sie häufig genutzte Kontaktdaten hinterlegen können.

Wichtig beim täglichen Arbeiten sind sicherlich auch *Termine*, *Notizen* und *Aufgaben* – auch dafür ist Microsoft Outlook zuständig.

Microsoft Outlook ist ein sehr, sehr mächtiges Produkt, und wir werden nun Schritt für Schritt die wichtigsten Funktionen von Outlook kennenlernen.

Microsoft Outlook das erste Mal starten

Wenn Sie Microsoft Outlook auf Ihrem Rechner das allererste Mal starten, dann wird in Ihrem *Homeverzeichnis* unter *Dokumente* der Ordner Microsoft-*Benutzerdaten* angelegt. Darin legt Outlook alle zu verwaltenden Daten ab. Beim ersten Start wird Outlook auf Sie zukommen und Sie fragen, ob Sie bereits mit einem anderen E-Mail-Programm gearbeitet haben, um dessen Daten zu importieren. Sie können dabei natürlich ohne den Import weiterfahren und die E-Mail-Konten innerhalb von Outlook definieren. Wenn Sie frühere Versionen von Outlook installiert haben, können hier die Daten am problemfreiesten übernommen werden. Dabei werden die Adressbücher, E-Mails, Regeln, Filter, Junk-Mail-Einstellungen, also alles, was Sie in vorherigen Versionen definiert haben, problemfrei importiert.

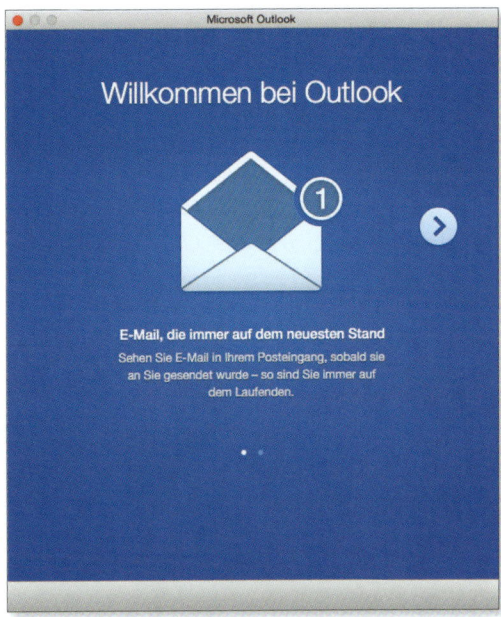

Erster Start von Outlook

Importieren von Daten

Ich habe selbst den Import von Microsoft Outlook *für Mac* und Microsoft Outlook *für Windows (.pst-Datei)* ausprobiert – in keinem der Fälle ist beim Import irgendeine Information verloren gegangen.

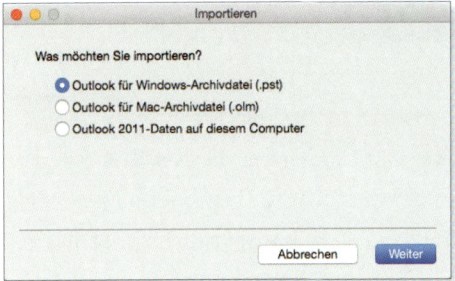

Importoptionen

> **!** Sie können jederzeit im Menüpunkt **Datei –> Importieren** den Import wiederholen. Dabei bietet Microsoft Outlook Ihnen auch die Möglichkeit an, nicht nur E-Mail-Informationen zu importieren, sondern z. B. auch Feiertage, Kontakte etc. aus anderen Programmen.

Von Outlook PC zu Outlook 2016 für den Mac

Haben Sie nun Ihre Daten in Outlook 2003, 2007, 2010 oder 2013 unter Windows, dann ist die Übertragung zum Mac sehr einfach.

1. Wählen Sie am PC in Outlook den Menüpunkt *Datei –> Importieren –>Exportieren* und dann den Eintrag *In Datei exportieren* und hernach das Format *Persönliche Ordner-Datei (.pst)* aus.

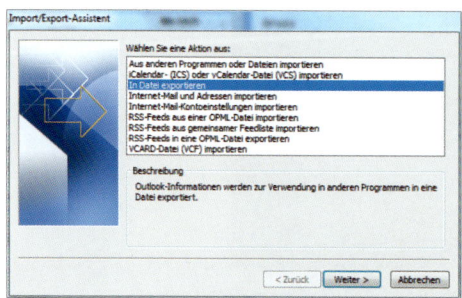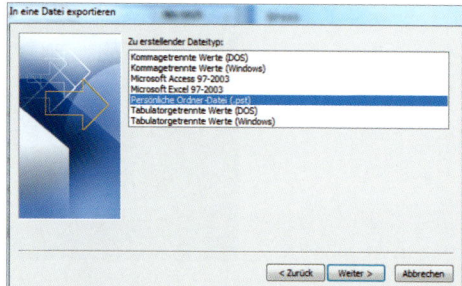

Outlook am PC exportiert seine Daten als .pst-Datei.

2. Wählen Sie im nächsten Schritt aus, welche Ordner in den Export übernommen werden sollen.

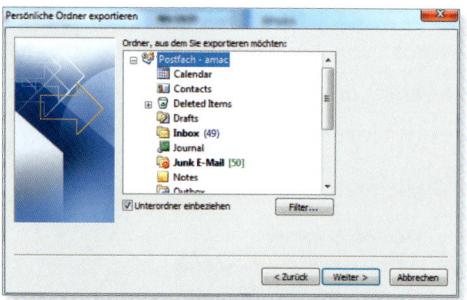

Ordner und Unterordner für den Export definieren

3. Nun geben Sie noch den Ablageort der Export-Datei an. Wenn Sie möchten, können Sie zudem ein Kennwort vergeben.

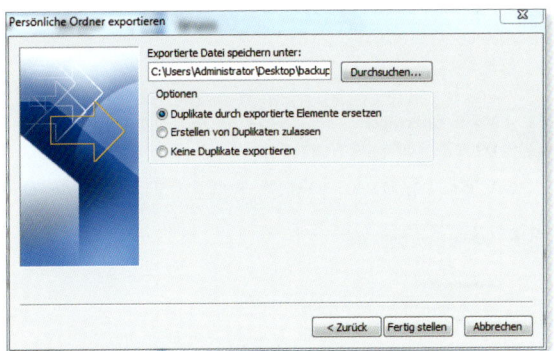

Ablageort der Export-Datei mit optionalem Kennwort

4. Diese .pst-Datei sollten Sie nun auf Ihren Mac übertragen und anschließend Microsoft Outlook:mac 2011 starten.

5. Wählen Sie dort den Menüpunkt *Datei –> Importieren* aus. Als Dateiformat ist nun .pst zu verwenden und die zu importierende Datei auszuwählen.

Damit haben Sie alle E-Mails, Kontakte und Kalenderinformationen schnell und kompakt vom PC auf den Mac übertragen. Sie finden nun in diesen drei Bereichen die importierten Informationen in separaten Ordnern vor.

> Lediglich die Kontoeinstellungen müssen nochmals am Mac eingetragen werden. Dazu wählen Sie unter Outlook:mac 2016 den Menüpunkt Outlook **–> Einstellungen –> Konten** bzw. **Extras –> Konten** aus.

Neues E-Mail-Konto

Haben Sie keinerlei Informationen, die Sie aus bestehenden E-Mail-Programmen importieren können, dann sollten Sie sich im Menüpunkt *Extras* und dort unter *Konten* ein neues E-Mail-Postfach spezifizieren.

> Sollten Sie in den **Systemeinstellungen –> Internetaccounts** bereits Accounts erstellt haben, dann werden diese leider nicht von Outlook ausgelesen und müssen deshalb nochmals neu eingetragen werden.

Neues E-Mail-Konto

Wählen Sie in dem Fenster einen der beiden Einträge aus. Sogleich startet der Assistent zur Kontoeinrichtung, der Ihnen zuerst die Eingabe Ihrer *E-Mail-Adresse* und des dazugehörigen Kennwortes abverlangt.

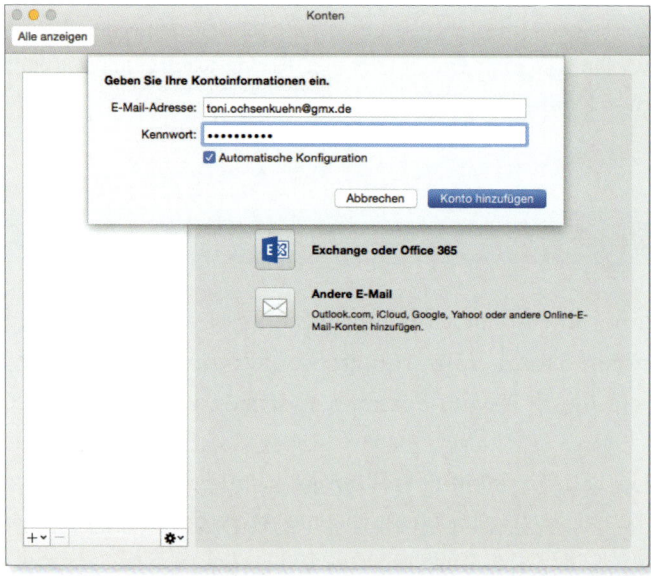

Assistent zur Kontoeinrichtung

Klicken Sie anschließend auf *Konto hinzufügen*, um fortfahren zu können.

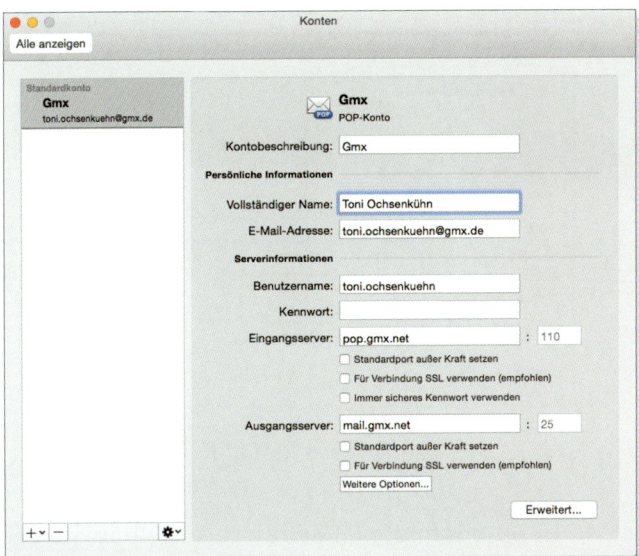

Das Konto ist bereits fertig eingerichtet.

Sie sehen: Microsoft Outlook ist ziemlich clever, denn es hat aus den eingegebenen Informationen, in diesem Fall einer GMX-Mail-Adresse, sofort den Eingangs- und Ausgangsserver ermittelt. Fantastisch! Sie werden erleben, dass Outlook gängige E-Mail-Provider standardmäßig in seinem Portfolio trägt. Wird Ihr Provider nicht erkannt, dann müssen Sie natürlich manuell sowohl den Posteingangs- als auch den Postausgangsserver definieren. Die Informationen hierzu gibt Ihnen Ihr E-Mail-Provider im Regelfall auf seiner Internetseite.

 Bei einigen Providern gibt man bei **Konto-ID** alles vor dem @-Zeichen ein, bei anderen Providern hingegen muss man seine vollständige E-Mail-Adresse angeben. Das müssen Sie dann je nach Provider korrigieren.

Entscheiden Sie zudem, ob das Kennwort in den Kontoeinstellungen eingetragen bleiben soll. Sofern das Kennwort stehen bleibt, wird das Abrufen der E-Mails ohne Kennwortabfrage durchgeführt, was bisweilen nicht gewünscht ist.

Möchten Sie zu einem späteren Zeitpunkt die Kontoeinstellungen noch einmal begutachten oder verändern, dann wählen Sie einfach erneut den jeweiligen Eintrag im *Konten*-Dialog, den Sie im Menü unter *Extras –> Konten* finden.

Nochmal zurück zur Kontoeinrichtung. Haben Sie eine E-Mail-Adresse, die Outlook nicht automatisch mit den dazugehörigen Einstellungen versehen kann, so ist es an Ihnen, die notwendigen Daten direkt einzugeben.

Spezifikation eines E-Mail-Kontos

Wurde das E-Mail-Konto erfolgreich definiert, so sollten Sie bei jedem Konto noch den Button *Erweitert* ansteuern, um weitere Detaileinstellungen vorzunehmen. Dabei unterscheiden sich die Einstellungen je nach E-Mail-Postfachtyp. Bei sogenannten POP-Postfächern werden E-Mails stets auf Ihren Rechner heruntergeladen, wohingegen bei IMAP oder Exchange diese auf dem Server bleiben. Und aufgrund der Unterschiede ergeben sich verschiedene erweiterte Einstellungen.

Erweiterte Einstellungen für POP-Accounts

Wie schon erwähnt, geht es hierbei im Wesentlichen darum, zu definieren, ob die E-Mails heruntergeladen und dabei vom Server entfernt werden sollen oder eben nicht.

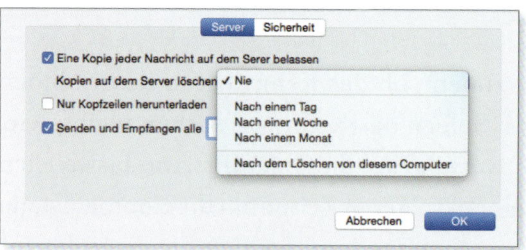

Kopien der E-Mails auf dem Server belassen

Sollen Kopien auf dem Server bleiben, was anzuraten ist, dann können Sie noch einen zeitlichen Rahmen definieren, wie alt die auf dem Server hinterlas-

senen E-Mails sein dürfen. Wählen Sie zudem die Option *Nur Kopfzeilen herunterladen*, wenn Sie z. B. Dateianhänge etc. nicht automatisch laden möchten.

Outlook informiert Sie dann darüber, dass die Nachricht nur partiell geladen
ist bzw. als Duplikat noch auf dem Server liegt.

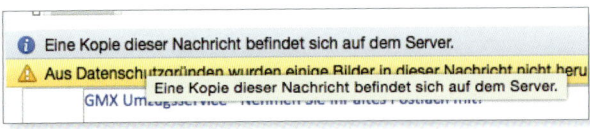

Eine Kopie der Nachricht liegt noch auf dem Server.

Erweiterte Einstellungen für IMAP-Accounts

Hierbei bleiben ja die E-Mails auf dem Server und werden in Outlook lediglich
dargestellt. Der Vorteil dieser Technologie liegt klar auf der Hand: Wenn Sie
mit weiteren Computern oder Devices ebenso Ihre E-Mails bearbeiten, dann
ist Outlook mit den anderen Geräten stets auf dem gleichen Informationsstand.
Gelesene E-Mails werden überall als gelesen dargestellt, beantwortete E-Mails
erscheinen sogleich auf allen Geräten etc. Die Daten sind also synchron und das
ist im Vergleich zu POP ein enormer Vorteil.

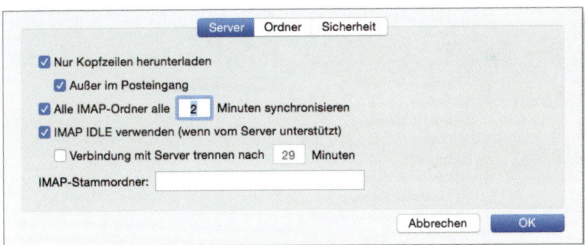

Erweiterte Einstellungen für IMAP-Accounts

Je nach Provider können hier verschiedene Einstellungen getroffen werden,
was die zeitliche Synchronisation der E-Mails anbelangt. Prüfen Sie ebenfalls
den Bereich *Ordner*, um auch hier die gewünschten Einstellungen vorzunehmen.

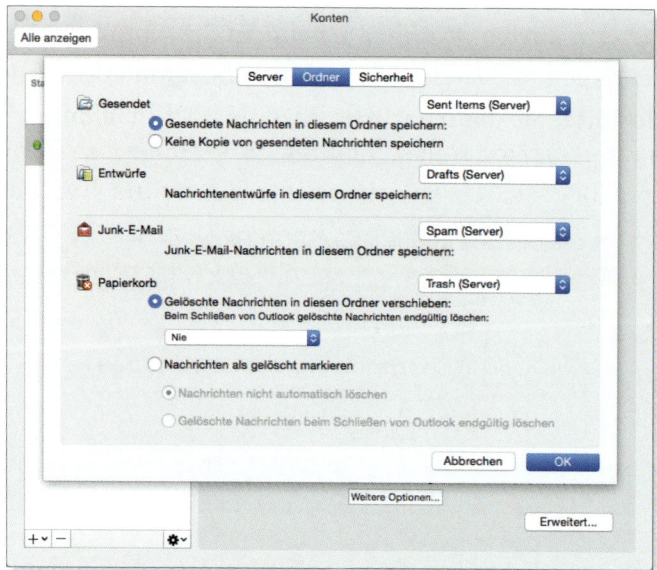

Ablage der IMAP-E-Mails

Sobald Sie einen IMAP-Account eingerichtet haben, kann im Menüpunkt *Extras* die Funktion *IMAP-Ordner* aufgerufen werden. Damit können Sie unmittelbar mit Ihrem Server und deren Ordnern in Kontakt treten und Einstellungen dort vornehmen.

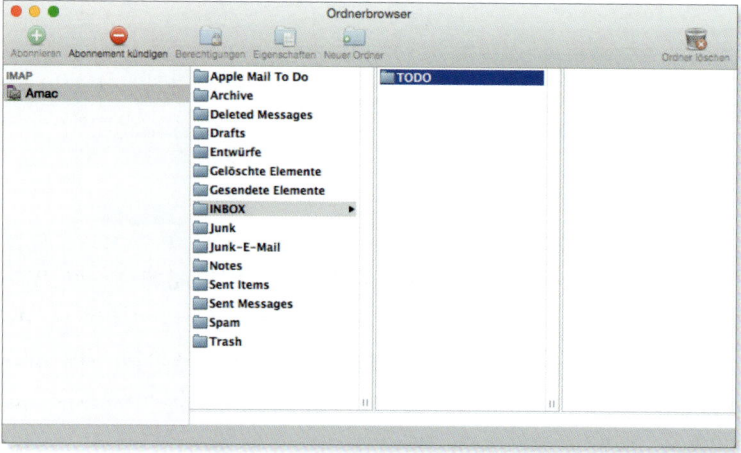

Kontakt mit den IMAP-Ordnern

Exchange-Accounts

Natürlich kann Outlook für den Mac ebenso wie sein Windows-Kollege mit *Exchange* in Kontakt treten und so mannigfaltige Funktionen erhalten. Unterstützt werden dabei Microsoft Exchange 2007, 2010 und 2013. Aber zunächst muss ein derartiger Account angelegt werden. Dazu ist im Fenster *Extras –> Konten* rechts unten in der Ecke das Plussymbol anzuklicken.

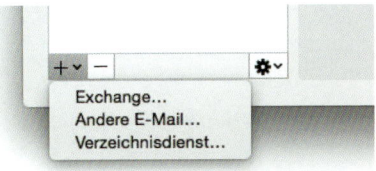

Erstellen eines neuen Accounts

Sogleich erscheint das Fenster, in dem die ersten wichtigen Daten einzutragen sind.

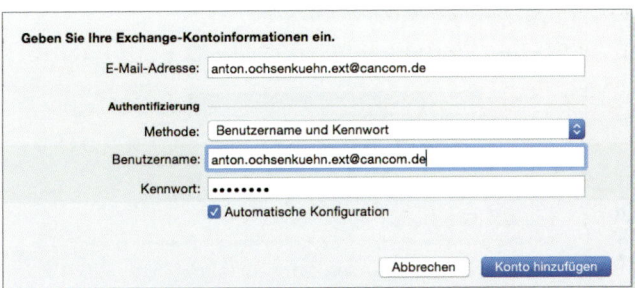

Erstellen eines Exchange-Accounts

Verwenden Sie, sofern möglich, die *Automatische Konfiguration*, um servergestützt die Anbindung ohne weitere Eintragungen automatisch vornehmen zu lassen. Andernfalls müssen Sie die Eingabe der Daten wie Server etc. selbst vornehmen. Dabei ist die Gefahr stets groß, durch Tippfehler etc. die Verbindung nicht hinzubekommen.

Aber zurück zu den erweiterten Einstellungen. Ist der Exchange-Account erfolgreich eingerichtet worden, so ist dieser ebenfalls via *Extras –> IMAP-Ordner* einsehbar. Weiterhin erscheint bei aktiver Internetanbindung mit einem grünen Punkt in der Kontenliste.

Wollen Sie nun noch detaillierte Infos erhalten, so wählen Sie *Erweitert* im rechten Teil des Kontenfensters.

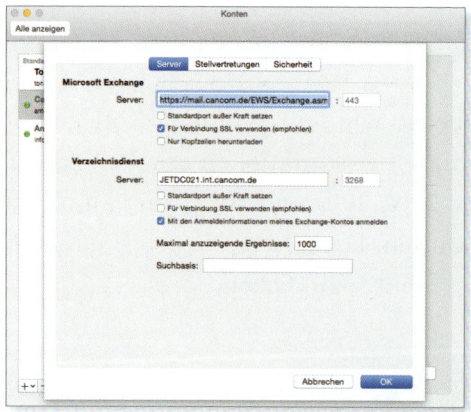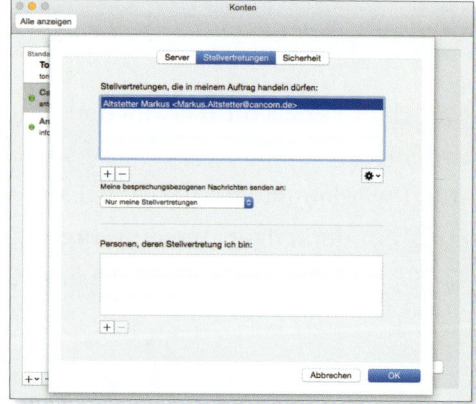

Erweiterte Einstellungen für Exchange-Konten

Während Sie im Reiter *Server* die hinterlegten Einstellungen vorfinden, ist der Bereich *Stellvertretungen* sehr interessant. Dort können Sie – je nach Einstellung auf dem Exchange-Server – für andere Personen als Stellvertreter einspringen und sich so um deren Termine, E-Mails etc. kümmern.

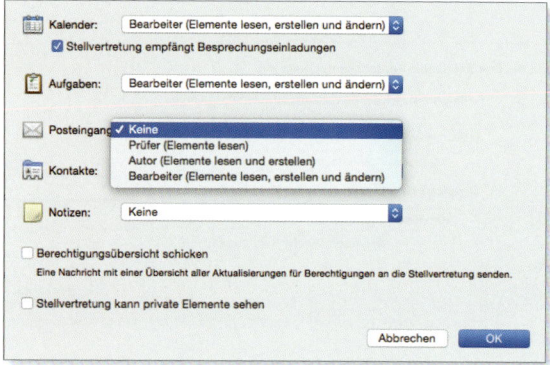

Stellvertretung bei Exchange

Diese Funktionalität muss der Administrator am Exchange-System hinterlegen, damit Sie sie mit Outlook nutzen können.

Ähnlich verhält es sich übrigens auch mit dem Zugriff auf *Öffentliche Ordner.* Sobald der Exchange-Account eingerichtet ist, können Sie via *Extras –> Öffentliche Ordner* auf diese Zugriff nehmen. Notwendig ist erneut, dass der Admin Ihnen entsprechende Berechtigungen zur Verfügung gestellt hat.

Aber wieder zurück zu den E-Mail-Einstellungen. Neben den Reitern *Server* und *Stellvertretungen* gibt es auch noch die Funktionalität *Sicherheit*. Damit haben Profis die Möglichkeit, ihre E-Mails digital mit Signatur- und Verschlüsselungsinformationen zu versehen.

Denn Sie wissen: Eine E-Mail ist eigentlich nur eine Textdatei, die über das Internet versendet wird. Und wenn Ihnen jemand Böses will, hat er die Möglichkeit, die E-Mails abzufangen und die Informationen auszulesen. Deshalb ist es unter Umständen interessant, beim Versenden von E-Mails mit Signaturen und Verschlüsselung zu arbeiten. Dazu müssen Sie aber eine Signatur erstellen und ein Verschlüsselungszertifikat besitzen. Wenn Sie in einem Unternehmen arbeiten, fragen Sie am besten Ihren IT-Administrator nach diesen Dateien, damit Sie damit arbeiten können.

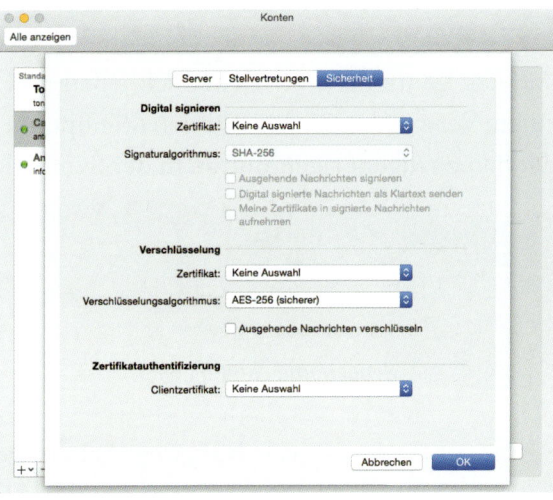

Sicherheit bei der Arbeit mit E-Mails

Diese Sicherheitseinstellungen finden Sie bei allen drei möglichen E-Mail-Accounts (POP, IMAP und Exchange).

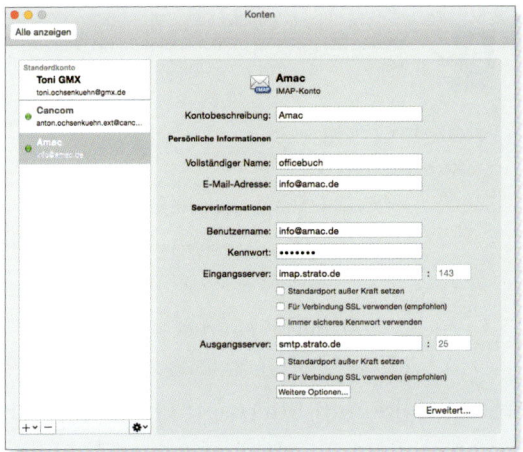

Viele Konten

Mit E-Mail-Konten arbeiten

Und so definieren und spezifizieren Sie nach und nach alle E-Mail-Konten, mit denen Sie arbeiten möchten. Jedes E-Mail-Konto kann individuell konfiguriert werden, was das Belassen auf dem Server, die Signatur etc. angeht.

 Sobald Sie mehrere E-Mail-Konten angelegt haben, sollten Sie sich unbedingt für ein Konto als Standardkonto entscheiden. Klicken Sie dazu das entsprechende Konto an und verwenden Sie unterhalb der Spalte das Zahnrad-Icon.

Dann können Sie das Kontenfenster wieder schließen und die E-Mails von Ihrem Server abrufen. Verwenden Sie hierfür den Menüpunkt *Extras –> Senden und empfangen* oder den dazugehörigen Button in der Symbolleiste.

Senden und empfangen

Wenn Sie das Kennwort für die Konten hinterlegt haben, werden die E-Mail-Postfächer automatisch abgefragt. Andernfalls erscheint der Hinweis, dass Sie nun Ihr Kennwort eingeben müssen. Auch hier haben Sie noch einmal die Möglichkeit, Ihr Kennwort in den *Schlüsselbund* zu übernehmen, damit die lästige Kennwortabfrage entfällt.

Kennwort eintragen

War alles erfolgreich, sollte nun Microsoft Outlook die E-Mails von Ihrem Server abholen. Sie sehen, dass die nicht gelesenen E-Mails standardmäßig in den Posteingangsordner gelangen und dort farbig (blau) hervorgehoben werden. Ebenso zeigt Ihnen das Programm-Icon im Dock die Anzahl ungelesener E-Mails an.

Neue E-Mails erhalten

Darüber hinaus kann es Ihnen passieren, dass jemand an die E-Mail eine Datei angehängt hat. Sie erkennen das an dem Büroklammersymbol in Ihrer Posteingangsliste.

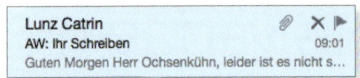

Dateianhang an einer E-Mail.

Den Dateianhang sehen Sie dann, wenn Sie die E-Mail anklicken, damit sie rechts angezeigt wird. Nun können Sie den Anhang über einen Doppelklick öffnen oder via Vorschau betrachten. Statt des Buttons *Vorschau* können Sie auch einfach nur die *Leertaste* verwenden, um den Dateianhang zu Gesicht zu bekommen.

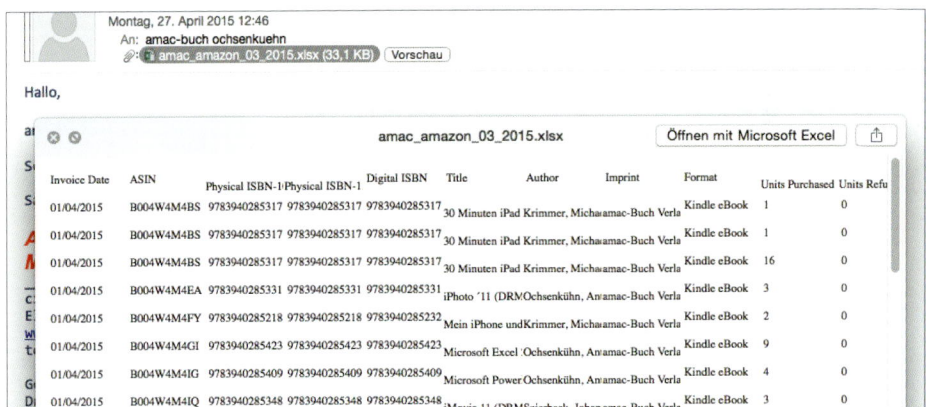

Dateianhang im Detail

Sie können den Anhang aber auch aus der E-Mail entfernen oder an einen Ablageort übermitteln. Klicken Sie dazu den E-Mail-Anhang mit der rechten Maustaste an, um diese Funktionen verwenden zu können.

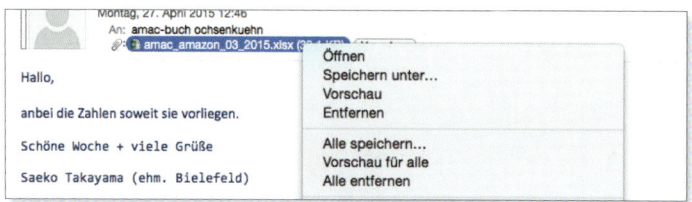

Aktionen mit Dateianhängen.

Damit ist Outlook eingerichtet, und Sie können E-Mails senden und empfangen. Wollen wir uns nun weitere Funktionen ansehen.

Neue E-Mails verfassen

Wie aber kann man nun eigene E-Mails verfassen und an andere Teilnehmer versenden, mit diesen E-Mails auch Dateianhänge verschicken oder die E-Mails gestalten? Ganz einfach:

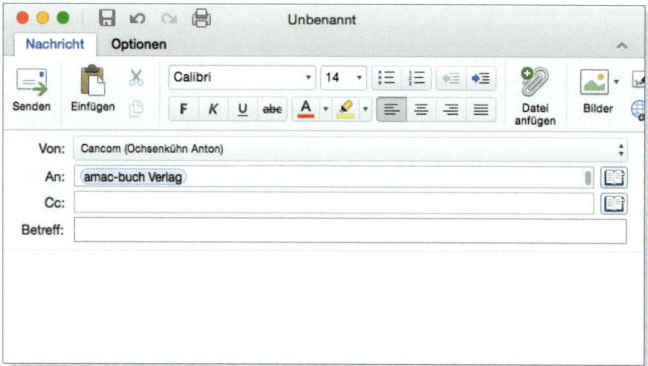

Neue, leere E-Mail

Verwenden Sie z. B. die Tastenkombination *cmd + N*, um ein neues E-Mail-Fenster zu erhalten. Sie können dazu auch über den Menüpunkt *Datei –> Neu* den Eintrag *E-Mail-Nachricht* aufrufen.

Als Erstes ist in der Zeile *An* zu spezifizieren, wer die E-Mail bekommen soll. Sie können dort beliebig viele Adressaten einfügen. Darüber hinaus besteht aber auch die Möglichkeit, auf die Adressbuchinformationen zuzugreifen. Nehmen Sie hierfür einfach aus dem *Adressbuch* per Drag and Drop die Personen in ihren

E-Mail-Verteiler auf. Über die Suchfunktion im Adressbuch finden Sie zudem ganz rasch die gesuchten Personen.

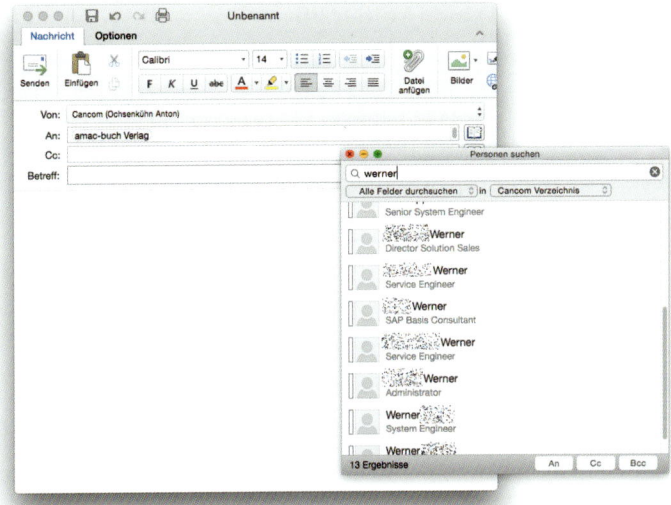

Adressaten für die neue E-Mail

Sofern Sie über ein umfangreiches Adressbuch verfügen, werden Sie bereits beim Eintippen einer im Adressbuch existierenden E-Mail-Adresse erkennen, dass Outlook selbstständig den Namen erkennt und Ihnen darunter eine Liste mit Personen anzeigt, die auf Ihre Eingabe zutrifft. Sofern Sie via Exchange angebunden sind, werden Namensvorschläge ebenso aus dem Exchange-Adress-buch unterhalb von *Verzeichnis* erscheinen.

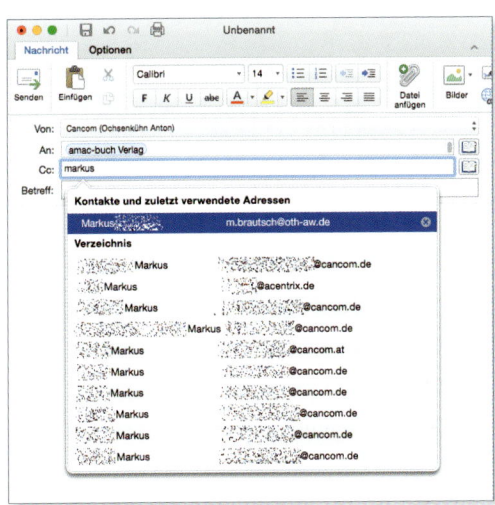

Namensvorschläge aus dem Adressbuch und dem Exchange-Verzeichnis

Neben den direkten Empfängern, den sogenannten *An*-Empfängern, gibt es auch die *CC*-Empfänger, die also ein Duplikat dieser E-Mail erhalten. Was ist der Unterschied zwischen den *An*-Empfängern und den *CC*-Empfängern? Stellen Sie sich beispielsweise vor, Sie sind in einer Firma und wollen einen Urlaubsantrag stellen. Dann gibt es eine Person, die darüber entscheidet, ob Sie den Antrag genehmigt bekommen. Diese Person tragen Sie bei *An* ein. Möglicherweise möchten Sie aber auch, dass die Kolleginnen und Kollegen in Ihrer Abteilung Bescheid wissen, dass Sie in diesem Zeitraum Urlaub nehmen; die tragen Sie dann als *CC*-Empfänger ein.

BCC hingegen sind sogenannte *Blind Carbon Copies*, also Empfänger, die als blinde bzw. unsichtbare Empfänger Ihre E-Mails erhalten sollen. Was ist der Vorteil von blinden Empfängern? Stellen Sie sich vor, Sie sind im Urlaub und möchten Ihrem Bekannten eine Internetseite zeigen, wo Sie sich gerade befinden. Nun sollen Ihre Bekannten aber nicht mitbekommen, an wen die E-Mail noch versendet wurde. Also nehmen Sie sämtliche Bekannten als *BCC*-Empfänger auf und als *An*-Empfänger tragen Sie z. B. Ihre eigene E-Mail-Adresse ein. Damit bekommen alle die E-Mail, aber keiner kann sehen, wer diese E-Mail sonst noch erhalten hat. Es ist nämlich oftmals sehr unschön und unfein, alle Empfänger in die Bereiche *An* und *CC* zu ziehen, weil dann jeder mitbekommt, wer sonst noch dieselbe E-Mail bekommen hat. Dies könnte förmlich nach einer Serien-E-Mail riechen, und das ist doch sehr verpönt.

Um BCC-Empfänger eintragen zu können, sollten Sie das dazugehörige Feld einblenden. Wechseln Sie im Menüband der E-Mails zu den *Optionen* und verwenden Sie den dazugehörigen Button.

BCC-Empfänger einblenden

Sind also die Adressinformationen korrekt eingetragen, dann können wir uns dem *Betreff* widmen. Im *Betreff* gibt man im Normalfall eine kurze Information über den Inhalt der E-Mail an, genauso wie in der Betreffzeile bei einem regulären Brief. Darunter verfasst man dann die vollständige Mitteilung.

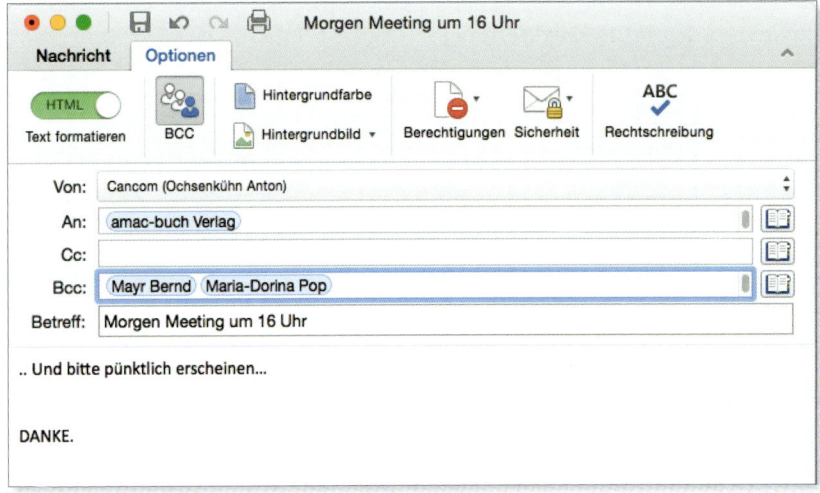

Fertige E-Mail

Damit sind die wesentlichsten Informationen spezifiziert: der Empfänger, der Betreff und der E-Mail-Text. Nun können Sie eine Reihe weiterer Funktionen mit einer E-Mail ansteuern. Schauen Sie oben in das Menüband. Über den Menüpunkt *Datei anfügen* können Sie an die E-Mail eine Datei anhängen, z. B. eine Excel- oder Word-Datei oder auch Bilddateien, und diese mit der E-Mail versenden.

 Bitte bedenken Sie, dass sehr viele E-Mail-Provider ein Limit beim Empfang von E-Mail-Anhängen haben. Dieses liegt manchmal bei fünf, manchmal bei zehn, manchmal bei 20 MByte. Bevor Sie also zu große E-Mail-Anhänge versenden, sollten Sie anfragen, wie hoch das Limit ist, das Ihr Provider als Dateianhang akzeptiert.

Um eine beliebige Datei per E-Mail zu versenden, verwenden Sie entweder die *Datei anfügen*-Funktion oder aber Sie ziehen einfach per Drag and Drop die Datei vom Finder in den Kopfbereich der E-Mail. Dort erscheint ein blauer Rahmen, der Ihnen signalisiert, dass diese Datei nun Bestandteil der E-Mail sein wird. Ziehen Sie dagegen versehentlich eine *.jpg*-Datei unten in den Textbereich der E-Mail, so wird das Bild in den Text eingebaut und mit übertragen, was bei einigen Mailempfängern jedoch problematisch sein könnte.

Signatur

Wir haben vorhin bei den E-Mail-Einstellungen schon kurz über Signaturen gesprochen. Eine Signatur ist ein zusätzlicher Text, der immer an das Ende einer E-Mail angehängt wird. Die Signatur können Sie im Menüpunkt Outlook –> *Einstellungen –> Signaturen* erstellen.

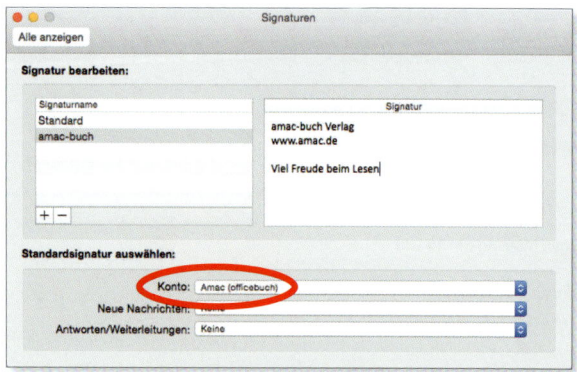

Signaturen

Nach dem Erstellen der Signaturen können Sie via *Standardsignatur auswählen* jedem E-Mail-Postfach eine feste Signatur zuweisen. Wird also eine E-Mail von diesem E-Mail-Account versendet, hängt Outlook die Standardsignatur hierfür unten an.

Über den Button *Signatur* im Menüband Ihres E-Mail-Fensters wählen Sie eine Signatur aus. Haben Sie in Ihrem E-Mail-Konto, das Sie bei *Von* auswählen können, eine Standardsignatur hinterlegt, wird selbstverständlich diese verwendet.

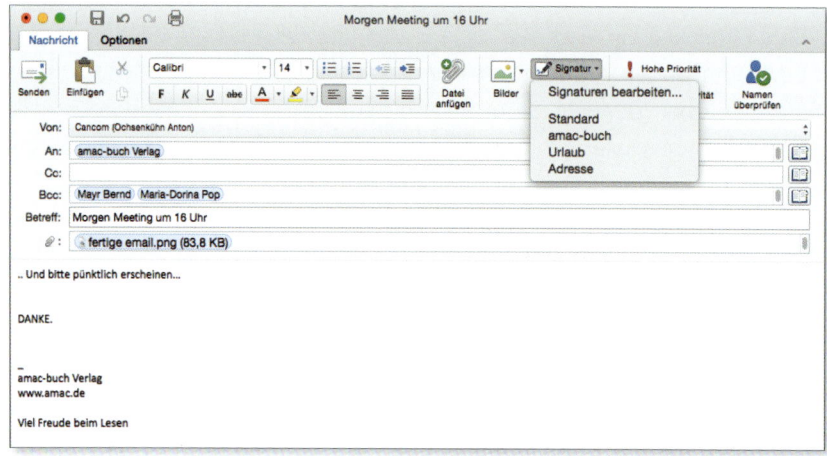

Signatur auswählen

Priorität

Wenn Sie Ihrer E-Mail besondere Wichtigkeit verleihen wollen, dann wählen Sie bei *Priorität* einen Eintrag aus. Der muss aber nicht bei allen Empfängern als Icon erscheinen. Sie sehen, wenn Sie Outlook verwenden und Ihnen jemand eine E-Mail mit besonderer Priorität sendet, wird dies durch ein rotes Ausrufezeichen dargestellt. Das bedeutet, dass diese Meldung besonders wichtig ist und Sie diese Nachricht so schnell wie möglich lesen sollten. Ob Sie das dann tatsächlich tun, obliegt natürlich Ihrer Entscheidung.

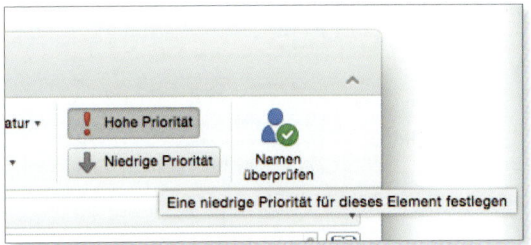

Priorität zuweisen

Kategorie

Wurde die E-Mail erfolgreich versendet, landet sie im Ordner *Gesendete Elemente* und kann noch weitere Eigenschaften erhalten. Das Zuweisen von *Kategorien* ist eine Möglichkeit.

Kategorien zuweisen

Sie können sowohl empfangene als auch gesendete E-Mails mit einer Farbgebung hinterlegen, also mit Kategorien. Diese Kategorien helfen Ihnen, die

Nachrichten durch ihre Farben unterscheiden zu können. Dabei gibt es auch die Möglichkeit, eine E-Mail mehreren Kategorien zuzuordnen.

Die Sammlung der Kategorien, die Sie standardmäßig bei Microsoft Outlook finden, ist eine Grundeinstellung, die Sie selbstverständlich Ihren eigenen Bedürfnissen anpassen können. Wählen Sie hierzu den Menüpunkt *Nachricht* –> *Kategorisieren* und dort den Eintrag *Kategorien bearbeiten*. Sie können sowohl die Anzahl der Kategorien als auch die Farbgebung und die Titel der Kategorien anpassen.

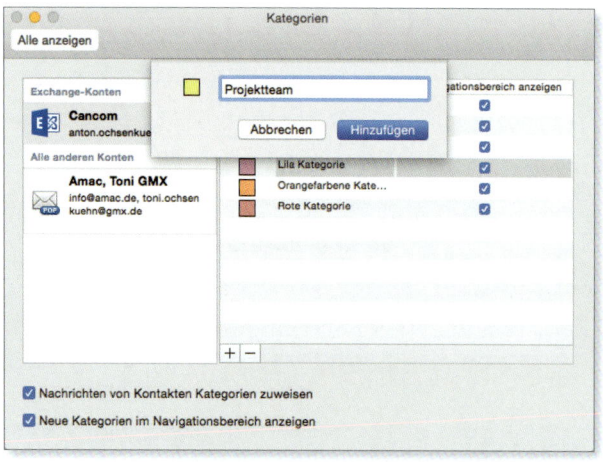

Kategorien bearbeiten

Neben der zusätzlich gewonnenen Übersicht durch die Verwendung von Kategorien sind diese auch sehr nützlich, weil Sie danach suchen können. Ein Beispiel: Ich möchte alle E-Mails der Kategorie „Geschäftlich" im Ordner *Posteingang* einsehen. Mit der Vergabe von Kategorien bleiben Sie also sehr leistungsfähig, auch wenn Sie mit sehr vielen E-Mails umgehen.

Nachverfolgung

Und weiterhin gibt es noch den Eintrag *Nachverfolgung*. Lassen Sie uns hierzu ein Beispiel formulieren: Sie versenden eine E-Mail und wollen in einigen Tagen an diese E-Mail erinnert werden und noch einmal nachhaken. Das ist der perfekte Zeitpunkt, um eine Nachverfolgung zu definieren. Sie legen z. B. die Aufgabe für den morgigen Tag fest.

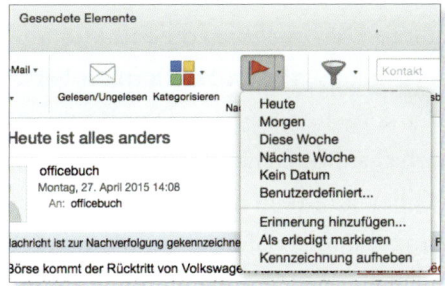

E-Mails mit Nachverfolgung erscheinen in der Aufgabenliste,

Wenn Sie mit *cmd + 4* in den Bereich *Aufgaben* gehen und dort die Aufgaben-liste sehen, dann werden Sie feststellen, dass der E-Mail-Betreff als Titel für die Aufgabe verwendet worden ist. Sie können dort auch an einem kleinen Brief-symbol vor dem Titel erkennen, dass sich diese Aufgabe auf eine E-Mail bezieht. Das heißt: Aufgaben können in Abhängigkeit von einer E-Mail entstehen. Klickt man doppelt auf die *Aufgabe*, gelangt man zu der zugrunde liegenden E-Mail. Aufgaben können aber auch – Sie sehen es darüber – mit dem Begriff *Neu* einfach als isolierte Aufgaben definiert werden.

E-Mails formatieren

Das Wichtigste zum Schluss: E-Mails können gestaltet werden. In der Grund-einstellung kann Outlook die Eigenschaft, Nur-Text-E-Mails zu verfassen, haben. Nur-Text-E-Mails bedeutet, dass Sie keinerlei Formatierungsfunktionen haben und auch keine Funktionen, um Hintergrundfarben, Bilder etc. einzufügen. Die ganze Sache ändert sich sehr schnell, wenn Sie auf eine formatierte E-Mail umschalten. Dazu verwenden Sie im Menüband einer neuen E-Mail den Bereich *Optionen* und schalten von *Text* auf *HTML* um.

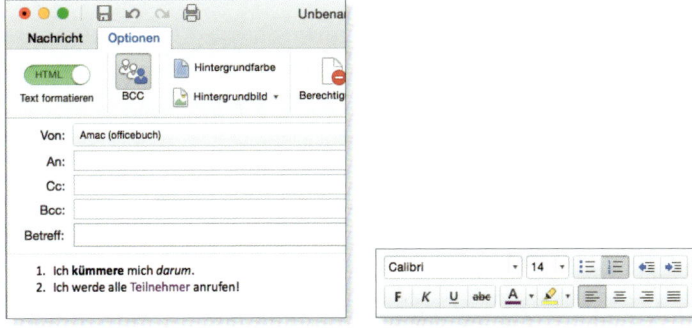

Formatierung aktivieren

Nun werden im Menüband bei *Nachricht* die Funktionen freigegeben, damit Sie die Schriftart und Schriftgröße, die Darstellungen Fett, Kursiv, Unterstrichen, die Farben und so weiter vorgeben können. Damit haben Sie alle Möglichkeiten, Ihre E-Mail Ihren eigenen gestalterischen Vorstellungen entsprechend zu erstellen. Ebenso ist es jetzt möglich, via Link in das Dokument einen beliebigen Hyperlink zu einer Internetseite einzubauen (z. B. http://www.amac-buch.de).

Ist die *HTML-Funktion* aktiviert, macht auch der Button *Hintergrundbild* Sinn, wenn Sie beispielsweise in eine E-Mail ein *Bild* oder eine *Hintergrundfarbe* einfügen möchten. Oder aber Sie fügen ein Bild an einer beliebigen Stelle in Ihre E-Mail ein.

> **!** Derart formatierte Mails, man spricht auch von **HTML-Mails**, können nicht bei jedem Empfänger in genau derselben Weise dargestellt werden. Warum? Vielleicht unterstützt das E-Mail-Programm des Empfängers dies nicht oder aber der Anwender betrachtet die E-Mails über seinen Browser im Internet. Daher kann es vorkommen, dass Sie sich zwar viel Mühe mit Ihrer Formatierung gegeben haben, diese beim Empfänger in der Browserdarstellung jedoch nicht angezeigt wird.

Bedenken Sie bitte auch, dass Sie am Mac vielleicht eine Schriftart verwenden, die es auf einem Windows- oder UNIX-Rechner überhaupt nicht gibt. So kann es durchaus sein, dass gestaltete HTML-E-Mails beim Empfänger gar furchterregend aussehen.

Sie sehen also: Wenn Sie E-Mails verfassen, gibt es eine Reihe von Optionen, die Sie verwenden können: gestaltete oder nicht gestaltete E-Mails sowie das Anhängen von Dateien. Deshalb sollten Sie unbedingt einmal einen Blick in die Outlook-Einstellungen riskieren, und zwar in den Bereich *Verfassen*.

Verfassen-Einstellungen

Dort sind alle Grundeinstellungen hinterlegt, die das Erstellen neuer E-Mails anbelangen. Ich werde an dieser Stelle einige Highlights herauspicken:

- *Nachrichten standardmäßig im HTML-Format verfassen* ❶: Wie vorhin gesehen, wird eine neue E-Mail standardmäßig als Nur-Text-E-Mail angelegt. Sie können hier auf HTML-E-Mail umschalten, um immer gestaltete E-Mails zu verfassen, wovon ich aber grundsätzlich abraten würde.
- *Beim Antworten oder Weiterleiten das Format der ursprünglichen Nachricht verwenden* ❷: Haben Sie diese Funktion aktiviert, wird unabhängig von der vorherigen Einstellung immer das Format verwendet, in dem Sie auch die E-Mail erhalten haben.
- *Jede Zeile der ursprünglichen Nachricht einrücken* ❸: Damit wird die erhaltene E-Mail bei Ihrer Antwort zitiert und als eingerückter Text dargestellt.
- *Cursor vor ursprünglicher Nachricht platzieren* ❹: Damit steht Ihre Einfügemarke beim Antworten auf erhaltene E-Mails automatisch oben, was durchaus nützlich ist. Dumm an der Sache ist nur, dass dann die Standardsignatur ebenfalls oben zu stehen kommt. Normalerweise ist eine Signatur für das Ende der E-Mail gedacht. Wenn Sie das Häkchen nicht anbringen, wird der Einfügecursor beim Antworten unten in der Antwortmail oberhalb der Signatur platziert. Via *cmd + Cursor nach oben* kommen Sie rasch an den Beginn der E-Mail.

Kommen wir noch einmal zurück zum Erstellen einer E-Mail. Links oben in der Ecke haben Sie ja den *Senden*-Button. Ist die E-Mail vollständig erstellt, klicken Sie auf *Senden*, um die E-Mail auf den Weg zu bringen. Vielleicht aber sind Sie sich bei der einen oder anderen Formulierung noch nicht ganz sicher und wollen die E-Mail vorerst noch nicht versenden. Sie möchten sie lieber in den Entwurfsordner legen, um sie später noch einmal durchzusehen. Klicken Sie dazu auf das *Speichern*-Symbol (Disketten-Icon), um die E-Mail dort abzulegen.

Sofern Sie keine Verbindung zum Internet haben oder im **Offline**-Modus arbeiten, werden die versendeten E-Mails in den Postausgang gelegt. Bei der nächsten Möglichkeit, sobald der Rechner also wieder Verbindung mit dem Internet hat oder Sie in den **Online**-Modus wechseln, wird mit dem Versand begonnen.

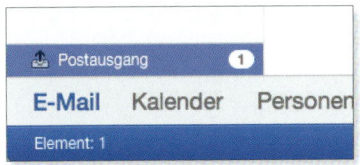

Postausgang

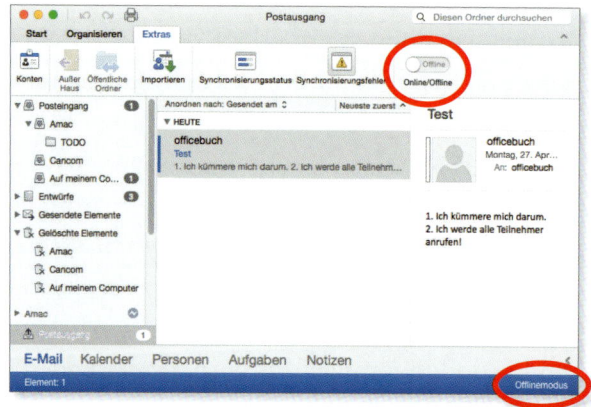

Outlook im Offline-Modus

E-Mails beantworten

Apropos antworten: Sie erinnern sich an die Begriffe *An*, *CC* und *BCC*? Neben dem Button *Antworten* haben Sie auch gesehen, dass man den Button *Allen antworten* anklicken kann. *Allen antworten* bedeutet nun: Wenn eine E-Mail mehrere Adressaten hatte, dann wird Ihre Antwort auch an alle ursprünglichen Adressaten versendet.

Weiterleiten bedeutet, dass Sie die E-Mail an eine dritte Person weiterreichen können, für die die Information ebenso interessant ist. Freunde schicken Ihnen beispielsweise eine Einladung zum Abendessen, Sie sind jedoch unterwegs; dann geben Sie mit *Weiterleiten* die E-Mail an Ihren Lebenspartner weiter, damit er prüfen kann, ob der Termin möglich ist. Er wird Ihnen hoffentlich antworten, und Sie können dann wiederum über den *Antworten*-Bereich eine Zusage zur Einladung geben oder absagen.

Beantworten von E-Mails

Via **Anlage** wird die komplette erhaltene E-Mail als Dateianhang an den Empfänger weitergereicht. Über **Besprechung** wird sogleich ein neues Terminfenster geöffnet, in dem Sie direkt im unteren Bereich über den Terminplanungs-Assistent unmittelbar die Kalenderdaten der eingeladenen Personen vorfinden. Voraussetzung ist der Zugriff auf Kalenderinformationen, was bei Exchange oftmals der Fall ist.

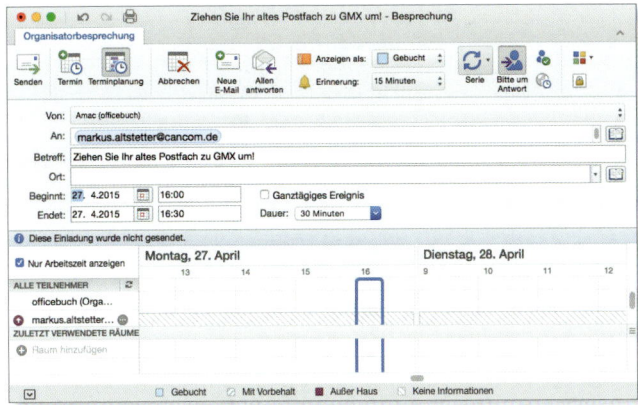

Weiterleiten spezial –>Besprechung

E-Mails lesen

Alle neuen E-Mails landen im Posteingang. Sofern Sie mehrere E-Mail-Accounts in Outlook verwenden, können Sie entscheiden, ob es einen gemeinsamen Post-eingangs- und auch Gesendet-Ordner geben soll.

Jedes Konto hat seine eigenen Ordner.

> **!** Wenn Sie in den Outlook-Einstellungen bei **Allgemein** die Funktion **Ähnliche Ordner in verschiedenen Konten gruppieren** z. B. Posteingänge verwenden, dann sammelt Outlook diese zusammen.

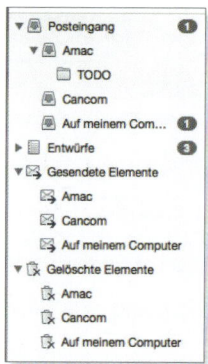

Gruppierte Ordner

Weiterhin bestimmen Sie via *Ansicht –> Lesebereich*, ob eine angeklickte E-Mail rechts oder unterhalb eingeblendet werden soll. Natürlich bringt ein Doppelklick stets ein neues Fenster zum Vorschein, in dem die E-Mail in Ruhe studiert werden kann.

Wenn Sie E-Mails erhalten, handelt es sich oftmals auch um Antworten auf Ihre E-Mails. Mit Outlook kann diese *Unterhaltung* nun auch optisch dargestellt werden. Für Sie als Anwender hat das den enormen Vorteil, die komplette Korrespondenz auf einen Blick einsehen zu können. Es gibt zwei Möglichkeiten, diese Funktion aufzurufen:

1. Wählen Sie via *Ansicht –> Anordnen nach* den Begriff *Unterhaltungen* aus. Zudem macht die Eigenschaft *In Gruppen anzeigen* Sinn, weil dadurch die E-Mails nach Datumswerten klassifiziert werden.

E-Mails werden nach Unterhaltungen sortiert.

2. Haben Sie eine E-Mail im Vorschaubereich, zu der es eine *Unterhaltung* gibt, so können Sie den Button links vom *Betreff* anklicken, um in der Darstellung von der aktuellen E-Mail auf die Unterhaltung umzuschalten.

Unterhaltung anzeigen

Kommen wir noch zu einer wichtigen Grundeigenschaft: Wann wird eine E-Mail eigentlich als gelesen markiert? Solange die E-Mail noch nie angeschaut wurde, erkennen Sie an der farbigen Markierung (blau), dass die E-Mail neu ist. In Outlook 2016 können Sie nun exakt spezifizieren, was zu tun ist, damit eine E-Mail als gelesen dargestellt wird. Rufen Sie hierzu den Menüpunkt Outlook –> *Einstellungen* auf und holen Sie dort das *Leselayout* nach vorne.

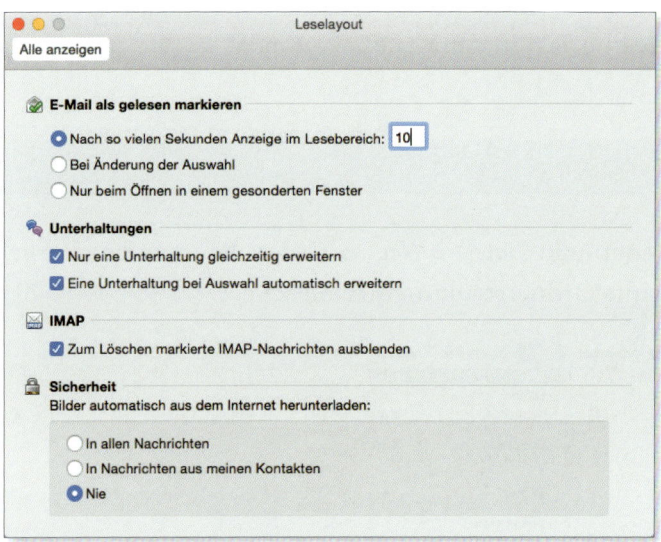

Markierung als gelesen definieren

Besonders klug ist die Angabe eines Zeitintervalls. Sofern Sie die E-Mail nur kurz überfliegen und dann weiterblättern, bleibt die E-Mail noch ungelesen und erst später können Sie sich intensiv damit befassen. *Element als gelesen markieren, wenn neue Auswahl erfolgt* hinterlässt jede E-Mail – sofern Sie sie einmal angeklickt haben – sofort als gelesen. Das ist im täglichen Einsatz meist nachteilig und sollte deshalb nicht verwendet werden.

 Via **cmd + Shift + T** können Sie rasch eine gelesene E-Mail wieder als ungelesen markieren. Umgekehrt geht es via **cmd + T**.

Ordnung halten

Wenn Sie viele E-Mails haben, werden sich im Posteingang oder auch im Ordner *Gesendete Objekte* eine Menge E-Mails ansammeln. Sie wollen keinesfalls den Überblick verlieren. Deshalb an dieser Stelle drei gute Ideen, wie Sie Ihren E-Mail-Verkehr perfekt in den Griff bekommen.

Ordner anlegen

Über den Menüpunkt *Datei –> Neu –> Ordner* können Sie eine sehr komplexe und interessante Ordnerstruktur aufbauen.

Datei –> Neu –> Ordner

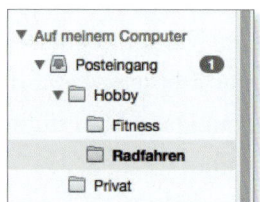

Ordnerstruktur

Bauen Sie also wie im Dateisystem Ordner- und Unterordnerstrukturen auf, in denen Sie thematisch zusammenhängend die E-Mails ablegen. Wenn Sie beispielsweise eine E-Mail aus dem Posteingang in einen Ordner ziehen, wird diese E-Mail standardmäßig verschoben.

> **!** Wichtiger Tipp: Möchten Sie die E-Mail sowohl im Posteingang als auch in einem anderen Ordner haben, dann tnehmen Sie die **Alt-Taste** dazu. Dabei erscheint ein grüner Kreis mit einem weißen **Pluszeichen**, der Ihnen signalisiert, dass die E-Mail nun als Duplikat an einem anderen Ort abgelegt wird.

So können Sie die eingegangenen als auch versendeten E-Mails in Ihre individuelle Ordnerstruktur bewegen. Das heißt: Ähnlich wie im Dateisystem bewegen Sie E-Mail-Dateien in Ordner und Unterordner, um diese schnell wieder aufzufinden.

Regeln

Ich bin kein Freund dieser manuellen Einsortierung von E-Mails. Auch Microsoft scheint es nicht zu sein, denn Outlook bietet ein perfektes Werkzeug, um E-Mails automatisch sortieren zu lassen. Hierzu finden Sie im Menüpunkt *Extras* den Bereich *Regeln*. Dort können Sie beispielsweise Kriterien definieren, die da lauten: Wenn die E-Mail einen bestimmten Text im Empfängerbereich hat oder Dateianhänge enthält oder einer Kategorie angehört oder einem Status entspricht, wird sie automatisch in einen vorher bestimmten Ordner bewegt. Damit sparen Sie sich also das lästige manuelle Einsortieren von E-Mails. Sie können beliebig viele solcher Regeln definieren.

Ähnlich ist es auch möglich, ausgehende E-Mails zu verteilen. Wählen Sie also für den eingehenden Bereich *Exchange, IMAP oder POP* und für den ausgehenden Bereich *Ausgehend*. Definieren Sie die Kriterien. Wenn Sie mehrere Kriterien haben, werden diese standardmäßig additiv zusammengefügt, das heißt, alle Kriterien müssen erfüllt sein, damit die Aktion ausgeführt wird.

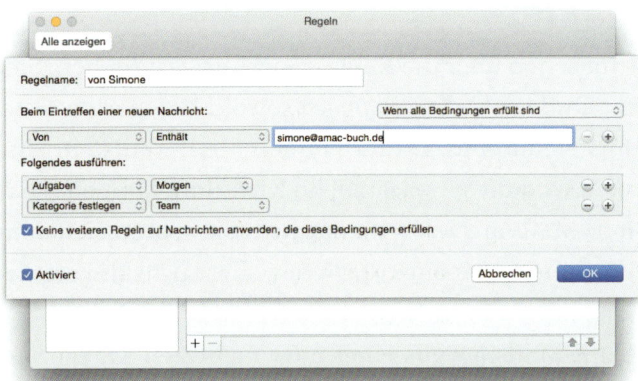

Regel erstellen

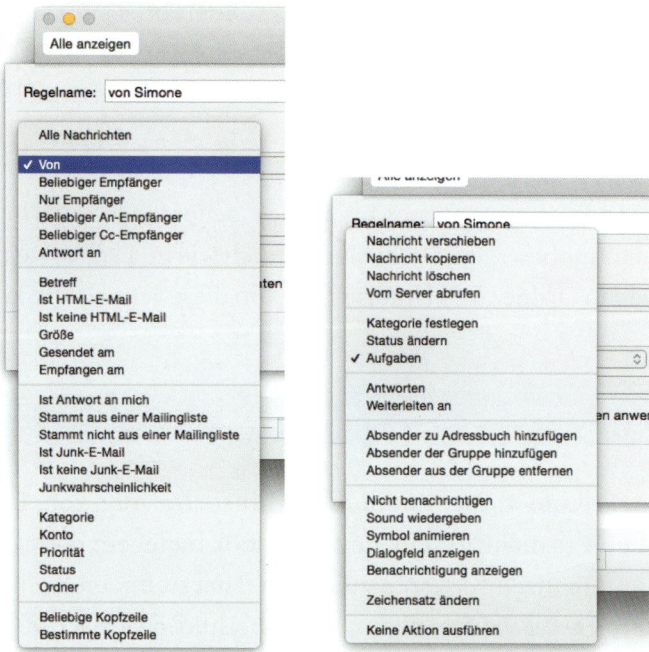

Kriterien und Aktionen für Regeln

Als Aktion verwende ich meistens bei diesen Regeln, dass E-Mails verschoben werden, z. B. in meine Ordnerstruktur hinein. Und schon habe ich einen Automatismus generiert, der mir jede Menge freier Zeit verschafft. Sie können die Regeln, wenn Sie sie nicht mehr benötigen, selbstverständlich auch wieder außer Kraft setzen, indem Sie das Häkchen bei *Aktiviert* entfernen.

Kategorien

Wir haben vorhin schon über die Kategorisierung gesprochen. Sie können über den Menüpunkt Outlook –> *Einstellungen* sowohl Kategorien erstellen als auch die Kategorienliste editieren. Damit können Sie E-Mails ein zusätzliches Kriterium verpassen. Und dieses zusätzliche Kriterium können Sie hervorragend verwenden, um E-Mails ausfindig zu machen. Sie sparen sich damit wiederum die Arbeit, E-Mails in Ordner einzusortieren, oder auch das Erstellen von Regeln.

Wie funktioniert das? Sie klicken einfach E-Mail für E-Mail im Posteingang durch, um diese E-Mails jeweils einer oder mehreren Kategorien zuzuweisen. Dies geht am einfachsten und schnellsten über den Button im Menüband oder aber auch über die rechte Maustaste.

Kategorie zuordnen

Haben Sie dies getan, können Sie über die Filterfunktion, die Ihnen Outlook anbietet, nach allen E-Mails in Ihrem Posteingang suchen, die einer bestimmten Kategorie entsprechen. Und sogleich erscheinen im Posteingangsbereich all die Informationen, die diesem Suchkriterium entsprechen.

Suchfunktionen innerhalb von Outlook

Nach Kategorien filtern

Dabei gestaltet sich die Suche nach kategorisierten E-Mails sehr einfach: Wählen Sie einfach im Menüband bei *E-Mail filtern* das entsprechende Kriterium aus. Und in Sekundenbruchteilen werden nur noch die E-Mails dargestellt, die die

Filterbedingung erfüllen. Klicken Sie *E-Mail filtern* erneut an, um über *Alle Filter löschen* wieder alle Daten einsehen zu können.

Aber nicht nur nach Kategorien kann gefiltert bzw. gesucht werden – nein, Sie können auch nach *Betreff* ❹, nach *Von*, nach *An* ❺ und nach *Dringlichkeit* ❻ suchen und dort die entsprechenden Kriterien eingeben.

Suchkriterien im Menüband „Suchen"

Klicken Sie dazu rechts oben im Fenster in das Suchfeld, und schon wechselt das Menüband ❶ und zeigt die Suchfunktionen an (alternativ: *cmd + alt + F*). Wählen Sie hier nun das gewünschte Suchkriterium aus. Beachten Sie bitte, dass diese Suche nur innerhalb des jeweiligen Ordners geschieht. Klicken Sie auf *Alle Postfächer* ❷ im Menüband, um den aktuellen Ordner zu verlassen. Und *Alle* Outlook-*Elemente* ❸berücksichtigt auch Aufgaben, Termine etc.

Möchten Sie eine Suche mit weiteren Kriterien versehen, so klicken Sie einfach im Menüband *Suchen* auf *Erweitert*.

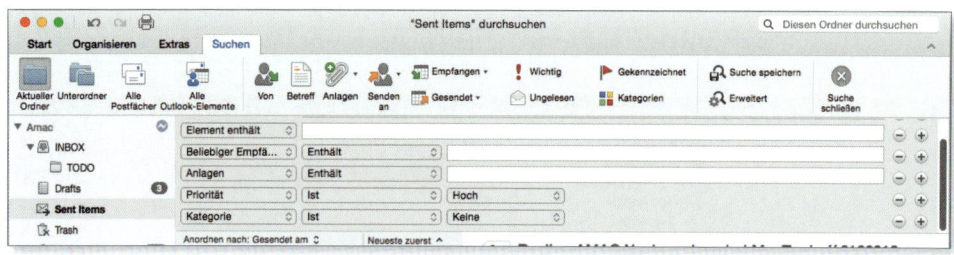

Erweiterte Suche

Spezifizieren Sie so viele Kriterien, wie Sie wünschen. Durch Klick auf die *Plus-Taste* können Sie beliebig viele weitere Kriterien definieren. Und Sie werden sehen, in welch gigantischer Schnelligkeit diese Suchergebnisse auf Ihrem Bildschirm erscheinen. Sie können nach allen Dingen suchen, nach *Inhalt*, also dem Nachrichtentext der E-Mail, nach *Adressat* der -E-Mail, nach *Kategorie, Dringlichkeit, Datum* und *Uhrzeit*, nach *Nachrichtenbetreff* etc. Und das besonders Tolle an dieser Suchfunktion ist, dass Sie in der *Symbolleiste* einen Eintrag bekommen, der da heißt: *Suche speichern*.

Damit können Sie eine einmal mühevoll zusammengebaute Suchfunktion fixieren. Geben Sie dieser einen beschreibenden Namen, und sofort erscheint diese Suchfunktion im Bereich *Intelligente Ordner* ganz links im *Ordnerbereich* von Outlook. Klicken Sie auf den intelligenten Ordner mit der rechten Maustaste, um diesen erneut bearbeiten zu können.

 Den **Ordnerbereich** können Sie ein- bzw. ausblenden über das Menü **Ansicht**. Und die Breite lässt sich ebenfalls einstellen.

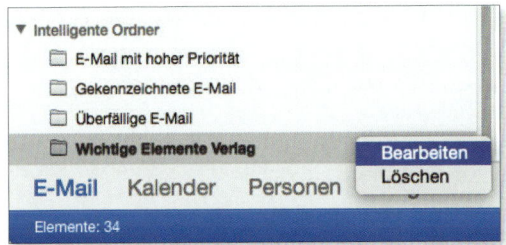

E-Mail-Ansichten

 Diese Suchfunktion ist also sehr, sehr mächtig, und Sie können unabhängig davon, wo Sie jemals eine E-Mail abgelegt haben, mit der vorher genannten Tastenkombination **cmd + alt + F** diese komplexe Suchfunktion starten. Wenn Sie oben in das Suchfeld etwas eintragen, dann können Sie dort direkt auf einige häufig verwendete Suchfunktionen zugreifen.

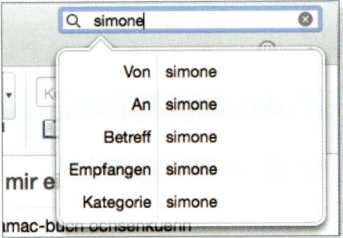

Suchanfrage über das Suchfeld

Die Suchfunktion innerhalb von Outlook wird übrigens von OS X zur Verfügung gestellt und nennt sich *Spotlight-Technologie*. Das ist eine indexbasierte Suchfunktion, die wahnsinnig schnell und zuverlässig arbeitet und hier innerhalb von Outlook zum Einsatz kommt.

Spotlight

Apropos Suche: Seit dem Betriebssystem 10.4, also *Tiger*, kann diese Suchfunktion nicht nur innerhalb von Outlook aufgerufen, sondern auch an *Spotlight* weitergereicht werden.

Spotlight-Suche

Worin aber liegt der Unterschied zwischen einer Suche über *Spotlight* und der direkten Suche innerhalb von Outlook? Innerhalb von Outlook können Sie sehr gezielt suchen, also z. B. nach E-Mails, die gewisse Informationen im Betreff haben oder von diesem oder jenem Absender stammen etc.

Die Suche über *Spotlight* ist nicht so exakt spezifizierbar. Das heißt: Wenn Sie dort Suchbegriffe eingeben, dann können diese entweder im Nachrichtentext, im Absenderfeld, in der E-Mail-Adresse oder wo auch immer existieren. Eine Suche über *cmd + alt + F* in Outlook ist deutlich feiner justierbar als eine *Spotlight*-Suche. Aber es ist ein gutes Gefühl, auch via *Spotlight* relativ zügig eine E-Mail in Outlook aufspüren zu können.

Wenn Sie mit *Spotlight* suchen, sehen Sie eine Liste der Suchergebnisse. Klicken Sie eines der Suchergebnisse an, so wird im Fall einer E-Mail Outlook gestartet und genau die E-Mail geöffnet, die Sie in der Suchliste mit dem Klick versehen haben.

Sortieren

Nicht vergessen werden darf, dass Sie E-Mails, wenn Sie sich in einem Ordner befinden, auch einer Sortierfunktionalität unterwerfen können. Schauen wir uns diese z. B. im Ordner *Posteingang* an. Standardmäßig werden die E-Mails nach *Datum des Eingangs* aufgelistet, das heißt, die jüngst eingegangene E-Mail steht ganz oben.

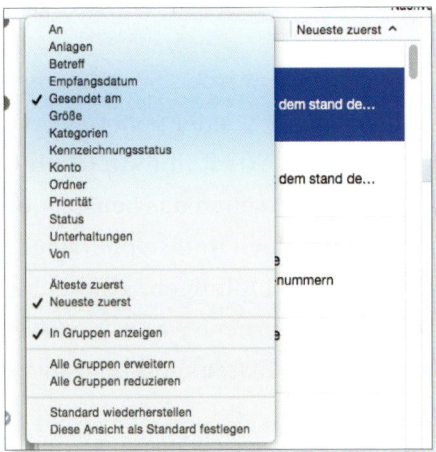

Neueste E-Mail zuoberst

Klicken Sie auf den Eintrag *Neueste zuerst*, dann wird die Sortierreihenfolge umgedreht und die älteste E-Mail kommt nach unten. Aber damit nicht genug: Links daneben können Sie den Begriff anklicken, um so eine Reihe von anderen Sortierkriterien aufzurufen.

Wählen Sie hier beispielsweise den Eintrag *Von* aus, und schon erscheinen alle E-Mails einer bestimmten Person untereinander. Sie können aber auch, wie schon bekannt, nach Kategorien oder Dringlichkeit suchen. Auch hier sind Ihrer Fantasie keinerlei Grenzen gesetzt.

 Über das Menü **Ansicht –> Anordnen nach** können Sie zudem benutzerdefinierte Anordnungen festlegen und so stets zu Ihren Lieblingsdarstellungen gelangen.

Hilfreiches für den Umgang mit E-Mails

Meine Lieblings-Shortcuts

Wenn Sie viel mit E-Mails arbeiten, werden Sie erleben, dass es gewisse Funktionen gibt, die Sie immer und immer wieder benötigen. Deshalb an dieser Stelle meine Lieblings-Shortcuts bei der Arbeit mit Microsoft Outlook:

cmd + 1: Haben Sie einmal aus Versehen das Fenster von Outlook geschlossen, können Sie es mit *cmd + 1* sehr einfach und schnell wieder nach vorne bringen.

Wenn Sie E-Mails senden und empfangen, gibt es hierzu ein Statusfenster. Dieses ist über den Menüpunkt *Fenster –> Synchronisierungsstatus* aufzurufen. Deutlich schneller geht es mit der Tastenkombination *cmd + 7*.

Das Fenster „Synchronisierungsstatus"

Ich habe es mir zur Angewohnheit gemacht, E-Mails im Posteingang zu lesen, um hernach möglicherweise festzustellen: Oha, bezüglich dieser E-Mail muss ich noch etwas erledigen. Oder ich muss mich später darum kümmern, weil ich noch eine Sekundärinformation benötige. Ich will deshalb diese E-Mail wieder in den vorherigen, also ungelesenen Zustand zurückbringen. Die Tastenkombination hierfür heißt *cmd + Shift + T*. Damit wird eine gelesene E-Mail wieder als ungelesen markiert.

Statt auf den Button *Senden und empfangen* zu klicken, können Sie *cmd + K* verwenden.

Via *cmd + 8* holen Sie das Fenster *Synchronisierungsfehler* nach vorne. Klicken Sie das Zahnrad-Icon an, um alle Fehlerinformationen einblenden zu lassen.

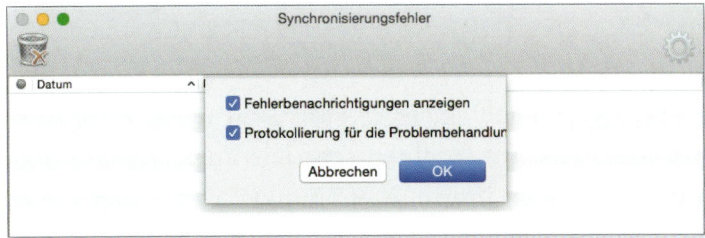

Das Fenster Synchronisierungsfehler hilft beim Auffinden von Problemen.

Nachrichtenmenü

Quasi alle Funktionen, die Sie mit E-Mails verwenden können – egal, in welchem Ordner Sie liegen –, finden Sie im Menüpunkt *Nachricht*. Von dort aus können E-Mails beantwortet, weitergeleitet, markiert, als Junk-Mail gekennzeichnet oder verschoben sowie Regeln ausgelöst werden etc.

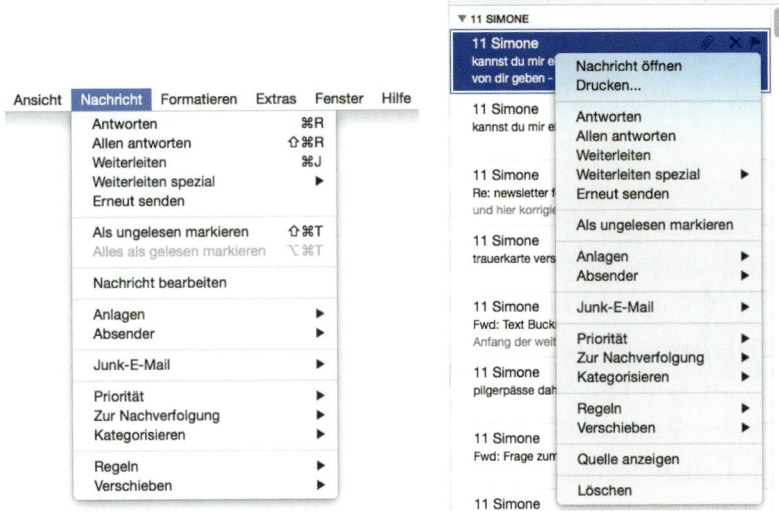

Menü „Nachricht" und Kontextmenü mit der rechten Maustaste

Ebenso ist es möglich, eine E-Mail mit der rechten Maustaste anzuklicken und damit das Kontextmenü aufzurufen. Und Sie sehen, fast alle Funktionen des Menüpunkts *Nachricht* sind auch über das Kontextmenü erreichbar. Somit haben Sie einen sehr schnellen und einfachen Zugang zu Features, die Sie für diese E-Mails verwenden möchten.

Junk-Mail

Das kennen Sie sicher auch: Viele E-Mails sind tatsächlich Werbe-E-Mails. Microsoft Outlook stellt Ihnen einen sehr leistungsfähigen Junk-Mail-Filter zur Verfügung. Sie finden ihn im Menüpunkt *Extras* unter *Einstellungen für Junk-E-Mail*.

Wodurch ist Junk gekennzeichnet? Junk ist dadurch gekennzeichnet, dass Sie beispielsweise nicht der einzige Empfänger der E-Mail sind oder im Nachrichtentext anstößige Begriffe vorkommen. Microsoft Outlook lernt diesbezüglich auch mit, das heißt, Sie können Outlook dazu erziehen, eine Junk-E-Mail zu erkennen. Vielleicht haben Sie im Menüband *Start* schon den Button *Junk-E-Mail* gesehen. Damit klassifizieren Sie eine E-Mail als Junk-Mail.

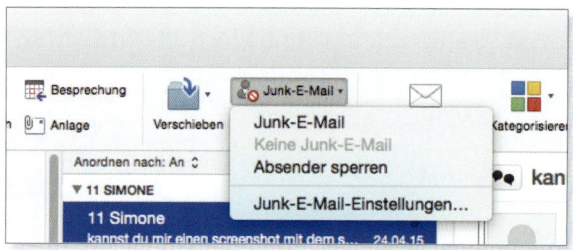

Button „Junk-E-Mail" im Menüband „Start"

Das führt dazu, dass die E-Mail in den Ordner *Junk-E-Mail* einsortiert wird. Wurde versehentlich eine E-Mail in den Junk-Bereich einsortiert, so können Sie diese über die Funktion *Junk-E-Mail-Markierung aufheben* wieder in den Posteingangsbereich befördern.

Und je öfter Sie Mails über den Button *Junk-E-Mail* aussortieren oder umgekehrt, werden Sie erleben, dass Outlook in der Erkennung der eintreffenden Junk-Mails immer besser wird

Sie haen im Junk-Bereich auch noch die Möglichkeit, sogenannte *sichere Absender* bzw. *blockierte Absender* zu verwenden. Das heißt, Sie können den Junk-Mail-Filter noch feinjustieren.

Alles Ansichtssache

Normalerweise wird Microsoft Outlook in drei verschiedenen Spalten dargestellt: Links ist das Ablagesystem, in der Mitte sind die E-Mails, und rechts sehen
Sie die Vorschau der gewählten Nachricht.

Ansicht –> Lesebereich

Über den Menüpunkt *Ansicht –> Lesebereich* können Sie die Vorschau entweder
ausblenden (wählen Sie dazu *Ausgeblendet* aus) oder statt der standardmäßigen
rechten Anordnung die untere Anordnung verwenden. Ebenso sind gewisse
Funktionen, die wir vorhin schon kennengelernt haben, wie z. B. die Sortierfunktion (*Anordnen nach*), aus- und einblendbar. Zudem ist die sogenannte *Filter*-
Funktion aufrufbar, um nur bestimmte E-Mails in der Liste zu sehen.

Exportieren

Wenn Sie sehr viel mit E-Mails arbeiten und vielleicht auch oft unterwegs sind, kann es durchaus notwendig sein, E-Mails zu exportieren, um diese an anderer Stellen erneut einlesen zu können.

Um einen Ordner samt Inhalt zu exportieren, ziehen Sie ihn einfach per Drag & Drop z. B. auf den Schreibtisch.

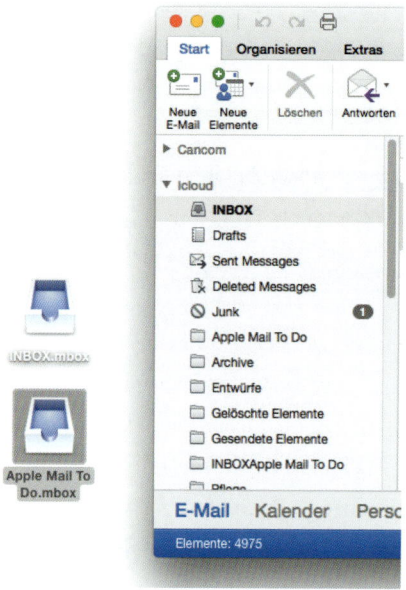

Export von E-Mail-Ordner samt Inhalt

Sie erhalten dabei sogenannte *.mbox*-Dateien. Diese können in vielen anderen Mailprogrammen wieder eingelesen werden. Zudem stehen Konvertierungsprogramme im Internet zur Verfügung, um die *.mbox*-Dateien wieder in eine *.pst*-Datei für den Import in Outlook umwandeln zu können.

Kontakte

In *Personen* hinterlegen Sie alle Kontaktdaten, mit denen Sie beispielsweise öfter E-Mails austauschen. Damit ersparen Sie sich die stets wiederkehrende manuelle Eingabe von E-Mail-Adressen, die sich kaum jemand merken kann. Die Adressbuchinformationen können aber auch für andere Bereiche wie Kalenderinformationen etc. verwendet werden. Wie Sie bereits zu Beginn des Kapitels gesehen haben, können die Adressbucheinträge bei der Übernahme aus Windows Outlook weiterverwendet werden. Weiterhin können die Adressen, die in Apples Programm *Kontakte* hinterlegt sind, per Drag and Drop in das Adressbuch von Outlook übernommen werden.

 Sollte es beim Übernehmen der Adressdaten von Apples Kontakte zu Outlook Probleme geben, dann wählen Sie den Zwischenschritt, zuerst die Kontakte per Drag-and-Drop auf den Desktop zu ziehen und von dort aus in das Outlook-Adressbuch zu übernehmen.

Welche weiteren Funktionen stehen Ihnen zur Verfügung, um Adressbucheinträge vorzunehmen?

Adressbucheinträge erstellen

Manuelle Adresseneingabe: Wenn Sie mit der Tastenkombination *cmd + 3* im Personenbereich gelandet sind, können Sie mit *cmd + N* einen neuen Kontakt erstellen und dort alle bekannten Informationen hinterlegen.

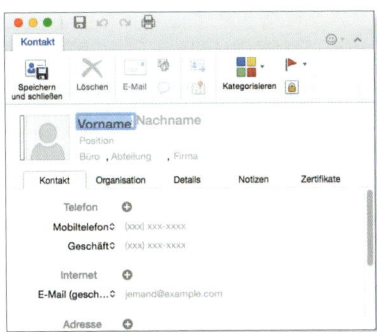

Neuer Kontakt

Achten Sie dabei darauf, dass z. B. im Bereich *E-Mail* ein Pull-down-Menü existiert, mit dem Sie die Art der E-Mail-Adresse exakt spezifizieren können. Gleiches gilt für Telefonnummern und weitere Adressinformationen.

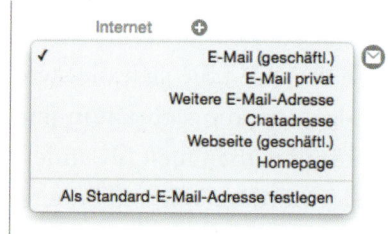

E-Mail-Spezifikation für eine neue Person

Haben Sie alle Daten eingetragen, können Sie das Fenster schließen, und Microsoft Outlook fragt an, ob diese Änderungen gespeichert werden sollen. Quittieren Sie dies mit *OK*, um die Information in Ihr Outlook-Kontaktebuch aufzunehmen. Zu jedem beliebigen späteren Zeitpunkt können Sie auf die Visitenkarte doppelklicken, um in ein Fenster zu gelangen, in dem Sie die Informationen überarbeiten.

Deutlich einfacher gelingt die Übernahme in das Kontakteverzeichnis, wenn Sie von einer Person eine E-Mail erhalten haben. Die Person hat Ihnen ja damit ihre E-Mail-Adresse und im Regelfall ihren Namen weitergereicht. Und diese Daten können mit einem einzigen Klick in das Adressbuch aufgenommen werden. Klicken Sie hierzu die E-Mail Ihrer Wahl an und wählen Sie den Menüpunkt *Nachricht –> Absender –> Zu Personen hinzufügen*.

Zu Personen hinzufügen

Sodann liest Microsoft Outlook aus den Absenderinformationen alle vorhandenen Daten aus, um diese in das Personenverzeichnis zu transportieren. Und nun können Sie in der Kontakteliste neben den vom Anwender als Absendername bereitgestellten Informationen natürlich in den anderen Reitern wieder zusätzliche Eintragungen vornehmen.

Noch schneller und einfacher funktioniert die Geschichte, wenn Ihnen der Absender seine Visitenkarte als Dateianhang gesendet hat.

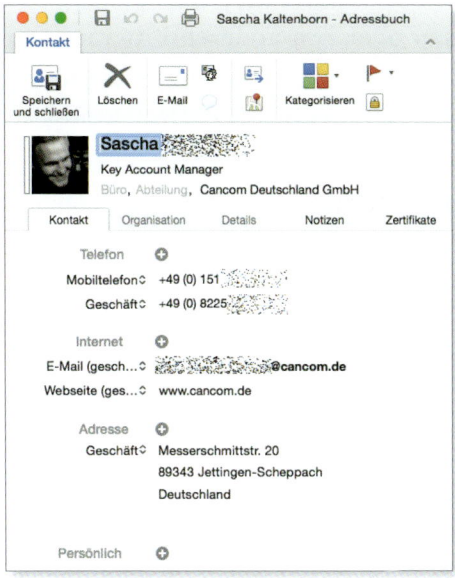

Eine sogenannte vCard enthält die kompletten Visitenkartendaten.

Im Bildschirmfoto sehen Sie die E-Mail einer Person, die als Dateianhang eine *.vcf*-Datei angehängt hat. Das heißt: Sie hat mir ihre kompletten Visitenkarteninformationen weitergereicht. Klicke ich auf diese vCard doppelt, so kann ich alle in dieser Visitenkarte hinterlegten Informationen einsehen und sie in mein Adressbuch übernehmen. Noch schneller und einfacher ist dies kaum möglich. Viele Programme unterstützen diese vCard-Funktion, egal, ob es E-Mail-Programme am Mac oder unter Windows sind.

Wollen Sie Ihre Adressbuchinformationen anderen Teilnehmern als vCard senden, dann wählen Sie im Personenverzeichnis Ihren eigenen Eintrag aus und verwenden den Menüpunkt *Als vCard weiterleiten (cmd + J)*. Sogleich erscheint eine neue E-Mail, in der Ihre Adressinformationen, Ihre Visitenkarte, als Dateianhang mitgeliefert wird.

Übertragen der Adressbuchinformationen von einem Windows-Computer: Es könnte auch sein, dass Sie neu am Mac sind und deshalb die Adressbuchinformationen vorher in Outlook auf einem Windows-Computer gepflegt haben. Um die Daten auf einen Mac zu übernehmen, sollten Sie am PC die Daten als *.pst* exportieren, um diese so in Outlook am Mac importieren zu können.

Sortieren

Sie sehen also: Es gibt vielfältige Möglichkeiten, Kontakte in Ihrem Personenverzeichnis zu erfassen oder von anderen Programmen zu übernehmen. So sammeln sich dann viele Informationen in Ihrem Kontaktebereich an. Diese Informationen wollen verwaltet und übersichtlich dargestellt werden. Microsoft Outlook bietet Ihnen über verschiedene Sortier- und Suchkriterien schnellen Zugriff auf Ihre Adressinformationen an. Sicher haben Sie im *Kontakt-Fenster* Begriffe wie Name, Firma, Rufnummer etc. schon erkannt, als Sie in die Listendarstellung gewechselt sind.

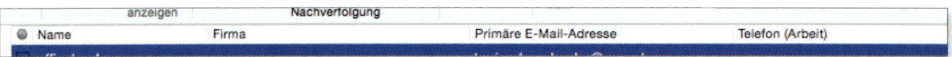

Spaltentitel im Personenverzeichnis

Klicken Sie auf einen dieser Spaltentitel, so wird danach sortiert, und zwar im Regelfall in absteigender Ordnung.

Sie erkennen die Reihenfolge der Sortierung an dem kleinen Dreieck rechts neben dem Spaltentitel. Klicken Sie erneut auf den gleichen Begriff, dreht sich die Sortierreihenfolge um, und es wird absteigend sortiert. Dies ist mit allen Spaltenbegriffen möglich.

Per Drag and Drop können Sie übrigens die Reihenfolge der Spalten ändern. Wenn Sie also die Firmenbezeichnung an erster Stelle haben möchten, so ziehen Sie einfach mit gedrückter linker Maustaste den Begriff **Firma** an die erste Stelle – oder auch die Rufnummer etc., das bedeutet, dass die Reihenfolge Ihren Bedürfnissen entsprechend angepasst wird.

Welche Informationen wollen Sie nun dargestellt haben? Wenn Sie mit der rechten Maustaste auf einen Spaltentitel klicken, bekommen Sie alle Arten von Informationen, die im Adressbuch enthalten sein können. Durch Hinzufügen von Häkchen werden diese Informationen auch in einer Spalte dargestellt.

Weiterhin sollten Sie sich an die E-Mail-Verwaltungsfunktionen erinnern: Sie können hier im Personenbereich natürlich auch mit den Kategorie-Informationen arbeiten, indem Sie Ihre E-Mail-Einträge gewissen Kriterien wie Büro, Freizeit, Freundeskreis, Lieferanten etc. zuordnen. Sie erinnern sich: Die *Kategorien* sind zwar von Microsoft Outlook vorgegeben, können aber Ihren Bedürfnissen entsprechend angepasst und modifiziert werden.

Gruppen erstellen

Selbstverständlich haben Sie auch zur schnelleren Verwaltung von E-Mail-Informationen die Möglichkeit, mehrere Personen zu Gruppen zusammenzufassen.

Kontaktgruppe erstellen

Im einfachsten Fall markieren Sie die Kontakte im Adressbuch – zusammenhängende Bereiche mit der *Shift-Taste*, getrennte Bereiche durch Gedrückthalten der *Befehlstaste* – und wählen dann den Menüpunkt *Datei –> Neu –> Kontaktgruppe* aus. Anschließend erscheint ein Fenster mit dem Gruppennamen *Unbenannte Gruppe* und den E-Mail-Adressen, die Sie selektiert hatten. Da Sie ja nun ein zweites Gruppenfenster haben, können Sie weitere Gruppenmitglieder einfach per Drag and Drop mit der linken Maustaste aus dem Adressbuch zu dieser neuen Gruppe hinzufügen. Und so können Sie in Zukunft z. B. der gesamten Gruppe eine E-Mail schreiben, die dann jedes Mitglied der Gruppe erhält.

 Vergessen Sie hierbei nicht, der Gruppe einen geeigneten Namen zu geben :-).

Suchfunktion

Und selbstverständlich verfügt auch der Personenbereich über eine sehr ausgeklügelte Suchfunktion. Tragen Sie den Suchbegriff oberhalb von *Adressbuch* ein und quittieren Sie diesen mit *Return*.

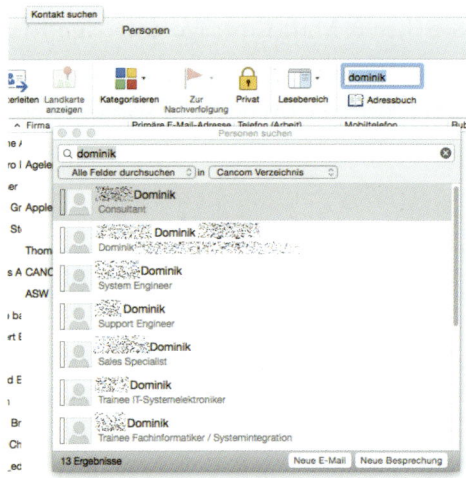

Suche nach Namen auch im Onlineverzeichnis von z. B. Exchange-Servern

Anschließend erscheint ein Fenster mit den Fundstellen, das auch Personen auflistet, die im Rahmen einer Exchange-Anbindung sich im Adressverzeichnis befinden.

Oder aber Sie tragen einen Bestandteil eines Namens ganz oben rechts das Suchfeld ein. Sogleich vermindert sich die Kontakteliste auf eben die Einträge, die dem Suchkriterium entsprechen. Möchten Sie aber nicht nach einem Namen suchen, sondern nach anderen Informationen, dann können Sie das dort ebenfalls auswählen.

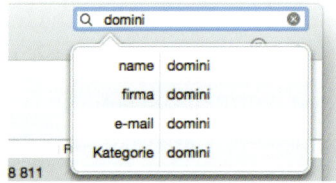

Weitere Suchkriterien

Wenn Sie möchten, können Sie ganz oben in das Suchfeld z. B. *0821* eingetragen, was die Telefonvorwahl von Augsburg ist. In Sekundenbruchteilen werden aus dem Adressbuch alle Daten herausgefiltert, die die Augsburger Vorwahl enthalten. Das ging ja super einfach!

Und erinnern Sie sich an die Geschichte, die wir auch bei der E-Mail-Verwaltung schon hatten: Sie können über den Button *Suche speichern* (Menüband *Suchen*) diese Suche ablegen und damit immer sehr rasch darauf zugreifen. Weiterhin können Sie durch einen Klick auf *Erweitert* und das *Plussymbol* das

Suchkriterium noch verfeinern und so eine sehr ausgefuchste Suchfunktion definieren. Diese können Sie dann ablegen und mit einem Klick wieder aufrufen. Die gespeicherten Suchabfragen werden links im Bereich *Intelligente Ordner* aufgelistet.

Zum Schluss noch zwei pfiffige Funktionen im Zusammenhang mit den Personen. Vielleicht haben Sie es schon bemerkt: Wenn Sie mit der rechten Maustaste auf einen Kontakt klicken, erhalten Sie Funktionen wie *Neue E-Mail an Kontakt erstellen*, aber auch *Neue Besprechung mit Kontakt*. Damit ist der Bereich *Personen* nahtlos mit den anderen Elementen innerhalb von Outlook verbunden.

Diese und weitere Funktionen erhalten Sie auch, sobald Sie im E-Mail-Bereich und dort im Lesebereich mit der Maus auf eine E-Mail-Adresse zeigen. Sogleich erscheint ein Zusatzfenster mit manigfaltigen Möglichkeiten.

Funktionen für Kontakte

Weiterhin kann es ab und an auch interessant sein, das Personenverzeichnis in Papierform zu übernehmen. Verwenden Sie hierfür den Befehl *Datei –> Drucken*.

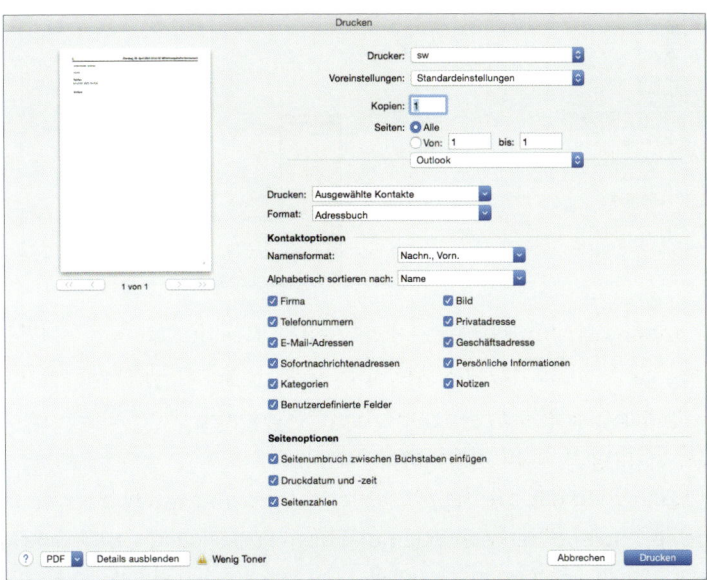

Ausdruck des Personenverzeichnisses

Nun können Sie beispielsweise als Telefonliste die Adressbuchinformationen auf dem Drucker ausgeben. Hierfür sollten Sie unbedingt noch spezifizieren, welche Spalteninformationen auf dieser Telefonliste dargestellt werden sollen.

Kalender

Wenn Sie viel mit Microsoft Outlook arbeiten, werden Sie sehr bald die *Kalenderfunktionalität* zu schätzen wissen. Denn wenn Sie mit Bekannten, Freunden und Arbeitskollegen E-Mails austauschen, so werden dabei auch terminliche Vereinbarungen getroffen. Und was liegt dann näher, als über *cmd + 2* in den Kalender zu wechseln und dort die vereinbarten Termine zu hinterlegen. Ziehen Sie dazu einfach an dem gewünschten Tag mit der Maus einen Balken auf und beschriften Sie ihn. Sie können jederzeit an der linken Seite (an der dickeren Linie) den Termin an einen anderen Zeitpunkt verschieben.

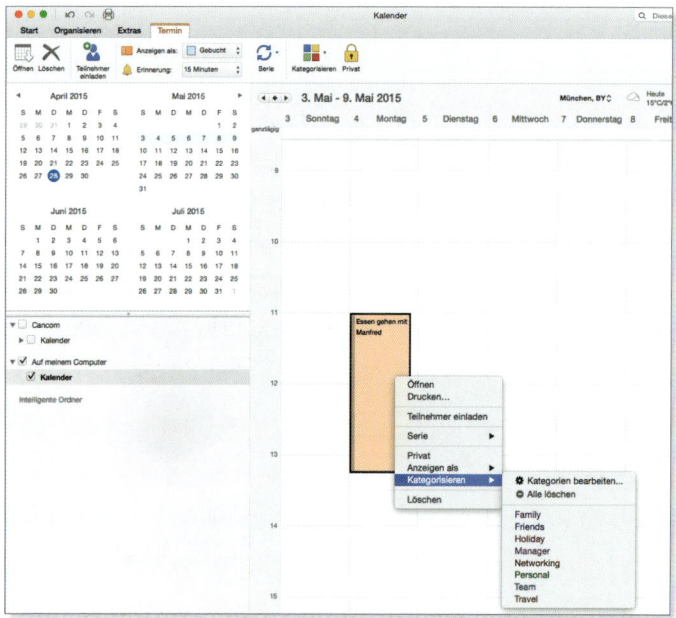

Neuer Termin

 Und wie schon bei den Kontakten und beim Posteingang stehen Ihnen auch hier Kategorien zur Verfügung. Das heißt: Termine können ebenso in Kategorien eingeteilt werden.

Wollen Sie einen Termin etwas genauer fassen, dann ist es sinnvoll, durch einen Doppelklick ein Detailfenster zu öffnen, in dem Sie alle Einstellungen für diesen Termin vornehmen können.

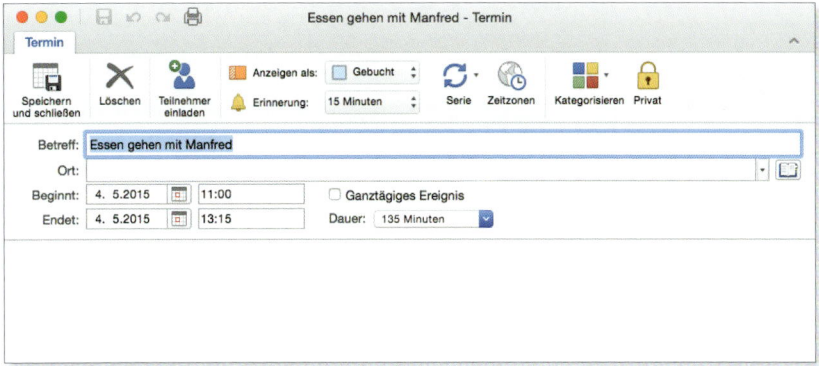

Details für einen Termin

Wie Sie sehen, können Sie neben dem Betreff, also dem Termintitel, z. B. exakte Start- und Endzeitpunkte angeben oder die Dauer spezifizieren und sich eine Erinnerung auf den Bildschirm holen. Weiterhin sind im unteren Teil des Fensters zusätzliche *Notizen* möglich, die den Termin exakt beschreiben und abrunden.

Wenn Sie auf den Button *Teilnehmer einladen* klicken, dann wandelt sich Ihr Termin auf einmal in eine E-Mail um. Ja, richtig: Sie können also einen Termin einer anderen Person per E-Mail zukommen lassen, der bei dieser dann auch als Termin eingetragen wird. Voraussetzung ist, dass der Empfänger mit einem Programm arbeitet, das diese Funktionalität auch unterstützt. Wenn auf der Empfängerseite ein Anwender mit Microsoft Outlook sitzt, sollte dies problemlos funktionieren. Auch Outlook am Windows-PC sollte mit diesen Einladungen zurechtkommen.

Ereignisserie

Besonders beeindruckend und gleichzeitig auch interessant ist der Bereich *Serie*. Es gibt sicher Termine, die immer und immer wieder vorkommen. Deshalb können Sie dort bei *Benutzerdefiniert* ein zusätzliches Fenster zum Vorschein bringen, in dem Sie genau definieren, wann und wie oft dieser Termin auf Sie zukommt. Haben Sie zudem noch eine Erinnerung eingeschaltet, so werden Sie keinen Termin mehr versäumen.

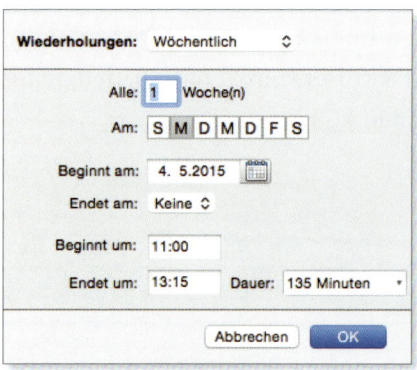

Ereignisserie

Notizen

Mit *cmd + 5* gelangen Sie in die *Notizen*-Ansicht. Notizen sind Gedanken oder Ideen, die Sie sich lose notieren wollen. Sind Sie in der *Notizen*-Ansicht und verwenden Sie die Tastenkombination *cmd + N* oder den dazugehörigen Button *Neu*, kommen Sie in ein Fenster, in dem Sie eine neue Notiz erfassen können. Klicken Sie abschließend auf das *X*-Symbol, um die Nachricht zu speichern.

Sie sehen, dass die Notizinformationen formatiert werden können. Über den Button *Bild*, den Sie aus dem Bereich *Mail* kennen, können z. B. Bilder eingefügt werden. Ich verwende Notizen sehr, sehr häufig. Zum Beispiel dann, wenn ich eine E-Mail bekomme und jemand ein Thema anspricht, zu dem ich mich später weiter informieren muss.

Eine Notiz ist aber kein Ereignis, also kein Kalendereintrag. Sie ist auch keine Aufgabe, weil es nicht darum geht, etwas zu tun oder zu erledigen. Sondern Sie wollen einfach nur diese Idee, diesen Gedanken, den Sie durch die Kommunikation per E-Mail bekommen haben, an dieser Stelle festhalten.

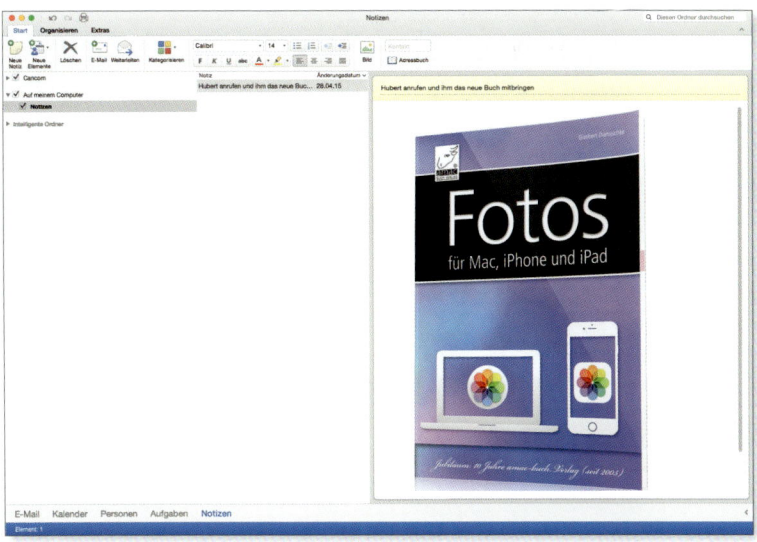

Notiz erstellen

Aufgaben

Aufgaben unterscheiden sich im Regelfall von einem Kalenderereignis dadurch, dass sie nicht zu einem festgesetzten Zeitpunkt in Angriff genommen werden müssen. Wie kann man Aufgaben erfassen? Nun – mit *cmd + 4* gelangen Sie in den Aufgabenbereich, und via *cmd + N* wird sogleich eine neue Aufgabe mit all ihren Parametern erfasst.

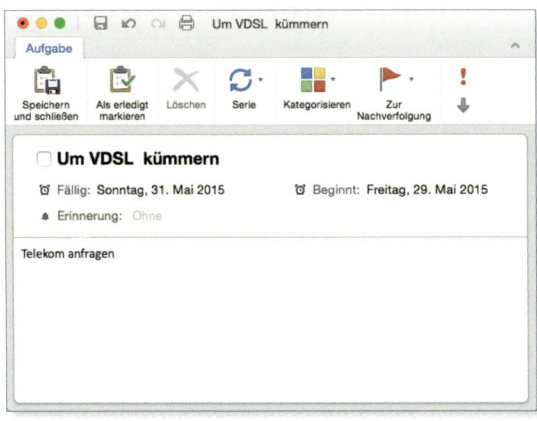

Eine neue Aufgabe wird erfasst.

Ist die Aufgabe erledigt, kann sie abgehakt werden. Selbstverständlich werden die so erledigten Aufgaben nicht gleich von Ihrem Rechner gelöscht, sondern Sie können sie in den Aufgabenansichten durch Klicken auf *Abgeschlossen* wieder zum Vorschein bringen.

Erledigte Aufgaben können erneut eingeblendet werden.

Fällige Aufgaben – sofern diese terminiert sind – werden über das Erinnerungsfenster auf den Bildschirm gebracht, sodass Sie nichts vergessen können.

Das Fenster „Erinnerungen" macht Sie auf fällige Aufgaben aufmerksam.

Dieses Fenster können Sie auch abschalten: Outlook –> *Erinnerungen deaktivieren*.

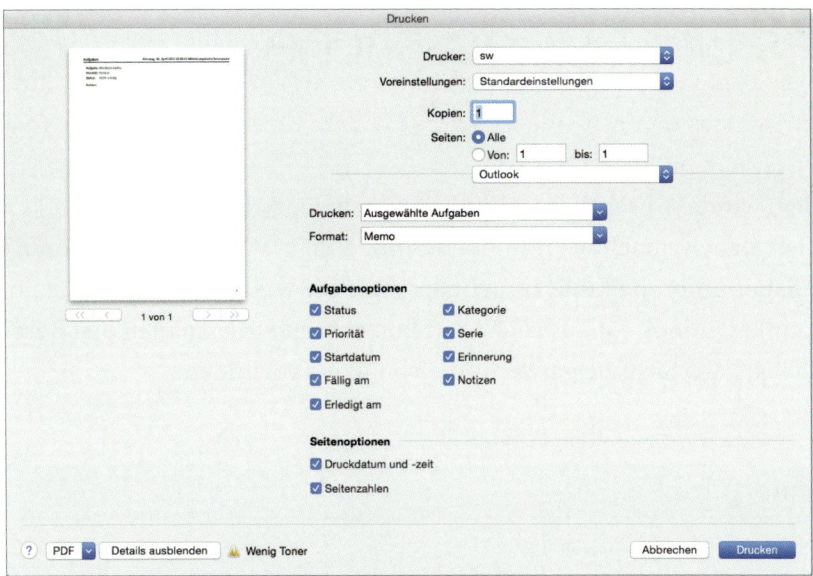

Aufgaben drucken

Auch das ist eine sehr nützliche Eigenschaft: Sie sitzen vielleicht morgens im Büro an Ihrem Rechner und erfassen alles, was heute zu tun ist. Hernach sind Sie unterwegs und haben keinen Computer dabei. Über *Datei –> Drucken* können Sie ganz einfach die Aufgabenliste für den heutigen Tag in Papierform überführen, um sie den ganzen Tag dabeizuhaben.

Damit Outlook Ihnen die To-dos von heute ausdruckt, sollten Sie diese vorher in der Aufgabenliste markieren. Oder aber Sie definieren im Pull-down-Menü bei *Drucken*, welche Aufgaben an den Drucker zu senden sind.

Aufgabenliste selektieren

Alles Einstellungssache

Nachdem wir die wesentlichen Funktionen in der Arbeit mit Microsoft Outlook diskutiert haben, macht es nun noch Sinn, einige wichtige Grundkonfigurationen genauer unter die Lupe zu nehmen. Wie Sie wissen, gelangen Sie über den Menüpunkt Outlook –> *Einstellungen* (Shortcut: *cmd + Komma*) in den Bereich der *Einstellungen*, wo Sie eine ganze Reihe von Icons vorfinden.

Kalender

Im Bereich *Kalender* können Sie entscheiden, wann der erste Tag Ihrer Woche ist. Das kann manchmal der Montag, manchmal aber auch der Sonntag ❶ sein und hängt sehr stark davon ab, wie Sie Ihre Arbeitswoche planen und gestalten. Darunter können Sie die Arbeitswoche ❷ genauer spezifizieren: Welche Tage sollen als Arbeitstage angezeigt werden, und wie verhält es sich mit den Arbeitszeiten?

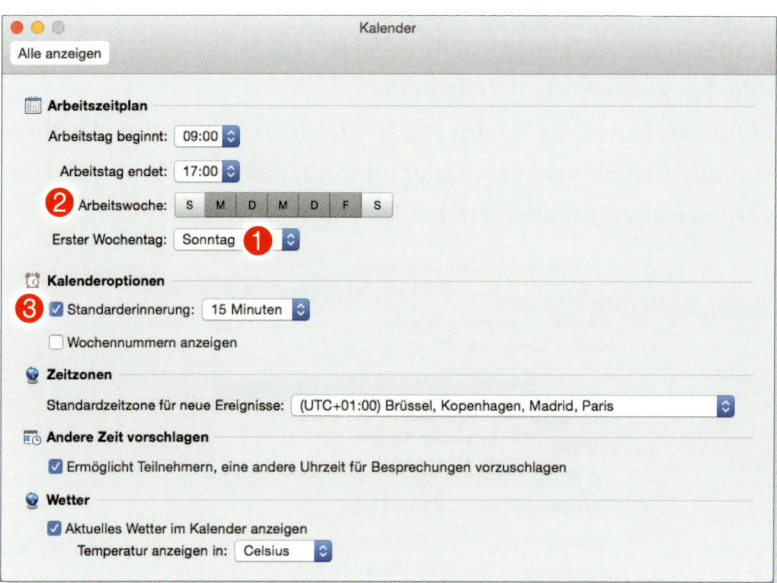

Kalendereinstellungen

Standarderinnerung ❸: Normalerweise wird, wenn Sie eine Erinnerung spezifizieren, diese auf den Zeitpunkt 15 Minuten vor dem Termin gelegt.

Erinnerungen können nur dann eingeblendet werden, wenn Sie diese nicht deaktiviert haben. Sie finden die dazugehörige Funktion im Menüpunkt Outlook. Sie heißt **Office-Erinnerungen deaktivieren**. Oder anders herum betrachtet: Ist der Eintrag so vorzufinden, sind derzeit die Erinnerungen aktiv und werden dargestellt.

Schriftarten

Klare Sache: Hier legen Sie fest, mit welcher Schriftart HTML-Nachrichten, Textnachrichten und Elementlisten versehen werden. Wählen Sie dort Ihre gewünschte Schrift aus.

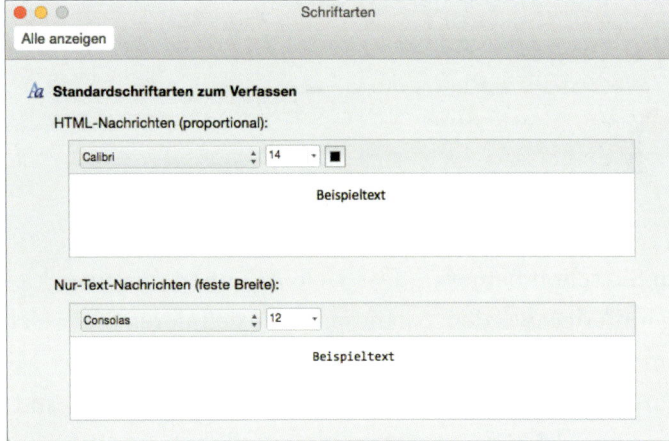

Schriftarten

Ein Hinweis an dieser Stelle: Vielleicht probieren Sie ein bisschen die Darstellungsgröße der Elementlisten aus. In Ihrem **Posteingang**- oder **Gesendet**-Ordner befinden sich ja jede Menge Einträge. Und es ist gut, einen Schriftgrad zu wählen, in dem alles klar und deutlich dargestellt wird.

Benachrichtigungen und Sounds

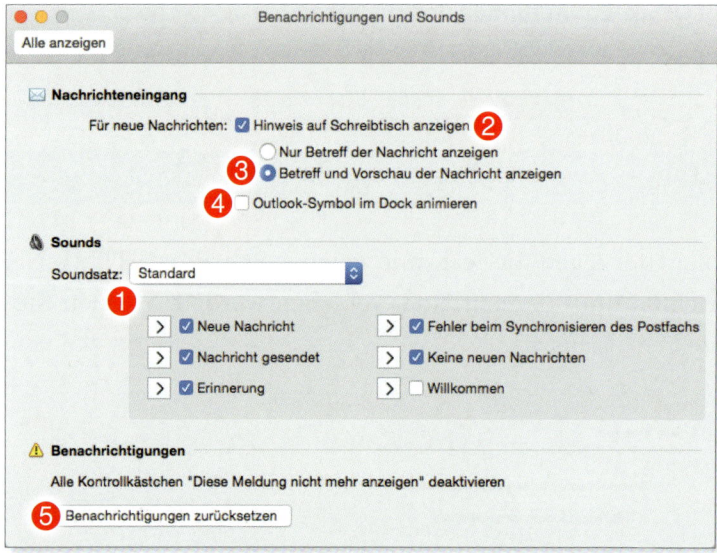

Benachrichtigungen und Sounds

Sicher haben Sie schon bemerkt, dass viele Aktionen mit einer kleinen Sound-einblendung hinterlegt werden. An dieser Stelle definieren Sie, welche Aktionen mit Warntönen hinterlegt werden sollen. Leider Gottes liefert Microsoft nur einen Standard-Soundsatz ❶ aus. Aber recherchieren Sie mal im Internet – es gibt viele Personen, die eigene Soundsätze erstellt haben, die Sie mit Microsoft Outlook verwenden können.

Im oberen Teil des Fensters können Einstellungen vorgenommen werden, z. B. was passiert, wenn Outlook neue E-Mails aus dem Internet empfängt. Diese Einstellungen sind dann von besonderem Interesse, wenn zwar Microsoft Outlook gestartet, aber aktuell nicht im Vordergrund auf dem Bildschirm ist. Wenn Sie *Hinweis auf dem Schreibtisch anzeigen* ❷ anwählen, dann erhalten Sie rechts unten frei schwebend in der Ecke des Monitors einen Hinweis auf die neu eingetroffene E-Mail mit dem Betreff oder auch einer Vorschau der Nachricht – je nachdem, welche Variante Sie wählen ❸.

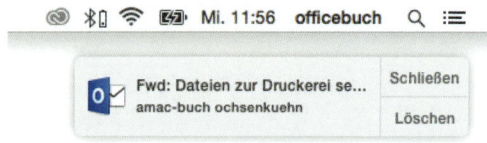

Hinweis auf dem Schreibtisch

Das ist eine sehr elegante und unaufdringliche Weise, Sie auf E-Mails aufmerksam zu machen.

Zusätzlich trägt sich Outlook ebenfalls in *Systemeinstellungen –> Mitteilungen* mit ein und kann also dort zusätzlich konfiguriert werden.

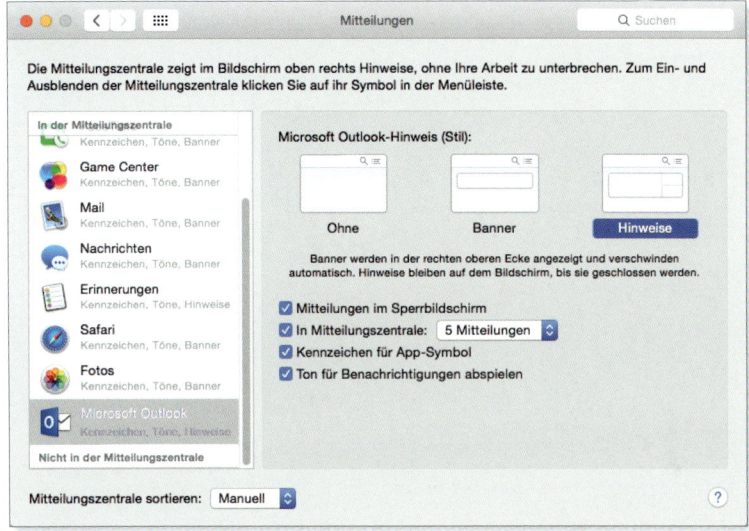

Outlook trägt sich in „Systemeinstellungen –> Mitteilungen" ein.

Etwas kräftiger und auch auffälliger ist Outlook-*Symbol im Dock animieren* ④. Dann beginnt Ihr Outlook-Symbol im Dock mit einem Briefsymbol auf und ab zu springen. Wenn Sie diese *Animation* nicht verwenden, dann erscheint lediglich das Outlook-Icon mit der Anzahl der ungelesenen E-Mails.

Was aber bedeutet *Benachrichtigungen zurücksetzen*? ⑤ Vielleicht haben Sie ja schon gesehen, dass einige Dialogfelder die Option *Nicht mehr anzeigen* aufweisen. Damit wird dieses Fenster nicht mehr dargestellt, sobald Sie diese Option wählen. Via *Benachrichtigungen zurücksetzen* werden all diese Fenster erneut zum Vorschein kommen.

Microsoft OneNote

OneNote – wichtige Elemente

Ebenso wie Word, Excel und PowerPoint existiert *OneNote* nicht nur als Mac-sondern auch als iPad- und iPhone-Version. Zudem ist es für den PC unter Windows erhältlich. Und natürlich können Sie auf Ihre OneNote-Notizbücher ebenso über *office.com* zugreifen.

OneNote ist im Prinzip eine Notizbuchapplikation. Sie können damit verschiedene Notizbücher anlegen und Ihre Ideen, To-dos etc. sammeln.

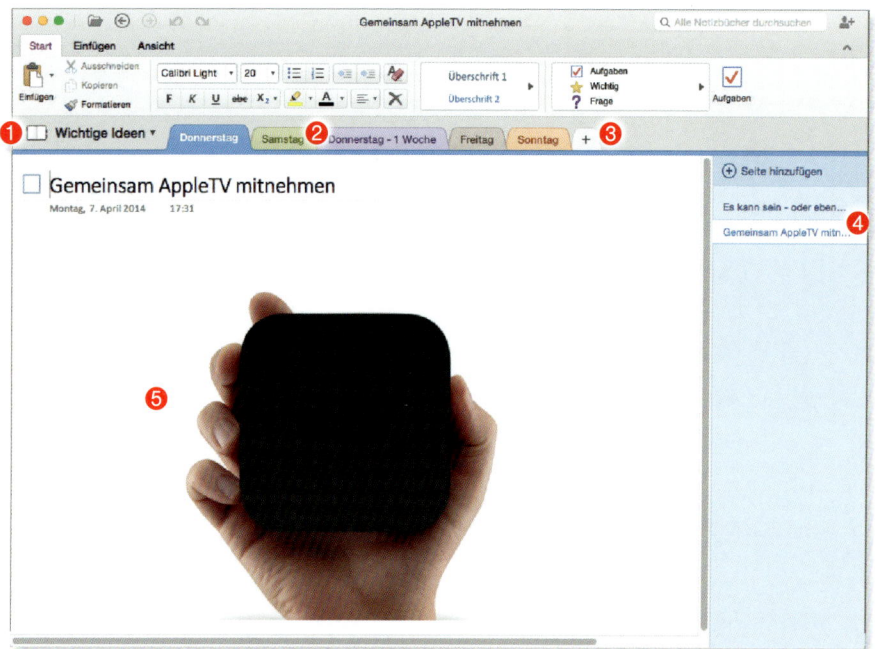

Die OneNote-App ist sehr einfach zu bedienen.

>  Im Gegensatz zu den anderen Apps werden OneNote-Notizbücher immer online, das heißt auf OneDrive, erstellt, damit zwischen den verschiedenen Geräten die Notizbücher und ihre Einträge auch synchronisiert werden können.

Wenn Sie über mehrere Notizbücher verfügen, können Sie bei ❶ eine Liste Ihrer derzeit verfügbaren Notizbücher einsehen. Ein Notizbuch besteht aus mehreren *Abschnitten* ❷. Mit dem *Plussymbol* neben dem Abschnitt ❸ können Sie weitere Abschnitte hinzufügen. Ein Abschnitt wiederum enthält *Seiten* ❹. Die Reihenfolge der Abschnitte kann per Drag & Drop beliebig angepasst werden.

Auch das nachträgliche Umbenennen ist über das Kontextmenü kinderleicht zu bewerkstelligen.

Jeder Abschnitt kann mehrere Seiten umfassen. Über *Seite hinzufügen* bekommt ein Abschnitt eine neue Seite. Und wie Sie sehen, kann eine Seite neben Text auch Bildmaterial, Tabellen, Hyperlinks, Fotos, beliebige Dateien (*Dateianlagen*) und weitere Dinge enthalten ❺. Sie finden all dies im Menüband *Einfügen*. Sobald Sie an einem Notizbuch eine Änderung bzw. Aktualisierung durchgeführt haben, sollten Sie diese mit Ihrem OneDrive synchronisieren. Tippen Sie dazu *Datei –> Dieses Notizbuch synchronisieren* oder *Alle Notizbücher synchronisieren* aus.

Ein Notizbuch sollte nach umfangreichen Änderungen synchronisiert werden.

War die Synchronisation erfolgreich, finden Sie alle Daten, die Sie auf Ihrem Mac geändert haben, auch online vor. Über die Website *office.com* können Sie sich mit Ihren Benutzerdaten einloggen und online auf OneNote zugreifen.

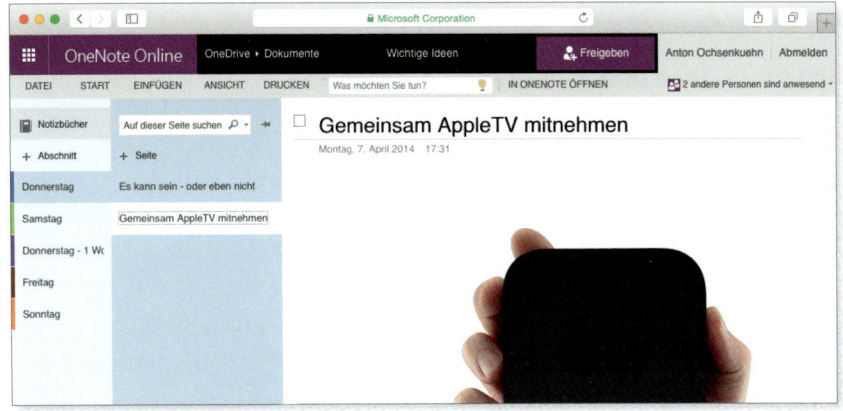

Über einen beliebigen Webbrowser und Ihre Zugangsdaten können Sie auch online auf Ihre Notizbücher zugreifen.

Es gibt einige Besonderheiten, die wir in den anderen Office-Apps bisher noch nicht gesehen haben. Sicher haben Sie das Menüband *Start* schon entdeckt. Dort finden Sie die grundsätzlichen Formatierungen, die Sie auch von den anderen Apps kennen. Doch wenn Sie genauer hinsehen, fallen Ihnen am rechten Rand zwei neue Icons auf.

Tags

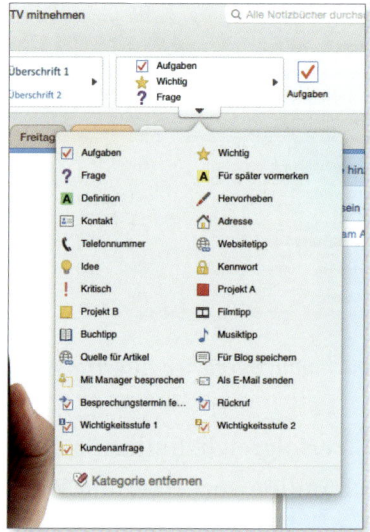

Über die sogenannten Tags ordnen Sie Ihren Notizen Icons zu.

So können Sie Ihre Informationen innerhalb der Notizen strukturieren bzw. optisch hervorheben. Wenn Sie hingegen *Aufgaben* einfügen, erstellen Sie damit Listen, die Sie bei Erledigung „abhaken" können.

Mit OneNote können Sie einfach Listen mit Aufgaben erstellen, die Sie bei Erledigung abhaken.

Menüband Ansicht

Im Menüband *Ansicht* können Sie jeder Seite eine eigene *Seitenfarbe* zuweisen. Auch der *Kennwortschutz* ist dort untergebracht.

Im Menüband finden sich unter „Ansicht" einige nützliche Funktionen.

Weiterhin finden Sie hier noch *Verkleinern* bzw. *Vergrößern* und die Einstellung des Zoom-Faktors.

Menüband Einfügen

Über den Menüpunkt *Einfügen* bzw. über das gleichnamige Menüband können Sie Ihre Ideen und Notizen zusätzlich anreichern.

OneNote kann eine Fülle von weiteren Daten aufnehmen.

Hervorzuheben sind hierbei 3 Funktionen:

- *PDF-Ausdruck*: Damit können Sie ganz einfach mehrseitige PDF-Dateien in eine Notiz einfügen.

- *Dateianlage*: Via *Dateianlage* können alle Arten von Dateien hinzugefügt werden. Über einen Doppelklick kann die angehängte Datei geöffnet werden – sofern ein dazugehöriges Programm auf dem Gerät verfügbar ist.
- *Audioaufnahme*: Verfügt Ihr Mac über ein eingebautes Mikrofon, so kann dieses für eine Audioaufnahme zum Einsatz kommen. Tippen Sie einfach auf *Aufnahme* und setzen Sie bisweilen bei interessanten Stellen Sprungmarken.

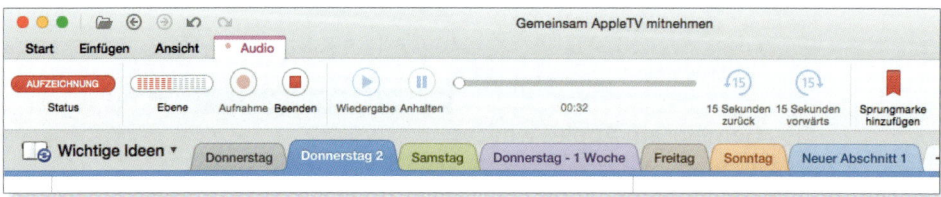

Audioaufnahmen sind ein wunderbares Werkzeug in OneNote.

Sind diverse Dateien eingefügt, so können Sie jederzeit nachträglich die Reihenfolge ändern. Ziehen Sie dazu einfach vorne den Pfeil nach oben oder unten.

Die Reihenfolge lässt sich nachträglich ganz einfach ändern.

OneNote Clipper

Wenn Sie ehrlich zu sich selbst sind, dann müssen Sie sich eingestehen, dass Sie oftmals sinnvolle und hilfreiche Dinge im Internet sehen und dann aber vergessen diese irgendwo abzulegen. Mit dem *OneNote Clipper* bekommen Sie ein sehr einfach zu bedienendes Werkzeug, um wichtige Webinhalte rasch zu archivieren.

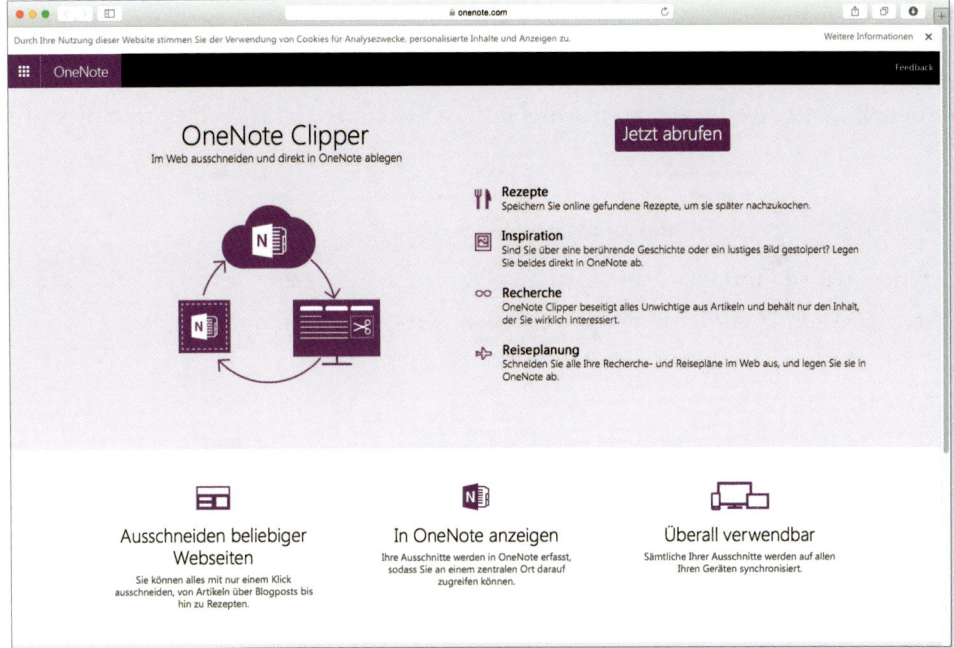

Der OneNote Clipper ist extrem nützlich.

Via *OneNote –> OneNote Clipper installieren* ist er in Sekunden installiert. Sodann können Sie komplette Webseiten oder nur einzelne Artikel davon im Handumdrehen zu OneNote übertragen. Natürlich können Sie dabei auch festlegen, in welches Notizbuch und auf welche Seite die Information abgelegt werden soll.

 Natürlich sind alle so übernommenen Inhalte in der Suche von OneNote verfügbar. Das heißt, Sie können jeden Begriff einer Webseite über die OneNote-Suche ausfindig machen.

Fazit

OneNote ist ein sehr elegantes, weil einfach und intuitiv zu bedienendes Programm, um Notizen und Ideen niederzuschreiben und über den OneDrive-Service auf allen Geräten zu synchronisieren. Und das kann durchaus sinnvoll sein, wenn Sie beispielsweise unterwegs mit Ihrem iPhone auf Ihre To-do-Liste schauen und sie bearbeiten wollen. Denn OneNote gibt es selbstverständlich auch für das iPhone. Und das macht durchaus Sinn, denn unterwegs könnte es ja sein, dass Ihnen einige Ideen einfallen und – schwupps – notieren Sie diese in OneNote. Zurück an Ihrem Computer oder iPad können Sie mit den eingegebenen Daten weiterarbeiten. OneNote ist also eine ziemlich clevere Software.

Die App OneNote gibt es auch für das iPhone und ist somit der perfekte mobile Begleiter.

 Besonderen Charme hat es natürlich, ähnlich wie bei den anderen Office-Apps, wenn Sie Ihre OneNote-Inhalte auch anderen Personen zur Verfügung stellen. So können Sie gemeinsam an Ideen und Projekten arbeiten.

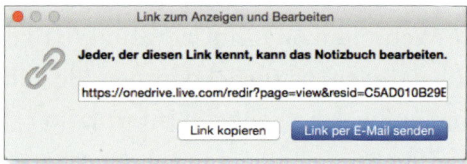

Gemeinsam an Ideen und Projekten zu arbeiten ist mit OneNote ein Kinderspiel.

Sie sehen im Bildschirmfoto, dass über *Datei –> Freigeben –> Freigabelink abrufen* weitere Benutzer zur Zusammenarbeit mit dem Notizbuch eingeladen werden können.

Index

Index

A

Absatzabstände	194
Absatzformatierung	189
Abschnitt	175, 206
Abschnittswechsel	206
Absolute Bezüge	264
Alle anordnen	149
Am Raster ausrichten	111
Änderung nachverfolgen	166
Animationen	127
Ansicht an einem Kiosk	134
Arbeitsmappe	241, 296
Audio	117
Audio aufzeichnen	118
Aufgabenbereich	59
Aufzählungen	191
Aufzählungszeichen	123
Ausgangseffekte	127
Ausgewählte Folien	107
Ausrichten	114
AutoFormat während der Eingabe	155
AutoKorrektur	62
hinzufügen	63
AutoText	162
AutoWiederherstellen	338
Info	135
Info speichern alle XY Minuten	171

B

BCC-Empfänger	358
Bedingte Formatierung	294
Benutzerwörterbuch	161
Berechtigungen einschränken	105
Bild	
auf Form zuschneiden	42
Bilder	40
Bildformatvorlagen	43
Bild freistellen	41
Bildschirmpräsentation	79, 82, 83, 103, 104, 125, 132, 133, 134
einrichten	134
Blocksatz	189
Breite der Formatvorlagenanzeige	198

C

CC-Empfänger	358

D

Dateigröße verringern	177
Dateispeicherorte	233
Datenbalken	294
Datenbank	
Filter	304
mit Excel	301
Datenreihe beschriften	321
Detektiv	267
Diagramm	318
Achse formatieren	324
Stapeln	325
Diagrammtitel	322
Dokumentenkatalog	20
Dokument schützen	172
Dropbox	72
Drucken	82, 85, 105, 106, 179, 389
Excel	327
Drucklayout	138
Durchlaufprobe	133
Dynamische Führungslinien	110

E

Effektoptionen	128
Eigenes Wörterbuch	161
Eigenschaften	176
Einfache Berechnung	254
Einfügen	40
Objekt	58
Eingangseffekte	127
Einheiten	284
Einstellung	106
Einzug	218
E-Mail-Anhang	355
E-Mail formatieren	363
E-Mail-Nachricht	356
Entwurf	139
Erweitertes Suchen und Ersetzen	144
Erweitertes Symbol	53

Excel
Bearbeitungsleiste _____ 238
Formel mit Namen _____ 268
Namen _____ 268
Seitenumbruch _____ 328
Spur zum Nachfolger _____ 258, 263
Zellenformatvorlage _____ 293
Exchange _____ 351
Öffentliche Ordner _____ 352
Stellvertretungen _____ 352
Extras > Autokorrektur _____ 154

F

Farben anpassen _____ 87
Farbsättigung _____ 91
Felder aktualisieren _____ 218, 227
Fenster _____ 148
teilen _____ 149, 302
Filter _____ 304
Folie ausblenden _____ 132
Folienmaster _____ 120
Folienrahmen _____ 108
Foliensortierung 81, 82, 84, 125, 132, 133
Form _____ 110, 111, 112
Formatierungspinsel _____ 184
Formatvorlagen 184, 195, 214, 226, 293
organisieren _____ 199
Formatvorlagenanzeige _____ 147
Formatvorlagentyp _____ 185
Formel-Editor _____ 50
Formeln _____ 334
in Excel _____ 314
Formen _____ 37
Formformat _____ 38
Freigeben _____ 104
Freistellen _____ 41
Führungslinien _____ 110
für Formatvorlagen _____ 198
Füllung _____ 90
Füllzeichen _____ 202
Fußnote _____ 209
Fußzeile _____ 175

G

GarageBand _____ 116
Gitternetzlinien _____ 331, 334
anzeigen _____ 32
Gliederung _____ 107, 140
Grammatik _____ 159
Gruppenmodus _____ 297, 299
Gruppieren _____ 115, 303

H

Handzettel _____ 107
Hängender Einzug _____ 192
Hervorhebungseffekte _____ 127
Hintergrund _____ 90, 91
formatieren _____ 89
Hintergrundbilder _____ 89
Hintergrundgrafiken ausblenden _____ 91
HTML-E-Mail _____ 364
Hyperlink _____ 54

I

IMAP _____ 349
Import _____ 343
Indexeintrag markieren _____ 225
Index und Verzeichnisse _____ 202, 225
Inhaltsverzeichnis _____ 201, 204
Interaktive Schaltflächen _____ 113
iTunes _____ 116

J

Jeden Satz mit Großbuchstaben
beginnen _____ 66
Junk-Mail _____ 380

K

Kalender _____ 390
Serie _____ 391
Teilnehmer einladen _____ 391
Kategorie _____ 361

Index

Kommentare   166
  in Excel   255
Kompatibilität   338
Kontakte   383
  Gruppen   387
Kopf- und Fußzeile   208
Kopfzeile   175, 329
Kursiv   182

L

Layout   107, 210
Legende   322
Lineal   109, 144, 212
Link   54
Linksbündig   189
Löschen/Formate   249

M

Master schließen   121
Menüband   24, 138
  Bildschirmpräsentation   132
  Diagrammentwurf   26
  Einfügen   40, 99
  Entwurf   86
  Format   26
  Formformat   38, 111
  SmartArt   45
  Tabellenentwurf   26, 216
  Übergänge   125
  Überprüfen   167
  Zeilen und Spalten   216
Miniaturansichtenbereich   143
Muster   89, 98
Musterfüllung   90

N

Nachkommastellen   282
Nachverfolgung   362
Neu aus Vorlage   77
Neue Folie   93
Neues Fenster   149
Neue Tastenkombination drücken   187
Normal   79

Notizblatt   82
Notizen   79, 82, 83, 107, 392
Notiz erstellen   393
Nummerierungen   191

O

Objekte   36
  aneinander ausrichten   114
  neu anordnen   42
office.com   402
Office-Designs (thmx)   92
Office-Web-Apps   69
Offline   366
OneDrive   68
OneNote   402
  Abschnitt   402
  Audioaufname   406
  Aufgaben   404
  Dateianlage   406
  Einfügen   403
  Notizbuch   402
  Notizbuch synchronisieren   403
  PDF-Ausdruck   405
  Tags   404
Onlinespeicherorte   68
Outlook
  Benachrichtigungen   398
  E-Mail filtern   373
  Erinnerungen   394
  Lesebereich   381
  Personen   383
  Schriftarten   397
  Synchronisierungsstatus   378

P

Papierformat   106, 173, 328
Papierhandhabung   107
Pfadanimation   130
Pivot-Tabelle   308
Platzhalter einfügen   122
POP   348
PowerPoint
  Einstellungen   109
  Foliensortierung   81
  Gliederungsansicht   79, 80

Normalansicht 78
Notizblatt 79, 82
Referentenansicht 79
Speicherformate 102
Versionen 97 bis 2003 102
Vorlage 103
Vorlagenkatalog 86
Priorität 361
Prozentberechnung 265
Punkt löschen 99

R

Rahmen 195, 290
Rahmen und Schattierung 176, 195
Randleiste 142
Raster 111
Rechtsbündig 189
Rechtschreibung 159
Referentenansicht 82, 83
Rich-Text-Format 170
Rückgängig 183

S

Schieberegler 146
Schreibgeschützt 172
Schriftart 98, 182
Seite einrichten 85, 105, 106, 173, 179, 210, 327
Seitenlayout 328
Seitenränder 142, 174
Seitenumbruch 202
Senden und Empfangen 378
Serienbrief 220
    Empfänger filtern 222
    Empfängerliste bearbeiten 222
    Hauptdokument 220
    neue Liste erstellen 221
    vorhandene Liste verwenden 221
    Wenn … Dann … Sonst 223
Seriendruck-Manager 220
Sicherheit 352
Sichern 100
Sicherungskopie immer erstellen 171
Signatur 360
SkyDrive 68

SmartArt 45
    in Formen konvertieren 47
SmartArt-Design 46
Sonderzeichen 51
Sortieren 303, 377, 386
Spalten 207
Spaltenbreite 33
Spaltentitel 236
Sparklines 326
Speichern 100, 135
Spotlight 376
Standard-Tabstopp 212
Statische Führungslinien 110
Statusleiste 147
Subtraktion 258
Summe 260
SVerweis 315
Symbole 53

T

Tabelle 30, 216
    formatieren 33
    Summe 217
Tabelleneigenschaften 217
Tabellenentwurf 31
Tabellenformatvorlagen 216, 292
Tabulatoren 212
Tausendertrennzeichen 283
Teilergebnis 308
Textbegrenzungen 142, 230
Texteingabe 150
Textfeld 98, 99, 123
Text formatieren 98
Textplatzhalter 96
Titelfolie 92

U

Übergänge 125
Umbruch 206

V

vcf-Datei 385
Verbinden und zentrieren 291
Verknüpfung
    aktualisieren 233
    mit Datei 117
    mit Videodatei 118
Video 117
Visitenkarte 384
Vollbildansicht 139
Vorlagen 23

W

Weblayout 141
Webseitenvorschau 170
Wiederholen 183
Wiederholungszeile 330
Wingdings 53
Wochentage immer groß schreiben 67
Word
    Abbildungsverzeichnis 228
    Aufzählungszeichen 193
    Dateiformatkonvertierung beim Öffnen
    bestätigen 229
    Fußzeile 175
    Ganze Seite 146
    Gliederung 201
    Kopfzeile 175
    Kopien & Seiten 179
    Markupoptionen 167
    Miniatur 143
    Navigation 143

    Prüfen 143
    Querverweise 228
    Seitenbreite 146
    Shortcuts 182
    Sortieren 219
    Suchen 143
    Tabelle in Text 219
    Teilung entfernen 149
    Text in Tabelle konvertieren 215
    Text markieren 153
    vertikales Lineal 147
    Vorlagen 169
WordArt 48
Wörter zählen 177

Z

Z1/S1 237
Zahlenformate 281
Zeilenabstand 189
Zeilen auf Fensterbreite umbrechen 147
Zeilenhöhe 33
Zeilenschaltung 150
Zeilenumbruch in der Zelle 244
Zellen teilen 32
Zellen verbinden 32
Zellschutz 280
Zentriert 189
Zielwertsuche 273, 274
Zoom 84, 145
Zuletzt verwendete Dateien 178
Zwei Großbuchstaben am Wortanfang
korrigieren 66

Weitere interessante Bücher
rund um das Thema Apple, iPhone und iPad finden Sie
unter www.amac-buch.de.